W9-CTN-803

USING GERMAN

Robert C. Jespersen
George F. Peters

University of New Mexico

1817

HARPER & ROW, PUBLISHERS, New York
Cambridge, Hagerstown, Philadelphia, San Francisco,
London, Mexico City, São Paulo, Sydney

ACKNOWLEDGMENTS

The authors gratefully acknowledge permission to reprint and include copyrighted works from the following authors and publications:

Hans Magnus Enzensberger, „middle class blues," from *Blindenschrift*. By permission of Suhrkamp Verlag, © Suhrkamp Verlag, Frankfurt am Main, 1964.

Werner Schmidli, „Als ich noch jung war," from *Sagen Sie nicht: beim Geld hört der Spaß auf*. Benziger Verlag, Zurich, 1971.

„Emanzipation, was ist das?" From *Liebe Kollegin*, by permission of Fischer Taschenbuch Verlag. © 1975 by Fischer Taschenbuch Verlag GmbH, Frankfurt am Main (Werkkreis Literatur der Arbeitswelt).

Rolf W. Roth, „Dating, was is'n das?" *Rundschau*, vol. 4, no. 6. By permission of *Rundschau*.

Wolf Wondratschek, „Aspirin," from *Früher begann der Tag mit einer Schußwunde*. © 1971 Carl Hanser Verlag, München.

Ingeburg Kanstein, „Kavalier der Straße," from *Papa, Charly hat gesagt . . .* , volume 2. By permission of Fackelträger-Verlag Schmidt-Küster GmbH. © 1975 by Fackelträger-Verlag Schmidt-Küster GmbH, Hannover.

Heinrich Spoerl, „Straßenbahn," from Heinrich Spoerl, *Man kann ruhig darüber sprechen*. © R. Piper & Co. Verlag, München, 1949.

PHOTO CREDITS

Cover photo: Wolinsky, Stock, Boston

Presse- und Informationsamt der Bundesregierung, Bundesbildstelle: Pages 5, 29, 33, 50, 129, 137, 170, 191 left and top right, 227, 257, 304, 336, 344, 354, 358, 374, 396, 405, 447, 462, 467, 482, 486, 504, 522, 534

Inter Nationes: Ronald Friese, opp. p. 1/M. Leib, p. 41/dpa, p. 73/88, 191 bottom right/H. Juliger, p. 279/387, 502

Landesbildstelle Berlin, Zentrum für audio-visuelle Medien: Pages 47, 81, 85, 236, 278, 292, 368, 386, 409, 441, 476, 495, 539, 549

Courtesy of the authors: Pages 58, 94, 120, 145, 163, 165, 188, 210, 215, 219, 243, 248, 251, 254, 261, 270, 286, 295, 296, 329, 366, 384, 390, 411, 421, 428, 449, 455, 459, 469, 493, 497, 516, 560

Drawings by Regina Sanchez: Pages 108–110, 158, 176, 190, 191, 402, 403

Sponsoring Editor: Ellen Antoville
Project Editor: Brigitte Pelner
Designer: T. R. Funderburk
Production Manager: Marion A. Palen
Compositor: Composition House Limited
Printer and Binder: Halliday Lithograph Corporation

USING GERMAN
Copyright © 1980 by Robert C. Jespersen and George F. Peters

Library of Congress Cataloging in Publication Data

Jespersen, Robert C.   1928–
  Using German.

  Includes index.
  1. German language—Grammar—1950–   I. Peters, George F., 1944–   joint author. II. Title.
PF3112.J4   438′.2′421   79-15868
ISBN 0-06-043315-9

CONTENTS

PREFACE FOR STUDENTS AND TEACHERS

Using German is a beginning German textbook, designed for first-year students at the college level. The approach is thematic: The introduction of basic grammar and syntax is determined by the theme of each unit. The themes consist of progressively more sophisticated, commonly encountered conversational situations likely to be familiar to the average college-age student. In each unit the theme is primary; the only material presented is that which is logically necessary to discuss the theme.

The aim of the book is to promote active use of the language rather than mastery of grammar and syntax per se. All four language skills are developed (speaking, listening, reading, writing), based on the premise that these skills progress at different rates and require different types and amounts of practice. Conversational German (speaking and understanding) is the primary thrust of the majority of class time. Reading is introduced as a passive skill immediately and progresses at a more rapid pace. Extensive practice in written German follows mastery of the conversational patterns.

The book proceeds on the assumption that American college students will speak most readily in German on topics with which they are familiar. Thus, much of the conversational material deals with American, as well as German, life. Cultural information about the German-speaking countries is juxtaposed with the American scene in the readings and in other sections of the book.

Other features of *Using German* are: a tightly controlled vocabulary; a concise Grammar Summary in each unit with cumulative charts and capsule discussions of the major grammatical and syntactical principles of the language; illustrations of contemporary German life chosen to give visual support to the material of the unit.

Since the effectiveness of *Using German* will depend upon proper understanding of the method employed, it is suggested that both students and instructor carefully read the explanation of the various sections of the book below.

Each major unit consists of the following:

1. *Statement of the Theme*. A brief description in English of the conversational theme of the unit, with an indication of the major grammatical and syntactical points to be covered.

2. *Conversation Texts*. Dialogues, monologues, or illustrations with dialogue captions, introducing the conversational patterns to be practiced and varied in the unit. These are to be studied and read aloud but *not memorized*.

3. *Putting it to Work*. The heart of each unit. The majority of class time will be spent working in this section. Based on the patterns of the conversation texts, points of grammar and syntax are briefly and simply explained in such a way that the student should be able to master each point without lengthy explanation on the part of the instructor. The key to this process lies in the proper use of the many exercises labeled *Practice*. These are designed to lead step-by-step to Question–Answer Practice and then to Conversation, the culmination of individual parts of the unit and of each unit as a whole.

As homework, the student should master all exercises marked *Practice* (*Individual*). Class time should not be spent going over these exercises, with the exception of those marked ■, which are of particular importance and may require checking in class.

Those exercises designated *Practice* (*Pairs*) and *Practice* (*Groups*) are designed for in-class use, although they, too, must be studied and prepared by the student as homework. "Pairs" means either the instructor working with an individual student or two students working with each other. This last point must be stressed. After the instructor has insured that the class understands the procedure for a particular exercise by calling on individual students, *the class should actually be broken up into pairs*, with the instructor standing by to answer any questions which may arise.

Similarly, the exercises designated *Conversation*, frequently given thematic titles, are usually to be carried out by groups of three or more students, with the instructor again acting as an advisor.

The departure from the usual classroom situation called for by dividing the students into pairs and groups requires some getting used to. The student must have adequately prepared at home in order to carry out his or her part of the conversation. The teacher must not fear losing control of the class and must allow sufficient time for the method to work.

4. *Grammar Summary*. For the benefit of the student, a concise summary is given with charts and tables of the grammar and syntax of the unit. The instructor may wish to refer to the Grammar Summary, but class time should not be spent on this material.

5. *Exercises*. Whereas the exercises in the Putting-it-to-Work section are designed primarily for oral completion, most of the varied items in this section call for written work. The exercises represent a comprehensive review of all material in the unit, frequently including vocabulary.

6. *Reading*. The readings are designed for *passive comprehension only*, and progress in this skill is intended to be more rapid than in speaking and writing. The readings are carefully controlled, with passively introduced material anticipating active use within the next several units. The exercises which follow each reading selection serve to check comprehension and, along with Topics for Further Discussion, may lead to deeper involvement with the subject matter of the text, in English, at least until the latter portion of the book.

7. *Vocabulary*. The active part of the Vocabulary section consists of words and expressions which have been introduced *and practiced* in the unit. Students must actively master these vocabulary items. The passive portion lists words and expressions which appear in the unit, primarily in the reading section, but which are not yet practiced. Most passive vocabulary becomes active within several units, and thus students should concentrate on recognition of the German words in order to facilitate their active mastery later on. **Vocabulary items footnoted or given an English translation within brackets in Conversation Texts and Practice sections appear either much later or not at all in the book as active vocabulary and need not be learned.**

The Mini-Units focus on specific vocabulary areas closely related to the theme of upcoming units and should receive close attention.

The *Workbook* accompanying *Using German* presents additional written exercises for students requiring further reinforcement, practice tests, advanced material for accelerated work, and worksheets for lab assignments.

A complete set of tapes, consisting of grammar and syntax drills, questions for both oral and written response, and listening comprehension passages accompanies the text.

ACKNOWLEDGMENTS

In the fall of 1976 *Using German* was introduced in all first-year German classes at the University of New Mexico. Students were faced with a photo-copied manuscript still replete with mistakes. Each semester of use has brought further suggestions for correction and improvement of the text, and we are extremely grateful to all those students who served as enthusiastic guinea pigs for this innovative approach to learning German.

We would also like to express our appreciation to our colleagues at the University of New Mexico, Marianne Barrett, Bruno Hannemann, Robert Holzapfel, Peter Pabisch, Elaine Robert, and Rosemarie Welsh, who not only plunged into the teaching of an untried method without reservation, but also read the manuscript, aided us in the writing of various texts, and offered many helpful suggestions.

Numerous other individuals and agencies have helped make this project possible. We would especially like to thank the *Presse- und Informationsamt der Bundesregierung* and the *Landesbildstelle Berlin* for allowing us to reproduce many of their photographs, Regina Sanchez for her imaginative and lively drawings, and Rosmarie Landesberger and Margie Krebs for their careful assistance in reading proof.

R. C. J.
G. F. P.

THE SOUNDS OF GERMAN

This section will introduce you to the basic elements of German pronunciation. Naturally, it will take considerable time and practice before you can master German sounds, especially those not found in English. The practice provided here can do no more than get you off to a good start. The best way to learn good pronunciation is to imitate your instructor and the voices on the tapes. In those areas where you encounter difficulty, your instructor will be able to explain the reasons for your errors and offer suggestions to correct them.

I. VOWELS

A. PURE VOWELS: **a, e, i, o, u, ä, ö, ü**
General Rules:

1. These vowels are pronounced without the *diphthongal glide* at the end which is characteristic of many English vowels. Your instructor can demonstrate what a diphthongal glide is.
2. German pure vowels can be long or short. As a rule, they are short when followed by two or more consonants and in unaccented syllables; they are long when they are doubled, when they are followed by an *h*, or by a single consonant.
3. Long vowels are quite long and short vowels quite short. Exaggerate their length and shortness and they will probably come out about right.

LONG **a**
similar to the *a* in *spa*

Wagen (*car*)
ja (*yes*)
fahren (*to drive*)
haben (*to have*)
fragen (*to ask*)

SHORT **a**
between the *o* in *hot* and the *u* in *hut*

Mann (*man*)
hat (*has*)
kann (*can*)
das (*that*)
wann (*when*)

LONG **e**
similar to the *ay* in *pay* but lips spread wider

See (*sea*)
Tee (*tea*)
gehen (*to go*)
sehr (*very*)
wer (*who*)

SHORT **e**
like English *e* in *pet*

Bett (*bed*)
Ende (*end*)
sechs (*six*)
wenn (*when*)
fett (*fat*)

UNSTRESSED **e**
like *e* in English *begin*

> Ende (*end*)
> alles (*everything*)
> viele (*many*)
> Gruppe (*group*)
> sieben (*seven*)

LONG **i** (often spelled *ie*)
like *i* in *machine* but lips spread much wider

> Maschine (*machine*)
> Musik (*music*)
> nie (*never*)
> viel (*much*)
> die (*the*)

SHORT **i**
like *i* in *hit*

> bitte (*please*)
> blind (*blind*)
> mit (*with*)
> in (*in*)
> ich bin (*I am*)

LONG **o**
like *o* in *so* but with lips more rounded
> Boot (*boat*)
> Ton (*tone*)
> so (*so*)
> Sohn (*son*)

SHORT **o**
no English equivalent
> Bonn
> oft (*often*)
> Gott (*God*)
> kommen (*to come*)

LONG **u**
like *u* in *flute* but lips more rounded
> gut (*good*)
> tun (*to do*)
> Schuh (*shoe*)
> Hut (*hat*)
> Buch (*book*)

SHORT **u**
like *u* in *bush*
> und (*and*)
> Busch (*bush*)
> Mutter (*mother*)
> Gruppe (*group*)
> Futter (*fodder*)

LONG **ä**
pronounced by many Germans as *long e*
> Fahrräder (*bicycles*)
> spät (*late*)
> Mädchen (*girl*)
> käme (*would come*)
> täte (*would do*)

SHORT **ä**
same as *short e*
> Geschäft (*store*)
> älter (*older*)
> Bäcker (*baker*)
> Männer (*men*)
> gefällt (*to like*)

LONG **ö**
pronounced by saying *long e* and rounding lips
for *long o*
> schön (*beautiful*)
> Söhne (*sons*)
> hören (*to hear*)
> böse (*angry*)
> Goethe

SHORT **ö**
pronounced by saying *short e* and rounding
lips for *short o*
> können (*to be able*)
> öffnen (*to open*)
> möchte (*would like*)
> zwölf (*twelve*)
> Köln (*Cologne*)

LONG **ü**
pronounced by saying *long i* and rounding lips
for *long u*

    müde (*tired*)
    früh (*early*)
    grün (*green*)
    über (*over*)
    natürlich (*naturally*)
    Zürich

SHORT **ü**
pronounced by saying *short i* and rounding
lips for *short u*

    jünger (*younger*)
    Küsse (*kisses*)
    Büsche (*bushes*)
    Künste (*arts*)
    Mütter (*mothers*)
    München (*Munich*)

B. DIPHTHONGS: **au, ei(ai), eu/äu**

German diphthongs are shorter and crisper than English diphthongs.

au: similar to *ou* in *house*
    Haus (*house*)
    aus (*out*)
    Frau (*woman*)
    auch (*also*)

ei(ai/ay): similar to *ie* in *tie*
    zwei (*two*)
    weiß (*know*)
    heißen (*to be called*)
    Bayern (*Bavaria*)

eu/äu: similar to *oi* in *oil*
    neun (*nine*)
    Deutsch (*German*)
    Häuser (*houses*)
    aufräumen (*to clean up*)

II. CONSONANTS

f, h, k, m, n, p, t, x: pronounced as in English

b, d, g: same as English, except in final position and before *t*, where they are pronounced as *p*, *t*, and *k*, respectively
    Tag (*day*)
    und (*and*)
    ob (*whether*)
    es gibt (*there is*)

j: pronounced like *y* in *yours*
    ja (*yes*)
    jeder (*each*)
    Junge (*boy*)

l: pronounced with tip of tongue behind upper front teeth
    alle (*all*)
    viel (*much*)
    wollen (*to want to*)

r: Most German speakers use the *uvular r* which is produced by vibrating the uvula. It sounds like gargling. Here you must rely on your instructor to demonstrate the sound and show you how to produce it. The amount of vibration of the uvula varies according to the position of the *r* in a word.

r followed by a vowel: at least several vibrations

rund (*round*)	Jahre (*years*)
Reim (*rhyme*)	Poren (*pores*)
Rose (*rose*)	bohren (*to bore*)
Bruder (*brother*)	Tiere (*animals*)
Straße (*street*)	Uhren (*clocks*)
Frankfurt	Krefeld

r not followed by a vowel: becomes vocalized and sounds swallowed

wer (*who*)	mehr (*more*)
Bier (*beer*)	dort (*there*)
Vater (*father*)	modern (*modern*)
kurz (*short*)	Mutter (*mother*)

s: before vowels, similar to *z* in *zoo*
    sagen (*to say*)
    so (*so*)
    lesen (*to read*)
  otherwise like *s* in *see*
    ist (*is*)
    was (*what*)
    Haus (*house*)

ss: always voiceless like *s* in *see*
    lassen (*to leave*)
    essen (*to eat*)

ß = ss and is used instead of **ss** in the following situations:
    1. at the end of a word: **Paß** (*passport*)
    2. after a diphthong: **heißen** (*to be called*)
    3. before a consonant: **mußt** (*must*)

v: pronounced like *f*
    Vater (*father*)
    von (*from*)
    verstehen (*to understand*)

    except in some words of a foreign origin, where it is pronounced like English *v*:
    Universität (*university*)
    November

w: similar to English *v*
Wasser (*water*)
Volkswagen
wollen (*to want*)

z: like *ts* in *rats*
zwei (*two*)
Zimmer (*room*)
zusammen (*together*)

Front or soft **ch**: no exact English equivalent. The sound can be produced by saying the English word *huge* with a lot of aspiration; when air is blown strongly over the tongue, *hu* strongly resembles *front ch*.
The *front ch* occurs after front vowels (*e, i, eu, äu, ä, ü, ö*) and after *n*, *l*, and *r*.

ich (*I*)   möchte (*would like*)
nicht (*not*)   sechzehn (*sixteen*)
manchmal (*sometimes*)   euch (*to you*)

Final -*ig* also has this sound.
billig (*cheap*)
wenig (*little*)

Back or hard **ch**: no exact English equivalent. The sound occurs after back vowels (*a, o, u, au*).
ach (*oh*)   Buch (*book*)
noch (*still*)   besuchen (*to visit*)
Bach (*brook*)   Woche (*week*)

sch: like English *sh* but with more lip rounding
schön (*beautiful*)
Schule (*school*)
schwer (*difficult*)

sp, **st**: the *s* like English *sh* at beginning of syllables
sprechen (*to speak*)
spielen (*to play*)
Stadt (*city*)
verstehen (*to understand*)

but like English *sp* and *st* at the end of syllables
erst (*first*)
Wurst (*sausage*)

th: pronounced *t*
Theater
Goethe

chs: pronounced like English *x*
Fuchs (*fox*)
Ochse (*ox*)
Sachsen (*Saxony*)

USING GERMAN

MINI UNIT 1

NUMBERS 0-100

Before proceeding to Unit 1 you should learn the numbers 0–100. Your instructor may also wish to use the numbers for pronunciation practice. Pay special attention to numbers you are likely to use a lot (your age, the age of your brother, sister, friends, etc.).

0	null				
1	**ein(s)**	11	elf	21	einundzwanzig
2	zwei	12	zwölf	22	zweiundzwanzig
3	drei	13	dreizehn	30	**dreißig**
4	vier	14	vierzehn	40	vierzig
5	fünf	15	fünfzehn	50	fünfzig
6	sechs	16	**sechzehn**	60	**sechzig**
7	sieben	17	**siebzehn**	70	**siebzig**
8	acht	18	achtzehn	80	achtzig
9	neun	19	neunzehn	90	neunzig
10	zehn	20	zwanzig	100	(ein) hundert

SYSTEM

0–12: Each number has its own name.

13–19: Combination of basic set (3–9) plus **-zehn**, with two minor deviations (see box).

20, 30, . . . 90: A name based on the basic set + **-zig**, except **dreißig**.

21–29, 31–39, *etc.*: Four-and-twenty system, written as one word:
vierundzwanzig, neununddreißig, fünfundvierzig, etc.

PRACTICE

Practice saying the following numbers until you can say them without hesitation:

33, 47, 72, 12, 8, 71, 95, 11, 80, 16, 64, 58, 13, 100

PRACTICE

Count by tens to one hundred!

PRACTICE

Write down the numbers that your instructor dictates to you!

PRACTICE

Take turns in pairs saying and writing down numbers!

PRACTICE

Say how old the following are (if you have them and know their ages)! Try to think of the German numbers directly rather than the English first.

> your father, mother, sister(s), brother(s), dog, cat, grandfather, grandmother, best friend

1/EINS

WER SIND WIR?

Who am I?
Who are you?
Who is he?
Who is she?

These are probably among the first questions you will want to be able to ask and answer in a German-speaking situation. In this unit you will learn the grammatical structures and vocabulary which will allow you to start getting acquainted in German. First, to tell about yourself: **Wer bin ich?** Second, to ask others about themselves: **Wer sind Sie? Wer bist du? Wer seid ihr?** And third, to ask somebody about another person: **Wer ist er? Wer ist sie?**

The information in this unit is basic, and you will probably want to ask more complicated questions than is possible with this information. For the moment, concentrate on mastering the material presented here. Soon you'll be able to say more complicated things.

A Wer bin ich?

Sandra: Ich heiße Sandra Wilson.
Ich bin neunzehn Jahre alt.
Ich komme aus New York.
Aber ich wohne jetzt hier in Berkeley.
Ich bin Studentin auf der Universität.
Ich studiere Biologie.
Und ich lerne jetzt Deutsch.

Bob: Ich heiße Robert Beyer.
Ich bin zwanzig und komme aus Wyoming. Aber ich bin jetzt hier in
Berkeley zu Hause.
Ich bin auch Student, aber ich studiere Philosophie.
Ich arbeite abends bei Sears.
Karl und ich wohnen zusammen.

Karl: Das stimmt, Bob und ich sind gute Freunde.
Wir kommen beide aus Wyoming.
Aber wir wohnen jetzt hier in Berkeley.
Ich heiße Karl Meyer und bin einundzwanzig.
Ich bin Photograph.
Ich studiere auf der Universität und arbeite auch.
Bob und ich lernen jetzt Deutsch.
Ich verstehe schon etwas Deutsch, aber nicht viel.

Debbie: Ich lerne auch Deutsch.
Ich heiße Debbie White und bin erst siebzehn.
Ich studiere Englisch und Musik.
Ich wohne leider zu Hause.

Wir sind gute Freunde und kommen beide aus Bonn.

PUTTING IT TO WORK

I. **ich** and **wir**

When you use a verb in the present tense with the pronoun **ich** (*I*), it follows this pattern:

  ich wohne (wohn + e)   *in - infin. reg. verb*
  ich studiere (studier + e)
  ich lerne
  ich heiße
  ich arbeite

With the pronoun **wir** (*we*) the verb in the present tense has the following form:

  wir wohnen (wohn + en)
  wir studieren (studier + en)

wir lern**en**
wir heiß**en**
wir arbeit**en**

PRACTICE A (Individual)

Using the correct verb form with **ich** or **wir** must become automatic. Practice with the following exercises. Change the subject to **ich**.

Wir wohnen in Berkeley.
Wir studieren Biologie.
Wir kommen aus New York.
Wir lernen jetzt Deutsch.
Wir arbeiten abends bei Sears.
Wir verstehen etwas Deutsch.

Change the subject to **wir**.

Ich studiere Deutsch.
Ich komme aus Wyoming.
Ich wohne zu Hause.
Ich verstehe auch Deutsch.
Aber ich arbeite abends bei Sears.

PRACTICE B (Individual)

Add the proper ending to the verb to agree with **ich** or **wir**.

Wir komm____ beide aus Wyoming.
Ich heiß____ Bob.
Wir wohn____ jetzt hier in Berkeley.
Ich heiß____ Debbie White.
Ich studier____ Musik.
Aber wir lern____ jetzt auch Deutsch.

These patterns apply to all verbs in the present tense, unless they are irregular, in which case you simply have to learn the irregular forms. In the dialogue at the beginning of the chapter, there is one irregular verb, **sein** (*to be*); it has the following **ich** and **wir** forms:

ich bin (*I am*)   **wir sind** (*we are*)

Read the following sentences.

Ich **bin** neunzehn Jahre alt.
Ich **bin** Studentin auf der Universität.
Ich **bin** zwanzig und komme aus Wyoming.

Ja, Bob und ich (wir) **sind** gute Freunde.
Ich heiße Debbie White und **bin** erst siebzehn.

PRACTICE C (Individual)

Again, these forms must come to you automatically. Read the following sentences, supplying the correct forms of **sein**.

Ich _____ Student.
Wir _____ gute Freunde.
Wir _____ beide erst siebzehn.
Ich _____ neunzehn Jahre alt.
Ich _____ Studentin.
Aber wir _____ beide hier in Berkeley zu Hause.

II. Basic Word Order

The type of sentences you have been practicing follow a simple pattern:

I SUBJECT	II VERB	III and IV ADDITIONAL INFORMATION*
Ich	heiße	Robert Beyer.
Wir	wohnen	jetzt hier in Berkeley.
Ich	bin	leider erst siebzehn.

Und (*and*) and **aber** (*but*) can be used simply to join two sentences or clauses of this type:

Ich bin auch Student, **aber** ich studiere Philosophie.

Usually, when the subject of both clauses is the same, it won't be repeated in the second clause:

Ich bin zwanzig **und** komme aus Wyoming.

If a sentence or clause begins with **und** or **aber**, this basic word order is not affected (position 0 in the word order charts):

0	I SUBJECT	II VERB	III and IV ADDITIONAL INFORMATION
Aber	wir	wohnen	jetzt hier in Berkeley.

* *Additional Information* (III and IV) will be discussed in later units.

■ PRACTICE A (Individual)*

Complete the following sentences by adding words and phrases from the spoken texts.

Ich wohne . . .
Wir studieren . . .
Ich bin . . .
Ich komme aus . . . aber wohne . . .
Ich studiere . . . und lerne auch . . .
Aber ich arbeite . . .
. . . aus Wyoming.
. . . auf der Universität. ✓
. . . abends bei Sears. ✓
. . . Student und . . . Philosophie.
. . . gute Freunde.
. . . erst siebzehn. ✓

■ PRACTICE B (Individual)

Now put the following sentence elements together correctly, starting with the subject and following the word order chart.

heiße/Bill/ich
Deutsch/ich/verstehe
wir/hier in Berkeley/zusammen/wohnen
gute Freunde/sind/wir
Philosophie/aber/studiere/ich
heiße/Debbie/ich/und/erst/siebzehn/bin

TELLING ABOUT YOURSELF (Pairs and Groups)

A. You should now be able to tell your classmates and instructor a little about yourself in German, using the patterns you have practiced. Start by answering the following questions. Since you will need some additional words to fit your own situation, we have provided some below, followed by the English translation, italicized and in brackets. Remember: *you are not responsible for learning vocabulary so designated.* You won't be able to answer any questions in the negative yet, but you can begin your answer with **nein** (*no*) and then give the correct answer:

1. What's your name?
2. How old are you?

* Exercises marked ■ are of particular importance. Your instructor may wish to go over these in class.

3. Are you a student?*
4. What do you study?
5. Where do you come from?
6. Where do you live now?
7. Whom do you live with?
>   mit Freunden zusammen [*with friends*]
>   mit meinem Freund [*with my friend (male)*]
>   mit meiner Freundin [*with my friend (female)*]
>   im Studentenwohnheim [*in a dorm*]
>   mit meinen Eltern [*with my parents*]
8. Do you work? Where?
>   Ich arbeite nicht. [*I don't work.*]
9. Which language are you and your classmates learning?
10. At which university/college do you and your classmates study?

B. Now try introducing yourself with book closed and without English cues. In class, practice with different classmates and with your instructor. You should easily understand what they tell you and easily tell them about yourself. But remember, don't try to say more than has been introduced up to now!

---

* Notice that English uses the indefinite article (*a*) in stating one's profession: *Are you a student? No, I am a teacher*. German omits the article before nouns stating a profession: **Ich bin Lehrer. Ich bin Photograph.**

B Wer sind Sie?

Prof. Hahn: Wie heißen Sie, bitte?
    Sandra: Ich heiße Sandra Wilson.
Prof. Hahn: Und wie alt sind Sie, Sandra?
    Sandra: Ich bin neunzehn.
Prof. Hahn: Woher kommen Sie denn?
    Sandra: Ich komme aus New York.
Prof. Hahn: Und wo wohnen Sie jetzt? In San Francisco?
    Sandra: Nein, ich wohne hier in Berkeley.
Prof. Hahn: Sind Sie Studentin?
    Sandra: Ja, ich bin Studentin.
Prof. Hahn: Was studieren Sie denn?
    Sandra: Ich studiere Biologie. Und ich lerne jetzt auch Deutsch.

Wer bist du?

    Bob: Du lernst Deutsch bei Professor Hahn, nicht wahr?
Sandra: Ja. Bist du auch in der Deutschstunde?
    Bob: Ja. Ich heiße Bob Beyer. Wie heißt du?
Sandra: Sandra. Sandra Wilson.
    Bob: Ach ja! Woher kommst du? Aus New Jersey?
Sandra: Nein, aus New York. Aber du kommst aus Wyoming, nicht wahr?
    Bob: Richtig.
Sandra: Und du arbeitest bei Sears.
    Bob: Wieder richtig! Man lernt viel in der Deutschstunde, nicht? Arbeitest du
        auch?
Sandra: Ja, zu Hause.

Bob: Zu Hause? Wirklich? Was machst du da?
Sandra: Biologie, Mathematik, Chemie, Englisch, Deutsch . . .
Bob: Ach so!

Wer seid ihr?

Debbie: Ihr lernt doch Deutsch bei Professor Hahn, nicht?
Bob: Ja, das stimmt. Woher weißt du das? Ach ja, du bist auch in der Deutsch-
stunde und du heißt Debbie, nicht wahr?
Debbie: Ja, ich heiße Debbie. Wie heißt ihr denn?
Karl: Wir heißen Bob und Karl.
Debbie: Ach ja! Ihr seid gute Freunde.
Bob: Das stimmt auch.
Debbie: Und ihr kommt aus Wyoming.
Karl: Wieder richtig.
Debbie: Und ihr wohnt zusammen in Berkeley.
Bob: Du weißt doch alles.
Karl: Aber wir wissen auch etwas. Du bist erst siebzehn und wohnst zu Hause.
Debbie: Das stimmt leider auch.

PUTTING IT TO WORK

I. du, ihr, and Sie

German has two sets of second person pronouns (you):

	SINGULAR	PLURAL
FORMAL:	Sie (*you*)	Sie (*you*)
INFORMAL:	du (*you*)	ihr (*you*)

The convention governing the usage of these pronouns is no longer as clear-cut as it once was. Traditionally, **du** and **ihr** have been used to address a) children, b) family members and other relatives, c) *close* friends, d) animals and things. **Du** is also used in prayers. **Sie** indicates respect and distance and is used to address all persons not considered close friends. Young people in Germany today tend to use **du** more frequently and to switch from **Sie** to **du** more quickly than their elders. Nevertheless, just to be on the safe side, you should use **Sie**, except in cases where you are absolutely sure that **du** is appropriate. *So that you get practice with both sets of forms, use **Sie** when talking to your instructor and **du** and **ihr** when talking to fellow students.*

Used with these pronouns, the verb follows this pattern in the present tense:

SINGULAR	PLURAL
Sie heißen (heiß + en)	Sie heißen (heiß + en)
Sie lernen (lern + en)	Sie lernen (lern + en)
Sie studieren	Sie studieren
Sie wohnen	Sie wohnen
Sie arbeiten	Sie arbeiten
Sie kommen	Sie kommen
du lernst (lern + st)	ihr lernt (lern + t)
du kommst (komm + st)	ihr kommt (komm + t)
du studierst	ihr studiert
du wohnst	ihr wohnt

Note these two irregularities:

1) Since the stem of **heißen** ends in **ß**, the **s** of the **du** form **st** ending would be superfluous; thus, we get the following form:

$$\text{du heißt (heiß + t)}$$

2) Since the stem of **arbeiten** ends in a **t**, it would be very difficult to pronounce the **st** and **t** endings. Thus an **e** is inserted before the endings (this holds true for all verbs whose stems end in **d** or **t**):

$$\text{du arbeitest (arbeit + est)} \qquad \text{ihr arbeitet (arbeit + et)}$$

PRACTICE A (Individual)

Read the following sentences from the text and then repeat them with the subject pronoun changed as indicated. Practice these transformations until they become automatic.

Ich heiße Debbie White.
Sie _____ Debbie White, nicht?
Du _____ Debbie White, nicht?

Wir kommen aus Wyoming.
Ich _____ aus Wyoming.
Du _____ aus Wyoming.
Ihr _____ aus Wyoming.

Und du arbeitest bei Sears.
Und ich _____ bei Sears.

Und wir _____ bei Sears.
Und Sie _____ bei Sears.

Nein, ich studiere Biologie.
Nein, wir _____ Biologie.
Nein, du _____ Biologie.
Nein, ihr _____ Biologie.

Ich wohne jetzt hier in Berkeley.
Sie _____ jetzt hier in Berkeley.
Sie _____ jetzt beide hier in Berkeley.
Du _____ jetzt hier in Berkeley.

Und Sie lernen jetzt auch Deutsch.
Und du _____ jetzt auch Deutsch.
Und ihr _____ auch Deutsch.
Und wir _____ jetzt auch Deutsch.

PRACTICE B (Individual)

Complete the following sentences, according to the example.

EXAMPLE: Ich studiere Musik, aber **du studierst** Philosophie.

Ich komme aus New York, aber du _____.
Wir lernen Mathematik, aber ihr _____.
Ich heiße Debbie White, und Sie _____.
Ich arbeite bei Safeway, und du _____.
Ich verstehe Englisch, und du _____.
Wir wohnen zusammen, und Sie _____.
Ich studiere Biologie, aber du _____.
Wir kommen aus Wyoming, aber ihr _____.

The irregular verb **sein** has the following second person forms:

SINGULAR	PLURAL
Sie sind	Sie sind
du bist	ihr seid

PRACTICE C (Individual)

Read the following sentences, supplying the correct forms of **sein**.

Sie _sind_ Photograph, nicht wahr?
Du _bist_ erst siebzehn, nicht wahr?
Sie _sind_ gute Freunde, nicht?

Ihr _seid_ doch gute Freunde, nicht?
Ich _bin_ zwanzig Jahre alt.
Wir _sind_ beide aus New York.
Ihr _seid_ beide einundzwanzig, nicht?
Du _bist_ Studentin, nicht?
Ihr _seid_ auch in der Deutschstunde, nicht?

■ PRACTICE D (Individual)

Repeat the following sentences, changing the subject first to **Sie**, then to **du**. Beginning with **wirklich** (*really*), formulate your response as a question. (Note that **wirklich** goes in position 0 of the word order scheme.)

EXAMPLE: Ich heiße Debbie.
        Wirklich, Sie heißen Debbie?
        Wirklich, du heißt Debbie?

Ich heiße Clark Kent.
Ich komme aus New Mexico.
Ich arbeite bei McDonalds.
Ich lerne Deutsch.
Ich arbeite zu Hause.
Ich wohne allein.
Ich verstehe etwas Deutsch.

Now change the subject pronoun to **Sie** (plural), then to **ihr**.

Wir heißen Tom, Dick und Harry.
Wir kommen beide aus Los Angeles.
Wir sind beide erst siebzehn.
Wir arbeiten beide bei Shakeys.
Wir wohnen zusammen.
Wir lernen Deutsch.

II. Asking Questions

In German, as in English, there are three basic types of questions. The first type of question is simply *a statement which is given a question mark and intoned accordingly*, as in Practice D above.

Sie studieren Biologie?   *You are studying biology?*

Often such questions end with the phrase **nicht wahr** or simply **nicht** (literally: *Isn't that true?*).

Sie heißen Robert Beyer, nicht?

The second type of question involves an actual *question word* (*who, what, when, where*, etc.). In both German and English the question word begins the sentence:

Wer sind Sie?   *Who are you?*

The question words that are used in this unit are:

wann (*when*)   **wie** (*how*)
warum (*why*)   **wo** (*where*)
was (*what*)   **woher** (*from where*)
wer (*who*)

The difference between **wo** and **woher** is that **wo** shows no movement from or to a different place. It is used with verbs such as **sein, arbeiten, wohnen**:

Wo bist du?
Wo arbeitet ihr?
Wo wohnen Sie?

Woher indicates movement from some place towards the speaker. It is used with verbs such as **kommen**:

Woher kommen Sie?

It can also be used with **sein** but in the sense of *where do you come from*:

Woher sind Sie denn?   Woher kommen Sie denn?

QUESTION–ANSWER PRACTICE A

(Student/Instructor)

Wie heißen Sie? (*Answer:* Ich heiße . . .)
Wo wohnen Sie?
Woher kommen Sie?
Was studieren Sie?
Wie alt sind Sie?
Was lernen Sie jetzt?
Wann arbeiten Sie?
    morgens [*mornings*]
    tagsüber [*during the day*]

(Pairs)

Wie heißt du?
Woher kommst du?
Wo arbeitest du?

Was studierst du?
Wo wohnst du jetzt?
Was lernst du jetzt?

Plus any additional questions you can think of.

(Groups)

One student asks two others a question using the **ihr** form. The two students asked
answer individually with **ich**, unless the pronoun **wir** is appropriate.

Wie heißt ihr?
Wo wohnt ihr?
Wie alt seid ihr?
Wo seid ihr zu Hause?
Was lernt ihr jetzt?
Was versteht ihr?
Woher kommt ihr?

QUESTION–ANSWER PRACTICE B (Pairs)

One student reads the following statements as though they were answers to a question.
The other pretends he or she has not understood the answer and formulates a question
to elicit the answer one more time. The first student then gives a short answer.

EXAMPLE: First Student: Ich arbeite bei Sears.
         Second Student: **Wo** arbeitest du?
         First Student: Bei Sears.

EXAMPLE: First Student: Wir sind in Kalifornien zu Hause.
         Second Student: Wo seid ihr zu Hause?
         First Student: In Kalifornien.

Ich studiere Biologie.
Wir kommen aus Wyoming.
Ich heiße Robert.
Ich bin achtzehn Jahre alt.
Wir studieren Kunst [*art*] und Musik.
Wir wohnen in Berkeley.
Ich arbeite bei McDonalds.
Ich bin Debbie White.
Wir sind siebzehn und neunzehn Jahre alt.
Wir lernen jetzt Deutsch.
Ich verstehe Deutsch.

The third type of question is the *yes/no question*, that is, the answer is either yes or no,
ja or **nein**. There is no question word, and in both English and German this type of

question is formed by a modification in the word order, the verb being placed at the beginning:

Bist du erst siebzehn?   *Are you only seventeen?*

QUESTION–ANSWER PRACTICE C

Answer the following questions in the affirmative (**ja**), or answer **nein** and then give the correct answer. (Answering in the negative requires a further discussion of word order, which will come in Unit 3.)

(Student/Instructor)

Studieren Sie jetzt Deutsch?
Sind Sie hier zu Hause?
Heißen Sie Clark Kent?
Arbeiten Sie bei Sears?
Sind Sie wirklich einundzwanzig?
Wohnen Sie zu Hause?
Verstehen Sie Spanisch?
Verstehen Sie etwas Deutsch?

(Pairs)

Lernst du Deutsch?
Wohnst du zu Hause?
Arbeitest du abends?
Heißt du Peter?
Kommst du aus Wyoming?

Plus a few questions of your own.

(Groups)

As above: One student asks two students a question using the **ihr** form. They respond, using either **ich** or **wir**, whichever is more appropriate.

Lernt ihr jetzt Deutsch?
Kommt ihr beide aus New York?
Wohnt ihr zusammen?
Seid ihr beide einundzwanzig?
Studiert ihr beide wirklich Mathematik?
Seid ihr beide Studenten?

QUESTION–ANSWER PRACTICE D (Pairs)

Now give the *yes/no question* for which the following would be answers. One student reads the statement; the other formulates the question without looking at the book.

Ja, ich lerne jetzt Deutsch.
Nein, wir kommen aus New York.
Nein, ich bin erst siebzehn Jahre alt.
Ja, ich arbeite abends bei Sears.
Ja, wir studieren Biologie.
Ja, wir sind gute Freunde.
Nein, ich wohne in San Francisco.
Nein, aber ich verstehe etwas Spanisch.

ASKING ABOUT SOMEONE ELSE (Pairs)

A. In this section, practice asking and answering questions. Pick a classmate you don't know yet and find out as much as you can about her or him, using both *question words* and *yes/no questions*. Find out such information as name, where he or she comes from, whether he or she works and if so, where, what he or she is studying, how old he or she is, etc.

B. Now interrogate your instructor! Ask him or her as many questions as you can.

C Wer ist er?

Prof. Hahn: Sandra, wie heißt er?
　　Sandra: Er heißt Bob.
Prof. Hahn: Woher kommt er?
　　Sandra: Ich glaube, er kommt aus Wyoming.
Prof. Hahn: Ist er Student?
　　Sandra: Ja, er ist Student. Er studiert Philosophie.
Prof. Hahn: Und wie alt ist er?
　　Sandra: Oh, ich weiß nicht. Bob, wie alt bist du?
　　　　Bob: Zwanzig.
　　Sandra: Er ist zwanzig. Und er arbeitet bei Sears.
Prof. Hahn: Wo wohnt er jetzt?
　　Sandra: Er wohnt hier in Berkeley. Er wohnt mit Karl zusammen.

Wer ist sie?

Prof. Hahn: Bob, wie heißt sie?
　　　　Bob: Sie heißt Sandra.
Prof. Hahn: Studiert sie Biologie?
　　　　Bob: Ja, ich glaube, sie studiert Biologie.
Prof. Hahn: Arbeitet sie auch?
　　　　Bob: Ja, sie arbeitet zu Hause.
Prof. Hahn: Zu Hause? Was macht sie da?
　　　　Bob: Sie lernt Deutsch.
Prof. Hahn: Das ist Arbeit?
　　　　Bob: Ja, das ist viel Arbeit.
Prof. Hahn: Richtig. Deutsch ist schwer.
　　　　Bob: Ja, es ist leider sehr schwer.

Wer sind sie?

Prof. Hahn: Bitte, Debbie, wie heißen die beiden?
    Debbie: Sie heißen Bob und Karl. Ich weiß, sie kommen aus Wyoming. Und
            sie arbeiten beide.
Prof. Hahn: Wohnen sie zusammen hier in Berkeley?
    Debbie: Ja, sie wohnen zusammen.
Prof. Hahn: Und wie alt sind sie?
    Debbie: Ich weiß nicht. Ich glaube . . .
       Bob: Aber wir wissen, du bist erst siebzehn, Debbie.
      Karl: Und du wohnst zu Hause.
    Debbie: Ach ja, leider.

PUTTING IT TO WORK

I. er, sie, es, and sie

The third person pronouns in German are:

SINGULAR	PLURAL
er (*he*)	
sie (*she*)	sie (*they*)
es (*it*)	

When you use a verb in the present tense with one of the singular pronouns, it follows
this pattern:

    er (sie, es) lernt (lern + t)
    er (sie, es) kommt (komm + t)
    er studiert
    sie glaubt
    er arbeitet*
    sie versteht

With the pronoun **sie** (*they*), the pattern looks like this:

    sie lernen (lern + en)
    sie kommen (komm + en)

* As in the second person, in the third person singular verbs like **arbeiten** have an e before the **-t** ending
(see p. 12).

sie studier**en**
sie arbeit**en**
sie glaub**en**
sie wohn**en**

You will have noticed that German uses the same word for four different pronouns:

SINGULAR	PLURAL
Sie (*you*)	Sie (*you*)
sie (*she*)	sie (*they*)

Since the *you* forms are always capitalized and the verb endings for *she* and *they* are different, there is usually no ambiguity:

Lernen Sie Deutsch?	*Are you learning German?*
Lernt sie Deutsch?	*Is she learning German?*
Lernen sie Deutsch?	*Are they learning German?*

Of course, in speech you cannot hear a capital *S*; therefore, the first sentence above can be distinguished from the third sentence only by context.

Reviewing the forms for all the personal pronouns, the pattern in the present tense for regular verbs looks like this:

SINGULAR	PLURAL
ich lerne	wir lern**en**
du lern**st**	ihr lern**t**
er ⎫	
sie ⎬ lern**t**	sie lern**en**
es ⎭	
Sie lern**en***	

PRACTICE A (Individual)

Complete the following sentences, supplying the correct verb form.

Ich heiße Sandra und er _____ Bob.
Ich komme aus New York, aber sie (*she*) _____ aus Boston.
Wir lernen Englisch; sie (*they*) _____ Deutsch.
Ich glaube, sie ist zwanzig; er _____, sie ist erst siebzehn.
Ihr wohnt zusammen, aber sie (*she*) _____ allein.
Du studierst Deutsch. Was _____ sie (*she*) ?
Ich weiß, Sie kommen aus Wyoming, aber woher _____ sie (*they*)?

---

* The formal **Sie** (*you*) is placed in this position to indicate that it is both singular and plural and that its form is the same as the third person plural **sie** (*they*).

Here is the complete conjugation of **sein** (*to be*):

	SINGULAR	PLURAL
	ich bin	wir sind
	du bist	ihr seid
	er ⎫ sie ⎬ ist es ⎭	sie sind
	Sie sind	

PRACTICE B (Individual)

Supply the proper form of the verb **sein**.

Sind Sie einundzwanzig?
Nein, aber Bob _____ einundzwanzig.

Bist du Student?
Nein, aber er _____ Student.

Seid ihr gute Freunde?
Nein, aber sie (*they*) _____ gute Freunde.

Sind Sie hier zu Hause? (*Do you live here?*)
Nein, aber Sandra _____ hier zu Hause.

Sind die beiden Studenten?
Nein, er _____ Photograph.

Ist Englisch schwer?
Nein, aber Deutsch _____ schwer.

The verb **wissen** (*to know*) is also irregular, but only in the singular.

	SINGULAR	PLURAL
	ich weiß	wir wissen
	du weißt	ihr wißt
	er ⎫ sie ⎬ weiß es ⎭	sie wissen
	Sie wissen	

PRACTICE C (Individual)

Supply the correct form of the verb **wissen**.

Ich weiß es, und du _____ es auch.
Wir wissen es, und ihr _____ es auch.

Er weiß es, und sie (*she*) _____ es auch.
Ich weiß es nicht. _____ du es?
Du weißt es, und ich _____ es auch.
Wir wissen es nicht. _____ ihr es?
Sie weiß es nicht. _____ er es?
Ich weiß es nicht. _____ Sie es?

II. Only One Form of Present Tense

In the conversation practice which follows, be careful not to make a common mistake of students learning German: trying to translate English verb constructions literally. Remember, **German has only one present tense form for both statements and questions**:

Ich studiere.
$\begin{cases} \textit{I study.} \\ \textit{I am studying.} \text{ (progressive present)} \\ \textit{I do study.} \text{ (emphatic present)} \end{cases}$

Studieren Sie?
$\begin{cases} \textit{Do you study?} \text{ (emphatic present)} \\ \textit{Are you studying?} \text{ (progressive present)} \end{cases}$

PRACTICE A (Individual)

You should be able to express the following sentences quickly, without translating word for word.

Do you work?
Is he coming?
We are living in Berkeley.
They are studying German.
What are you learning?
Are you working now?
Do you understand?
He is studying music.

ASKING SOMEONE ABOUT SOMEONE ELSE (Groups)

A. Working with two other students, practice a conversation along the following lines.

A: Wie heißt er/sie?
B: Ich weiß nicht. Wie heißt du?
C: Ich heiße Debbie.

B: Sie heißt Debbie.
A: Wie alt ist sie?
B: Ich weiß nicht. Wie alt bist du?

Continue the conversation with other questions you know such as *Where does he or she come from? Is he or she nineteen years old? What is he or she studying?*, etc.

B. Working in groups, one member of the group asks various people the following questions. If the person asked does not know the answer, he or she asks the other person and then reports the answer.

Wie heißt der Student/die Studentin neben dir [*next to you*]?
Was studiert er/sie?
Woher kommt er/sie?
Ist er/sie einundzwanzig?
Lernt er/sie Deutsch?
Versteht er/sie Deutsch?

Plus any other questions you can think of.

C. One member of the group asks another the following questions. If this person does not know the answer she or he asks various people and then passes on the information to the one who asked the question originally.

Wer ist erst siebzehn?
    Possible answer: niemand [*no one*]
Wer studiert Englisch/Musik/Biologie?
Wer ist hier zu Hause?
Wer wohnt allein?
Wer wohnt zu Hause?
Wer arbeitet? Wo?

Plus any other questions that come to mind.

D. One student asks another the following questions about the instructor. If the student asked does not know the answer, she or he asks the instructor and then reports the information.

Wie heißt der Lehrer/die Lehrerin [*male teacher/female teacher*]?
Wie alt ist er/sie?
Woher kommt er/sie?
Arbeitet er/sie abends?
Wo wohnt er/sie?
Wohnt er/sie in Berkeley?

Plus any more questions you can think of.

GRAMMAR SUMMARY

I. The Verb

A. The Infinitive

The infinitive is the basic, dictionary entry form of the verb. German infinitives consist of a *stem* plus an *ending*, which is almost always -**en**:

STEM	ENDING	INFINITIVE	ENGLISH
wohn- +	en	= wohnen	*to live*
lern- +	en	= lernen	*to learn*

B. Present Tense Conjugation

1. REGULAR VERBS

INFINITIVE: **wohnen**

ich wohne (*I live*)	wir wohnen (*we live*)	
du wohnst (*you live*)	ihr wohnt (*you live*)	
er sie} wohnt (*she lives*)	sie wohnen (*they live*)	

Sie wohnen (*you live*)

2. VARIATIONS OF REGULAR VERBS

INFINITIVE: **arbeiten**

ich arbeite	wir arbeiten
du arbeitest	ihr arbeitet
er sie} arbeitet	sie arbeiten

Sie arbeiten

INFINITIVE: **heißen**

ich heiße	wir heißen
du heißt	ihr heißt
er sie} heißt	sie heißen

Sie heißen

3. IRREGULAR VERBS: **sein** (*to be*) and **wissen** (*to know*)

INFINITIVE: **sein**

ich bin	wir sind
du bist	ihr seid

er
sie } ist   sie sind
es

Sie sind

INFINITIVE: **wissen**

ich weiß	wir wissen
du weißt	ihr wißt

er
sie } weiß   sie wissen
es

Sie wissen

II. Word Order

A. Statements

I SUBJECT	II VERB	III and IV ADDITIONAL INFORMATION
Wir	wohnen	jetzt hier in Berkeley.

B. Word Questions

I QUESTION WORD	II VERB	III and IV ADDITIONAL INFORMATION
Wie Was	heißen studieren	Sie? Sie auf der Universität?

C. Yes/No Questions

I	II VERB	III and IV ADDITIONAL INFORMATION
	Lernen Wohnst	Sie jetzt Deutsch? du wirklich in Berkeley?

D. "0" Position

0 CONJUNCTION/SENTENCE ADVERB	I SUBJECT	II VERB	III and IV ADDITIONAL INFORMATION
Aber Wirklich,	ich Sie	wohne kommen	jetzt hier in Berkeley. aus New Mexico?

EXERCISES

I. *Vocabulary Check*. Complete the sentences. In some cases more than one solution may be possible. You should be able to do the exercise without looking up words.

   1. Er ist neunzehn _____ alt.
   2. Ich studiere Biologie. _____ studierst du?
   3. Er kommt _____ Chicago.
   4. Ich wohne in New York. _____ wohnen Sie?
   5. Sie kommt aus Texas, _____ sie wohnt jetzt in Ohio.
   6. Debbie wohnt leider _____ Hause.
   7. Ich komme aus Wyoming. _____ kommen Sie?
   8. Debbie ist _____ siebzehn.
   9. Ich arbeite abends. _____ arbeitest du?
  10. Sie ist Studentin. Bist du _____ Studentin?

II. *Grammar Check*. Supply the correct form of the verb in parentheses. You should be able to do this without referring to the grammar sections or to the opening dialogue of the unit.

   1. Er _____ (arbeiten) bei Sears.
   2. Ich _____ (wissen) nicht.
   3. _____ (sein) du erst siebzehn?
   4. Wo _____ (studieren) Bob und Karl?
   5. _____ (heißen) du Sandra?
   6. Wo _____ (sein) ihr zu Hause?
   7. Wir _____ (wissen), er studiert Musik.
   8. Warum _____ (sein) du zu Hause?
   9. Karl und ich _____ (lernen) Deutsch.
  10. Ihr _____ (arbeiten) abends, nicht wahr?

III. Read the following sentences rapidly, concentrating on the meaning of **sie/Sie**. Which sentences have two possible meanings in spoken language?

   1. Sie wohnt zu Hause.
   2. Wohnen sie zu Hause?
   3. Wohnen Sie zu Hause?

4. Sie arbeitet bei Sears.
5. Studiert sie Deutsch?
6. Sie lernen Englisch.
7. Sind Sie Student?
8. Ist sie alt?
9. Sind sie in Chicago?
10. Kommen sie aus Florida?

IV. Write a statement about a friend, giving the information requested below. Use only expressions that have been introduced. Try to write it without referring to other parts of the unit. Then check your spelling and verb forms carefully.

1. what her/his name is
2. how old she/he is
3. where she/he comes from
4. in which city she/he lives
5. where and when she/he works
6. whether she/he is a student
7. what she/he is studying
8. whether she/he lives at home, in a dormitory, or with friends

V. Express in German the equivalent of the English statement or question below. You should be able to speak and write these rapidly and spontaneously without considering each sentence word by word:

1. Do you live at home?
2. She does live in California, doesn't she?
3. Her name is Monika.
4. Where are you working now?
5. He is a student and is studying biology in Berkeley.
6. Are you learning German together?
7. I believe he understands some English.
8. How old are they?
9. Why do you work alone?
10. Are you really only seventeen?

READING

You will notice immediately that the German in the reading passages is more difficult than the German you have been learning and practicing in Unit 1. But remember, the readings are designed for passive comprehension only. You are not expected to start actively using the structures and vocabulary yourself. You will find that your reading comprehension will increase faster than your active speaking skills, and if you work with the reading carefully, you will soon be able to read and understand quite complicated German.

You will have actively learned the majority of the words in the Reading sections already in the conversation texts and the Putting it to Work sections, and you should easily recognize them in their context. The rest of the vocabulary is divided into two categories: 1) New words and expressions which you will master actively later in the book. At this point you should learn these words passively only, that is, you should recognize their meaning when you see them in a German context. All such items are listed in the Vocabulary section at the end of the unit under *Passive* (they are not footnoted). 2) Footnoted words and expressions. *You are not responsible for learning these vocabulary items.* They will appear actively either much later in the book or not at all. Use the English footnotes simply to aid you in your comprehension of the text.

Reading for Comprehension. Do not become preoccupied with grammatical analysis of the reading passage. You should ask grammatical questions only when the answer is needed to comprehend what you are reading. The exercises following the passage are intended to check your comprehension. If you read the passage correctly, you should have no problem doing the comprehension exercises.

Der Bauernhof gehört seit fast 150 Jahren unserer Familie.

NICHT ALLE MENSCHEN, DIE[1] DEUTSCH SPRECHEN, SIND DEUTSCHE

Sie lernen jetzt Deutsch. Gut! Aber eine Frage: Wo können Sie eigentlich[2] Deutsch sprechen? Die Antwort[3]: Überall in der Welt[4], auch in Milwaukee und New Braunfels, Texas. Aber nicht alle Menschen, die Deutsch sprechen, sind Deutsche. Außerdem[5] wollen Sie doch nicht nach Texas fahren, um Deutsch zu[6] sprechen. In Europa finden Sie etwa[7] 120 Millionen Menschen, die[8] Deutsch als[9] Muttersprache[10] haben. Sie sind aber auch nicht alle Deutsche und wohnen nicht alle in Deutschland. Wer sind z.B.[11] diese folgenden[12] vier? Sind sie Deutsche? Was glauben Sie?

1. Ich heiße Jutta Wilhelm, bin achtzehn Jahre alt und in der zwölften Klasse. Ich wohne in Hainstadt. Hainstadt ist eine kleine Stadt am Main[13] nicht weit[14] von Frankfurt. Mein Vater ist Goldschmied[15] in einer Schmuckfabrik[16], meine Mutter Hausfrau. Ich habe drei Geschwister: eine Schwester und zwei Brüder. Meine Schule, ein neusprachliches[17] Gymnasium[18], ist in Mühlheim, zwanzig Kilometer von Hainstadt entfernt[19]. Ich muß also[20] mit dem Bus in die Schule kommen . . .

2. Mein Name ist Dieter Engelbrett. Ich wohne in Berlin, Hauptstadt[21] der DDR (Deutsche Demokratische Republik). Mein Beruf[22] ist Physiker[23]. Ich arbeite an der Ingenieurhochschule[24] Berlin-Wartenburg. Meine Frau arbeitet auch. Sie ist Krankenschwester[25] im Bezirkskrankenhaus[26]. Wir haben zwei Kinder: Günther, acht, ist in der zweiten Klasse der Oberschule[27]. Barbara, zwei, ist noch in der Kinderkrippe[28] . . .

3. Ich heiße Annette Wagner und wohne in einem sehr kleinen Dorf[29] in der Nähe von[30] Linz. Mein Vater ist Bauer[31]. Der Bauernhof[32] gehört[33] seit fast[34] 150 Jahren unserer Familie. Mein Bruder wohnt zu Hause und hilft[35] meinem Vater beim Ackerbau[36]. Meine Schwester ist verheiratet und wohnt in Wien[37]. Ihr Mann ist Geschäftsmann[38]. Ich bin erst zwölf aber manchmal helfe[39] ich auch auf dem Feld[40] . . .

4. Ich heiße Peter Bärlach. Ich bin neunzehn Jahre alt und wohne seit[41] zwei Jahren als Banklehrling[42] in Zürich. Ich komme aus Schaffhausen, in der Schweiz. Meine Eltern wohnen noch dort. Zu Hause sprechen wir immer „Schwyzerdütsch[43]", aber in der Bank muß ich oft Hochdeutsch[44] sprechen. Ich spreche auch Französisch[45] und ein bißchen Italienisch[46] . . .

---

[1]who [2]actually [3]answer [4]all over the world [5]besides [6]*um . . . zu:* in order to [7]about [8]who [9]as [10]mother tongue [11]for example (*z.B. = zum Beispiel*) [12]following [13]on the Main (German river) [14]far [15]goldsmith [16]jewelry factory [17]modern language [18]type of secondary school [19]*von . . . entfernt:* away from [20]thus [21]capital [22]profession [23]physicist [24]school of engineering [25]nurse [26]district hospital [27]required school for all children in the GDR [28]nursery school [29]village [30]near [31]farmer [32]farm [33]has belonged to [34]for almost [35]helps [36]with farming [37]Vienna [38]businessman [39]help [40]in the fields [41]for [42]as a banker's apprentice [43]*Schweizer Deutsch:* Swiss German [44]standard German [45]French [46]a little Italian

READING COMPREHENSION CHECK

I. Check *all* correct answers. More than one answer may be correct, and all answers may be incorrect.

1. Wo spricht man Deutsch? [*Where is German spoken?*]
    a. in der Bundesrepublik Deutschland (BRD) ✓
    b. in der Deutschen Demokratischen Republik (DDR) ✓
    c. in Argentinien
2. Alle Menschen, die Englisch sprechen, sind
    a. Engländer
    b. Amerikaner
    c. Texaner
3. Wo sprechen fast [*almost*] alle Menschen Deutsch als Muttersprache?
    a. überall in Europa
    b. in Österreich [*Austria*] ✓
    c. in der Schweiz [*Switzerland*] ✓
4. Wer sind Deutsche?
    a. nur [*only*] Jutta
    b. Jutta und Dieter ✓
    c. alle vier
5. Wo wohnt Jutta?
    a. in der DDR
    b. in der Schweiz
    c. in der BRD ✓
6. Wo wohnt Dieter?
    a. in Österreich
    b. in der BRD
    c. in der DDR ✓
7. Wo wohnt Annette?
    a. in der Schweiz
    b. in Österreich ✓
    c. in der BRD
8. Wo wohnt Peter?
    a. in Texas
    b. in Österreich
    c. in der Schweiz ✓
9. Diese vier
    a. sprechen alle Deutsch, sind aber nicht alle Deutsche. ✓
    b. wohnen alle in einem Land, wo Deutsch für viele [*for many*] die Muttersprache ist. ✓
    c. sind alle Deutsche.
10. Was ist Hochdeutsch?
    a. die Sprache [*language*], die wir in *Using German* lernen ✓

b. die Sprache, die fast alle Deutschen sprechen können, wenn [*if*] sie wollen ✓
c. ein Dialekt ✓

II. Jutta, Dieter, Annette, oder [*or*] Peter?

   1. Wer ist noch in der Schule?
   2. Wer hat einen Beruf [*profession*]?
   3. Wer lernt einen Beruf?
   4. Wer wohnt in einem kommunistischen Land?
   5. Wer wohnt in einer Großstadt? [*big city*]
   6. Wer wohnt auf dem Land? [*in the country*]
   7. Wer ist verheiratet?
   8. Wer wohnt nicht zu Hause?

TOPICS FOR FURTHER DISCUSSION

   1. Locate on a map where the four people live.
   2. What is the difference between "German" and "Germany?"
   3. What are the major German-speaking countries?
   4. Why are there two German states?
   5. What is "Schwyzerdütsch?" Are there any other German dialects? Does English have dialects? Name a few.

VOCABULARY

The vocabulary of each unit is divided into two categories, active and passive. The active vocabulary contains most of the words and expressions that appear in the opening dialogues and Putting it to Work sections. You are expected to be able to use these words correctly in both speech and writing. The passive vocabulary consists primarily of words and expressions from the readings, plus some vocabulary items used elsewhere in the unit. You are expected to be able to recognize these vocabulary items when they are used in a context similar to the one in which they appear in a unit. Active recall is not required. However, since most passive vocabulary, except that of the last several units, becomes active later in the book, it will be helpful to you to learn it as well as possible at the time of its appearance. When a word or expression becomes active, it will appear in the Active Vocabulary section. You are not responsible for vocabulary in a unit which is either footnoted or given in brackets and therefore does not appear in the Vocabulary section. Within both the Active and Passive categories, words are listed alphabetically according to the following subcategories:

   1) nouns
   2) verbs
   3) other words
   4) expressions

Ich wohne in Berlin, Hauptstadt der DDR.

Active

Nouns

In all vocabulary lists, nouns are given together with their articles. The concept of gender and the importance of learning nouns together with their articles (**der**, **die**, **das**) will be discussed in Unit 2. For this unit, concentrate on the spelling and meaning of the nouns listed below. *Note that all nouns are capitalized in German.*

die	Biologie	*biology*
die	Chemie	*chemistry*
(das)	Deutsch*	*German* (language)
(das)	Englisch	*English* (language)
die	Mathematik	*mathematics*
die	Musik	*music*
die	Philosophie	*philosophy*
der	Photograph	*photographer*
der	Student	*student* (*male*)
die	Studentin	*student* (*female*)
die	Universität (Uni)	*university*

Verbs

arbeiten (bei)	*to work* (at)
glauben	*to believe*
heißen	*to be called*
kommen (aus)	*to come* (from)
lernen	*to learn*
sein	*to be*
studieren	*to study*
verstehen	*to understand*
wissen (du weißt, er weiß)	*to know*
wohnen (in)	*to live, to reside* (in)

Other Words

abends	*evenings, in the evening*
aber	*but*
ach	*oh*
allein	*alone*
alt	*old*
auch	*also*
aus	*from, out of*
bei	*at*

* Articles listed in parentheses indicate that the noun is normally used without an article.

beide	*both*
die beiden	*both of them*
bitte	*please*
das	*that, the*
du	*you*
er	*he*
erst	*only*
es	*it*
etwas	*some, a little, something*
gut	*good*
hier	*here*
ich	*I*
ihr	*you*
in	*in*
ja	*yes*
jetzt	*now*
leider	*unfortunately*
mit	*with*
nein	*no*
richtig	*right, correct*
schon	*already*
schwer	*difficult, hard*
sehr	*very*
sie	*she, they*
Sie	*you*
und	*and*
viel	*much, a lot*
wann	*when*
warum	*why*
was	*what*
wer	*who*
wie	*how*
wieder	*again*
wir	*we*
wirklich	*really*
wo	*where*
woher	*from where, from what source*
zusammen	*together*

Expressions (Learn each of these as a complete vocabulary item!)

Ach so!	*Aha!*
auf der Universität (Uni)	*at the university*
bei Professor Hahn	*from Professor Hahn, in Professor Hahn's class*

Das ist richtig.	*That's right.*
gute Freunde	*good friends*
Ich bin achtzehn Jahre alt.	*I'm eighteen years old.*
Ich bin Student (Studentin).	*I'm a student.*
Ich weiß nicht.	*I don't know.*
in der Deutschstunde	*in (the) German class*
nicht viel	*not much*
nicht wahr? nicht?	*isn't that so? right?*
(Das) stimmt.	*(That's) right.*
Wie heißen Sie? Wie heißt du?	*What's your name?*
zu Hause	*at home*
Sind Sie hier (in Berkeley) zu Hause?	*Do you live here (in Berkeley)?*

Flavoring Particles

Flavoring particles are words which are not directly translatable, but which are idiomatically and expressively used in German. They often indicate the speaker's attitude toward his or her statement or question. The best way to begin to learn these tricky little words is to observe their usage in the texts.

denn (*in a question*)

Denn is frequently used to add emphasis to questions: to stress the speaker's interest in receiving an answer or, less frequently, to express the speaker's impatience.

Woher kommen Sie denn?
Was studieren Sie denn?
Wie heißt du denn?

doch (*unstressed*)

No directly translatable meaning; expresses the speaker's conviction that his or her statement or question is true and will not be contradicted.

Ihr studiert doch bei Professor Hahn, nicht?
Du bist doch Student, nicht wahr?

Passive

Nouns

die Arbeit	*work*
der Bruder (die Brüder)	*brother (brothers)*
die Bundesrepublik Deutschland	*Federal Republic of Germany*
die Deutschen	*the Germans*
Deutsche	*Germans*

die Deutsche Demokratische Republik	*German Democratic Republic*
die Eltern	*parents*
die Familie	*family*
die Frage	*question*
die Frau	*woman, wife*
der Freund (die Freunde)	*friend (friends)*
die Geschwister (plural)	*brothers and sisters (siblings)*
die Hausfrau	*housewife*
das Jahr (die Jahre)	*year (years)*
das Kind (die Kinder)	*child (children)*
die Klasse	*class*
der Mann	*man, husband*
der Mensch (die Menschen)	*person, human being (people)*
die Mutter	*mother*
die Schule	*school*
die Schwester	*sister*
die Stadt	*city*
der Vater	*father*

Verbs

fahren	*to drive*
finden	*to find*
haben	*to have*
können (er kann)	*to be able, can*
machen	*to do, to make*
müssen (er muß)	*to have to, must*
sprechen	*to speak*
wollen (er will)	*to want*

Other Words

alle	*all*
alles	*everything*
da	*there*
diese	*these*
dort	*there*
ein	*a*
ihr	*her, their*
immer	*always*
klein	*small*
manchmal	*sometimes*
mein	*my*
nach	*to, after*

nicht	*not*
noch	*still*
oft	*often*
unser	*our*
verheiratet	*married*
von	*from*

2/ZWEI

WAS MACHT IHRE FAMILIE?

Most of us have frequent occasion to talk about our families. Curiosity and politeness lead us to ask others about theirs. In order to discuss the family in German, we need to examine the concept of gender and learn the words for *my*, *our*, *your*, *his*, *her*, and *their*.

A der

„Wo arbeitet der Vater?"
„Er arbeitet bei IBM."

„Wie schmeckt der Kaffee?"
„Er schmeckt ganz gut."

Der Wein ist ausgezeichnet.
Der Sohn ist erst siebzehn; er ist noch Schüler.
Der Wagen ist zu Hause.

die

„Kommt die Mutter auch aus Chicago?"
„Ja, sie ist dort Lehrerin."

„Ist die Wohnung klein?"
„Sie ist leider sehr klein aber doch schön."

Wohnt die Tochter auch hier in Berlin?
Die Stadt ist sehr modern.
Die Schule hier ist ganz anders.

das

„Warum bleibt das Kind zu Hause?"
„Es ist noch jung, erst drei."

Das Bier ist gut, aber es ist zu warm.
Das Problem ist leider nicht einfach.
Das Buch ist ganz interessant.

Die Wohnung ist leider sehr klein aber doch schön.

die

„Wohnen die Eltern auch in Berlin?"
„Nein, sie wohnen in Hamburg."

„Sind die Fragen immer schwer?"
„Nein, sie sind meistens einfach."

Was lernen die Studenten?
Die Professoren sind gut, nicht?
Die Wagen sind ganz alt.

PUTTING IT TO WORK

I. der, die, das

Every German noun is either masculine, feminine or neuter. This distinction is called *gender*, and it applies to nouns referring to things as well as people. The forms of the definite article (*the*) corresponding to the three genders are:

der (*masculine*)
die (*feminine*)
das (*neuter*)

You must *memorize* the gender of each new noun you learn! And since the meaning of the noun only occasionally gives you a clue to its gender, it is simplest to memorize the article along with the noun itself. Thus, learn:

der Student   *the (male) student*
die Studentin* *the (female) student*
das Kind   *the child*

and

der Wein *the wine*
die Stadt *the city*
das Bier *the beer*

---

* Many German nouns, usually denoting professions, have both a masculine and feminine form. To create the feminine form, add the ending **-in** to the masculine form and change the article to **die**: **der Lehrer, die Lehrerin, der Professor, die Professorin**.

No gender distinction is made in the plural of nouns. The definite article of all plural nouns is **die**.

	SINGULAR		PLURAL
MASCULINE	FEMININE	NEUTER	ALL GENDERS
der	die	das	die

How to form the plural of a noun itself will be taken up later. For this unit you need to learn only the following plural forms, which you will be using actively:

SINGULAR	PLURAL
der Bruder	**die Brüder**
die Frage	**die Fragen**
der Freund	**die Freunde**
das Kind	**die Kinder**
die Schwester	**die Schwestern**
der Student	**die Studenten**
der Wagen	**die Wagen**

PLURAL (no singular)

die Eltern
die Geschwister

Before continuing to the Practice section below, study the nouns listed in the Vocabulary for this unit. Be sure to memorize their gender as well as their meaning!

PRACTICE A (Individual)

Complete the question by supplying the noun with its proper definite article.

Wie heißt _____ (*the mother*)?
Wo bleibt _____ (*the daughter*)?
Wo arbeitet _____ (*the father*)?
Wo sind _____ (*the parents*)?
Wo ist _____ (*the car*)?
Wo sind _____ (*the cars*)?
Wie groß ist _____ (*the apartment*)?
Wie heißt _____ (*the beer*)?
Wie groß ist _____ (*the family*)?
Arbeiten _____ (*the sisters*)?
Ist _____ (*the brother*) zu Hause?
Lernen _____ (*the students*) Deutsch?
Wie heißt _____ (*the man*)?

QUESTION–ANSWER PRACTICE (Pairs)

Answer the questions using an appropriate noun. Don't use names:

> Wer lernt Deutsch?
> Was ist schwer?
> Wer wohnt zusammen?
> Wer arbeitet abends?
> Wer studiert?
> Was schmeckt gut?
> Wer ist siebzehn Jahre alt?
> Wer arbeitet bei IBM?
> Wer bleibt oft zu Hause?
> Was ist nicht einfach?
> Wer ist erst siebzehn?
> Wer kommt aus Chicago?

II. der > *er*, die > *sie*, das > *es*

A pronoun must agree in gender and number (singular or plural) with the noun it stands for:

Der Vater arbeitet bei IBM.	**Er** ist Ingenieur.
Wie schmeckt **der Kaffee?**	**Er** schmeckt ganz gut.
Die Tochter ist zwanzig.	**Sie** studiert auf der Universität.
Die Schule ist in Berlin.	**Sie** ist ganz anders als zu Hause.
Das Kind bleibt zu Hause.	**Es** ist sieben Jahre alt.
Wie ist **das Bier?**	**Es** ist zu warm.
Wo sind **die Eltern?**	**Sie** sind zu Hause.
Wie sind **die Wagen?**	**Sie** sind alt.

	MASCULINE	FEMININE	NEUTER	PLURAL
ARTICLE	der	die	das	die
PRONOUN	er	sie	es	sie

There are no exceptions to the principle of agreement. Object nouns must be replaced with pronouns of appropriate gender:

der Wein > **er**
der Wagen > **er**
der Kaffee > **er**

die Frage > **sie**
die Stadt > **sie**
die Wohnung > **sie**

das Bier > **es**
das Buch > **es**
das Problem > **es**

Remember that the pronoun for *all* plural nouns is **sie**:

die Fragen > **sie**
die Wagen > **sie**
die Freunde > **sie**

PRACTICE A (Individual)

Fill in the correct pronoun.

Wie heißt der Student? _____ heißt Paul.
Wo ist die Universität? _____ ist in Berlin.
Ist der Kaffee schon kalt? Nein, _____ ist noch warm.
Wie schmeckt der Wein? _____ schmeckt gut.
Ist die Arbeit schwer? Ja, _____ ist sehr schwer.
Wohnen die Freunde zusammen? Ja, _____ wohnen zusammen.
Ist das Kind sieben? Ja, _____ ist sieben.
Wohnen die Kinder zu Hause? Ja, _____ wohnen zu Hause.
Wo ist der Wagen? _____ ist zu Hause.
Ist die Wohnung groß? Nein, aber _____ ist schön.

QUESTION–ANSWER PRACTICE (Pairs)

Answer the following questions using pronouns.

Wie heißt der Vater?
Wie ist die Stadt?
Wie schmeckt das Bier?
Wo wohnt die Mutter?
Ist die Arbeit schwer?
Wie alt ist das Kind?
Wohnen die Brüder zu Hause?
Ist die Wohnung modern?
Lernt der Student Deutsch?
Studiert die Studentin Musik?
Wohnen die Eltern in Chicago?
Wie heißen die Schwestern?
Sind die Wagen alt?

B Meine Familie

Ich heiße Monika Rasp.
Meine Familie kommt aus Berlin, aber wir wohnen jetzt in München.
Mein Vater ist Geschäftsmann [*businessman*] und meine Mutter Kindergärtnerin
  [*Kindergarten teacher*].
Meine Schwester Lisa ist schon verheiratet und wohnt jetzt in Amerika.
Mein Bruder Hans ist auch verheiratet.
Er und seine Frau wohnen zur Zeit in Stuttgart.
Er ist Architekt, und sie ist Chemikerin [*chemist*].
Ich bin dreizehn Jahre alt und bin noch Schülerin. Meine Freundin Ulrike und ich
  arbeiten sehr schwer. Wir lernen ja Englisch.

Was machen deine Eltern?

Student A: Wohnt deine Familie hier in Kalifornien?
Student B: Ja, in Los Angeles.
Student A: Was macht dein Vater dort?
Student B: Er ist Techniker bei *Universal Studios*.
Student A: Arbeitet deine Mutter auch?
Student B: Ja, sie ist Sekretärin. Und wo wohnt deine Familie?
Student A: Meine Mutter wohnt hier in Kalifornien, aber mein Vater wohnt in
  Indiana.
Student B: Sind sie geschieden?
Student A: Ja, aber meine Mutter ist wieder verheiratet.
Student B: Und dein Vater?
Student A: Er wohnt jetzt allein.

Meine Brüder sind noch Schüler.

Ihr und ihr

A: Was macht Ihr Bruder jetzt?
B: Er ist verheiratet und wohnt zur Zeit in Berkeley.
A: Ist er Student?
B: Ja, und seine Frau auch. Sie studieren beide Medizin.
A: Wirklich! Ist Ihr Vater denn so reich [*rich*]?
B: Nein, aber ihr Vater ist Arzt.

PUTTING IT TO WORK

I. Possessive Adjectives

Study the following sentences, paying close attention to the boldface words.

Mein Vater ist Geschäftsmann.	*My father is a businessman.*
Meine Mutter ist Lehrerin.	*My mother is a teacher.*
Mein Kind ist jetzt sieben.	*My child is seven now.*
Meine Freunde wohnen zusammen.	*My friends live together.*
Unser Haus ist sehr modern.	*Our house is very modern.*
Unsere Kinder sind noch jung.	*Our children are still young.*

Ist **Ihr** Bruder verheiratet?	*Is your brother married?*
Wo arbeitet **Ihre** Schwester?	*Where does your sister work?*
Ist das **dein** Sohn?	*Is that your son?*
Was? **Eure** Tochter ist wieder geschieden?	*What? Your daughter is divorced again?*

Seine Frau ist auch Studentin.	*His wife is also a student.*
Was macht **ihr** Mann?	*What does her husband do?*
Ja, ich weiß, Lisa und **ihr** Bruder wohnen hier in Berlin, aber wo wohnen **ihre** Eltern?	*Yes, I know Lisa and her brother live here in Berlin, but where do their parents live?*

Here are the possessive adjectives corresponding to the personal pronouns:

ich > mein (*my*)	wir > unser (*our*)
du > dein (*your*)	ihr > euer (*your*)
er > sein (*his*)	sie > ihr (*their*)
sie > ihr (*her*)	
es > sein (*its*)	

Sie > Ihr (*your*)

The form of the possessive adjective is affected by the gender of the noun it modifies. When, as the subject of the sentence, the noun is masculine or neuter, the form is unchanged (no ending is added):

MASCULINE	NEUTER
mein Vater	mein Bier
dein Bruder	dein Buch
sein Wagen	sein Haus
ihr Freund	ihr Kind
unser Sohn	unser Motorrad
euer Professor	euer Problem
ihr Lehrer	ihr Theater
Ihr Kaffee	Ihr Bier

When the subject noun is feminine or plural, the form ends in **-e**:

FEMININE	PLURAL
meine Arbeit	meine Brüder
deine Familie	deine Eltern
seine Frau	seine Fragen
ihre Schule	ihre Freunde
unsere* Klasse	unsere* Kinder
eure* Tochter	eure* Studenten
ihre Universität	ihre Schwestern
Ihre Wohnung	Ihre Wagen

* Note that the **e** of both **unser** and **euer** is usually dropped in speech when the words have an ending; in writing the **e** is dropped in **euer** (**eure Tochter**) but retained in **unser** (**unsere Klasse**).

PRACTICE A (Individual)

Decide whether the correct form should be **mein** or **meine**.

_____ Vater ist Photograph.
_____ Schwester heißt Kathy.
_____ Wagen ist alt.
_____ Wohnung ist schön.
_____ Tochter ist klein.
Wo ist _____ Bier?
Ist das _____ Buch?
_____ Wein ist zu kalt.
_____ Bruder arbeitet abends.
Sind _____ Schwestern zu Hause?
Wo ist _____ Wagen?
_____ Freunde lernen jetzt Deutsch.
_____ Eltern kommen aus New York.
_____ Vater ist tot.

TALKING ABOUT YOUR FAMILY (Pairs or Groups)

Using sentences from the categories below or from previous patterns, prepare a short description of your own family to present to another student, to a group, or to the class as a whole. Some of the additional information supplied in brackets may be of use to you in talking about your own situation; it need not be mastered actively.

1) Wo meine Familie wohnt:

Meine Familie wohnt in Michigan.
Meine Eltern und meine Geschwister (meine Schwestern, meine Brüder)
    wohnen in Arizona, aber ich wohne jetzt in Kalifornien.
Mein Vater wohnt in Florida, und meine Mutter wohnt zur Zeit in New Jersey.

2) Was mein Vater macht:

Mein Vater ist Lehrer.
Mein Vater arbeitet bei IBM.
    in einer Fabrik [*in a factory*]
    in einem Geschäft [*in a store*]
Mein Vater ist beim Militär [*in the military*].
Mein Vater ist pensioniert [*retired*].

3) Was meine Mutter macht:

Meine Mutter ist Photographin.
    Hausfrau, Lehrerin
Meine Mutter arbeitet für die Regierung [*for the government*].
Meine Mutter ist tot.

4) Meine Eltern:

Meine Eltern sind geschieden.
Meine Mutter ist wieder verheiratet und wohnt in Montana.

5) Mein Vater/Stiefvater [*stepfather*]:

Mein Vater heißt Henry.
Er ist dreiundvierzig Jahre alt.
Er kommt aus Ohio.

6) Meine Mutter/Stiefmutter [*stepmother*]:

Meine Mutter heißt Eleanor.
Ich weiß nicht, wie alt sie ist. [*I don't know how old she is.*]
Sie kommt aus England.

7) Meine Geschwister (mein Bruder und meine Schwester):

Wir sind sechs zu Hause.
Meine Familie ist groß.
Mein Bruder heißt Kevin.

Meine Schwester ist verheiratet und wohnt zur Zeit in Schwabing. Ihre Tochter
ist erst drei.

Er ist dreizehn Jahre alt.
Er ist noch Schüler.
Mein Bruder Jim ist vierundzwanzig.
Er ist verheiratet und arbeitet.
Meine Brüder heißen Matt und Steve.
Meine Schwester Jan ist auch Studentin; noch Schülerin.
Meine Schwester Carol ist verheiratet.
Sie und ihr Mann haben ein Kind. Es heißt Swen. Es ist zwei Jahre alt.
Ich habe keinen Bruder. [*I don't have a brother.*]
Ich habe keine Schwester. [*I don't have a sister.*]
Ich habe keine Geschwister. [*I don't have any siblings.*]

8) Ich bin verheiratet:

Mein Mann ist Arzt.
Meine Frau ist Ärztin.

Unser/Unsere

Review the following sentences.

Unser Professor ist leider sehr alt.
Unsere Wohnung ist modern.
Unser Haus ist sehr groß.
Unsere Eltern wohnen noch in Deutschland.

■ PRACTICE B (Individual)

Express the following thoughts in German, using the correct form of **unser**.

our friends live in California
our apartment is big
our children are at home
our car is little
our work is difficult
our brothers live at home
our sisters are six and eight
our son is a student
our mother lives in New York
our brother is still a pupil

Ihr/Ihre, dein/deine, euer/eure

These three possessive adjectives all mean *your* and are easily confused.

Ihr	*your* (*polite, singular and plural; always capitalized*)
dein	*your* (*familiar, singular*)
euer	*your* (*familiar, plural; when **euer** has an ending, the e is usually dropped: **eure***)

■ PRACTICE C (Individual)

Change the second dialogue of Section B of this unit (p. 46) to the polite form.

ANSWERING QUESTIONS ABOUT YOUR FAMILY AND ASKING OTHERS ABOUT THEIRS

A) (Pairs: Instructor/Student)

Answer the following questions about your family. To avoid negative answers, begin with **nein** and then give an affirmative reply.

> Wo wohnt Ihre Familie?
> Was macht Ihr Vater?
> Und Ihre Mutter, was macht sie?
> Wie heißt Ihr Vater?
> Wie alt ist er?
> Woher kommt Ihr Vater?
> Wie heißt Ihre Mutter?
> Wie alt ist sie?
> Wie viele sind Sie zu Hause?
> Wie heißt Ihr Bruder?
> > Ich habe keinen Bruder. [*I don't have a brother.*]
> Ist Ihr Bruder noch Schüler?
> Ist Ihre Schwester auch Studentin?
> > Ich habe keine Schwester. [*I don't have a sister.*]
> Wohnt Ihre Schwester in Kalifornien?

B) (Pairs: Student/Student)

Ask a classmate the above questions using **dein(e)**.

C) (Pairs: Student/Student)

Answer the following questions using **unser(e)**. You will probably have to pretend the question applies to you and a friend, a brother or sister, etc.

> Wie heißt euer Vater?
> Kommt eure Mutter aus Kanada?
> Kommt euer Professor aus Deutschland?
> Wie alt ist euer Bruder?
> Wie heißt eure Schwester?
> Ist euer Haus groß?

Wo wohnen eure Eltern?
Lernen eure Freunde Deutsch?

D) (Pairs: Student/Student)

Answer using **mein** or **unser** (**mein** when the question uses **dein** and **unser** when the question uses **euer**).

Ist das deine Schwester?
Ist eure Arbeit schwer?
Schmeckt dein Bier auch schlecht?
Wohnen eure Freunde zusammen?
Woher kommen deine Eltern?
Wie schmeckt dein Wein?
Arbeitet euer Bruder?
Ist eure Universität groß?
Sind eure Geschwister alt?

E) (Pairs: Student/Student)

This time answer with either **dein** or **euer** (**dein** if the question uses **mein**, **euer** if the question uses **unser**).

Ist meine Frage schwer?
Meine Wohnung ist schön, nicht?
Ist unser Haus zu klein?
Wo ist mein Mann? (*possible answer:* zu Hause)
Ist unsere Arbeit gut?
Wie heißt unser Arzt?
Ist mein Bruder zu Hause?
Sind unsere Brüder hier?
Unsere Stadt ist schön, nicht?

F) (Pairs: Student/Instructor)

Answer the questions in E using **Ihr**.

G) (Pairs)

Now try conversing briefly with a classmate or your instructor by asking each other questions about your families (house, apartment, car, etc.). Don't try to use expressions we have not yet had. Make an outline if you think you may go blank, but don't write down the questions in their entirety.

sein/seine, ihr/ihre

Remember that the form **ihr(e)** (not capitalized) may mean either *her* or *their*, depending on the context.

■ PRACTICE D (Individual)

Change the first dialogue of Section B of this unit (**Meine Familie**) so that you would be telling someone about Monika's family instead of her telling about it herself.

PRACTICE E (Individual)

How would the following description have to be changed if you were talking about a male friend instead of about yourself?

> Meine Familie wohnt jetzt in Texas.
> Mein Vater ist dort beim Militär.
> Meine Mutter arbeitet für die Regierung [*government*].
> Mein Bruder ist noch Schüler.
> Meine Schwester ist verheiratet und arbeitet bei IBM.
> Sie wohnt auch in Texas.
> Ich bin Student auf der Universität Texas.
> Mein Freund und ich lernen Deutsch.

PRACTICE F (Individual)

If two brothers told you the following information about their family, how would you tell someone else the same information about them?

> Unsere Familie kommt aus New England.
> Unser Vater ist tot.
> Wir wohnen jetzt in Connecticut.
> Unsere Mutter ist Ärztin.
> Wir arbeiten in einer Fabrik [*in a factory*].
> Unsere Wohnung ist klein, aber sie ist schön.
> Unser Wagen ist alt, aber er ist gut.

PRACTICE G (Pairs)

Assume you are engaged in a conversation with a person who makes the following statements. Could you keep the conversation going by asking a question along the lines indicated?

> Mein Sohn ist jetzt verheiratet.
> (*Ask a question about his wife.*)

Karl und Peter lernen jetzt Deutsch.
(*Ask a question about their teacher.*)

Sandra kommt aus New York.
(*Ask a question about her sister.*)

Debbie ist jetzt Studentin.
(*Ask a question about her parents.*)

Monikas Mutter ist Ärztin.
(*Ask a question about her father.*)

Meine Tochter arbeitet in New York.
(*Ask a question about her work.*)

Johnsons wohnen jetzt in Texas.
(*Ask a question about their house.*)

Mein Freund heißt Karl.
(*Ask a question about his family.*)

TALKING ABOUT SOMEONE ELSE'S FAMILY (Pairs and Groups)

A. Tell a classmate, a group or the class as a whole about your friend and his or her family. Say all you can at this point without using patterns we have not had.

B. Ask a classmate about his or her family and then report the information to another classmate or to your group.

GRAMMAR SUMMARY

I. Gender

All German nouns are either masculine, feminine, or neuter. The article of the noun indicates its gender. Pronouns referring to nouns must always agree in gender with the noun.

ARTICLE		PRONOUN
der	*masculine*	er
die	*feminine*	sie
das	*neuter*	es
die	All Plural Nouns	sie

II. Possessive Adjectives

The possessive adjectives modifying feminine and plural nouns add the ending **-e** to their basic form:

BASIC FORM	MASCULINE	FEMININE	NEUTER	PLURAL
mein (*my*)	mein Vater	meine Mutter	mein Kind	meine Eltern
dein (*your*)	dein Vater	deine Mutter	dein Kind	deine Eltern
sein (*his*)	sein Vater	seine Mutter	sein Kind	seine Eltern
ihr (*her*)	ihr Vater	ihre Mutter	ihr Kind	ihre Eltern
sein (*its*)	sein Vater	seine Mutter	sein Kind	seine Eltern
unser (*our*)	unser Vater	unsere Mutter	unser Kind	unsere Eltern
euer (*your*)	euer Vater	eure Mutter	euer Kind	eure Eltern
ihr (*their*)	ihr Vater	ihre Mutter	ihr Kind	ihre Eltern
Ihr (*your*)	Ihr Vater	Ihre Mutter	Ihr Kind	Ihre Eltern

III. Meanings of **ihr** and **Ihr**

A. Used alone, **ihr** is a personal pronoun, the plural of **du**, and means *you.*

Lernt ihr Deutsch?   *Are you learning German?*

B. Used as a possessive adjective (modifying a noun), **ihr** means either *her* or *their*, with the context determining which is meant.

Ist das ihr Vater? { *Is that her father?* or *Is that their father?* }

C. When used as a possessive adjective and capitalized, **Ihr** means *your*, corresponding to the polite pronoun **Sie**, both singular and plural.

Ist das Ihr Sohn, Herr Müller?	*Is that your son, Mr. Miller?*
Herr und Frau Müller, sind das Ihre Kinder?	*Mr. and Mrs. Miller, are those your children?*

The distinction is not clear, however, at the beginning of a sentence.

Ihr Sohn arbeitet schwer. { *Your son works hard.* / *Her son works hard.* / *Their son works hard.* }

D. Note that the distinction between **ihr** (*her* or *their*) and **Ihr** (*your*) is also unclear in spoken language. The following sentence when spoken could have three meanings.

Wo ist Ihr / ihr Wagen? { *Where is your car?* / *Where is her car?* / *Where is their car?* }

Context alone determines which is meant.

EXERCISES

I. Supply the correct personal pronoun.

1. Wohnen eure Eltern noch zusammen? Nein, _____ sind geschieden.
2. Wie heißt Ihr Lehrer? _____ heißt Herr Baumann.
3. Ist deine Wohnung groß? Nein, _____ ist sehr klein.
4. Ist Ihr Vater streng? Ja, _____ ist sehr streng.
5. Ist sein Wagen groß? Ja, _____ ist sehr groß.
6. Wie ist das Bier in München? _____ ist natürlich gut.
7. Woher kommt ihre Familie? _____ kommt aus Deutschland.
8. Ist ihre Tochter schön? Ja, und _____ ist unverheiratet.
9. Was machen deine Schwestern? _____ sind alle auf der Universität.
10. Wie groß ist die Universität? _____ ist zu groß.

II. Read the following sentences, concentrating on the meaning of **ihr/Ihr**. Which of them could have more than one meaning if you only heard them spoken?

1. Brigitte wohnt noch in Deutschland. Aber ihr Bruder ist in New York zu Hause.
2. Ist das Ihr Professor?
3. Sie wohnt hier, aber ihre Eltern wohnen in Chicago.
4. Sie wohnen hier, aber ihre Freunde sind alle in Europa.
5. Ist Ihr Wagen klein oder groß?
6. Sie sind Rechtsanwalt und Ihr Sohn ist Professor, nicht wahr?
7. Trinkt ihr immer so viel Bier?
8. Ihre Wohnung ist sehr klein.
9. Ich glaube, sie wohnen in Beverly Hills; ihr Haus ist sehr groß.
10. Ihr wohnt in Berkeley, und eure Wohnung ist klein, nicht wahr?

III. Give the German for the italicized phrases in the following sentences.

1. Where does *your family* live, Mr. Meyer?
2. Isn't *her car* very small?
3. *Her brothers* are still in school.
4. *Their apartment* is very small.
5. Where are *your children* now, Professor Smith?
6. *Their parents* are strict.
7. How old is *her son*, anyway?
8. Are *their friends* here?
9. What does *your daughter* do, Mrs. Black?
10. *Her professor* is only thirty.

IV. *Vocabulary Check.* Complete the sentences. In some cases more than one solution may be possible. You should be able to do the exercise without looking up words.

    1. Meine Eltern wohnen nicht zusammen. Sie sind _____.
    2. Amerikaner trinken das Bier kalt. Viele Deutsche trinken es aber _____.
    3. Ich bin Student aber mein Bruder ist noch _____.
    4. Mein Vater und meine Mutter sind meine _____.
    5. Meine Mutter ist tot, und mein Vater wohnt jetzt _____.
    6. Mein Vater ist nicht mehr jung, aber er ist noch _____.
    7. Ein Cadillac ist groß; ein Volkswagen ist _____.
    8. Meine Familie kommt aus Missouri. _____ kommt Ihre Familie?
    9. Er ist verheiratet. Wie heißt _____ Frau?
   10. Ihre Kinder sind schön. Wie alt sind _____?

V. Express in German. You should be able to speak and write these sentences rapidly and spontaneously, without considering each one word by word.

    1. How does the wine taste?
    2. Your daughter is married, isn't she?

Ich brauche fast eine Stunde mit dem Bus in die Schule.

3. The work is difficult, but it is interesting.
4. What is her husband doing now?
5. Our professor's name is Baumann.
6. Are your brothers and sisters living at home?
7. That's right. She is still a student.
8. Her apartment is quite small, but it is beautiful.
9. What does his brother do?
10. Are they really living together?
11. We do understand his questions.
12. Why does their son always stay at home?
13. Where is your wife working?
14. Her friend is working at the present time for IBM.
15. Does your family come from Germany?

VI. Write a short paragraph describing your family, giving as much information about each family member as you can.

EIN BRIEF[1] AUS DEUTSCHLAND

Monika Schneider ist Schülerin an einem Gymnasium[2] in Stuttgart. In einem Brief an[3] eine amerikanische Schülerin schreibt sie über sich selbst[4] und ihre Familie: wie alt sie ist, was sie in der Schule lernt, was sie gern in ihrer Freizeit tut, was für Musik sie gern hört, wie ihr Bruder und ihre Schwester heißen, wohin ihre Familie in den Urlaub reist[5], usw.[6]:

„Ich heiße Monika Schneider und bin sechzehn Jahre alt. Ich besuche die zehnte Klasse eines Gymnasiums[7] hier in Stuttgart. Da[8] wir außerhalb der Stadt[9] wohnen, brauche ich fast eine Stunde mit dem Bus in die Schule[10]. Wir haben jeden Tag fünf bis sechs Stunden Unterricht[11]. Dieses Jahr habe ich Englisch, Deutsch, Mathematik, Biologie, Chemie, Geschichte[12], Gemeinschaftskunde[13], Musik, und Turnen[14]. Meine Lieblingsfächer[15] sind Englisch und Geschichte.

„Da[16] ich fast jeden Abend Hausaufgaben[17] mache, habe ich nur am Wochenende Freizeit. Am Samstagabend gehe ich mit meinem Freund ins Kino oder auf eine Party. Ab und zu[18] gehen wir auch in eine Diskothek, wo irgendeine[19] Rockgruppe spielt. Sonntagmorgen wandere ich gern, und am Abend sehe ich meistens fern.

„Ich habe einen älteren Bruder und eine jüngere Schwester. Mein Bruder, Dieter, ist schon verheiratet und wohnt mit seiner Frau und seinem Baby in München. Er ist Architekt. Meine Schwester ist erst zwölf und besucht eine neue Gesamtschule[20].

[1]letter   [2]secondary school   [3]to   [4]about herself   [5]*wohin . . . reist:* where her family travels for a vacation   [6]and so on (*und so weiter*)   [7]of a secondary school   [8]since   [9]outside the city   [10]*brauche . . . in die Schule:* it takes almost an hour with the bus to get to school   [11]five to six hours of instruction   [12]history   [13]social studies   [14]gymnastics   [15]favorite subjects   [16]since   [17]homework   [18]now and then   [19]some   [20]comprehensive (lower) school

„Wir haben zweimal im Jahr längere Ferien[21]: zu Weihnachten[22] und im Sommer. In den Sommerferien fahre ich mit meinen Eltern und meiner Schwester nach Italien[23], wo wir am Mittelmeer[24] oder Adriatischen Meer baden[25] und am Strand[26] in der Sonne liegen. Anschließend[27] arbeite ich vier Wochen als[28] Verkäuferin[29] in einem Kaufhaus[30] in Stuttgart. In den Winterferien fahren wir meistens in die Schweiz[31], wo wir skilaufen. Die Schweizer Alpen[32] sind nicht weit[33], und dort gibt es immer viel Schnee[34].

„Nächsten Winter möchte ich mit meinem Freund allein in den Urlaub fahren[35]. Meine Eltern wissen noch nichts davon[36]."

COMPREHENSION CHECK

How well did you understand the reading text? You should be able to pick out the correct answers to the following questions. (Note that more than one answer to each question may be correct!)

1. Wie lernt die Amerikanerin etwas über [about] Monika?
   a. Sie besucht Monika in Stuttgart.
   b. Aus einem Brief von Monika lernt sie etwas.
   c. Monika kommt nach Amerika und besucht die Amerikanerin.
   d. Monika schreibt über sich selbst in einem Brief.

2. Warum kommt Monika mit dem Bus in die Schule?
   a. Das Gymnasium ist in Stuttgart und Monika wohnt außerhalb der Stadt.
   b. Monika ist erst sechzehn Jahre alt.
   c. Monikas Vater hat kein [no] Auto.
   d. Das Gymnasium ist fast eine Stunde von ihrem Haus entfernt [away].

3. Wie wissen wir, daß [that] Monika nicht jeden Tag jedes Fach [subject] hat?
   a. Sie lernt neun Fächer, hat aber nur fünf bis [to] sechs Stunden Unterricht jeden Tag.
   b. Gemeinschaftskunde und Biologie sind zu schwer.
   c. Sie hat mehr [more] Unterrichtsstunden als [than] Fächer.
   d. Ihre Lieblingsfächer hat sie jeden Tag.

4. Warum wohnt Monikas Bruder nicht mehr zu Hause?
   a. Er ist verheiratet.
   b. Er hat eine Frau und ein Baby.
   c. Alle Architekten wohnen in München.
   d. München ist mehr als eine Stunde von Stuttgart entfernt.

---

[21]vacation   [22]at Christmas   [23]Italy   [24]on the Mediterranean   [25]swim   [26]beach   [27]afterwards   [28]as   [29]saleswoman   [30]department store   [31]Switzerland   [32]Swiss Alps   [33]far   [34]snow   [35]*möchte . . . fahren:* would like to go   [36]*Meine Eltern . . . davon:* My parents don't know anything about it yet.

5. Warum fahren Schneiders im Sommer nach Italien?
   a. Monika arbeitet dort in einem Kaufhaus.
   b. Sie baden gern.
   c. In Deutschland gibt es im Sommer immer viel Schnee.
   d. Sie liegen gern am Strand in der Sonne.

6. Warum fahren sie im Winter in die Schweiz?
   a. Sie laufen gern Ski.
   b. Deutschland ist im Winter zu kalt.
   c. In den Schweizer Alpen gibt es immer viel Schnee.
   d. Die Schweiz ist nicht zu weit von Stuttgart entfernt.

7. Was macht Monika wahrscheinlich in der Diskothek?
   a. Sie sieht einen Film.
   b. Sie tanzt [*dances*] mit einem Freund.
   c. Sie schreibt einen Brief an die Amerikanerin.
   d. Sie lernt Englisch.

8. Was sagen wahrscheinlich die Eltern, wenn [*when*] sie hören, daß Monika mit ihrem Freund in den Urlaub fahren will?
   a. Nein.
   b. Wir kommen mit [*along*].
   c. Du bist erst sechzehn.
   d. Dein Freund kann mit uns [*us*] in den Urlaub fahren, aber allein darfst [*may*] du nicht mit ihm [*him*] fahren.
   e. Ja.

VOCABULARY

Active

Nouns

die	Arbeit	*work*
der	Arzt	*doctor, physician* (*male*)
die	Ärztin	*doctor, physician* (*female*)
das	Bier	*beer*
der	Bruder, die Brüder	*brother, brothers*
das	Buch	*book*
der	Deutsche	*German man*
die	Deutsche	*German woman*
(das)	Deutschland	*Germany*
die	Deutschstunde	*German class*
die	Eltern (*plural*)	*parents*
die	Familie (*singular*)	*family*
die	Frage, die Fragen	*question, questions*

die	Frau	woman, wife
der	Freund, die Freunde	friend, friends (male)
die	Freundin	friend (female)
die	Geschwister (plural)	brothers and sisters, siblings
das	Haus	house
die	Hausfrau	housewife
der	Kaffee	coffee
das	Kind, die Kinder	child, children
die	Klasse	class
der	Lehrer	teacher (male)
die	Lehrerin	teacher (female)
der	Mann	man, husband
das	Motorrad	motorcycle
die	Mutter	mother
das	Problem	problem
der	Professor, die Professoren	professor, professors (male)
die	Professorin	professor (female)
die	Schule	school
der	Schüler	pupil (male)
die	Schülerin	pupil (female)
die	Schwester, die Schwestern	sister, sisters
der	Sekretär	secretary (male)
die	Sekretärin	secretary (female)
der	Sohn	son
die	Stadt	city
der	Student, die Studenten	student, students
die	Tochter	daughter
der	Vater	father
der	Wagen, die Wagen	car, cars
der	Wein	wine
die	Wohnung	apartment

Verbs

bleiben	to stay, to remain
machen	to do, to make
schmecken	to taste
trinken	to drink

Other Words

anders	different
ausgezeichnet	excellent
das	the, that
dein	your

doch	*still, anyway*
dort	*there*
einfach	*simple, simply*
etwas	*somewhat, something*
euer	*your*
ganz	*quite, rather, entire(ly)*
ganz gut	*quite good (well)*
geschieden	*divorced*
groß	*big, large*
ihr	*her, their, you*
Ihr	*your (polite form)*
immer	*always*
interessant	*interesting*
jung	*young*
kalt	*cold*
klein	*little, small*
mein	*my*
meistens	*usually, for the most part*
modern	*modern*
natürlich	*naturally*
neu	*new*
noch	*still*
schlecht	*bad*
schön	*beautiful, nice*
sein	*his, its*
so	*so*
tot	*dead*
unser	*our*
verheiratet	*married*
warm	*warm*
wieviel	*how much*
wie viele	*how many*
zu	*too, to*

Expressions

     zur Zeit   *at the moment, at the present time*

Flavoring Particles

    ja   (*in sentences spoken with emphatic stress*)

In such sentences **ja** heightens the emotional flavor:

    Wir lernen ja Englisch.
    Das ist ja so dumm.

Passive

Nouns

der	Abend	*evening*
	am Abend	*in the evening*
(das)	Amerika	*America*
der	Amerikaner	*the American (male)*
die	Amerikanerin	*the American (female)*
(das)	England	*England*
(das)	Europa	*Europe*
die	Freizeit	*leisure time, free time*
die	Hausaufgabe	*homework*
(das)	Kanada	*Canada*
das	Kino	*movie theater*
	ins Kino gehen	*to go to the movies*
der	Morgen	*morning*
die	Party	*party*
	auf eine Party gehen	*to go to a party*
das	Restaurant	*restaurant*
	im Restaurant	*in the restaurant*
der	Schnee	*snow*
der	Sommer	*summer*
	im Sommer	*in the summer*
die	Sonne	*sun*
der	Sonntag	*Sunday*
das	Studentenheim	*dormitory*
die	Stunde	*hour*
der	Tag	*day*
	Guten Tag!	*Good day! Hello!*
das	Theater	*theater*
die	Vorlesung, die Vorlesungen	*lecture, lectures*
der	Winter	*winter*
	nächsten Winter	*next winter*
die	Woche	*week*
das	Wochenende	*weekend*
	am Wochenende	*on the weekend*

Verbs

besuchen	*to attend, to visit*
fernsehen	*to watch television*
Ich sehe fern.	*I'm watching TV.*
hören	*to hear*
liegen	*to lie*

möchten	*would like*
reisen	*to travel*
sagen	*to say*
schreiben (über)	*to write (about)*
sehen (er sieht)	*to see*
skilaufen	*to ski*
Ich laufe Ski.	*I ski.*
spielen	*to play*
tun (ich tue, du tust, er tut)	*to do*
wandern	*to hike, to travel on foot*

Other Words

als	*than, as, from*
anders als	*different from*
älter	*older*
amerikanisch	*American*
an	*to, at*
dieses	*this*
fast	*almost*
jeder	*every*
jünger	*younger*
länger	*longer*
mehr	*more*
nach	*to, after*
nichts	*nothing*
nur	*only (quantity)*
wahrscheinlich	*probably*
zweimal	*twice, two times*
zweimal im Jahr	*twice a year*

Expressions

es gibt	*there is, there are*
gern	*gladly*
Ich höre gern Musik.	*I like to listen to music.*
Ich laufe gern Ski.	*I like to ski.*
was für	*what kind of*
Was für Musik hören Sie gern?	*What kind of music do you like to listen to?*

MINI UNIT 2

TIME EXPRESSIONS

Before proceeding to Unit 3, learn and practice the time expressions listed below. You will be called upon to use them frequently in the future.

DAYS AND TIMES OF THE WEEK

Monday	der Montag	am Montag	montags
	(*Monday*)	(*on Monday*)	(*on Mondays*)
Tuesday	der Dienstag	am Dienstag	dienstags
Wednesday	der Mittwoch	am Mittwoch	mittwochs
Thursday	der Donnerstag	am Donnerstag	donnerstags
Friday	der Freitag	am Freitag	freitags
Saturday	der Samstag	am Samstag	samstags
	~~der Sonnabend~~	am Sonnabend	sonnabends
Sunday	der Sonntag	am Sonntag	sonntags
Weekend	das Wochenende	am Wochenende	

today heute   *tomorrow* morgen

TIMES OF THE DAY

Morning	der Morgen	am Morgen	morgens
Forenoon	der Vormittag	am Vormittag	vormittags
Noon	der Mittag	**zu** Mittag	mittags
Afternoon	der Nachmittag	am Nachmittag	nachmittags
Evening	der Abend	am Abend	abends
Night	**die** Nacht	**in der Nacht**	nachts

tonight   heute abend   *tomorrow night*   morgen abend

this afternoon   heute nachmittag   *tomorrow morning*   morgen früh

COMBINATIONS

Monday morning, Tuesday morning . . .   Montagmorgen, Dienstagmorgen, . . .

Monday forenoon, Tuesday forenoon . . .   Montagvormittag, Dienstagvormittag, . . .

same pattern with **-mittag**, **-nachmittag**, **-abend**

Seasons of the Year

der Frühling	im Frühling
der Sommer	im Sommer
der Herbst	im Herbst
der Winter	im Winter

Hours of the Day

8.00 Uhr	acht Uhr
8.05 Uhr	fünf nach acht
8.10 Uhr	zehn nach acht
8.15 Uhr	Viertel nach acht
8.20 Uhr	zwanzig nach acht
8.30 Uhr	halb neun
8.40 Uhr	zwanzig vor neun
8.45 Uhr	Viertel vor neun

um acht Uhr	*at eight o'clock*
um halb zehn	*at half-past nine*
um Viertel nach sieben	*at quarter-past seven*
gegen acht Uhr	*around eight o'clock*

Note the following:

1) The forms of the days of the week and times of the day with **s** (**montags**, **morgens**) are used for habitual or customary actions and are not capitalized:

  Ich bleibe **morgens** zu Hause.
  Er arbeitet auch **samstags**.

2) **Erst** is used with time expressions to mean *only* in the sense of *not until, not before*:

  Er kommt **erst** um zehn.   *He's only coming at ten. He's not coming until ten.*

3) **Samstag** is the more widely used word for *Saturday*. **Sonnabend** is preferred in northern Germany.

PRACTICE A

Say the following times:

  4.00, 4.30, 4.45, 6.19, 9.50, 12.45, at 3:15, at 11:30, at 5:40, about 10:00, about 5:30

PRACTICE B

Give the time of the day you normally do the following (for example, **am Morgen**):

> eat breakfast, sleep, watch TV, take a nap, are at home, are at school, eat lunch, have German class

PRACTICE C

Say on which day of the week you normally do the following:

> have German class, work, go to the movies, go to church, study most, most like to go to parties, have a science lab, watch TV most

PRACTICE D

Give the day(s) of the week, hour of the day, time of the day, or season of the year when people normally do the following:

> play golf, get up, watch TV, go skiing, go hiking, eat supper, go grocery shopping, go to parties, start back to school

PRACTICE E

Say at what hour the following happen:

> the German class begins, the German class is over, you leave for school, you go to bed

3/DREI

WAS MACHST DU AM WOCHENENDE?

What people do on weekends is the theme of Unit 3. The grammar deals
with German word order, verbs with separable prefixes and the placement
of **nicht** in negative sentences, a problem which native English speakers
find especially troublesome.

Was macht deine Familie am Samstag?

Mein Vater spielt am Samstag Golf.
Er steht sehr früh auf.
Oft kommt er erst spät am Nachmittag wieder nach Hause.
Dann ist er müde und sagt, „Heute arbeite ich nicht im Garten."

Meine Mutter steht auch früh auf.
Aber sie spielt nicht Golf.
Am Vormittag arbeitet sie im Garten.
Am Nachmittag geht sie manchmal einkaufen (shopping).

Abends gehen meine Eltern manchmal aus.
Oder sie bleiben zu Hause und spielen mit Freunden Karten.

Meine Schwester steht am Samstag nie früh auf.
Sie schläft immer lange.
Am Nachmittag spielt sie manchmal Tennis.
Oder sie fährt auch Rad.
Abends geht sie oft auf eine Party.
Manchmal geht sie ins Konzert oder ins Theater.
Sie bleibt fast nie zu Hause.

Ich gehe am Samstag natürlich nicht zur Universität.
Ich stehe um elf Uhr auf und esse Frühstück.
Dann gehe ich manchmal gleich wieder zu Bett.
Am Nachmittag spiele ich vielleicht Basketball.
Oder ich bleibe zu Hause und sehe fern.

Abends gehe ich oft zu Freunden.
Wir gehen vielleicht ins Kino.
Oder wir hören Musik und trinken Bier.
Ich gehe am Samstag meistens sehr spät zu Bett.
Am Sonntag schlafe ich dann wieder sehr lange.

Im Winter läuft meine Familie am Samstag oft Ski.
Und im Sommer gehen wir am Wochenende manchmal Camping.
Wir reisen auch oft. (travel)
Im Sommer und im Winter wandere ich viel. (hike)

Samstags fahren die Kinder Rad.

PUTTING IT TO WORK

I. Strong Verbs with a Vowel Change in the Present Tense

A number of important verbs called strong verbs, in addition to requiring the proper endings, also have a *sound and spelling change* when used in the present tense. This change occurs in the **du** and **er (sie, es)** forms only. In this unit we will be using six such verbs.

e > ie

lesen (*to read*)		**sehen** (*to see*)	
ich lese	wir lesen	ich sehe	wir sehen
du **liest**	ihr lest	du **siehst**	ihr seht
er **liest**	sie lesen	er **sieht**	sie sehen
	Sie lesen		Sie sehen

a > ä

fahren (*to drive*)   **schlafen** (*to sleep*)

ich fahre(ar)   wir fahren   ich schlafe   wir schlafen
du fährst(er)   ihr fahrt   du schläfst   ihr schlaft
er fährt   sie fahren   er schläft   sie schlafen
      Sie fahren   Sie schlafen

e > i

essen (*to eat*)

ich esse   wir essen
du ißt   ihr eßt
er ißt   sie essen
      Sie essen

au > äu (oy)

laufen (*to run*)

ich laufe   wir laufen
du läufst   ihr lauft
er läuft   sie laufen
      Sie laufen

PRACTICE A (Individual)

Supply the correct forms of the indicated verbs.

lesen

Ich **lese** viel, aber mein Bruder _____ nie.
_____ ihr viel in der Deutschstunde?
Ja, wir _____ viel.
Was _____ du jetzt? Ich _____ *Siddhartha.*

sehen

Ich **sehe** oft fern, aber meine Freunde _____ nie fern.
In Amerika _____ Kinder viel fern.
_____ du wirklich abends immer fern?
Er bleibt heute abend zu Hause und _____ fern.

fahren

Ich **fahre** Auto, aber meine Tochter _____ Rad.
_____ ihr heute nachmittag Rad?
_____ du Auto? Nein, aber ich _____ Rad.
Wir _____ heute nach Hause.

schlafen

Ich **schlafe** immer gut. _____ du auch gut?
Wie lange _____ Sie am Samstag?
Die Eltern _____, aber das Kind _____ nicht.
Warum _____ ihr immer in der Deutschstunde?

essen

Wir **essen** jetzt. _____ ihr auch?
Kinder in Amerika _____ zu viel.
Ich _____ Pizza. Was _____ du?
Was _____ wir heute abend?

laufen

Ich **laufe** nicht gut Ski, aber er _____ sehr gut Ski.
Kinder _____ oft gut Ski.
_____ ihr im Winter oft Ski?
_____ du am Samstag Ski?

II. Inverted Word Order

Read the following pairs of sentences carefully:

Ich arbeite heute nicht im Garten.
Heute **arbeite ich** nicht im Garten.

Sie geht am Nachmittag manchmal einkaufen.
Am Nachmittag **geht sie** manchmal einkaufen.

Ich gehe abends oft zu Freunden.
Abends **gehe ich** oft zu Freunden.

Whereas the position of the verb in the main clause of a German statement is fixed and inflexible (position II), the position of the subject is flexible. It can be replaced in position I by certain other sentence elements consisting of one or more words, in which case it is placed *after* the verb. Sentence adverbs and adverbial time phrases such as the following may be placed in position I:

am Morgen, am Vormittag, *etc.*	manchmal
am Samstag, am Sonntag, *etc.*	meistens
am Wochenende	morgens, abends, *etc.*
dann	natürlich
heute	oft
heute morgen, heute abend, *etc.*	um acht Uhr, um neun Uhr, *etc.*
im Frühling, im Winter, *etc.*	vielleicht
leider	zur Zeit

But remember, *either* the subject *or* another such sentence element may occupy position I, *not both*. If the subject is placed after the verb, it should, for the time being, always come right after it. Study the word order possibilities for the following sentence:

I	II	III AND IV	
Sie	geht	am Nachmittag manchmal	einkaufen.
Am Nachmittag	geht	**sie** manchmal	einkaufen.
Manchmal	geht	**sie** am Nachmittag	einkaufen.

PRACTICE A (Individual)

Re-state the following sentences, beginning with the boldface element.

> Mein Vater spielt **am Samstag** Golf.
> Er steht **oft** sehr früh auf.
> Er ist **dann** sehr müde (tired).
> Ich arbeite **heute** nicht im Garten.
> Sie arbeitet **am Vormittag** im Garten.
> Meine Eltern gehen **abends** aus.
> Sie schläft **am Samstag** lange.
> Wir gehen **manchmal** ins Konzert.
> Sie kommt **vielleicht** aus Deutschland.
> Ich lerne **natürlich** auch Deutsch.
> Er geht **meistens** spät zu Bett.
> Dann gehe **ich** manchmal wieder zu Bett.
> Abends gehen **meine Eltern** aus.
> Am Sonntag schlafe **ich** wieder sehr lange.
> Im Sommer wandern **wir** oft.
> Um zehn Uhr gehe **ich** einkaufen.
> Im Herbst ist **mein Bruder** in New York.

■ PRACTICE B (Individual)

Now re-state each of the following sentences twice, beginning with a different sentence element each time. *Do not* move the boldface element at the end of the sentence.

> Er ist dann oft **sehr müde**.
> Am Nachmittag geht sie manchmal **einkaufen**.
> Abends geht sie oft **auf eine Party**.
> Ich gehe meistens am Freitag **nach Hause**.

Im Frühling gehen wir am Wochenende **Camping**.
Meine Brüder gehen abends oft **zu Freunden**.
Heute abend gehen wir vielleicht **ins Kino**.
Ihre Schwester steht sonntags um elf Uhr **auf**.
Am Vormittag arbeitet sein Vater natürlich **im Garten**.

III. Separable Verbs

Many German verbs consist of a prefix plus a stem:

auf (*up*)	+ stehen (*stand*) =	**aufstehen** (*to stand up, get up*)
aus (*out*)	+ gehen (*go*) =	**ausgehen** (*to go out*)
spazieren (*walk*)	+ gehen (*go*) =	**spazierengehen** (*to take a walk*)
fern (*far*)	+ sehen (*see*) =	**fernsehen** (*to watch television*)

In a main clause, the prefix of such separable verbs is separated from the stem and placed at the *end* of the clause, hence the term *separable verb*. The prefix then occupies position IV in our word order scheme.

I	II	III	IV	
Er	**steht**	sehr früh	**auf.**	
Abends	**gehen**	meine Eltern dann oft	**aus.**	
Sie	**fährt**	mit Freunden	**Rad.**	*pronounced (She)*
Im Winter	**läuft**	meine Familie am Samstag	**Ski.**	

Note that when the prefixes of **radfahren** and **skilaufen** are separated from the stem, they are capitalized.

QUESTION–ANSWER PRACTICE (Pairs)

Answer the questions in the affirmative.

Steht dein Vater früh auf?
Gehen Sie abends oft aus?
Fahrt ihr am Nachmittag Rad?
Laufen Sie oft am Wochenende Ski?
Stehen eure Freunde am Montag spät auf?
Geht deine Freundin heute abend aus?
Laufen die Kinder auch so gut Ski?
Sieht deine Familie oft zusammen fern?
Geht ihr heute abend um halb acht aus?

■ PRACTICE A (Individual)

Form complete sentences using the words given.

> Wir/aufstehen/immer sehr früh
> Abends/meine Schwestern/oft ausgehen
> Im Winter/skilaufen/wir oft am Mittwoch
> Wann/radfahren/ihr zusammen?
> Warum/ausgehen/du immer allein?
> Unsere Freunde/skilaufen/in Colorado sehr oft

IV. Separable Verbal Phrases

The principle of the separable verb extends to numerous verbal phrases, which, although not written as one word in the infinitive form, are treated like separable verbs. For example:

> nach Hause (*home*) + gehen (*to go*) = nach Hause gehen (*to go home*)
> zu Hause (*at home*) + sein (*to be*) = zu Hause sein (*to be at home*)

I	II	III	IV
Wir Meine Eltern	gehen sind	heute abend erst spät nachmittags oft	nach Hause. zu Hause.

The verbal phrases we have encountered can be divided into four groups. Study the categories and examples below.

1. Verbs of motion (*to come, to go, to drive*, etc.) plus a phrase indicating where one is going to or coming from:

auf die Universität gehen	*to go to* (*attend*) *the university*
auf eine Party gehen	*to go to a party*
aus Chicago kommen	*to come from Chicago*
Camping gehen	*to go camping*
einkaufen gehen	*to go shopping*
ins Kino gehen	*to go to the movies*
ins Konzert gehen	*to go to a concert*
ins Theater gehen	*to go to the theater*
nach Hause fahren	*to drive home*
nach Hause gehen	*to go home*
nach Hause kommen	*to come home*
zu Bett gehen	*to go to bed*
zu Freunden gehen	*to go to* (*visit*) *friends*

Am Samstag **gehen** meine Frau und ich erst spät **zu Bett**.
Hans **kommt** wahrscheinlich **aus Chicago**.
Sie **fährt** wahrscheinlich heute morgen **nach Hause**.
Gehst du auch im Herbst **Camping**?
Wir **gehen** heute abend natürlich **ins Kino**.

2. The verb *to be* (**sein**) plus an adjective which describes the subject of the sentence (predicate adjective):

schön sein	*to be beautiful*
müde sein	*to be tired*
alt sein	*to be old*
schwer sein	*to be hard, difficult*

Meine Schwester **ist** natürlich sehr **schön**.
Wahrscheinlich **ist** meine Frage wieder zu **schwer**.
Ich **bin** am Montag immer sehr **müde**.
Mein Bruder **ist** erst zwölf Jahre **alt**.
Leider **ist** seine Schwester sehr **intelligent**.

3. The verb *to be* (**sein**) plus a noun which refers back to the subject of the sentence (predicate noun):

Student sein	*to be a student*
unser Lehrer sein	*to be our teacher*
meine Schwester sein	*to be my sister*

Sie **ist** leider **meine Schwester**
Professor Wolf **ist** jetzt **unser Deutschlehrer**.
Sein Bruder **ist** immer noch **Student**.

The verb **heißen** plus a proper noun belongs in this category.

Paul heißen	*to be called Paul*
San Francisco heißen	*to be called San Francisco*

Heißt er vielleicht **Franz Beckenbauer**?
Ihr Bruder **heißt** vielleicht **Paul**.

4. Verbs plus certain words or phrases, the combination of which expresses a specific, different, and often-used verbal idea. The limits of this category are not clearly defined; for the time being, learn the following verbal phrases:

Auto fahren	*to drive a car*
Deutsch lernen	*to learn German*
Frühstück essen	*to eat breakfast*
Golf spielen	*to play golf*
Karten spielen	*to play cards*
Tennis spielen	*to play tennis*
zu Hause bleiben	*to stay at home*
zu Hause sein	*to be at home*

[handwritten: Write sentences about yourself or with friend
1) go shopping
2) go to the movies
3) going camping
4) visiting friends
5) go home
6) go to bed
7) go to a party
8) go out]

Er **spielt** fast nie **Golf**.
Meine Eltern **bleiben** abends immer **zu Hause**.
Ich **esse** meistens um acht Uhr **Frühstück**.
Warum **spielt** ihr zusammen immer **Karten**?
Am Vormittag **bin** ich natürlich **zu Hause**.

■ PRACTICE A (Individual)

Practice forming correct sentences with the sentence elements given below. Note that their order is deliberately scrambled.

wir/am Samstag/einkaufen gehen
ich/heute abend/ins Konzert gehen
mein Bruder/zu schnell/Auto fahren
zu Bett gehen/deine Eltern/früh?
unsere Familie/im Sommer/Camping gehen
mein Vater/am Vormittag/Golf spielen
wann/du/heute abend/nach Hause kommen?
er/natürlich/Wolfgang heißen
meine Freundin/abends/müde sein
die Kinder/um sieben Uhr/Frühstück essen
sie/natürlich/meine Schwester sein

QUESTION–ANSWER PRACTICE (Pairs)

Answer the following questions using a time expression (**oft**, **am Samstag**, **um elf Uhr**, **im Herbst**, etc.).

Wann gehen Sie zu Bett?
Wann stehen Sie auf?
Wann geht ihr ins Kino?
Wann gehst du zu Freunden?
Wann sind Ihre Eltern zu Hause?
Wann ißt du Frühstück?
Wann sind Sie sehr müde?
Wann geht deine Familie Camping?
Wann geht Ihre Mutter einkaufen?
Wann kommst du abends nach Hause?
Wann gehen Studenten oft auf eine Party?
Wann laufen deine Freunde Ski?

TELLING ABOUT YOUR WEEKEND (Pairs and Groups)

You should now be able to tell your classmates about some of your activities on the weekend, and also ask them about theirs. Practice by answering the following

Wann geht Ihre Mutter einkaufen?

questions. Try to stick with expressions we have been using. The additional information supplied might fit your personal situation; again, you do not have to learn these words.

> Wann stehst du am Samstag auf?
> Wann ißt du Frühstück?
>> Oft esse ich kein [*no*] Frühstück.
> Was machst du dann? Bleibst du zu Hause oder gehst du meistens aus?
>> Ich mache meine Hausaufgaben [*homework*].
>> Ich wasche [*wash*] das Auto.
> Was machst du am Nachmittag?
>> Ich gehe wandern [*hiking*], angeln [*fishing*], jagen [*hunting*].
> Was machst du abends?
> Wann kommst du dann nach Hause?
> Wann gehst du zu Bett?
> Bist du dann am Sonntag sehr müde?
>> Nein, ich bin nicht müde [*not tired*].
>> Ja, ich habe einen dicken Kopf [*I'm hung over*].

V. Negation

Up to this point we have repeatedly told you to avoid answering questions in the negative. We realize this has hindered your answering questions freely and naturally. We can now finally look at the formation of the negative in German.

The adverb **nicht** is used to negate a German sentence as a whole, as well as individual sentence elements, with the exception of nouns which are negated with **kein**. The use of **kein** will be discussed in the next unit.

The only tricky thing about negation with **nicht** is where to put it in the sentence. And where you put it depends in large part on what you want to negate. For example, if somebody asks you "Are you going *skiing* on Saturday?" (*skiing* emphasized by tone of voice), and you answer, "No, I'm not going *skiing* on Saturday," you have negated "skiing" in your answer; you are going to do something else on Saturday. But if you are asked, "Are you going skiing *on Saturday*?" and you answer, "No, I'm not going skiing *on Saturday*," you have negated "on Saturday" in your answer; you may be going skiing on Sunday.

0 NO VALUE	I FRONT	II VERB	III INNER		IV FINAL
				nicht	
Nein,	ich	Läufst laufe	du am Samstag am Samstag	nicht	Ski? Ski.
Nein,	er	Sieht sieht	dein Vater abends abends	nicht	fern? fern.
Nein,	wir	Geht gehen	ihr heute heute	nicht	einkaufen? einkaufen.
Nein,	wir	Geht gehen	ihr heute abend heute abend	nicht	zu Freunden? zu Freunden.
Nein,	wir	Spielt spielen	ihr am Nachmittag am Nachmittag	nicht	Tennis? Tennis.
Nein,	er	Ist ist	Ihr Vater abends abends	nie |never|	müde? müde.
Nein,	er	Ist ist	Herr Schmidt	nicht	dein Lehrer? mein Lehrer.
Nein,	er	Heißt heißt	er vielleicht leider	nicht	Ludwig? Ludwig.
Nein,	er	Arbeitet arbeitet	er abends? abends	nicht.	
Nein,	sie	Kommt kommt	sie heute abend? heute abend	nicht.	
Nein,	sie	Lesen lesen	die Kinder?	nicht.	

The difference between *not going skiing* and *not on Saturday* is the difference between negating the *verbal* idea of the sentence (*going skiing*) and negating an *adverbial time phrase* (*on Saturday*).

A. Basic Negation with **nicht** (Negating the *Verbal Idea*)

Nicht* is placed at the end of position III (the inner position), immediately before position IV (the final position). If the sentence lacks position IV, **nicht** is the last word in the sentence.

■ PRACTICE A (Individual)

Below are more examples of **nicht** negating the verbal idea. Read each sentence carefully, paying attention to both its meaning and the placement of **nicht**.

> Herr Weber lernt nicht Deutsch.†
> Mein Vater ist nicht Geschäftsmann† [*business man*].
> Leider arbeite ich nicht.
> Mein Sohn ist nicht einundzwanzig.
> Seine Familie kommt nicht aus Deutschland.
> Aber ich heiße nicht Kevin.
> Karl und Hans sind leider nicht gute Freunde.
> Meine Eltern sind nicht sehr streng.
> Meine Freundin bleibt am Samstag nie zu Hause.
> Wir gehen heute abend nicht auf eine Party.†
> Seine Freundin ist leider nicht intelligent.
> Meine Frau fährt nicht Auto.†
> Ich studiere abends nie.
> Warum lesen die Kinder nicht?
> Kommt der Professor nicht aus Deutschland?

QUESTION–ANSWER PRACTICE (Pairs)

Answer the following questions in the negative. With your instructor, change **du** forms to **Sie**; with another student, change **Sie** forms to **du**.

> Lernst du Deutsch?
> Kommst du aus Deutschland?
> Ist dein Vater Professor?
> Ist deine Schwester 21?
> Läufst du Ski?
> Spielst du Tennis?

* Or **nie** (*never*).

† We'll see in the next unit that it's possible to negate these sentences with **kein**.

Fährst du Auto?
Lesen die Kinder?
Gehst du im Sommer nach Hause?
Gehen Sie heute abend ins Theater?
Sieht deine Schwester abends fern?
Geht deine Familie im Frühling Camping?
Ist seine Schwester intelligent?
Schläfst du?
Fährt er Rad?
Sind Ihre Eltern streng?
Ißt du heute Frühstück?
Fährt deine Schwester Auto?

B. Negating Adverbs and Adverbial Phrases

If the negation in a sentence clearly applies to an adverb or adverbial phrase (*on Saturday*) rather than the verbal idea (*going skiing*), **nicht** precedes that adverb or adverbial phrase:

Läufst du am Samstag Ski?
Nein, ich laufe **nicht** am Samstag Ski.

Whether the negation applies to the verbal idea or just to a specific adverb or adverbial phrase may depend on context, that is, what you want to negate. But looking at the different types of adverbs and adverbial phrases, we can establish these guidelines:

1. **Nicht** precedes adverbs of manner (*how? how much? how many?*) because these are specifically negated.

0	I	II	III			IV
Nein,	er	Arbeitet arbeitet	er	**nicht**	schwer? schwer.	
Nein,	sie	Wohnt -wohnt	Inge	**nicht**	allein? allein.	
Nein,	er	Ißt ißt	er	**nicht**	viel? viel.	
Nein,	wir	Fahrt fahren	ihr	**nicht**	schnell schnell	Rad? Rad.

2. **Nicht** usually precedes adverbial expressions of place (*where?*) because they are usually specifically negated.

0	I	II	III			IV
Nein,	er	Wohnt wohnt	Fritz	**nicht**	hier? hier.	
Nein,	sie	Lernt lernt	sie	**nicht**	zu Hause zu Hause	Deutsch? Deutsch.
Nein,	er	Arbeitet arbeitet	er	**nicht**	bei Sears? bei Sears.	

3. **Nicht** usually *precedes* strong adverbial expressions of time (*when? how long? how often?*) because these are usually specifically negated. We have had the following *strong* time expressions: **oft, immer, spät, früh, lang, um . . . Uhr**.

0	I	II	III			IV
Nein,	wir	Spielt spielen	ihr	**nicht**	oft oft	Tennis? Tennis.
Nein,	er	Ist ist	er	**nicht**	immer immer	zu Hause? zu Hause.

But!!!

Nicht usually *follows* weaker time expressions, since these are usually not specifically negated. The following are examples of *weak* time expressions:

manchmal	morgen
meistens	heute abend
zur Zeit	am Nachmittag
heute	am Samstag
abends	im Sommer
jetzt	

0	I	II	III		IV
				nicht	
Nein,	ich	Bleibst bleibe	du morgen morgen	nicht	zu Hause? zu Hause.
Nein,	wir	Fahrt fahren	ihr im Sommer im Sommer	nicht	nach Kanada? nach Kanada.
Nein,	sie	Kommt kommt	sie heute? heute	nicht.	

As our example of *skiing on Saturday* illustrated, some of these time expressions may be specifically negated, with **nicht** therefore preceding them. But unless you intend such specific negation, place **nicht** after them.

4. **Nicht** follows sentence adverbs like **natürlich**, **leider**, **wahrscheinlich**, and **vielleicht**, because these are never specifically negated.

I	II	III		IV
			nicht	
Inge	ist	natürlich	nicht	hier.
Frau Schmidt	ist	leider	nicht	meine Lehrerin.
Wir	fahren	wahrscheinlich	nicht	nach Hamburg.

■ PRACTICE A (Individual)

The following exercise concentrates on the placement of **nicht** with adverbs and adverbial expressions. Negate the expression in the left-hand column by placing **nicht** either before or after it, according to the guidelines explained above. The correct answer is given in the right-hand column, but don't look at it until you have tried it yourself. Now cover the answers on the right-hand side.

schlecht	nicht schlecht
allein	nicht allein
heute	heute nicht
(probably →) wahrscheinlich	wahrscheinlich nicht
in der Deutschstunde	nicht in der Deutschstunde
jetzt	jetzt nicht
zusammen	nicht zusammen
viel	nicht viel (not alot)
um zwölf Uhr	nicht um zwölf Uhr
abends	abends nicht
meistens	meistens nicht
in Texas	nicht in Texas
leider	leider nicht

■ PRACTICE B (Individual)

Now negate the following sentences by adding **nicht** in the proper position. Check the accuracy of your placement as well as your reasons by referring to the answers in the

nicht comes before fourth position
before an adverbial expression of place or manner
before and after a time expression.
use common sense to decide what in the third position is to be negated.

right-hand column. But don't look at the answer until you have made your own decision. Now cover the answers on the right-hand side.

Ich gehe.	Ich gehe nicht. (*negates verbal idea*)
Ich gehe spazieren.	Ich gehe nicht spazieren. (*precedes position IV*)
Ich gehe am Wochenende spazieren.	Ich gehe am Wochenende nicht spazieren. (*precedes position IV, follows weak time expression*)
Ich gehe am Wochenende allein spazieren.	Ich gehe am Wochenende nicht allein spazieren. (*precedes adverb of manner, follows weak time expression*)
Sie bleibt.	Sie bleibt nicht. (*negates verbal idea*)
Sie bleibt zu Hause.	Sie bleibt nicht zu Hause. (*precedes position IV*)
Sie bleibt immer zu Hause.	Sie bleibt nicht immer zu Hause. (*precedes strong time expression*)
Warum gehst du?	Warum gehst du nicht? (*negates verbal idea*)
Warum gehst du nach Hause?	Warum gehst du nicht nach Hause? (*precedes position IV*)
Warum gehst du morgen nach Hause?	Warum gehst du morgen nicht nach Hause? (*follows weak time expression*)
Sie ist doch müde.	Sie ist doch nicht müde. (*precedes position IV, follows sentence adverb*)
Unser Lehrer kommt leider aus Deutschland.	Unser Lehrer kommt leider nicht aus Deutschland. (*precedes position IV, follows sentence adverb*)

QUESTION–ANSWER PRACTICE (Pairs)

With your instructor or with a classmate, practice asking and answering the following questions. Answer in the *negative*, using the **du** or **Sie** form, depending on whether you are working with your instructor or another student.

Heißen Sie Clark Gable?
Kommen Ihre Eltern aus Deutschland?
Studieren Sie auf der Universität?
Wohnen Sie allein?
Gehst du oft ins Theater?
Ist dein Vater Professor?
Geht sie heute abend allein ins Kino?
Studiert deine Schwester?
Ist dein Bruder dreiundzwanzig?
Gehst du meistens früh zu Bett?
Reisen Sie viel?

Steht deine Mutter spät auf?
Gehen deine Freunde heute abend auf eine Party?
Trinkst du viel?
Laufen Ihre Eltern Ski?
Laufen Sie **im Sommer** Ski?
Geht ihr oft im Sommer Camping?
Arbeitet dein Vater im Garten?
Kommst du aus Chicago?
Reist ihr im Sommer nach Europa?
Wanderst du oft allein?
Trinkt dein Vater **oft** so viel Bier?
Stehen Sie am Sonntag **um sechs Uhr** auf?
Kommen deine Freunde morgen? *nicht*
Siehst du abends fern?
Spielen Ihre Eltern Karten?
Stehen Sie am Donnerstag spät auf?
Stimmt das? *Das stimmt nicht.*
Fährt er morgens Rad?

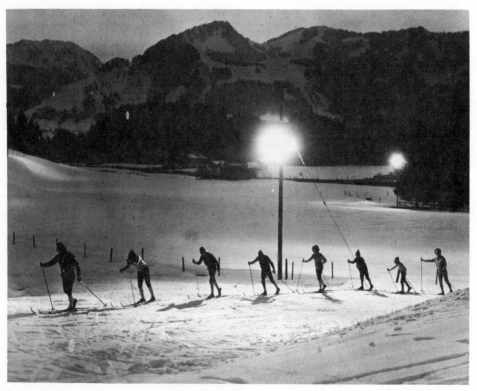

Abends läuft man doch nicht Ski!

TELLING WHAT YOU DO AND DON'T DO
ON THE WEEKEND (Pairs and Groups)

Now, prepare to answer the following questions as they apply to your own personal situation. If your answer is positive, repeat the question as a statement; if your answer is negative, first negate the question and then (if appropriate) give the correct answer.

EXAMPLE: Stehst du am Sonntag früh auf?

        Ja, ich stehe am Sonntag früh auf.

or

        Nein, ich stehe am Sonntag nicht früh auf.

        Ich stehe spät auf. Sehr spät.

Bist du Schüler?

Arbeitest du?

Arbeitest du bei Sears?

Kommst du aus Deutschland?

Kommen deine Eltern aus Deutschland?

Wohnst du zu Hause?

Sind deine Eltern streng?

Studiert dein Bruder auch?

    (Ich habe keinen Bruder.) [*I don't have a brother.*]

Studiert deine Schwester?

    (Ich habe keine Schwester.) [*I don't have a sister.*]

Gehst du oft Freitagabend aus?

    Gehst du zu Freunden?

    Gehst du essen?

    Gehst du ins Kino? ins Konzert? auf eine Party? ins Theater?

Stehst du meistens am Samstag früh auf?

Ißt du immer Frühstück?

Gehst du am Samstag zu der Universität?

Läufst du im Winter Ski?

Spielst du am Samstag Tennis?

Siehst du manchmal fern? (*negative of* **manchmal**: **nie**; **fast nie**: *almost never*; **selten**: *seldom*)

Gehst du manchmal einkaufen?

Gehst du Samstagabend meistens spät zu Bett?

Schläfst du lange am Sonntag?

Bist du am Sonntag oft müde?

Bleibst du oft am Sonntag zu Hause?

Fährst du Auto? Motorrad? Rad?

Geht deine Familie im Sommer Camping?

Gehst du vielleicht allein Camping?

Liest du viel am Wochenende?

Trinkst du oft am Wochenende Bier?

    (Ich trinke kein Bier.) [*I don't drink beer.*]

FINDING OUT WHAT OTHERS DO ON THE WEEKEND (Groups)

Your job this time will be to elicit as much information as you can from a classmate about her or his weekend activities, and then to pass this information on to another classmate or your instructor.

GRAMMAR SUMMARY

I. Verbs with Vowel Change in Present Tense

a > ä	fahren (du fährst, er fährt) schlafen (du schläfst, er schläft)
au > äu	laufen (du läufst, er läuft)
e > ie (i)	lesen (du liest, er liest) sehen (du siehst, er sieht) essen (du ißt, er ißt)

II. Word Order

A. Inverted Word Order

Position I is occupied by a sentence element other than the subject:

I FRONT POSITION	II VERB POSITION	III AND IV ADDITIONAL INFORMATION	
		subject	
Am Samstag Am Wochenende Im Winter	spielt gehen läuft	mein Vater wir er	Golf. auf eine Party. Ski.

CAUTION: Notice English word order when a sentence begins with a sentence element other than the subject:

OTHER ELEMENT	SUBJECT	VERB	ADDITIONAL INFORMATION
On Saturday	my father	plays	golf.

In English, the verb slips into the third position, an impossibility in German. Remember, *in German the verb always occupies position II in a main clause.*

B. Separable Verbs

A separable verb is a compound verb (*prefix + stem*) with the accent on the prefix: *auf*stehen, *ski*fahren. When used in a main clause in the present and simple past tense, the prefix is separated from the stem and placed at the end of the sentence, in position IV:

I	II	III	IV
Wir	stehen	am Samstag um acht Uhr	auf.

All separable verbs are indicated as such in the vocabulary sections of this book by the separation of stem and prefix in parentheses following the infinitive listing: **aufstehen (steht auf)**.

C. Verbal Phrases

A verbal phrase consists of a *verb* + a *word* or *phrase* closely linked to it, called a *verbal complement*. In a main clause in the present and simple past tense, the verbal complement is placed in position IV:

Verbal Complement   Verb
  nach Hause   **gehen**

I	II	III	IV
Wir	gehen	heute abend um sieben Uhr	nach Hause.

D. Basic Negation

When the main verb or verbal phrase of a sentence is negated with **nicht** (as opposed to negating any other specific sentence element), **nicht** is placed at the end of position III immediately in front of position IV:

I	II	III		IV
			nicht	
Leider	kommen	sie heute abend	nicht	nach Hause.

EXERCISES

I. Supply words or expressions to complete the sentences of the dialogue.

A. Am Samstag . . .
Ich esse dann . . .
Um zwölf Uhr gehe . . .
Am Nachmittag bin . . . und ich schlafe bis [*until*] . . .
Am Abend gehen mein Freund und ich . . .
Wir kommen sehr spät . . .
Ich schlafe am Sonntag natürlich . . .

B. Meine Schwester . . . Debbie.
Sie ist erst . . .
Sie und ihr Freund spielen im Sommer . . .
Aber im Winter . . .
Sie bleibt abends nicht oft . . .
Sie geht auf die Universität aber sie . . .

II. Say that you are *not* doing the following:

1. going shopping
2. skiing
3. sleeping
4. eating too much
5. going to the movies
6. getting up early
7. going to a party
8. staying at home
9. going to bed early
10. driving fast

III. Say that you are *not* the following:

1. tired
2. small
3. at home
4. old
5. beautiful
6. a student

IV. Write a dialogue along the following lines:

You ask your friend when she/he gets up.
She/he answers, around eleven.
You ask whether she/he always gets up so late.
She/he replies, usually, and sometimes not until twelve.
You ask whether she/he goes shopping in the morning.
She/he answers that she/he usually plays basketball with friends and then goes
    shopping in the afternoon.
You then ask her/him what she/he is doing Saturday evening.
She/he tells you that she/he is going to a party and asks if you are also going.

V. Using vocabulary that has been introduced, write a brief description of a typical
day of one member of your family. Pay close attention to word order!

VI. Express in German. Remember, you should be able to express these sentences in German with little hesitation or word-for-word translation!

1. Tomorrow I'm staying home.
2. She doesn't eat breakfast on Sunday.
3. When are you going shopping today?
4. Aren't we going out this evening?
5. Saturdays we seldom get up early.
6. Do their children watch much television?
7. Unfortunately he is not her friend.
8. Aren't you and your friend going to the movies tonight?
9. On weekends I don't get up until late.
10. He never travels alone.
11. Does he drive a car much?
12. Naturally she is almost never at home.
13. Why don't you ski in the afternoon?
14. Sometimes we take a walk in the evening.
15. I don't go to bed until eleven o'clock.

FREIZEIT[1]

Was machen typische Deutsche am Wochenende? Der typische Deutsche ist natürlich schwer zu finden, aber im großen und ganzen[2] kann man sagen, daß der Deutsche, ebenso wie[3] der Amerikaner, die Freizeit gern genießt[4]. Er ruht sich aus[5], ist mit der Familie zusammen, arbeitet im Garten, liest, sieht fern, treibt Sport[6]—kurz[7]: er entspannt sich[8].

Eine Tradition, die[9] in den USA nicht so verbreitet[10] ist wie dort, ist der Ausflug[11] am Wochenende: die ganze Familie fährt am Samstag oder Sonntag irgendwohin[12]. Früher[13] ging man[14] oft zu Fuß[15]. Heute ist in der BRD (Bundesrepublik Deutschland) wie in Amerika das Auto das Lieblingstransportmittel[16]. Hier lesen Sie, was einige Deutsche am Wochenende machen (ob typisch oder nicht).

Gerd und Sigi wohnen zusammen in Hamburg, wo sie eine geräumige[17] Wohnung im vierten Stock[18] eines alten Wohnhauses[19] haben. Sie arbeiten beide für eine Datenverarbeitungsfirma[20], er als Programmierer, sie als Fremdsprachensekretärin[21]. Ein typischer Sonntag bei Gerd und Sigi sieht etwas so aus[22]: sie stehen relativ spät auf, gegen zehn, und frühstücken gemütlich[23] (sonntags gibt es außer[24]

---

[1]free time   [2]by and large   [3]just as   [4]likes to enjoy   [5]He rests   [6]participates in sports   [7]in short   [8]he relaxes   [9]which   [10]widespread   [11]excursion   [12]somewhere   [13]in the past   [14]one went   [15]on foot   [16]favorite means of transportation   [17]roomy   [18]floor   [19]of an old apartment house   [20]data processing firm   [21]foreign language secretary   [22]*sieht . . . aus:* looks something like this   [23]leisurely   [24]besides

Unterwegs trinken sie ein Bier.

dem normalen Frühstück von Brötchen[25], Marmelade, und Kaffee auch noch Eier[26], Wurst, und Käse[27]). Dann trägt Gerd einen Eimer voll Wasser[28] die Treppen hinunter[29] und wäscht seinen Fiat. Sigi und Gerd fahren dann zusammen irgendwohin[30] (vielleicht an die Elbe[31] oder Außenalster[32]), wo sie einen längeren[33] Spaziergang machen. Unterwegs[34] machen sie meistens in einer Wirtschaft[35] oder Imbißhalle[36] Pause[37] und trinken ein Bier. Nachher fahren sie gewöhnlich in ein Restaurant, wo sie Abendbrot[38] essen. Türkisches und chinesisches Essen schmeckt ihnen am besten[39].

Für die Familie Kunz aus Berlin ist das Wochenende oft lang und anstrengend[40]. Herr und Frau Kunz fahren nämlich[41] gern mit ihren zwei Kindern in die BRD Camping. Sie haben einen Wohnwagen[42] und sind viel lieber an einem kleinen See[43] in Bayern[44] als[45] z. B.[46] am Wannsee, wo die Campingplätze[47] fast immer mit Berlinern zum Platzen[48] voll sind. Aber leider bedeutet eine Fahrt[49] von West-Berlin in die

[25]rolls   [26]eggs   [27]cheese   [28]pail of water   [29]down the stairs   [30]somewhere   [31]to the Elbe (river)   [32]lake in Hamburg   [33]rather long   [34]on the way   [35]inn   [36]refreshment stand   [37]*machen . . . Pause:* take a break   [38]supper   [39]tastes best to them   [40]tiring   [41]you see   [42]housetrailer   [43]lake   [44]Bavaria   [45]than   [46]for example (*zum Beispiel*)   [47]camp grounds   [48]to the bursting point   [49]drive

Herr und Frau Kunz fahren gern mit ihren zwei Kindern in die BRD Camping.

BRD „Transitfahren,"[50] eine ermüdende[51], oft unangenehme[52] Sache; denn[53] obwohl die Entfernung[54] von West-Berlin nach Hof (an der BRD-DDR Grenze[55]) nur 220 Kilometer beträgt[56], stehen die Autos oft ewig[57] lange an den Kontroll-stellen[58] Schlange[59]. Auf der Autobahn durch die DDR gibt es dann immer wieder Baustellen[60] (schneller als 100 darf[61] man sowieso[62] nicht fahren), und besonders im Sommer gibt es dann Stauverkehr[63] (übrigens auch auf den Autobahnen im Westen). Für die Familie Kunz bedeutet ein Wochenende „im Freien"[64] viel Fahre-rei[65] und nur wenig Erholung[66].

Anders natürlich sieht das Wochenende für das junge Ehepaar[67] Volker und Corinne Säger aus. Sie wohnen in Mühldorf (Bayern) und haben es nicht weit[68] zu den schön-sten[69] Erholungsorten[70]. Volker ist Sportlehrer an einem Gymnasium, und Corinne ist auch sehr sportlich. Am Wochenende geht's also los[71]: im Winter nach Kitzbühl, Garmisch, oder Reit im Winkel zum Skifahren; im Sommer an den Chiemsee zum Schwimmen und Segeln[72]. Volker hat dort ein Segelboot[73], und der ganze Tag wird manchmal auf dem See verbracht[74]. Nach dem Segeln trinken Volker und

---

[50]transit driving (through the GDR)   [51]tiring   [52]unpleasant   [53]for   [54]distance   [55]border [56]amounts to   [57]endlessly   [58]check point   [59]*stehen . . . Schlange:* stand in line   [60]construc-tion   [61]one may   [62]anyway   [63]bumper-to-bumper traffic   [64]out of doors   [65]lots of driving [66]recreation   [67]married couple   [68]they don't have far   [69]most beautiful   [70]recreation spots [71]*geht's . . . los:* they're off   [72]to sail   [73]sailboat   [74]*wird . . . verbracht:* is spent

Corinne gewöhnlich noch etwas Erfrischendes[75] am See[76], bevor sie dann in einen kleinen Gasthof[77] in der Nähe[78] fahren, wo sie Abendbrot essen und sich mit Freunden unterhalten[79].

COMPREHENSION CHECK

Remember, more than one answer may be correct.

1. Was ist ein Ausflug?
   a. Vati, Mutti und Kinder fahren zusammen irgendwohin.
   b. Die ganze Familie geht zusammen aus.
   c. Stauverkehr auf der Autobahn.
2. In der BRD wie in Amerika
   a. geht man meistens zu Fuß.
   b. gibt es eine große Liebe [love] zwischen [between] Menschen und Wagen.
   c. fährt man gern Auto.
3. Für Gerd und Sigi ist das Frühstück am Sonntag
   a. besser als an Wochentagen.
   b. wie ein typisches amerikanisches Frühstück.
   c. immer sehr früh.
4. Warum muß die Familie Kunz so weit [far] zum Camping fahren?
   a. Es gibt nicht viele Campingplätze in West-Berlin.
   b. Sie dürfen [allowed] in der DDR nicht Camping gehen.
   c. West Berlin liegt innerhalb [within] der DDR.
5. Warum kann man auf der Autobahn in der DDR nicht so schnell fahren?
   a. Es gibt eine Geschwindigkeitsgrenze [speed limit].
   b. An Baustellen muß man langsam [slowly] fahren.
   c. Es gibt immer wieder Kontrollstellen.
6. Warum haben es die Sägers leichter [easier] als die Kunzens?
   a. In der BRD gibt es keinen Stauverkehr.
   b. Sie wohnen in Bayern und haben es nicht so weit zu verschiedenen [various] Erholungsorten.
   c. In Berlin kann man nicht segeln.
7. Wo kann man im Winter gut skifahren?
   a. In Berlin.
   b. In den bayrischen Alpen.
   c. In Österreich [Austria].
8. Warum gibt es in der BRD so viel Stauverkehr?
   a. Viele Deutsche haben Autos.
   b. Die Deutschen fahren am Wochenende gern irgendwohin.
   c. Auf den Autobahnen gibt es manchmal Baustellen.

[75]refreshing   [76]by the lake   [77]inn   [78]nearby   [79]sich . . . unterhalten: converse with

9. Für die Deutschen so wie für die Amerikaner bedeutet Freizeit die Gelegenheit [*opportunity*],
   a. etwas zu machen, was man während [*during*] der Woche nicht macht.
   b. das zu machen, was man will.
   c. auch am Wochenende zu arbeiten.
10. Warum können nicht alle Deutschen ihre Freizeit so verbringen [*spend*] wie diese Deutschen?
   a. Sie haben keinen Wagen.
   b. Sie haben nicht genug Geld [*money*].
   c. Sie wohnen in Schleswig-Holstein.

VOCABULARY

Active

Nouns

(das)	Amerika	*America*
das	Auto	*car*
	Auto fahren	*to drive a car*
das	Bett	*bed*
(das)	Europa	*Europe*
das	Frühstück	*breakfast*
der	Garten	*garden*
	im Garten	*in the garden*
das	Kino	*movie theater*
das	Konzert	*concert*
die	Party	*party*
das	Theater	*theater*

Verbs

aufstehen (steht auf)	*to get up, to stand up*
ausgehen (geht aus)	*to go out*
einkaufen (kauft ein)	*to shop*
essen (er ißt, du ißt)	*to eat*
fahren (fährt)	*to drive*
fernsehen (sieht fern)	*to watch TV*
hören	*to hear*
laufen (läuft)	*to run*
lesen (er liest, du liest)	*to read*
radfahren (fährt Rad)	*to ride a bicycle*
reisen	*to travel*
sagen	*to say*
schlafen (schläft)	*to sleep*

sehen (sieht)	*to see*
skilaufen (läuft Ski)	*to ski*
spazierengehen (geht spazieren)	*to take a walk*
spielen	*to play*
wandern	*to hike, to travel on foot*

Other Words

dann	*then*
fast	*almost*
früh	*early*
genug	*enough*
gleich	*immediately*
intelligent	*intelligent*
lang(e)	*long*
manchmal	*sometimes*
müde	*tired*
nicht	*not*
nie	*never*
oder	*or*
oft	*often*
schnell	*fast*
selten	*seldom*
spät	*late*
streng	*strict*
vielleicht	*perhaps*
wahrscheinlich	*probably*

Expressions

erst	*only*
erst spät	*not until late*
erst um zehn Uhr	*not until ten o'clock*
gehen	*to go*
Camping gehen	*to go camping*
einkaufen gehen	*to go shopping*
auf eine Party gehen	*to go to a party*
auf die Universität gehen	*to go to the university*
ins Kino gehen	*to go to the movies*
ins Konzert gehen	*to go to the concert*
ins Theater gehen	*to go to the theater*
nach Hause gehen	*to go home*
zu Bett gehen	*to go to bed*
zur Universität gehen	*to go (over) to the university*
in der Klasse	*in the class(room)*
mit Freunden	*with friends*

spielen	*to play*
Basketball spielen	*to play basketball*
Golf spielen	*to play golf*
Karten spielen	*to play cards*
Tennis spielen	*to play tennis*
zu schnell	*too fast*

Passive

Nouns

die Autobahn	*freeway*
das Essen	*meal*
der Platz, die Plätze	*place, places*
die Sache	*thing, matter, affair*
der Spaziergang	*walk*
einen Spaziergang machen	*to take a walk*
die Wurst	*sausage*

Verbs

bedeuten	*to mean*
frühstücken	*to eat breakfast*
schwimmen	*to swim*
skifahren (fährt Ski)	*to ski*
stehen	*to stand*
tragen (trägt)	*to carry, to wear*
waschen (wäscht)	*to wash*

Other Words

als	*than*
schneller als	*faster than*
auf	*on, upon*
besonders	*especially*
bevor	*before*
daß	*that (conjunction)*
durch	*through*
einige	*some*
für	*for*
gewöhnlich	*usually*
her	*(prefix indicating movement toward speaker)*
hin	*(prefix indicating movement away from speaker)*
hin und her	*back and forth*
kein	*no, not any*
lieber (als)	*rather (than), preferably*
man	*one*

nach	*after*
nachher	*afterwards*
noch	*in addition, still*
ob	*whether*
obwohl	*although*
sportlich	*athletic, liking sports*
typisch	*typical*
übrigens	*by the way*
voll	*full, crowded*
wenig	*little, few*
wie	*as*
so gut wie	*as good as*

Expressions

immer wieder	*again and again*
zu Fuß gehen	*to walk*

MINI UNIT 3

The Modals

Muß ich heute im Garten arbeiten?

In Unit 3 you talked about your activities on the weekend. Perhaps you were frustrated by the fact that you were not able to express such thoughts as "*I would like to* play tennis but I *have to* work in the garden," or "I *want to* go to the movies but I *ought to* study." The addition of such qualifications as *would like to*, *have to*, and *want to* to a sentence involves the use of the modal auxiliary verbs. We are now introducing the modals by themselves in this mini-unit because they occur with such frequency in conversation and fit many of the themes you will be discussing in upcoming units.

The new material here consists only of the forms of the modals, their primary meanings, and their usage. No additional new vocabulary is introduced.

Read the following dialogue, paying attention to the boldface forms.

Karl: Vati, **muß** ich heute im Garten **arbeiten**? (*do I have to work?*)
      Ich **möchte** mit Karen Tennis **spielen**. (*I would like to play*)
Vati: Es **muß** nicht heute **sein**. (*it doesn't have to be*)
      Du **kannst** auch morgen im Garten **arbeiten**. (*you can work*)
Karl: Aber Vati, du weißt doch, morgen **wollen** wir wandern **gehen**. (*we want to go*)
Vati: Ach so, dann **soll** ich wieder allein im Garten **arbeiten**? (*am I supposed to work?*)
      Du **darfst** doch nicht immer **spielen**. (*you musn't always play*)
Karl: Am Montagnachmittag arbeite ich im Garten, Vati. Ganz bestimmt! [*For sure*]

The modal construction in German involves placing the correct form of the modal in the normal verb position (position II) and the dependent infinitive*—which never

---

* The *dependent infinitive* is the verb form which expresses the action modified by the modal: Today I have to *work* in the garden.

changes its form—at the very end of the sentence in position IV:

I	II	III	IV
Am Sonntag	möchte	sie immer sehr spät	schlafen.
Mein Vater	will	jetzt bei Sears	arbeiten.

If position IV is already occupied by one of the verbal complements discussed in Unit 3, it will be "pushed up" to become part A of a two-part position IV:

I	II	III	IV	
			A	B
Inge	darf	am Samstagabend nicht	ins Kino	gehen.
	Kann	dein Bruder	Auto	fahren?
Die Kinder	müssen	um neun Uhr	zu Bett	gehen.

If a separable verb is used with a modal, it occurs in its regular infinitive form in position IV:

I	II	III	IV
	Mußt	du immer so früh	aufstehen?
Wir	wollen	heute abend nicht	ausgehen.

Notice that **nicht** in normal negation retains its position right before position IV.

Memorize the forms and meanings of the six modal verbs below, noting that 1) the **ich** and **er (sie, es)** forms are in each case identical, and 2) **können**, **müssen**, and **dürfen** retain the umlaut in the plural only.

1. **können** (*to be able, can*)

ich kann   wir können
du kannst   ihr könnt
er ⎫   sie können
sie ⎬ kann
es ⎭
        Sie können

2. **müssen** (*to have to, must*)

ich muß   wir müssen
du mußt   ihr müßt
er ⎫   sie müssen
sie ⎬ muß
es ⎭
        Sie müssen

3. **dürfen** (*to be permitted, may*)

ich darf   wir dürfen
du darfst   ihr dürft
er ⎫   sie dürfen
sie ⎬ darf
es ⎭
            Sie dürfen

4. **sollen** (*ought to, should*) *supposed to*

ich soll   wir sollen
du sollst   ihr sollt
er ⎫   sie sollen
sie ⎬ soll
es ⎭
            Sie sollen

5. **wollen** (*to want to*)

ich will   wir wollen
du willst   ihr wollt
er ⎫   sie wollen
sie ⎬ will
es ⎭
            Sie wollen

6. **mögen** (**möchte**   *would like*)*

ich möchte   wir möchten
du möchtest   ihr möchtet
er ⎫   sie möchten
sie ⎬ möchte
es ⎭
            Sie möchten

PRACTICE A (Individual)

Fill in the correct form of the modal, paying close attention to the meaning of each sentence.

können   _____ du heute abend ausgehen?
        Das Kind _____ sehr gut Rad fahren.
        _____ wir am Wochenende skifahren?
        _____ ihr am Sonntag lange schlafen?

müssen   _____ ihr am Samstagvormittag so viel fernsehen?
        Leider _____ ich auch am Samstag zur Uni gehen.
        Inge _____ am Nachmittag einkaufen gehen.
        _____ Sie wirklich schon nach Hause gehen?

dürfen   Kinder, ihr _____ nicht so viel fernsehen.†
        Ich _____ heute abend nicht ausgehen.
        Debbie _____ nicht allein wohnen.
        _____ Ihre Schwestern allein Camping gehen?

sollen   Ich _____ am Wochenende Deutsch studieren.
        Warum _____ wir Samstagabend zu Hause bleiben?
        Er _____ nicht so viel Bier trinken.
        Im Sommer _____ sie nach Deutschland reisen.

---

* These forms of **mögen** are subjunctive. The indicative forms of **mögen** (*to like*) will be introduced in Unit 6.

† Notice that the negative construction **nicht dürfen** can translate *must not* (*mustn't*) in English. This does not mean *do not have to*, which is **nicht müssen** or **nicht brauchen zu** in German.

wollen   Vielleicht _____ er Basketball spielen.

_____ du heute abend ins Konzert gehen?

Aber Vati, ich _____ nicht im Garten arbeiten.

_____ ihr jetzt etwas Musik hören?

mögen   _____ du am Wochenende Camping gehen?

Er _____ immer sehr lange schlafen.

Ihr _____ Bier trinken, nicht wahr?

Ich _____ heute abend zu Freunden gehen.

PRACTICE B (Individual)

Express the following sentences in German. Be sure you can write them, too.

I have to study. müssen

I'd like to work at Sears. möchten

We have to go shopping. müssen

Are children permitted to drive? dürfen

Unfortunately, I have to learn German. müssen

Do you have to stay home tomorrow? müssen

Do you want to go out tonight? wollen

I can't go skiing on Sunday. können

Is he supposed to work in the garden? sollen

They can't come tomorrow night. können

Would you like to live in Germany? möchten

I want to sleep long on Sunday. wollen

QUESTION—ANSWER PRACTICE (Pairs)

Kannst du Karten spielen?

Mußt du zu Hause oft im Garten arbeiten?*

Darfst du Auto fahren?

Willst du nach Deutschland reisen?

Möchtet ihr am Wochenende auf eine Party gehen?

Dürfen Sie auch sehr spät ausgehen?

Sollst du am Wochenende viel studieren?

Können deine Eltern sehr streng sein?

Soll der Lehrer so streng sein?

Willst du am Wochenende viel lesen?

Darfst du mit Freunden wohnen oder mußt du zu Hause wohnen?

---

* We will see in Unit 8 that it is possible (and quite common) to negate **müssen** with a different construction (**nicht brauchen zu**); for the time being, use **nicht müssen**.

Kannst du Motorrad fahren?
Darfst du in einer Bar Bier trinken?
Möchten deine Geschwister auch Deutsch lernen?

CONVERSATION PRACTICE (Pairs)

Carry on a brief conversation with a classmate along the following lines.

> You say that you would like to do something (go out, go to a party, go
> shopping, watch TV, etc.).
> Classmate asks why you don't do it then.
> You say that you can't do it. You have to do something else (learn German,
> read a book, work in the garden, etc.).
> Classmate asks why you don't do that tomorrow.
> You say that you want to do something else tomorrow (play tennis, go skiing,
> sleep late, etc.).

4/VIER

WAS MAN NICHT ALLES HAT!

WAS ES NICHT ALLES GIBT!

We all have possessions we like to talk about. In this unit we learn to enumerate and describe a few of the things we have and don't have. Needed to discuss the theme are the accusative and genitive cases, the declension of the indefinite article (**ein**), negation with **kein**, and some of the adjective endings. You will also need to learn the genders and the plural forms of about thirty nouns.

A Was man nicht alles hat!

A: Was ist das?
   Was hat er da?

B: Das ist ein Fahrrad.
   Er hat ein Fahrrad.
   Das Fahrrad ist alt.

A: Ja, das ist wirklich ein altes Fahrrad.
   Hast du auch ein Fahrrad?

B: Ja, aber mein Fahrrad ist modern.

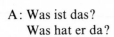

A: Was ist das?
   Was hat er da?

B. Das ist eine Uhr.
   Er hat eine Uhr.
   Die Uhr ist sehr modern.

A: Das kann doch keine Uhr sein.
   Wo sind denn die Zeiger [*hands*]?

A: Haben Sie auch so eine Uhr?

B: Ich habe eine Uhr, aber nicht so eine moderne Uhr.
   Meine Uhr hat Zeiger.

A: Was ist das nun wieder?
   Was haben sie denn da?

B: Das ist doch ein Wagen.
   Sie haben einen Wagen.
   Der Wagen ist sehr schön und groß.

A: Ja, das ist ein schöner, großer Wagen.
   Aber fährt er?

A: Habt ihr auch einen Wagen?
B: Natürlich haben wir einen Wagen.
   Wir haben einen alten VW.
   Er ist nicht sehr schön, aber er fährt.

A: Was für ein Haus haben sie denn?
   Ist ihr Haus modern?

B: Sie haben ein schönes Haus.
   Das Haus ist auch groß.
   Es ist aber nicht modern.

A: Was für einen Plattenspieler hast du?
B: Plattenspieler? Das ist doch kein Plattenspieler!
   Ich habe eine sehr teure Stereoanlage.

PUTTING IT TO WORK

I. Forms of **haben**

The second and third person singular forms of the verb **haben** (to have) are irregular:

ich habe   wir haben
du **hast**   ihr **habt**
er ⎫
sie ⎬ **hat**   sie haben
es ⎭

Sie haben

PRACTICE A (Individual)

Fill in the correct forms of **haben**.

Ich _____ leider heute keine Zeit.
_____ Sie einen Plattenspieler zu Hause?
Warum _____ du kein Bier?
Ich höre, Schmidts _____ drei Wagen.
Das Zimmer _____ nur eine Tür [*door*].
_____ ihr wirklich ein neues Haus?
Er _____ eine neue Stereoanlage.
_____ du auch so eine moderne Uhr?
Meine Schwester _____ einen Plattenspieler.

II. Accusative Case: Forms of the Definite Article and Possessive Adjectives

The verb **haben** takes a direct object. Direct objects are always in the *accusative case*. A masculine noun in the accusative case must show this case by a change in the form of the definite article from **der** to **den**. Feminine, neuter, and plural nouns show no such change:

MASCULINE   Wo ist *der* Plattenspieler? (*nominative*)
Hast du *den* Plattenspieler? (*accusative*)

FEMININE   Wo ist **die** Uhr? (*nominative*)
Hast du **die** Uhr? (*accusative*)

NEUTER   **Das** Buch ist interessant. (*nominative*)
Er hat **das** Buch. (*accusative*)

PLURAL   Wo sind **die** Schallplatten? (*nominative*)
              Wer hat **die** Schallplatten? (*accusative*)

	MASCULINE	FEMININE	NEUTER	PLURAL
NOMINATIVE	der	die	das	die
ACCUSATIVE	**den**	die	das	die

PRACTICE A (Individual)

Fill in the correct form of the definite article.

Das Fahrrad: Ich habe _____ Fahrrad nicht.
Der Bleistift: Ich habe _____ Bleistift nicht.
Die Uhr: Ich habe _____ Uhr nicht.
Der Plattenspieler: Ich habe _____ Plattenspieler nicht.
Das Radio: Ich habe _____ Radio nicht.
Der Wagen: Ich habe _____ Wagen nicht.
Die Bücher: Ich habe _____ Bücher nicht.
Das Buch: Habt ihr _____ Buch?
Der Kugelschreiber: Hast du _____ Kugelschreiber?
Der Wagen: Ist _____ Wagen neu?
Der Plattenspieler: Wo ist _____ Plattenspieler?
Der Wein: Hast du _____ Wein?

Similarly, the possessive adjectives show a change when used before masculine nouns in the accusative case: the ending **-en** is added. Before feminine, neuter, and plural nouns the form shows no change:

MASCULINE   *Mein* Kugelschreiber ist nicht hier. (*nominative*)
             Hast du *meinen* Kugelschreiber? (*accusative*)

FEMININE   **Meine** Schreibmaschine ist nicht hier. (*nominative*)
             Hast du **meine** Schreibmaschine? (*accusative*)

NEUTER   **Mein** Buch ist nicht hier. (*nominative*)
             Hast du **mein** Buch? (*accusative*)

PLURAL   **Meine** Schallplatten sind nicht hier. (*nominative*)
             Hast du **meine** Schallplatten? (*accusative*)

	MASCULINE	FEMININE	NEUTER	PLURAL
NOMINATIVE	mein	meine	mein	meine
ACCUSATIVE	**meinen**	meine	mein	meine

Here are all the possessive adjectives *in their masculine accusative forms*:

meinen   unseren
deinen   euren
seinen   ihren
ihren

Ihren

PRACTICE B (Individual)

Fill in the appropriate possessive adjective in its correct form.

Wo ist mein Pullover? Hast du _____ Pullover?
Wo sind ihre Bücher? Wer hat _____ Bücher?
Wo ist mein Bleistift? Hast du _____ Bleistift?
Wo sind eure Kugelschreiber? Habt ihr _____ Kugelschreiber?
Wo ist sein Motorrad? Wer hat _____ Motorrad?
Wo ist mein Wagen? Wer hat _____ Wagen?

QUESTION–ANSWER PRACTICE (Pairs)

With a neighbor or your instructor, practice the following question–answer exchange, using the expressions below.

EXAMPLE: Hast du (Haben Sie) mein Buch?
          Ja, ich habe dein (Ihr) Buch.

mein Bleistift   mein Wagen
ihre Bluse   dein Pullover
seine Schreibmaschine ihr Buch
ihre Gitarre   seine Uhr
seine Hosen   meine Zigaretten
unsere Schallplatten

III. ein and ein-Words

The *indefinite article* ein (*a, an*) follows exactly the same pattern of endings as the possessive adjectives. So, too, does the negative of ein, which is kein (*not a, not any, no*). **Kein** has a plural form, and thus can be used with plural nouns, whereas **ein**, of course, cannot. The possessive adjectives (**mein**, **dein**, etc.), **ein**, and **kein** are together called *ein-words*.

	MASCULINE	FEMININE	NEUTER	PLURAL
NOMINATIVE	ein Mann kein Mann	eine Frau keine Frau	ein Kind kein Kind	— keine Leute
ACCUSATIVE	ein**en** Mann kein**en** Mann	eine Frau keine Frau	ein Kind kein Kind	— keine Leute

PRACTICE A (Individual)

Fill in the correct form of **ein**.

Habt ihr _____ Haus?
Wir haben _____ Klavier zu Hause.
Hast du _____ Bruder oder _____ Schwester?
Haben Sie _____ Wohnung oder nur _____ Zimmer?
Viele Studenten haben _____ Schreibmaschine.
Das Zimmer hat nur _____ Tisch und _____ Stuhl.
Haben Sie vielleicht _____ Bleistift?
Nein, ich habe nur _____ Kugelschreiber.

PRACTICE B (Individual)

Answer the following questions in the negative, using **kein**.

EXAMPLE: Hast du Schallplatten zu Hause?
         Nein, ich habe **keine** Schallplatten zu Hause.

Hast du eine Uhr?
Haben Sie Zigaretten?
Hat sie eine Gitarre?
Habt ihr einen Fernseher?
Hat das Zimmer einen Tisch?
Habt ihr Bleistifte?
Haben Sie ein Klavier zu Hause?
Hast du Freunde?

When stressed, **ein** means *one*.

Wieviele Brüder hast du?
Ich habe nur **einen** Bruder, Gott sei Dank.

QUESTION–ANSWER PRACTICE (Pairs)

Using this pattern, ask your neighbor if he/she has the number of things listed below.

EXAMPLE: Hast du wirklich fünf Schwestern?
            Nein, ich habe eigentlich nur **eine** Schwester.

> drei Brüder
> vier Häuser
> sieben Onkel
> zwei Mercedes
> zwei Stereoanlagen
> viele Fragen

IV. **kein** vs. **nicht**

Kein is used to negate nouns preceded by **ein** or preceded by no article at all:

> Hast du **ein** Buch?
> Nein, ich habe **kein** Buch.
>
> Hast du Schallplatten zu Hause?
> Nein, ich habe **keine** Schallplatten zu Hause.
>
> Habt ihr jetzt Zeit?
> Nein, wir haben jetzt **keine** Zeit.

but, otherwise **nicht** must be used., *no noun, noun w/ definite article, noun w/ possessive adjective.*

> Hast du das Buch?
> Nein, ich habe das Buch nicht.
>
> Hast du mein Buch?
> Nein, ich habe dein Buch nicht.

Note that **nicht** usually follows the accusative object.

■ PRACTICE A (Individual)

Answer the following questions in the negative, using either **kein** or **nicht**.

> Hast du ein Fahrrad?
> Hast du ihr Fahrrad?
> Hast du das Fahrrad?
> Ist das ein Farbfernseher?
> Ist das ein Mercedes?
> *Ist das der Lehrer?

* Did you remember (from Unit 3) to place **nicht** before the predicate nominative? **Das ist *nicht* der Lehrer.**

Hast du Zeit?
Hat der Professor eine Frau?
Haben Schmidts Kinder?
Hast du die Gitarre?
Haben Sie meinen Pullover?

QUESTION–ANSWER PRACTICE (Pairs)

Ask a classmate if he or she has the following:

> your book, a brother, a sister, time, an apartment, a house, a watch, your
> watch, a typewriter, a color TV

V. Predicate Nominative vs. Direct Object

Be sure you notice that an accusative direct object can *never* follow the verb *to be*
(**sein**). **Sein** joins two nouns or a noun and a pronoun in the *nominative* case.

Compare:

> Das ist mein Wagen. (*nominative*)
>> *but*
> Er hat meinen Wagen. (*accusative*)

> Hans ist sein Bruder. (*nominative*)
>> *but*
> Hans hat nur einen Bruder. (*accusative*)

■ PRACTICE A (Individual)

Answer the following questions in the affirmative.

> Ist das ein Mercedes?
> Hat er einen Mercedes?
> Ist das seine Stereoanlage?
> Hast du einen Plattenspieler?
> Ist das dein Plattenspieler?

VI. Das ist . . ./Das sind . . .

Das is used to mean *that* (singular) or *those* (plural) in a *demonstrative* sense, regardless
of the gender of the noun referred to. The use of the one word **das** for both singular and
plural requires some getting used to:

Das ist mein Wagen.	That's my car.
Das ist ihre Uhr.	That's her watch.
Das ist mein Buch.	That's my book.
Das sind unsere Freunde.	Those are our friends.

PRACTICE A (Individual)

Using **das ist/das sind** say that the following are yours:

> Fahrrad, Plattenspieler, Stuhl, Schreibmaschine, Schallplatten, Zimmer, Schwestern, Bleistift, Zigaretten, Bett

VII. Was für .../Was für ein ...

The question phrases **was für ...** and **was für ein ...** mean *what sort of ...* or *what kind of a ....* The noun which follows can be in either the nominative or accusative case:

Was für ein Wagen ist das?
Was für eine Stereoanlage ist das?
Was für ein Fahrrad ist das?
Was für Bücher sind das?
⎫ *nominative*

Was für einen Wagen hat er?
Was für eine Stereoanlage haben sie?
Was für ein Fahrrad hat sie?
Was für Bücher hat er?
⎫ *accusative*

■ PRACTICE A (Individual)

Using **was für** or **was für ein** ask the question for the answer given.

EXAMPLE: Das ist ein VW.
         Was für ein Wagen ist das?

> Er hat einen Mercedes.
> Sie hat einen deutschen Plattenspieler.
> Er ist ein netter Mann.
> Das Haus ist groß und modern.
> Das sind nette Kinder.
> Er hat ein grünes Fahrrad.
> Das ist eine japanische Stereoanlage.
> Ich habe eine sehr alte Schreibmaschine.
> Wir haben einen Schäferhund [*German shepherd*].
> Er ist eine Promenadenmischung [*mutt*].

VIII. Adjectives

In answering **was für**-questions, it is frequently necessary to use one or more adjectives. It is possible to use the predicate adjective construction we have already had, in which case the adjective has no ending:

Was für ein Lehrer ist er denn?
Er ist ganz **gut**, nur manchmal etwas **streng**.

Was für einen Wagen haben sie?
Ich weiß nicht; er ist aber sehr **groß**.

But it is more probable that you will want to use the adjective *attributively*, that is, as a modifier before a noun:

Was für ein Lehrer ist er denn?
Er ist ein **guter** Lehrer.

Was für einen Wagen haben sie?
Sie haben einen **großen** Wagen.

Was für Bücher hat er?
Er hat nur **interessante** Bücher.

Used attributively, adjectives must always have an ending. The surest way to arrive at the correct adjective ending is to follow an *analytical* approach. This approach is based on viewing the attributive adjective as part of a *unit* consisting also of the noun modified and the word preceding the adjective, if any.

Unit		
A Preceding Word	B Adjective	C Noun
ein —	alter alte	Mann Leute

The approach involves three steps:

1. Determining gender, number, and case of the noun modified.
2. Seeing whether the word which precedes the adjective is an **ein**-word, **der**-word (introduced in a later unit), or neither (unpreceded). This determines which chart you will use to select the adjective ending.
3. Selecting the correct adjective ending from the proper chart.

Here are the charts for adjectives preceded by **ein**-words and for unpreceded adjectives. *You must memorize these charts!*

1. Adjectives preceded by **ein**-words

	Masculine	Feminine	Neuter	Plural
Nominative	-er	-e	-es	-en
Accusative	-en	-e	-es	-en

2. Unpreceded adjectives (for the time being, plural only)

	Masculine	Feminine	Neuter	Plural
Nominative				-e
Accusative				-e

Now let's go through the steps of the method with several examples.

Example 1: Sie ist eine gut___ Lehrerin.
    Step 1: What is the gender, number, and case of the noun?
          gender: *feminine* (*die* **Lehrerin**)
          number: *singular*
          case: *nominative* (after the verb **sein**)
    Step 2: What sort of word, if any, precedes the adjective?
          ein-word (*eine* **Lehrerin**)
          Thus chart 1 will be used in step 3.
    Step 3: What is the correct ending from the proper chart?
          -e (feminine singular, nominative case, from chart 1)

          Sie ist eine gute Lehrerin.

Example 2: Haben Sie schon Ihr neu___ Fahrrad?
    Step 1: What is the gender, number, and case of the noun?
          gender: *neuter* (*das* **Fahrrad**)
          number: *singular*
          case: *accusative* (after the verb **haben**)
    Step 2: What sort of word, if any, precedes?
          ein-word (*Ihr* **Fahrrad**)
          Thus chart 1 will be used in step 3.

Step 3: What is the correct ending from the proper chart?
-es (neuter singular, accusative case, from chart 1)

Haben Sie schon Ihr neu**es** Fahrrad?

Example 3: Das sind schön___, teur___ Autos.
Note that adjectives in a series always have the same ending.
Step 1: What is the gender, number, and case of the noun?
gender: *neuter*, but here irrelevant
number: *plural*
case: *nominative* (after the verb **sein**)
Step 2: What sort of word, if any, precedes the adjective?
unpreceded
Thus chart 2 will be used in step 3.
Step 3: What is the correct ending from the proper chart?
-e (plural nominative, from chart 2)

Das sind schön**e**, teur**e** Autos.

Das ist ein schöner, teurer Wagen.

■ PRACTICE A (Individual)

Supply the correct adjective ending, using the Analytical Approach just practiced.

Hast du ein neu___ Buch?
Meine alt___ Uhr ist kaputt.
Das ist ein sehr teur___ Wagen.
Sind das interessant___ Bücher?
Hat er ein groß___ Haus?
Ich habe keinen neu___ Plattenspieler.
Das ist kein schön___ Tisch.
Wo ist denn dein blau___ Pullover?
Sind Ihre neu___ Freunde hier?
Habt ihr eine groß___ oder klein___ Wohnung?
Wir haben eine schwarz___ Katze und einen weiß___ Hund.
Teur___ Schallplatten sind das nicht.
Unser neu___ Fernseher ist schon kaputt.
Sie hat doch ein groß___, modern___ Zimmer.
Japanisch___ Fahrräder sind nicht so teuer.
Wohnen Ihre älter___ [*older*] Geschwister noch zu Hause?

■ PRACTICE B (Individual)

Supply the given adjective with its correct ending.

EXAMPLE: Ich habe ein Fahrrad. (alt)
         Ich habe ein **altes** Fahrrad.

Ich habe einen Wagen. (neu)
Das ist meine Bluse. (alt, gelb)
Wir haben aber keinen Hund. (groß)
Ist das ein Kugelschreiber? (gut)
Was für eine Schreibmaschine hast du? (neu)
Er hat Hosen. (schwarz)
Sind das seine Hosen. (grün)
Ist das ein Plattenspieler? (billig)
Er hat keinen Bruder. (klein)
Das ist ein Mädchen. (schön)

QUESTION–ANSWER PRACTICE (Pairs)

Answer using an appropriate attributive adjective.

EXAMPLE: Was für ein Wagen ist das?
         Das ist **ein** deut**scher** Wagen.

Nominative case

> Was für eine Wohnung ist das?
> Was für Wagen sind das?
> Was für Musik ist das?
> Was für Eltern sind das?
> Was für ein Bier ist das?
> Was für eine Frage ist das?
> Was für ein Arzt ist das?

Accusative case

> Was für einen Wagen hast du?
> Was für einen Hund hast du?
> Was für ein Auto hast du?
> Was für Bücher hast du?
> Was für ein Zimmer hast du?
> Was für Schallplatten hast du?
> Was für einen Bruder hat er?

Nominative and accusative cases

> Was für einen Plattenspieler hast du?
> Was für Mädchen sind das?
> Was für eine Frau ist das?
> Was für ein Motorrad hat sie?
> Was für ein Photograph ist er?
> Was für einen Stuhl habt ihr?
> Was für ein Klavier ist das?
> Was für Leute sind das?

COMBINATION APPROACH

The analytical approach to determining the correct adjective ending is reliable but slow, although with practice the process will become more automatic. There is a shortcut to proper use of the adjective endings which can sometimes be helpful, namely, the fact that within the adjective unit certain *combinations* of endings always go together. In other words, the information given in part A of the unit (the ending on the **der-** or **ein-**word preceding the adjective, or the absence of such a word) will signal the correct ending on the adjective in part B. Sometimes it will signal two possible endings, which then requires consideration of part C (the gender, number, and case of the modified noun). But, in any case, the process of determining an adjective ending is simplified by learning which combinations are possible. Here are three combinations we have had which will help you to determine the correct adjective ending quickly.

1. If the **ein-** or **der-**word in part A ends in **-en**, the adjective ending in part B will *always* be **-en**, regardless of the gender, number, or case of the noun in part C.

A **ein**-Word, **-en** Ending	B Adjective Ending **-en**	C Any Noun (Here Masculine Accusative)
einen unseren	neuen alten	Plattenspieler Wagen

2. If the **ein**-word in part A has *no* ending, the adjective ending in part B must be *either* **-er** *or* **-es**. The gender of the noun in part C determines which.

A **ein**-Word With No Ending	B Adjective Ending Either **-er** or **-es**	C Masculine or Neuter Noun
ein	alter altes	Mann (*masculine*) Fahrrad (*neuter*)

3. Here you must key on the noun in part C. If it is *plural* the adjective ending in part B will be either **-e** or **-en**. (There are two rare exceptions to this which will be treated later.) The ending is **-e** if A contains no **ein-** or **der**-word; it is **-en** if A contains any **der** or **ein**-word, regardless of its ending.

A	B	C Plural Noun
1. no word	adjective ending **-e**	
—	alte	Schallplatten
2. **ein**-word	adjective ending **-en**	
seine	alten	

■ PRACTICE A (Individual)

Add the indicated adjective to the sentence with its correct ending. In these sentences only the combinations discussed above are involved. See if they help you determine the endings more quickly.

Freunde sind schwer zu finden. (gut)
Ich glaube, es ist ein Haus. (groß)

Er spielt immer seine Schallplatten. (schlecht)
Ich trinke besonders gern einen Wein. (gut, alt)
Ist das dein Hund? (dumm)
Das sind keine Klassen. (interessant)
Sie fährt einen Wagen. (amerikanisch)
Sein Haus hat sieben (groß) Zimmer.
Meine Studenten lernen schnell. (intelligent)
Wo wohnen Ihre Freunde? (amerikanisch)
Er hat ein Haus. (teuer)
Das ist ein Hund. (braun)
Er hat einen Hund. (braun)
Er hat zwei Hunde. (braun)
Er hat meine Hunde. (braun)
Das ist aber kein Haustier. (schön)

QUESTION–ANSWER PRACTICE (Pairs)

Answer the questions using the adjective given. Try to be aware of combinations
signaled in the question. Use the analytical method if you see no combination.

EXAMPLE: Was für einen Hund hat er? (groß)

signal

Er hat ein**en** groß**en** Hund.

Was für ein Wagen ist das? (deutsch)
Was für Bücher hat sie? (schön)
Was für ein Problem ist das? (schwer)
Was für einen Lehrer hast du? (streng aber gut)
Was für ein Bier ist das? (deutsch)
Was für eine Uhr hast du? (teuer)
Was für Kinder sind das? (jung)
Was für eine Stadt ist das? (groß)
Was für ein Mann ist das? (nett)
Was für einen Mann hat sie? (dumm)
Was für Leute sind das? (jünger)

Remember that the combination method of determining adjective endings is a shortcut, not a system in itself. We will point out other combinations later in the book, but
if you have any difficulties deciding on the correct adjective ending, use the step-by-
step analytical approach.

IX. **viele, wenige, einige** (*many, few, some*)

Viele, **wenige**, and **einige** are plural adjectives. They are declined as attributive adjectives, and, as such, come in part B of the adjective unit, which for the moment is unpreceded:

A	B -e	C PLURAL NOUN
—	viele	Leute

Sie hat gut**e** Schallplatten.
Sie hat einig**e** Schallplatten.

Ich habe nur interessant**e** Bücher.
Ich habe nur wenig**e** Bücher.

Another adjective following these words always takes the same ending. Together they function as two (or more) unpreceded adjectives in the plural: **viel**e **gut**e **Leute**.

■ PRACTICE A (Individual)

Say that your brother has *many*, *some*, or *few* of the following.

EXAMPLE: nett/Haustier
       Mein Bruder hat viel**e** nett**e** Haustiere.

teuer/Buch
gelb/Bleistift
neu/Schallplatte
dumm/Frage
interessant/Freund
schwer/Problem

■ PRACTICE B (Individual)

Using the words given, form sentences with either **viele**, **wenige**, or **einige**, according to the following pattern.

EXAMPLE: alt/Leute/verstehen
       Wenige alte Leute verstehen **das**.

jung/Kind/essen
geschieden/Eltern/wissen
intelligent/Leute/trinken

verheiratet/Mann/glauben
amerikanisch/Wagen/haben
dumm/Student/lernen
streng/Professor/verstehen
jünger/Schwester/wissen

Remember, adjectives following **ein**-words in the plural take the ending **-en**!
Viele, **einige**, and **wenige** do not function as **ein**-words, but rather as attributive plural
adjectives:

meine neu**en** Hosen
wenige neu**e** Hosen

keine intelligent**en** Leute
viele intelligent**e** Leute

QUESTION–ANSWER PRACTICE (Pairs)

Answer using first **wenige** and then **keine**.

EXAMPLE: Hast du **neue Schallplatten**?
　　　　　Ich habe **wenige neu***e* Schallplatten.
　　　　　Ich habe **keine neu***en* Schallplatten.

Hast du interessante Bücher?
Haben moderne Häuser das?
Verstehen alte Ärzte das?
Haben eure Kinder interessante Freunde?
Wissen jüngere Kinder das?
Haben deutsche Wagen das?
Hat unsere Universität ausgezeichnete Studenten?
Hast du auch schwere Probleme?
Glauben geschiedene Frauen das auch?
Habt ihr auch sehr gute Fahrräder in Amerika?

DIALOGUE PRACTICE (Pairs)

Following the pattern below, engage in an exchange with a classmate or with your
instructor.

EXAMPLE: A: Ich habe eine Stereoanlage.
　　　　　B: Ist deine Stereoanlage neu? (gut, teuer)
　　　　　C: Ja, es* ist eine neue Stereoanlage. (gute, teuere)

---

* **Es ist** (like **das ist**) is used as a demonstrative phrase when describing something or pointing something
out. **Es** is used regardless of the gender of the given noun.

Ich habe eine Schreibmaschine.
Er hat eine Wohnung.
Sie hat ein Radio.
Er hat Schallplatten.
Das ist ein Klavier.
Wir haben eine Katze.
Das ist ein Plattenspieler.
Er hat Bücher.
Sie haben einen Hund.

FINDING OUT WHAT PEOPLE HAVE (Pairs)

Attempt to find out what and what sort of things a classmate has. The conversation might proceed something like this:

EXAMPLE: A: Wohnst du zu Hause, Elke?
B: Nein, ich habe eine Wohnung.
A: Was für eine Wohnung?
B: Na ja, sie ist ziemlich schön und modern.
A: Wieviele Zimmer?
B: Drei.
A: Was für Möbel [*furniture*] hast du?
B: Ich habe nur einen kleinen Tisch, einige Stühle, ein Bett, und mein Klavier natürlich.
A: Ach, spielst du Klavier?
B: (*Sarkastisch*) Nein, aber mein Hund spielt sehr gut.

Here is some additional vocabulary you might need for this conversation.

Was für Zimmer? das Wohnzimmer [*living room*]; das Schlafzimmer [*bedroom*]; die Küche; das Badezimmer [*bathroom*]

Was für Möbel? der Sessel [*easy chair*]; das Sofa [*sofa*]; die Kommode [*chest of drawers*]

In der Küche: der Kühlschrank [*refrigerator*]; der Geschirrspüler [*dishwasher*], die Waschmaschine [*washing machine*], der Herd [*stove*]

B Was es nicht alles gibt!

Fast alle Großstädte der BRD haben jetzt Fußgängerzonen[1]. Da gibt es zwar[2] keinen Verkehr[3], aber doch viele Leute. Sie kaufen ein oder gehen einfach spazieren. In Köln gibt es die Hohestraße. Hier sieht Hilde ihre Freundin Erika . . .

Erika: Grüß dich, Hilde! Wen suchst du?

Hilde: Ach, Tag, Erika. Ich suche niemand, nur kann ich hier in dieser Straße keinen Spielwarenladen[4] finden. Gibt es einen?

Erika: Bestimmt[5]. Es gibt so viele Läden, du findest sicher[6] auch einen Spielwarenladen. Moment mal[7] . . . Stahlwaren[8], Boutique, Pelze[9], Kölnisch Wasser, Woolworths, Kaufhalle . . . Dort gibt's doch Spielzeug.

Hilde: Ja schon[10], aber sie haben nicht das Richtige[11]. Ich suche nämlich ein ganz besonderes Legospiel. Der Sohn meiner Freundin Inge hat morgen Geburtstag[12].

genitive case

Erika: Warte mal[13]. Dort, das Schild „photo rico". Siehst du es? Da steht auch „Spielwaren." Ach ja, das soll ein ganz anständiger[14] Laden sein. Ein Freund meines Mannes kauft immer seine Photosachen[15] dort. Er kennt auch den Besitzer[16].

Hilde: Na[17] gut. In der Hohenstraße gibt's doch alles, hoffentlich auch das Legospiel. Tschüs[18], Erika.

Erika: Tschüs, Hilde. Viel Glück[19].

PUTTING IT TO WORK

I. Other Verbs Taking a Direct Object

A great many verbs in addition to **haben** take a direct object in the accusative case. Here are those we have had (the direct object is in boldface):

lernen: Ich lerne **Deutsch**.
studieren: Er studiert **Musik**.
verstehen: Sie versteht **ihre Mutter** nicht.

---

[1]pedestrian zones   [2]to be sure   [3]traffic   [4]toy store   [5]of course   [6]certainly   [7]just a moment   [8]hardware   [9]furs   [10]that's right   [11]the right thing   [12]birthday   [13]wait a second   [14]decent   [15]photography things   [16]owner   [17]well   [18]so long (*colloquial*)   [19]Lots of luck

wissen: Warum weißt du **die Antwort** [*answer*] nicht?
finden: Ich finde **meinen Bleistift** nicht.
trinken: Warum trinkst du **kein Bier**?
sehen: Siehst du **den Mann** dort?
spielen: Er spielt **die Gitarre**.
hören: Ich höre **die Musik** nicht.

And here are some additional ones:

suchen: Ich suche **einen Spielwarenladen**.
lieben: Sie liebt **ihren Hund** sehr.
rauchen: Rauchst du immer **so viele Zigaretten**?
kennen: Ich kenne **seinen Freund** nicht.

Note that the noun **der Student** adds an **-en** in the accusative singular:

Er versteht kein**en** Student**en**.
Kennst du deinen neu**en** Student**en**?

PRACTICE A (Individual)

Answer the questions as indicated.

EXAMPLE: Was für Zigaretten raucht sie? (lang)
   Sie raucht **lange** Zigaretten.

Was findest du nicht? (mein- neu- Kugelschreiber)
Was trinkt ihr? (ein- alt- Wein)
Wen liebt sie? (mein- neu- Student)
Was für einen Laden suchen Sie? (gut- Spielwarenladen)
Was siehst du dort? (ein- schön-, grün- Pullover)
Was für Mädchen kennst du? (viel- schön-)
Was für ein Klavier spielt sie? (deutsch-)
Was hört man in der Deutschstunde? (viel- Fragen)
Was für Hunde sieht man in Deutschland? (viel- klein-, braun-)
Was findest du nicht? (mein- neu- Bleistift)

II. es gibt . . .

An accusative construction which requires special attention is the phrase **es gibt**. Since it translates as *there is* or *there are*, the fact that it takes a direct object in the accusative can be overlooked:

Es gibt hier **einen Spielwarenladen**.
There is a toy store here.

Es gibt **viele Läden** in der Hohenstraße.
There are many shops on Hohe Street.

PRACTICE A (Individual)

Form complete sentences using **es gibt**.

EXAMPLE: in Deutschland/viele Wagen
   In Deutschland gibt es viele Wagen.

in der Deutschstunde/viel- nett- Leute
dort/ein- klein- Tisch
in der Hohenstraße/ein- klein- Laden
zu Hause/zu viel- dumm- Haustiere
in Amerika/viel- groß- Universitäten
wann/ein gut- Konzert?
wo/ein- Farbfernseher?
dort/kein- gut- Schallplatten
dort/groß- Schild

QUESTION–ANSWER PRACTICE (Pairs)

Answer the questions, using an appropriate adjective-noun combination in the accusative case.

EXAMPLE: Was sucht sie in der Hohenstraße?
  Sie sucht **einen guten Spielwarenladen**.

Was raucht dein Vater?
Was kannst du oft nicht finden?*
Was gibt es in der Hohenstraße?
Was hört man bei einem Rockkonzert? (*Possible answer:* laute Musik)
Was sieht man in der Stadt?
Was trinkst du auf einer Party?
Was verstehst du in der Deutschstunde nicht?
Was für Häuser gibt es in Beverly Hills?
Was für Läden stehen in der Hohenstraße?

III. Accusative Forms of the Personal Pronouns and the Interrogative Pronoun **wer**

Five of the personal pronouns change their form when they are used in the accusative case:

Ich heiße Karl Müller.	Du kennst **mich** nicht.
Du heißt doch Karl.	Ich kenne **dich**.
Er heißt Karl Müller.	Ich kenne **ihn**.
Wir wohnen hier.	Ihr kennt **uns** doch.
Ihr heißt doch Müller.	Wir kennen **euch**.

Here are the complete forms:

NOMINATIVE	ich	du	er	sie (*she*)	es	wir	ihr	sie (*they*)	Sie (*you*)
ACCUSATIVE	**mich**	**dich**	**ihn**	sie	es	**uns**	**euch**	sie	Sie

PRACTICE A (Individual)

Answer using a pronoun to replace either the subject or the direct object, or both.

EXAMPLE: Kennst du unseren Professor?
  Nein, **ich** kenne **ihn** nicht.

Kennen Sie unsere Professorin?
Ist das der Lehrer?

---

* The presence of a modal verb does not alter the case structure of a sentence. Here, **finden** requires an accusative object.

Kennst du die Schmidts?

Soll Karl Zigaretten rauchen?

Trinkst du den Wein?

Kennt ihr die Zimmer?

Kennst du mich?

Ist das Ihre Mutter?

Siehst du die Studenten?

Siehst du den Studenten?

Wissen Sie die Antworten?

Können Sie die Probleme verstehen?

Hörst du den Hund?

Verstehst du das Kind?

Sehen Sie die Schilder dort?

Kennen Sie Hans und Inge Scheibelberg?

Findet Hans seinen Bleistift?

Sucht sie eine neue Bluse?

Möchte er einen neuen Wagen kaufen?

The interrogative pronoun **wer** (*who*) also has an accusative form, **wen**, corresponding to the English *whom*:

ACCUSATIVE (OBJECT)   NOMINATIVE (SUBJECT)

Wen   kennst   du   nicht?
Ich kenne Frau Müller nicht.

Wen versteht ihr nicht?
Wir verstehen unseren Professor nicht.

Note that the form **wer** is always the subject of a singular verb, except in the case of **sein**, where the plural verb form occurs if the predicate nominative is plural:

Wer **versteht** die Frage nicht?

Wer ⟨ **ist** der Mann dort?

sind die Männer dort?

PRACTICE (Pairs)

One student makes the statement given. The other pretends he or she did not understand and asks for the information indicated by the boldface word(s). The first student then gives a short answer.

EXAMPLE 1: Ich kenne **ihren Mann**.
          Wen kennst du?
          Ihren Mann.

EXAMPLE 2: Wir haben **seinen Wagen** nicht.
Was habt ihr nicht?
Seinen Wagen.

Vater darf keinen Wein trinken.
Das ist **mein Bruder**.
Ich verstehe **meinen Lehrer** nicht.
Wir haben **ihren Hund** nicht.
Wir kennen **eure Schwester** nicht.
Sie sieht **die Männer** nicht.
Die Schüler wollen die Musik hören.
Es gibt **keinen Stuhl**.
Sie soll **ihren Bleistift** suchen.
Er sucht **seinen Bruder**.
Mein Bruder sucht deinen Bruder.

QUESTION–ANSWER PRACTICE (Instructor/Student)

Wer studiert Deutsch?
Wen kennen Sie in der Deutschstunde?
Wer raucht? Rauchen Sie?
Wen können Sie nicht verstehen?
Wer geht heute abend ins Kino? Möchten Sie ins Kino gehen?
Wen kennst du in Chicago? (*Possible answer:* niemand)
Wen seht ihr heute abend?
Wer spielt Tennis? Spielen Sie Tennis?

IV. The Possessive Case (Genitive)

When talking about things people have, you may have occasion to want to say *My friend's sister has* . . . or *My father's car is* . . . Such combinations indicate possession and can, in English, be rendered by either the apostrophe *s* construction (*my father's car*) or by *of* plus the noun (*the car of my father*).

In German there are several ways of expressing the possessive relationship. In this part of the unit we will concentrate on limited usage of the genitive case, enabling you to express such relationships as:

my father's car (the car *of my father*)
his mother's house (the house *of his mother*)
our child's teacher (the teacher *of our child*)
my friends' parents (the parents *of my friends*)

Here are the rules you need to follow in order to form the genitive case in German.

1. The noun indicating the person possessing (or having) is placed **after** the noun indicating the thing possessed:

    der Wagen **meines Vaters**
    das Haus **seiner Mutter**

2. The **ein**-word preceding the person noun has a changed ending. The ending depends on the gender of that noun:

    MASCULINE   FEMININE   NEUTER

(der Wagen) meine**s** Vaters (das Haus) meine**r** Mutter (der Lehrer) unsere**s** Kindes

PLURAL

(die Eltern) unsere**r** Freunde

You must learn these new endings. Notice that the gender of the noun indicating the thing (or person) possessed (**der Wagen, das Haus, der Lehrer, die Eltern**) is irrelevant. It is the gender of the person possessing (**der Vater, die Mutter, das Kind, die Freunde**) which determines the correct genitive ending of the preceding **ein**-word.

3. Most masculine and neuter nouns in the genitive add an **-es** (for one syllable words) or **-s** (for words of two or more syllables). Feminine and all plural nouns show no change:

    MASCULINE   NEUTER

    meine**s** Vater**s**   unsere**s** Kinde**s**
    unsere**s** Lehrer**s**   seine**s** Mädchen**s**
    seine**s** Freunde**s**
    ihre**s** Professor**s**
    meine**s** Hunde**s**

    FEMININE   PLURAL

    meine**r** Mutter   unsere**r** Freunde
    seine**r** Freundin   seine**r** Eltern

4. The noun **der Student** is irregular in the singular in the accusative, genitive, and dative (introduced later) cases:

    der Student (*nominative*)
    den Student**en** (*accusative*)
    eines Student**en** (*genitive*)
    [dem Student**en** (*dative*)]

Der Student heißt Siegfried. (*nominative*)
Ich kenne **den Studenten**. (*accusative*)
Kennst du den Bruder **meines Studenten**? (*genitive*)

More nouns of this type, which are called weak masculine nouns, will be introduced later. They are listed in vocabulary lists at the end of units in the following manner:

der Student (des Studenten, den Studenten), -en

The **-en** indicates the plural form.
In the vocabulary list at the end of the book, this notation is shortened to:

der Student (-en), -en

■ PRACTICE A (Individual)

Express the possessive relationships below in German. Don't be bothered by the two different constructions in English. If it helps, transform the *'s* construction into the *of + noun* construction before attempting the German.

MASCULINE   the car of my father
the brother of my friend
the book of my student (en)
your brother's house (the house of your brother)
our professor's questions
my brother's pets

FEMININE   my mother's house
your sister's car
his girlfriend's apartment
the book of the student (desoirder)
our daughter's stereo

NEUTER   their child's toy
his child's teacher

PLURAL   the parents of my friends
her brothers' apartment
the friends of my sisters
the students' problem
the problem of our people

The word for *whose* (genitive of the question word **wer**) is **wessen**:

Wessen Wagen ist das denn?
Das ist der Wagen **meines Vaters**.

PRACTICE B (Individual)

Repeat each sentence, adding the genitive form of the noun in parentheses.

EXAMPLE: Das ist der Wagen. (mein Vater)
　　　　　Das ist der Wagen **meines Vaters**.

Wer hat die Schreibmaschine? (meine Schwester)
Die Schallplatten sind sehr gut. (dein Freund)
Ich suche den Laden. (unser Freund)
Ich liebe die Hosen sehr. (deine Freundin)
Der Plattenspieler ist ziemlich alt. (Ihr Vater)
Das Haus ist modern und groß. (unsere Eltern)
Der Pullover ist doch viel zu klein. (seine Schwester)
Finden Sie die Uhr? (mein Sohn)
Die Zigaretten sind gut. (mein Freund)
Das Zimmer ist schwarz, weiß und rot. (unsere Tochter)

QUESTION–ANSWER PRACTICE (Pairs)

Wessen Wagen steht dort? (meine Mutter)
Wessen Laden ist in der Hohenstraße? (ihr Mann)
Wessen Motorrad fährt so schnell? (meine Freundin)
Wessen Bluse ist braun und gelb? (unsere Lehrerin)
Wessen Schreibmaschine ist wieder kaputt? (mein Bruder)
Wessen Stereoanlage kostet mehr als [costs more than] $1000? (sein Sohn)
Wessen Hund liebst du so sehr? (meine Eltern)
Wessen Zimmer ist nicht schön? (ihre Kinder)
Wessen Hosen sind wieder zu eng [tight]? (unser Bruder)
Wessen Wohnung mußt du finden? (mein Student)

WER HAT WAS? (Groups)

Working in smaller groups, or with the whole class, find out who has what. Sticking to vocabulary we have had, try to find out what sorts of things people own. Here are some possible questions.

Wer hat eine große, moderne Wohnung?
Wer hat eine alte, kleine Wohnung?
Wer hat nur ein kleines Zimmer?
Hat jemand [somebody] ein schönes, altes Haus?

Wessen Stereoanlage ist neu?
Wessen Vater hat deutsche Eltern?
Wer hat ein Klavier? eine Gitarre?
Viele Leute haben Haustiere. Wer hat einen Hund? eine Katze?
Wer hat einen deutschen Hund?
Wer hat einen wirklich großen Hund? Was für einen?
Hat jemand [*someone*] eine Uhr ohne Zeiger [*hands*]?
Wie viele Studenten haben Fahrräder?
Wer raucht Zigaretten?
Was für ein Haus hat der Lehrer/die Lehrerin?
Wer hat einen deutschen Wagen?

Ask as many additional questions as you can, including some with modals, such as:

Möchtest du ein Haustier haben? Was für ein Haustier?
Willst du einen neuen Plattenspieler (Fahrrad, Uhr, Schreibmaschine) kaufen?
Wer kann den Lehrer/die Lehrerin nicht immer verstehen?
Was sollst du heute abend machen?

Was es nicht alles gibt!

GRAMMAR SUMMARY

I. A Note on Case

Understanding the concept of *case* is crucial for the mastery of German. Although the English language has cases, too, they are not as evident as in German, and unless you have had a course in English grammar, you may not be aware of their importance. Case refers to the function of nouns and pronouns in a sentence. Whereas English shows a change in form to indicate case only with the pronouns *I* (*me*), *he* (*him*), *she* (*her*), *we* (*us*), the question word *who* (*whom*), and the possessive of nouns (*father's*), German has a much more extensive set of forms indicating case (called *declensions*). Because the form of the word you wish to use in a sentence may change according to its case, you must obviously constantly be aware of case in German. Otherwise you will be making mistakes equivalent to the learner of English who says "I understand he." The forms for the cases we have had up to now are summarized below. Be sure you understand the function of the three cases.

1) Nominative Case: Used for the *subject* of the sentence (the person or thing that performs the main action), and the *predicate noun or pronoun* in a sentence (the same person or thing as the subject, "linked" to the subject by the verb *to be* or a similar verb).

2) Accusative Case: Used for the *direct object* in a sentence (the recipient of the action of the verb).

3) Genitive Case: Indicates *possession*. The genitive personal pronouns are no longer used.

II. Summary of Case Forms (Declensions)

A. Definite Article

	MASCULINE	FEMININE	NEUTER	PLURAL
NOMINATIVE	der	die	das	die
ACCUSATIVE	den	die	das	die
GENITIVE		*(not yet introduced)*		

B. ein-Words (**ein, kein, mein, dein, sein, ihr, unser, euer, ihr, Ihr**)

	MASCULINE	FEMININE	NEUTER	PLURAL
NOMINATIVE	ein	eine	ein	keine
ACCUSATIVE	einen	eine	ein	keine
GENITIVE	eines	einer	eines	keiner

C. Personal Pronouns

NOMINATIVE	ich	du	er	sie	es,	wir	ihr	sie	Sie
ACCUSATIVE	mich	dich	ihn	sie	es	uns	euch	sie	Sie

D. Interrogative Pronoun (**wer**)

NOMINATIVE	wer (*who*)
ACCUSATIVE	wen (*whom*)
GENITIVE	wessen (*whose*)

E. Nouns

Most case endings are no longer used. One exception is the *genitive case*, for *masculine* and *neuter* nouns (*not* feminine or plural).

	MASCULINE	NEUTER
NOMINATIVE	Sohn, Vater	Kind, Buch
ACCUSATIVE	Sohn, Vater	Kind, Buch
GENITIVE	Sohn**es**, Vater**s**	Kind**es**, Buch**s**

but

NOMINATIVE	ein Student
ACCUSATIVE	einen Student**en**
GENITIVE	eines Student**en**

F. Attributive Adjectives, Endings

1. FOLLOWING **EIN**-WORDS

	MASCULINE	FEMININE	NEUTER	PLURAL
NOMINATIVE	**-er**	**-e**	**-es**	**-en**
ACCUSATIVE	**-en**	**-e**	**-es**	**-en**
GENITIVE		(*not yet introduced*)		

2. UNPRECEDED

	MASCULINE	FEMININE	NEUTER	PLURAL
NOMINATIVE				**-e**
ACCUSATIVE		(*not yet introduced*)		**-e**
GENITIVE				

3. SUMMARY OF ADJECTIVE ENDINGS

The chart below gives the adjective endings learned in this unit. As more endings are introduced later in the book, the same chart will appear again in expanded form; therefore you should note the following points about its organization:

1. Arrangement is according to gender, number, and case.
2. The entire adjective *unit* is always given, consisting of
      part A, the **ein-** or **der-**word preceding the adjective (**der-**words will come
          later); *blank* if the adjective is unpreceded;
      part B, the adjective with its ending;
      part C, the modified noun.

3. Three types of adjective units are possible, based on part A: adjective preceded by **ein**-word, adjective preceded by **der**-word, adjective unpreceded. So far we have had only adjectives preceded by **ein**-words and unpreceded in the plural.

	MASCULINE			FEMININE			NEUTER		
	A	B	C	A	B	C	A	B	C
NOMINATIVE **ein**-WORD	ein	alter	Mann	eine	alte	Frau	ein	kleines	Kind
ACCUSATIVE **ein**-WORD	einen	alten	Mann	eine	alte	Frau	ein	kleines	Kind

	PLURAL		
	A	B	C
NOMINATIVE **ein**-WORD	meine	alten	Freunde
UNPRECEDED		alte	Freunde
ACCUSATIVE **ein**-WORD	meine	alten	Freunde
UNPRECEDED		alte	Freunde

EXERCISES

I. Translate into English. Pay attention to case!

1. Kennst du den Studenten?
2. Kennen sie die Zimmer?
3. Der Lehrer versteht sie.
4. Sie versteht den Lehrer.
5. Ich kenne das Mädchen.
6. Ich kenne die Mädchen.
7. Sie sieht den Lehrer.
8. Den Lehrer sieht sie.
9. Kennt sie Ihren Vater?
10. Kennt sie Ihr Vater?

II. Fill in the correct form of the word in parentheses.

1. Wie groß ist _____ (sein) Zimmer?
2. Kennen Sie _____ (ihr) Studenten? (*first singular, then plural*)
3. Ich sehe _____ (unser) Kinder fast nie.
4. Ist _____ (Ihr) Bier auch warm?
5. Ich glaube, sie kennt _____ (euer) Stadt nicht.

6. Natürlich hat er _____ (ein) Sohn.
7. Warum trinken Sie _____ (der) Wein nicht?
8. Wie ist _____ (ihr) Arbeit?
9. Wir gehen heute abend auf _____ (ein) Party.
10. Verstehst du _____ (dein) Vater?

III. Fill in the correct form of the adjective in parentheses.

1. Hat sie eine _neue_ (neu) Bluse?
2. Sie sind _gute_ (gut) Freunde.
3. Er ist ein _guter_ (gut) Student.
4. Sie haben eine _teure_ (teuer) Wohnung.
5. Sie ist ein _nette_ (nett) Mädchen.
6. Er ist ein _-er_ (geschieden) Mann.
7. Das ist ein _sehr gute_ (sehr gut) Wein.
8. Sie hat _strenge_ (streng) Eltern.
9. Sie sucht einen _-en_ (nett, klein) Laden.
10. Das ist doch ein _- es_ (einfach) Problem.

IV. Choose a word to complete the sentence. There may be more than one correct answer.

1. Es ist sehr kalt [cold] heute. Hast du keinen _____ ?
2. Mein Mercedes ist groß; dein VW ist _____ .
3. Mein Vater ist tot, und meine Mutter wohnt _____ .
4. Wir wollen ausgehen, aber er will _____ bleiben.
5. Wir müssen nach Hause gehen. Es ist schon sehr _____ .
6. Er sieht nicht oft fern. Meistens _____ er Bücher.
7. _____ trinke ich Wein aber heute abend trinke ich Bier.
8. Ich habe einen neuen Plattenspieler aber leider nur _____ Schallplatten.
9. Die Schreibmaschine ist kaputt! Hier hast du meinen _____ .
10. In der Hohenstraße gibt es viele _____ .

V. Translate the word(s) in parentheses.

1. _____ (There is) ein schönes Klavier.
2. _____ (Many rooms) haben keine Stühle.
3. Wann fährst du _____ (home)?
4. _____ (He is looking for) braune Hosen.
5. _____ (That is) ein schöner Wagen.
6. _____ (On Saturday) arbeitet er auch.
7. Bist du oft _____ (at home)?
8. Wir gehen heute abend _____ (to the movies).
9. _____ (How much) Zeit hast du denn?
10. Im Winter gehe ich fast nie _____ (shopping).

VI. Express in German.

1. Who has your car? Does your brother have it?
2. Unfortunately, I don't have a new, expensive record player.
3. That is not a cheap bicycle.
4. What kind of store is it?
5. What kind of dog would you like to have?
6. That is our new teacher. Do you know him already?
7. Where are your new records?
8. She is looking for her green sweater.
9. He loves big, black dogs.
10. Unfortunately, I know few beautiful girls.
11. Are there many friendly people in your German class?
12. I never drink American beer.
13. Hopefully, she has enough time.
14. Japanese color television sets can be rather expensive, but they are very good.
15. Actually, I have several rather intelligent friends.

VII. Write a dialogue between two students who are discussing their professor. They ask each other as much as they can about him or her, using vocabulary and expressions they have learned up until now.

VIII. Write a conversational exchange in which you ask a friend whether he knows a certain person. He says that perhaps he knows him or her and asks several questions to elicit more information about the person. You answer the questions and provide more information. He finally says that he knows the person and that he or she is also a German student (**Deutschstudent/studentin**).

WIR HABEN

Was man nicht alles hat! Manchmal muß man wirklich staunen[1]. Oder so formuliert: Was es nicht alles gibt! Elektrische Zahnbürsten[2], Taschenrechner[3], Digitaluhren, Reflexkameras, Stahlgürtelreifen[4], Cassetten-Decks, usw., usw. Diese Sachen gibt es; man kann sie kaufen, und man kauft sie auch. So ist es in unserer Konsumgesellschaft[5], vor allem[6] in den USA, aber auch in der Bundesrepublik Deutschland.

Nach dem zweiten Weltkrieg[7] gab es[8] in Westdeutschland das „Wirtschaftswunder"[9]. Der Deutsche im Westen konnte[10] bald wieder alle Lebensnotwendigkeiten[11] kaufen, zuerst Essen und Kleidung[12], dann eine Wohnung, später ein Auto, endlich[13] auch Luxusartikel[14]: etwa einen Fernseher, eine Waschmaschine, eine Stereoanlage. Wenn man heute durch die Straßen von Berlin, Köln, Hamburg,

---

[1]be amazed   [2]toothbrushes   [3]pocket calculators   [4]steel-belted tires   [5]consumer society   [6]above all   [7]World War II   [8]there was   [9]economic miracle   [10]was able   [11]necessities of life   [12]clothing   [13]finally   [14]luxury items

München bummelt, und vielleicht in ein Kaufhaus[15] hineingeht[16], so sieht man fast die gleichen[17] Sachen, die[18] man in den USA kaufen kann. Wenn man will, kann man sogar bei Woolworth oder J. C. Penney einkaufen.

Nicht alle Deutschen sehen den hohen[19] Lebensstandard in der heutigen[20] BRD als etwas Positives. Es gibt jüngere Schriftsteller[21], die[22] in dem bequemen Leben der Bürger[23] sogar eine Gefahr[24] sehen. Hier ist ein Beispiel solcher[25] gesellschaftskritischen[26] Dichtung[27] aus der modernen deutschen Lyrik[28]. Hans Magnus Enzensberger sagt, „Wir haben, alles geht gut," fragt aber dann, „Ist das genug? Worauf warten wir noch?"[29]

middle class blues*

wir können nicht klagen[30].
wir sind satt[31].
wir essen.

das gras wächst[32],
das sozialprodukt,
der fingernagel,
die vergangenheit[33].

die straßen sind leer[34].
die abschlüsse[35] sind perfekt.
die sirenen schweigen[36].
das geht vorüber[37].
wir essen.

die toten haben ihr testament gemacht[38].
der regen[39] hat nachgelassen.[40]
der krieg ist noch nicht erklärt[41].
das hat keine eile[42].
wir essen.

wir essen das gras.
wir essen das sozialprodukt.
wir essen die fingernägel.
wir essen die vergangenheit.
wir haben nichts zu verheimlichen[43].

[15]department store   [16]enters   [17]same   [18]which   [19]high   [20]present-day   [21]writers
[22]who   [23]of the citizens   [24]danger   [25]of such   [26]social-critical   [27]poetry   [28]poetry
[29]What are we still waiting for   [30]complain   [31]full   [32]grows   [33]past   [34]empty   [35]conclusions   [36]are silent   [37]that will go by   [38]*haben . . . gemacht:* have made   [39]rain   [40]*hat . . . nachgelassen:* has let up   [41]declared, explained (*double meaning intended*)   [42]there is no hurry
[43]to hide

die verhältnisse[44] sind geordnet[45].
wir haben nichts zu versäumen[46].
wir haben nichts zu sagen.
wir haben.

die uhr ist aufgezogen[47].
die teller[48] sind abgespült[49].
der letzte autobus fährt vorbei.
er ist leer.
wir können nicht klagen.

worauf warten wir noch?

—Hans Magnus Enzensberger (1929–   )

COMPREHENSION CHECK

Check all correct answers.

1. Die USA und die BRD
   a. haben beide einen hohen Lebensstandard.
   b. erlebten [*experienced*] eine Niederlage [*defeat*] im Jahre 1945.
   c. waren wirtschaftliche [*economic*] Partner im zweiten Weltkrieg.
   d. haben beide eine Konsumgesellschaft.
2. In der BRD wie [*as*] in den USA
   a. sieht man die gleichen Luxusartikel in den Kaufhäusern.
   b. haben die Bürger [*citizens*] oft nicht genug Geld [*money*] für
      Lebensnotwendigkeiten.
   c. gibt es Kaufhäuser, wo man viele Luxusartikel kaufen kann.
   d. spricht man viel über [*about*] den zweiten Weltkrieg.
3. Gesellschaftskritische Literatur
   a. ist immer Lyrik.
   b. lesen besonders gern ältere, konservative Leute.
   c. hat oft als Thema das falsche Wertsystem [*value system*] von den Bürgern.
   d. kritisiert die Gesellschaft [*society*].
4. Wer sieht eine Gefahr [*danger*] in dem bequemen Leben der Bürger in der BRD?
   a. Vor allem [*above all*] die jüngeren Schriftsteller.
   b. Die vielen Deutschen, die Luxusartikel kaufen.
   c. Die reichen [*rich*] Bürger von Berlin, Hamburg, Köln, und München.
   d. Schriftsteller wie Enzensberger.

[44]relationships   [45]ordered   [46]to miss   [47]wound up   [48]plates   [49]washed

5. Das Gedicht [*poem*] von Enzensberger
   a. hat als Thema, man soll zufrieden [*satisfied*] sein, alles ist in Ordnung.
   b. ist ein Beispiel von gesellschaftskritischer Dichtung.
   c. kritisiert die Konsumgesellschaft in der heutigen BRD.
   d. sagt, das Wichtigste [*most important thing*] im Leben ist das Essen.
6. Enzensberger
   a. ist zufrieden [*satisfied*] mit dem Leben in der BRD.
   b. glaubt wirklich, in der BRD geht alles gut.
   c. sieht eine Gefahr in der westdeutschen Konsumgesellschaft.
   d. sieht den hohen Lebensstandard in der BRD als vielleicht etwas Negatives.
7. Warum heißt das Gedicht middle class blues?
   a. Weil die „middle class" in den USA und der BRD ähnliche [*similar*]
      Probleme hat.
   b. Weil die „middle class" unzufrieden ist, ohne genau zu wissen, warum
      [*without knowing exactly why*].
   c. Weil Enzensberger gern auf englisch schreibt.
   d. Weil das Gedicht das Gefühl [*feeling*] der „blues" ausdrückt [*expresses*].

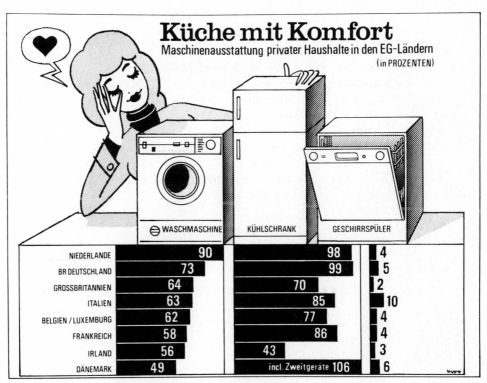

Endlich auch Luxusartikel.

A. There are a number of paradoxes in the poem. Can you explain their significance?
    a. der krieg ist noch nicht erklärt. (*In this context, "**erklärt**" could mean either "explained" or "declared"—or both.*)
    b. wir essen die vergangenheit.
    c. die toten haben ihr testament gemacht.
    d. wir essen das gras.

B. Can you summarize the theme of the poem in a few sentences?

C. Can you cite several linguistic or stylistic features of the poem that characterize it as "modern" rather than "traditional?"

VOCABULARY

Plural of Nouns

Starting with this unit, you must learn the plural form as well as the gender of each noun in the active vocabulary. Here is how the notation in the noun list works.

The plural ending follows the noun:

      die Bluse, -n   *plural:* die Blusen
      das Radio, -s   *plural:* die Radios

A dash (-) alone indicates that the plural form is the same as the singular:

      der Wagen, -   *plural:* die Wagen

A dash with an umlaut over it (⸗) indicates that the stem vowel receives an umlaut in the plural:

      der Stuhl, ⸗e   *plural:* die Stühle

In the case of nouns composed of two or more component parts, the last noun of the compound determines the plural form:

      die Hausfrau, -en   *plural:* die Hausfrauen

and the stem vowel of the last component receives the umlaut:

      das Fahrrad, ⸗er   *plural:* die Fahrräder

Here are the plural forms of some nouns you already know:

das Auto, -s	der Mann, ⸗er
das Buch, ⸗er	das Problem, -e
die Frau, -en	der Sohn, ⸗e
das Haus, ⸗er	die Studentin, -nen
der Lehrer, -	die Tochter, ⸗
die Lehrerin, -nen	der Wagen, -

Active

Nouns

der Bleistift, -e	*pencil*
die Bluse, -n	*blouse*
das Fahrrad, ⸚er	*bicycle*
der Fernseher, -	*television set*
der Farbfernseher	*color TV*
die Gitarre, -n	*guitar*
das Haustier, -e	*pet*
die Hose, -n	*pants*
der Hund, -e	*dog*
die Katze, -n	*cat*
das Klavier, -e	*piano*
der Kugelschreiber, -	*ball point pen*
der Laden, ⸚	*store, shop*
die Leute (*plural*)	*people*
das Mädchen, -	*girl*
der Mercedes, -	*Mercedes*
der Plattenspieler, -	*record player*
der Pullover, -	*sweater*
das Radio, -s	*radio*
die Schallplatte, -n	*(phonograph) record*
das Schild, -er	*sign*
die Schreibmaschine, -n	*typewriter*
das Spielzeug	*toy, toys*
die Stereoanlage, -n	*stereo system*
der Stuhl, ⸚e	*chair*
das Tier, -e	*animal*
der Tisch, -e	*table*
die Uhr, -en	*watch, clock*
die Zeit, -en	*time*
die Zigarette, -n	*cigarette*
das Zimmer, -	*room*

Verbs

finden	*to find*
haben	*to have*
kaufen	*to buy*
kennen	*to know (to be acquainted with)*
lieben	*to love*
rauchen	*to smoke*
stehen	*to stand*
suchen	*to look for*

Other Words

amerikanisch	*American*
besonders	*especially*
billig	*cheap*
blau	*blue*
braun	*brown*
da	*there, here*
dumm	*dumb*
eigentlich	*actually*
einige	*some, several*
etwas	*somewhat, something*
etwas streng	*somewhat strict*
freundlich	*friendly*
gelb	*yellow*
grün	*green*
japanisch	*Japanese*
jünger	*younger*
kaputt	*broken, ruined*
kein	*no, not any*
man	*one*
nett	*nice*
rot	*red*
schwarz	*black*
teuer (teur-)	*expensive*
viel, viele	*much, many*
weiß	*white*
wenige	*few*
ziemlich	*rather, quite, fairly*

Expressions

das ist	*that is*
es ist	*it is*
es gibt	*there is, there are*
grüß dich	*hi, hello*
so ein(e)	*such a*
tschüs	*so long, see you later*
was für (ein)	*what kind of (a)*

Passive

Nouns

das Beispiel, -e	*example*
die Küche, -n	*kitchen*

das Leben, -   *life*
der Onkel, -   *uncle*
die Straße, -n   *street*
die USA (*plural*)   *the U.S.A.*
   in den USA   *in the U.S.A.*

Verbs

bummeln   *to stroll, to mess around*
fragen   *to ask*

Other Words

bald   *soon*
bequem   *comfortable*
besonder-   *special*
bestimmt   *certainly*
etwa   *about, perhaps, possibly*
genau   *exact(ly)*
hoffentlich   *I hope, let us hope so*
letzt-   *last*
nämlich   *you see, you know*
niemand   *no one*
seit   *since*
sogar   *even, as a matter of fact*
solch-   *such*
später   *later*
von   *of, from*
vorbei   *past*
weil   *because*
wenn   *when, if*
zuerst   *at first*

Expressions

es geht gut   *it's going well*
noch nicht   *not yet*
usw. (und so weiter)   *etc.*

MINI UNIT 4

NUMBERS AND TIME

I. Cardinal Numbers over 100

100	(ein) hundert	600	sechshundert
101	hunderteins	1.000	(ein) tausend
102	hundertzwei	1.436	tausendvierhundertsechsunddreißig
110	hundertzehn	1.000.000	eine Million
121	hunderteinundzwanzig	2.000.000	zwei Millionen
200	zweihundert		

1.000.000.000   eine Milliarde

Years

1914   neunzehnhundertvierzehn
1981   neunzehnhunderteinundachtzig
1620   sechzehnhundertzwanzig

Das war [*was*] 1848 (achtzehnhundertachtundvierzig).
Das war im Jahre 1848.

Fractions

1/2	ein halb	1/5	ein Fünftel
1/3	ein Drittel	1/6	ein Sechstel
1/4	ein Viertel	1/7	ein Siebtel

3/4   drei Viertel
5/9   fünf Neuntel
6/15   sechs Fünfzehntel

Note that German uses periods where English uses commas: 3.247. Conversely, in decimal numbers, German uses commas where English uses periods:

WRITTEN	SPOKEN
0,6	Null Komma sechs
13,14	dreizehn Komma vierzehn
8,6432	acht Komma sechs vier drei zwei

II. Telling Time

Twenty-Four Hour System

WRITTEN	SPOKEN
0.10 Uhr	null Uhr zehn (12:10 A.M.)
7.05 Uhr	sieben Uhr fünf (7:05 A.M.)
12.20 Uhr	zwölf Uhr zwanzig (12:20 P.M.)
13.47 Uhr	dreizehn Uhr siebenundvierzig (1:47 P.M.)
21.16 Uhr	einundzwanzig Uhr sechzehn (9:16 P.M.)
23.55 Uhr	dreiundzwanzig Uhr fünfundfünfzig (11:55 P.M.)
24.00 Uhr	vierundzwanzig Uhr (*midnight*)

This system is used in railway stations, airports, radio, TV, theaters, at bus stops, etc. It is the method of giving the official time.

Five and Ten Minutes Before and After the Half Hour

You will recall that the half hour is given as halfway to the approaching hour:

3.30	halb vier
12.30	halb eins

It is common to indicate up to ten minutes before and after the half hours as follows:

3.20	zehn (Minuten) vor halb vier
3.25	fünf (Minuten) vor halb vier
12.35	fünf (Minuten) nach halb eins
12.37	sieben (Minuten) nach halb eins

The Quarter Hours

This method of looking ahead to the approaching hours is also used for the quarter hours. Thus:

4.15	(ein) Viertel fünf (*quarter of the way to five*)
4.30	halb fünf (*halfway to five*)
4.45	drei Viertel fünf (*three-quarters of the way to five*)

III. More Time Expressions

Vocabulary

die Sekunde, -n	*second*
die Minute, -n	*minute*
die Stunde, -n	*hour*
der Tag, -e	*day*
die Woche, -n	*week*
der Monat, -e	*month*
das Jahr, -e	*year*
das Jahrzehnt, -e	*decade*
das Jahrhundert, -e	*century*
die Nacht, ⸚e	*night*
gestern	*yesterday*
vorgestern	*day before yesterday*
gestern abend	*yesterday evening*
gestern nachmittag	*yesterday afternoon*

Accusative Time Expressions

letzte Woche	*last week*
letzten Monat	*last month*
letzten Winter	*last winter*
letztes Jahr	*last year*
den ganzen Tag	*the entire day*
(Morgen, Nachmittag, Abend, usw.)	(*the entire morning, etc.*)
die ganze Nacht (Stunde, Woche, usw.)	*the entire night* (*entire hour, etc.*)
das ganze Jahr (Semester, usw.)	*the whole year* (*the whole semester, etc.*)

PRACTICE (Individual)

Practice saying the following numbers until you can say them without hesitation.

148; 632; 791; 250; 464; 1.056; 3.901; 5.314; 1.700.000; 3.565.000; 4.987.631

PRACTICE (Pairs)

Write down the following numbers as you hear them read to you by a classmate or the instructor.

333; 4.521; 269; 1.019; 1.600.000; 875; 19.174; 1.000.000.000; 3.250.000

PRACTICE (Pairs)

Write down the following years as you hear them said by the instructor or a classmate.

1970; 1898; 1340; 1732; 1918

PRACTICE (Pairs)

Write down the following decimals and fractions as you hear them said by a classmate or instructor.

3/4; 1,5; 1/2; 2/9; 0,82; 1/25; 7,379

PRACTICE (Individual)

Say aloud the following times of day according to 1) the twenty-four hour system and 2) the twelve hour system.

7.43; 14.35; 21.14; 24.00; 2.35; 0.30 15.15; 17.30; 19.25; 0.55; 8.19; 18.30

PRACTICE (Pairs)

Write down the above times of day as your instructor or a classmate reads them aloud to you, according to 1) the twenty-four hour system and 2) the twelve hour system.

QUESTION–ANSWER PRACTICE (Pairs)

Wie viele Tage hat eine Woche?
Wie viele Minuten hat eine Stunde?
Wie viele Tage hat der Monat Dezember?
Wie viele Wochen hat dieses Semester?
Wie viele Monate haben wir im Sommer frei [off]?
Wie viele Minuten dauert [lasts] diese Klasse?

QUESTION–ANSWER PRACTICE (Pairs)

Answer according to the cues given or according to your personal situation.

Wann geht ihr heute abend aus? (19.30)
Wann fährt der Bus nach Washington? (9.14 und 1.35)
Wann fährst du nach Hause? (um sieben Uhr)

Wie lange.arbeiten Sie? (*all day*)

Wie lange dauert [*lasts*] die Deutschstunde?

Wie lange schläfst du meistens? (*all night*)

Wie viele Seiten [*pages*] hat unser Buch?

Auf welcher [*which*] Seite sind wir jetzt? (Wir sind auf Seite . . . .)

Wie viele Stunden bleibst du heute auf der Uni?

Wie viele Semester hast du noch?

Wieviel kostet [*costs*] der Wagen? Er kostet _____ Dollar. [*It costs* $_____.]

Wieviel kostet ein Mercedes 220 in Deutschland?

   So ein Mercedes kostet ungefähr DM 21.700. [*Such a Mercedes costs about* 21,700 *Marks.*]

5/FÜNF

WAS HAST DU GESTERN GEMACHT?

WAS HABT IHR AM WOCHENENDE GEMACHT?

What did you do yesterday? What did you do on the weekend? In order to talk about what you did in the past, you need to learn the present perfect tense, which is the verb form most frequently used in German to relate in conversation past events and activities. It is not difficult to learn but requires some memorizing.

A Was hast du gestern gemacht?

Ich habe gestern gearbeitet.
Ich bin zu Hause geblieben.
Ich habe eine Arbeit für Philosophie geschrieben.
Ich bin gestern in die Stadt gefahren.
Ich habe schwere Hausaufgaben für Deutsch gemacht.

*   *   *

Gestern war ich den ganzen Tag hier auf der Uni. Ich hatte am Vormittag Vorlesungen _lectures_
und am Nachmittag Chemielabor.

*   *   *

Am Vormittag war ich zu Hause; am Nachmittag bin ich zur Uni gekommen und
habe meine Biologievorlesung gehört.

*   *   *

Ich bin erst um neun aufgestanden, habe am Vormittag Tennis gespielt und bin dann
zur Arbeit gefahren. Am Abend habe ich ein bißchen ferngesehen.

*   *   *

Ich habe lange geschlafen, bin so gegen elf zu meinen Eltern gegangen und habe dort
meine Wäsche gewaschen und zu Mittag gegessen. Meine Mutter war verstimmt und
hat gesagt: „Du bist nur vorbeigekommen, um deine Wäsche zu machen und zu
essen."

Am Abend war ich zu Hause. Mein Freund ist vorbeigekommen, und wir haben zusammen gekocht. *cooked together.* Nachher haben wir ein paar Sachen diskutiert und dann wie *we discussed a few things and we fought* gewöhnlich gestritten. *as usual.* Er ist böse *furious.* nach Hause gegangen. Ich habe allein unsere Lieblingsfernsehsendung *favorite T.V. program* angeschaut und bin früh zu Bett gegangen.

Was man gestern vielleicht sonst gemacht hat:

1. Man ist schwimmen, einkaufen, ins Kino, zu Freunden gegangen.
2. Man hat einen guten Freund besucht.
3. Man hat Tennis, Basketball gespielt.
4. Man hat ein Kapitel, fünfzig Seiten für Volkswirtschaftslehre [*economics*] gelesen.
5. Man ist am Morgen, zu Mittag, am Nachmittag gelaufen.

PUTTING IT TO WORK

I. Present Perfect Tense

The present perfect tense is normally used in conversational situations to express *past time*. This tense is formed by combining the present tense of an auxiliary verb— either **haben** or **sein**—with the past participle of the main verb.

Ich **habe** gestern meine Hausaufgabe **gemacht**.
I did my homework yesterday.

A. Auxiliary Verb: **haben** or **sein**

The auxiliary verb is the conjugated verb of the sentence and as such occupies position II in a main clause. **Sein** is used as the auxiliary verb when

1. the main verb is intransitive (cannot take a direct object)

AND

2. the main verb expresses motion or change of condition. If *both* of these conditions are not met, the auxiliary verb is **haben**.

Two verbs are exceptions to this rule: **sein** and **bleiben**. In order to be able to use the present perfect tense spontaneously, you should learn the auxiliary verb along with the past participle.

Don't learn just:

geschlafen, gegangen, besucht
geblieben, aufgestanden, etc.

Learn:

> hat . . . geschlafen
> ist . . . gegangen
> hat . . . besucht
> ist . . . geblieben
> ist . . . aufgestanden

B. Formation of the Past Participle

German verbs form their participles two different ways, according to whether they are *weak* or *strong* verbs. Weak verbs add the prefix **ge-** and the ending **-t** to the stem. The ending is **-et** if the stem ends in **-d** or **-t.***

PATTERN FOR WEAK VERBS
machen → **gemacht**
lernen → **gelernt**
spielen → **gespielt**
arbeiten → **gearbeitet**

ed in English
Studied, worked

Strong verbs add the prefix **ge-** and the ending **-en**. The stem may or may not change.

PATTERN FOR STRONG VERBS
schlafen → **geschlafen**
fahren → **gefahren**
kommen → **gekommen**
streiten → **gestritten**
schreiben → **geschrieben**
bleiben → **geblieben**

en in English
written, seen,
come, slept (some different)

IRREGULARITIES IN THE FORMATION OF THE PAST PARTICIPLE

1. No **ge-** is added to verbs which
   a. have an inseparable prefix†

> besuchen → besucht   (*weak verb*)
> verstehen → verstanden (*strong verb*)

---

* Note that this amounts to adding ge- to the third person singular (present tense) of a regular verb.
† See Grammar Summary of this unit for list of inseparable prefixes.

b. end in **-ieren**

studieren → studiert
diskutieren → diskutiert
(*All verbs ending in -ieren are weak.*)

2. When a verb has a separable prefix, the **ge-** of the participle comes between the prefix and the stem. The participle is written as one word.

aufstehen   → auf**ge**stand**en** (*strong*)
anschauen   → an**ge**schaut (*weak*)
vorbeikommen → vorbei**ge**kommen (*strong*)

A few verbs deviate so far from either the weak or the strong pattern that they should be considered irregular and memorized as such.

   Since the changes that a strong verb may undergo are unpredictable, their past participle forms should be memorized.

> ### MEMORIZE ALL STRONG AND IRREGULAR VERBS!

Verbs not learned as strong or irregular can be assumed to be weak.

   All strong and irregular verbs will be so indicated in the vocabulary at the end of each unit.

C. Position of Participle

In the main clause the past participle occupies position IV.

I	II	III	IV
Ich	habe	meinen Bruder gestern	gesehen.
Gestern	sind	wir sehr spät	aufgestanden.

If position IV already has an element such as a verbal complement, the participle then becomes the second element.

			IV	
I	II	III	A	B
Gestern	habe	ich mit Karl	Tennis	gespielt.
	Bist	du am Wochenende	ins Kino	gegangen?

The following verbs are used in the Practice exercises of this section of the unit. Memorize their past participles and auxiliary verbs before proceeding.

	WEAK		STRONG	
AUXILIARY haben	arbeiten hören kaufen kochen lernen machen sagen spielen	**hat gearbeitet** **hat gehört** **hat gekauft** **hat gekocht** **hat gelernt** **hat gemacht** **hat gesagt** **hat gespielt**	essen lesen schlafen schreiben sehen streiten waschen	**hat gegessen*** **hat gelesen** **hat geschlafen** **hat geschrieben** **hat gesehen** **hat gestritten*** **hat gewaschen**
AUXILIARY sein			bleiben fahren gehen kommen laufen	**ist geblieben** **ist gefahren†** **ist gegangen*** **ist gekommen** **ist gelaufen**
No ge-	besuchen diskutieren	**hat besucht** **hat diskutiert**		
SEPARABLE WITH haben	anschauen	**hat angeschaut**	fernsehen	**hat ferngesehen**
SEPARABLE WITH sein			aufstehen spazierengehen vorbeikommen	**ist aufgestanden** **ist spazierengegangen** **ist vorbeigekommen**

* Note slight irregularity in form.
† **fahren** may also take **haben** when used with a direct object: **Ich habe seinen Wagen oft gefahren.**

PRACTICE A (Individual)

Form the present perfect tense with the following verbal phrases, using the pronoun indicated.

ich

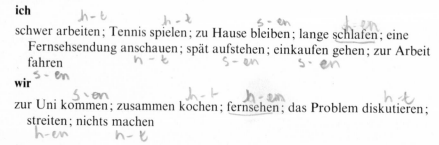

schwer arbeiten; Tennis spielen; zu Hause bleiben; lange schlafen; eine Fernsehsendung anschauen; spät aufstehen; einkaufen gehen; zur Arbeit fahren

wir

zur Uni kommen; zusammen kochen; fernsehen; das Problem diskutieren; streiten; nichts machen

Wir haben gestern Handball gespielt.

sie (*she*)

viel essen; zu ihren Eltern gehen; früh aufstehen; eine Freundin besuchen; eine Arbeit schreiben; gleich vorbeikommen; eine Bluse kaufen; nichts sagen

er

Basketball spielen; einen besonderen Film sehen; die Wäsche waschen; Deutsch lernen; nichts sagen; nicht gut schlafen

■ **PRACTICE B** (Individual)

Ask questions in the present perfect tense, using the pronoun indicated.

du

fernsehen; ins Kino gehen; laufen; die Politik diskutieren; früh nach Hause kommen; Karten spielen; wann vorbeikommen; ein oder zwei Kapitel lesen

ihr

zusammen kochen; zu Freunden gehen; wie lange im Garten arbeiten; spät aufstehen; allein zu Hause bleiben; oft streiten

Sie

zu Hause bleiben; die Radiosendung hören; wann zur Uni fahren; mit Karl streiten; wie gewöhnlich spazierengehen; 50 Seiten lesen; wieder zu viel essen

II. Simple Past Tense of **sein** and **haben** (Imperfect)

The simple past tense of **sein** is used more frequently than its present perfect tense, even in conversational situations. Memorize the following forms:

ich war (*I was*)	wir waren (*we were*)
du warst (*you were*)	ihr wart (*you were*)
er war (*he was*)	sie waren (*they were*)
Sie waren (*you were*)	

To a lesser extent the same is true of the verb **haben**. Memorize these forms, too:

ich hatte (*I had*)	wir hatten (*we had*)
du hattest (*you had*)	ihr hattet (*you had*)
er hatte (*he had*)	sie hatten (*they had*)
Sie hatten (*you had*)	

PRACTICE A (Individual)

Fill in the correct simple past form of either **haben** or **sein**, whichever makes sense in the sentence.

Wir _____ den ganzen Tag zu Hause.
Wann _____ ihr heute auf der Uni?
Er _____ eine große Wohnung.
Letztes Jahr _____ sie (*they*) in Italien [*Italy*].
_____ ihr kein Geld?
Meine Mutter _____ vorgestern sehr verstimmt.
Das _____ im September, glaube ich.
Ich _____ gestern keine Biologievorlesung.
_____ du allein im Kino?

PRACTICE B (Individual)

Say that you did the following yesterday, starting the sentence with **gestern**. The following exercises call for both the present perfect tense and the simple past of **sein** and **haben**.

played basketball; ran; worked all day; listened to music; stayed home all afternoon; went to the university in the morning; were at the university all afternoon; came by rather late; had biology in the morning; read a chapter for chemistry

PRACTICE C (Pairs)

Ask a classmate if she or he did the following yesterday:

worked; stayed at home; got up early; was at the movies; did his or her laundry; watched TV; did his or her homework; ate breakfast; went shopping; read a book; took a walk; watched his or her favorite TV program

Gestern war ich den ganzen Tag auf der Uni.

III. Simple Past of Modals

Like **sein** and **haben**, the modals occur more often in the simple past tense than in the present perfect tense at all stylistic levels. Their simple past tense forms are weak with several irregularities:

dürfen	er **du**r**fte**
können	er **konnte**
mögen	er **moch**te
müssen	er **mußte**
sollen	er sollte
wollen	er wollte

Note that all umlauts are dropped in the past tense and that **mögen** changes the **g** of the stem to **ch**.

PRACTICE A (Individual)

Fill in the correct simple past tense form of the modal verb indicated in parentheses.

Ich _____ (müssen) gestern arbeiten.
Mein Vater _____ (wollen) den teuren Wagen kaufen.
_____ (können) du den Studenten verstehen?
_____ (sollen) ihr nicht zwei Kapitel lesen?
Wir _____ (müssen) die Arbeit erst gestern schreiben.
Die Frauen _____ (wollen) nicht schon wieder die Politik diskutieren.
_____ (können) ihr es nicht allein machen?

Before attempting the next two exercises, note the possible English equivalents of the past tense of the German modals.

durfte	*was allowed to; was permitted to*
konnte	*could; was able to*
mußte	*had to*
sollte	*was supposed to*
wollte	*wanted to*

PRACTICE B (Individual)

Say that yesterday you:

> had to work; wanted to go to the movies; were supposed to get up early; were not permitted to stay in the dorm; could not understand her lecture; had to be home all day; didn't want to read a difficult short story

PRACTICE C (Pairs)

Ask a classmate if he or she:

> wanted to visit her; was able to sleep late (**lange schlafen**); had to read both
> chapters; was allowed to cook in the dorm; was supposed to write a paper
> (**eine Arbeit schreiben**); had to be there at four; had to have a lot of money

QUESTION–ANSWER PRACTICE (Pairs)

> Hast du gestern einen Freund besucht? Wen? Was habt ihr gemacht?
> Bist du gestern einkaufen gegangen? Was hast du gekauft?
> Bist du den ganzen Tag zu Hause geblieben? Was hast du gemacht?
> Hast du allein gegessen?
> Mußtest du gestern arbeiten?
> Was hast du gestern sonst noch gemacht?
> Was hast du am Nachmittag gemacht? Was wolltest du machen? Was solltest
> du machen?
> Bist du gestern abend ins Kino gegangen?
> Warst du gestern böse?
> Wann bist du heute morgen aufgestanden?
> Welche Fernsehsendungen hast du angeschaut?
> Mußtest du gestern viel lesen? Was hast du gelesen?
> Wann hast du heute morgen Frühstück gegessen?
> Wie lange durftest du heute morgen schlafen? (**bis** 9 Uhr, 10 Uhr, usw.) Wie
> lange wolltest du schlafen?
> Warum bist du heute zur Uni gekommen?
> Warum bist du gestern nicht vorbeigekommen?

QUESTION–ANSWER PRACTICE (Student/Instructor)

Prepare to ask your instructor (or have your instructor ask you) the following
questions.

> Wann sind Sie heute morgen aufgestanden?
> Wie sind Sie zur Uni gekommen?
> Welche Fernsehsendungen haben Sie gestern abend angeschaut?
> Sind Sie gestern abend zu Hause geblieben?
> Mußten Sie gestern jemand besuchen?
> Sind Sie gestern gelaufen?
> Konnten Sie gestern abend gut schlafen?
> Warum waren Sie gestern so verstimmt?

QUESTION–ANSWER PRACTICE (Pairs)

Answer according to the cues given in parentheses.

Hast du einen schwarzen Wagen gekauft? (nein/gelb)
Was habt ihr gesehen? (viel/schön/Sachen)
Was für eine Arbeit hat dein Freund geschrieben? (besonder-)
Welche Schwester hast du besucht? (mein/jünger)
Was haben Sie in Deutschland gekauft? (teuer/Spielzeug)
Wessen Wäsche hast du denn gewaschen? (mein/Bruder)
Was hat sie gekocht? (sehr/gut/Essen)
Was für einen Film habt ihr gesehen? (interessant)
Wen solltest du besuchen? (mein/deutsch/Freunde)
Hast du gestern abend Fernsehen angeschaut? (ja/gut/Sendung/sehen)
Was für einen Hund hast du gekauft? (ein/groß/schön)
Wie viele Pullover hat er gekauft? (zwei/grün)
Hat er den Wagen deines Freundes gekauft? (nein/Freundin)
Wie viele Seiten mußtest du lesen? (viel/schwer)
Was für ein Buch hast du gelesen? (dumm)
Hat sie ihre Hausaufgaben gemacht? (nein/Brief/schreiben)
Was für Schallplatten haben sie gespielt? (kein/schön)
Hat euer Deutschlehrer viele alte Bücher gekauft? (nur neu) (nur wenig)
   (überhaupt kein)
Fährst du immer den Wagen deines Vaters? (nein/jünger/Bruder)

TELLING WHAT YOU DID YESTERDAY (Pairs or Groups)

Prepare a short account of your activities yesterday (or the day before yesterday) to relate to a classmate or to a group. Expect to have to answer questions.

FINDING OUT WHAT SOMEONE ELSE DID YESTERDAY (Pairs)

Find out at least five or six things that a classmate did yesterday and report these to another classmate or to the class as a whole.

B Was habt ihr am Wochenende gemacht?

Ich bin am Samstagmorgen gelaufen. Am Nachmittag war ich einige Stunden in der Bibliothek. Am Abend habe ich meine Freundin besucht und zusammen haben wir einen ausgezeichneten französischen Film gesehen. Nachher haben wir ein Eis gegessen und einen Kaffee getrunken.

*   *   *

Sonntag war das Wetter schlecht. Es hat fast den ganzen Tag geregnet. Darum bin ich zu Hause geblieben und habe einen Roman gelesen. So gegen vier habe ich meine Mutter angerufen. Sie hat mich zum Abendessen eingeladen.

*   *   *

Das Wetter war herrlich. Darum habe ich ein bißchen in der Sonne gelegen und ein paar Briefe geschrieben. Später habe ich eine Kurzgeschichte von Joyce für Englisch gelesen, aber ich habe nicht einmal die Hälfte verstanden. Ich bin dann früh zu Bett gegangen.

*   *   *

Samstag abend sind meine Freundin und ich ausgegangen. Wir haben zuerst gekegelt. Nachher sind wir ein bißchen durch die Stadt gebummelt. Dann haben wir im Restaurant gegessen. Das Essen hat wahnsinnig viel gekostet und hat auch nicht allzu gut geschmeckt.

*   *   *

A: Wo warst du am Wochenende? Ich hab' dich ein paarmal angerufen, aber niemand war zu Hause.
B: Wir sind skilaufen gegangen.
A: Wo seid ihr hingefahren?
B: Nach Vail.
A: Wie war's denn?
B: Am Samstag hat's nicht genug Schnee gegeben, aber in der Nacht hat's geschneit, und am Sonntag hatten wir Pulverschnee [powder]. Toll war das!

*   *   *

A: Bist du am Samstag einkaufen gegangen?
B: Ja, ich hab' Jeans gekauft und ein sehr schönes Kleid gefunden.

169

Zuerst haben wir etwas getrunken und dann sind wir durch die Stadt gebummelt.

A: Wieviel hat's gekostet?
B: Bloß zehn Dollar.
A: Nicht schlecht! Hat's auch andere schöne gegeben?
B: Leider nicht. Übrigens, was hast du am Wochenende gemacht?
A: Am Samstag haben Tom und ich eine Wanderung gemacht, und am Sonntag hab'
   ich fast den ganzen Tag Football im Fernsehen angeschaut.

PUTTING IT TO WORK

I. More Verbs with Present Perfect

The following verbs are used in the practice exercises of this section of the unit.
Memorize their past participles and auxiliary verbs before proceeding.

	WEAK		STRONG	
AUXILIARY haben	bummeln* kegeln kosten regnen schmecken schneien tanzen	hat gebummelt* hat gekegelt hat gekostet hat geregnet hat geschmeckt hat geschneit hat getanzt	finden geben liegen trinken	hat gefunden hat gegeben hat gelegen hat getrunken
AUXILIARY sein	bummeln*	ist gebummelt*		
No ge-			vergessen verstehen	hat vergessen hat verstanden
SEPARABLE WITH haben			anrufen einladen	hat angerufen hat eingeladen
SEPARABLE WITH sein			ausgehen hinfahren zusammenkommen	ist ausgegangen ist hingefahren ist zusammengekommen

* **Bummeln** may take either **haben** or **sein** depending on its use in a sentence.

Wir haben sehr oft gebummelt.   *We often messed around.*
Wir sind durch die Stadt gebummelt. *We strolled through town.*

PRACTICE A (Individual)

Form the present perfect tense with the following verbal phrases, using the pronoun or noun indicated.

ich

mein Fahrrad finden; meinen Wagen waschen; am Wochenende laufen; eine gute Freundin einladen; das nicht verstehen; Film toll finden

meine Freundin und ich

einkaufen gehen; durch die Stadt bummeln; zusammen ausgehen; zusammen hinfahren; ein Eis kaufen; toll tanzen

es

wahnsinnig viel Schnee geben; die ganze Nacht regnen; bloß vier Mark kosten; nur ein bißchen schneien

meine Schwester

ein neues Kleid kaufen; unsere Eltern einladen; zu viel Wein trinken; ihre
Hausaufgaben vergessen; eine Kurzgeschichte lesen; nur die Hälfte
verstehen

mein Bruder

unsere Eltern anrufen; spät aufstehen; sehr lange bleiben; kegeln gehen; die
ganze Zeit Bier trinken; bloß zwei Kapitel lesen; nichts Besonderes machen

■ PRACTICE B (Individual)

Ask questions in the present perfect tense, using the pronoun indicated.

du

am Sonntag laufen; wieder zu viel trinken; wen zum Abendessen einladen;
alles verstehen; in der Sonne liegen; deinen blauen Pullover finden; viele
schöne Sachen kaufen; warum nicht einmal anrufen

ihr

am Wochenende eine lange Radtour machen; in die Stadt fahren;
zusammenkommen; warum nicht ausgehen; wo essen; jemand besuchen

Sie

seinen Namen [*name*] vergessen; wie viele Kapitel lesen; Ihren neuen Freund
anrufen; das wieder vergessen; wen anrufen; andere schöne Sachen kaufen;
etwas verstehen

■ PRACTICE C (Individual)

Say that you did or were the following. Start the sentence with **vorgestern**.

visited your brother; called up your sister; forgot your money; saw a special
film; lay in the sun too long; invited your friends for supper; bought a new
pen; watched a good TV program; stayed home; were sick; were in a bad
mood; had to read 200 pages; wanted to lie in the sun

QUESTION–ANSWER PRACTICE (Pairs)

Formulate questions, asking a classmate.

whether he or she washed the car on Saturday; why she or he didn't go
skiing on Sunday; whether it snowed on the weekend; whether it rained all

day; when he or she came home last night; whether she or he took a walk alone; whether he or she understood everything; whom she or he called up; whether she or he bought a dress; whether she or he read a novel; whether he or she was able to play tennis.

II. Infinitive Phrases

There are a number of main clause constructions which commonly introduce an infinitive phrase. Two are presented here:

> **Ich habe vergessen,** meine Hausaufgaben zu machen.
> *forgot*   meine Mutter anzurufen.
> **Ich hatte vor*,** ins Konzert zu gehen, aber ich hatte leider kein Geld.
> *Planned*   schwimmen zu gehen, aber es hat den ganzen Tag geregnet.
>   meine Eltern zum Abendessen einzuladen, aber sie waren nicht zu Hause.

In addition, there is the infinitive phrase **um . . . zu** (*in order to*) which may be introduced by a variety of main clauses:

> Du bist nur vorbeigekommen, **um** deine Wäsche **zu waschen.**
> *You only came over (in order) to do your laundry.*

> Ich bin in die Stadt gefahren, **um** einkaufen **zu gehen.**
> *I drove to the city to go shopping.*

> Ich habe keinen Fernseher. Darum bin ich zu meiner Schwester gegangen, **um** meine Lieblingssendung **anzuschauen.**
> *I don't have a TV set. Therefore I went to my sister's to watch my favorite program.*

Notice the following about infinitive phrases:

1. They are separated from the introductory main clause by a comma.
2. The unchanged form of the infinitive comes at the end of the clause, preceded by **zu**, except in the case of a separable verb when the **zu** is placed between the prefix and the main part of the verb.
3. The introductory main clause can be in either the present, past, or present perfect tense; the infinitive form does not change.

■ PRACTICE A (Individual)

Form sentences beginning with **Übrigens, ich habe vergessen** and using the words given to form the infinitive phrase.

---

* **Vorhaben** is a separable verb more frequently used in the simple past tense (**hatte vor**).

EXAMPLE: Roman/lesen

By the way

Übrigens, ich habe vergessen, den Roman zu lesen.

Brief/schreiben
Mutter/anrufen
deutsch/Hausaufgaben/machen
danke/sagen
Jeans/kaufen
früh/aufstehen
Eltern/zum Abendessen/einladen
mein/Kaffee/trinken
die fünfzig Seiten/lesen

■ PRACTICE B (Individual)

Following the pattern, say that you had intended to do the following on the weekend but didn't, giving a reason why you didn't. A list of possible reasons follows the exercise.

EXAMPLE: Spaziergang/machen

Ich hatte vor, einen Spaziergang zu machen, aber es hat zu stark geregnet.

ins Kino/gehen
das deutsche Perfekt [*the German perfect tense*] lernen
ein bißchen in der Sonne/liegen
meine Mutter/anrufen
Bergtour [*mountain climbing trip*]/mit Freunden/machen
skilaufen/gehen
am Samstagabend/ausgehen
durch die Stadt/bummeln
ein Kapitel/lesen

(LIST OF POSSIBLE REASONS)

Ich hatte kein Geld. (nicht genug Geld, keine Zeit)
Ich habe es ganz vergessen.
Es hat geregnet. (geschneit)
Ich bin zu spät aufgestanden.
Der Schnee war nicht besonders gut.
Es hat wahnsinnig viel gekostet.
Ich war krank [*sick*]. (müde)
Niemand hat mich eingeladen.
Ich mußte Hausaufgaben machen.

■ PRACTICE C (Individual)

Form sentences using the **um . . . zu** infinitive construction with the cues given.

> Ich habe meine Mutter angerufen, **sie/zum Abendessen/einladen**
> Ich bin früh aufgestanden, **Hausaufgaben/machen**
> Ich war in der Bibliothek, **ein Buch/für Englisch/finden**
> Ich bin den ganzen Tag zu Hause geblieben, **Arbeit/für Philosophie/schreiben**
> Sind Sie nach Chicago gefahren, **Bruder/besuchen?**
> Er ist heute zur Uni gekommen, **Basketball/spielen**
> Sie sind doch auf der Uni, **etwas/lernen**

QUESTION–ANSWER PRACTICE (Pairs)

> Wie war das Wetter am Wochenende?
> Warst du das ganze Wochenende zu Hause?
> Sind Sie am Sonntag skilaufen gegangen? Wenn nicht, warum nicht?
> Hast du am Wochenende jemand besucht?
> Was hast du am Wochenende sonst gemacht?
> Wann sind Sie am Sonntagmorgen aufgestanden? Warum so spät?
> Wie viele Stunden hast du am Sonntag ferngesehen? Welche Sendungen hast
>   du angeschaut?
> Bist du am Wochenende ins Kino gegangen? An welchem Tag?
> Hast du am Samstagabend schon wieder zu viel getrunken?
> Wann haben Sie Ihren Wagen gewaschen?
> Wann sind Sie am Freitagabend nach Hause gekommen? Warum so spät?
> Hat es am Wochenende geregnet? (geschneit?)
> Hast du gestern ein Eis gekauft? Hat's geschmeckt?
> Haben Sie am Wochenende etwas gekauft? Was? Wieviel hat's gekostet?
>   Wenn nicht, wollten Sie etwas kaufen?
> Wo seid ihr am Wochenende hingefahren? (nirgendwohin [*nowhere*])
> Wo habt ihr am Sonntag zu Abend gegessen? Hat's geschmeckt?
> Warst du am Wochenende krank [*sick*]?
> Wen hast du am Wochenende angerufen?
> Hast du am Wochenende irgend etwas [*anything*] vergessen?
> Hattest du irgend etwas vor, was du nicht gemacht hast?
> Bist du in die Stadt gefahren, um einkaufen zu gehen?
> Mußtest du in die Stadt fahren, um einkaufen zu gehen?

TELLING ABOUT YOUR WEEKEND (Pairs or Groups)

Prepare a short account of your weekend activities to relate to a classmate or to a group. Leave out things that you don't know how to say.

1.

2.

3.

4.

5.

6.

176

FINDING OUT WHAT SOMEONE ELSE DID ON THE WEEKEND (Pairs)

Ask a classmate questions about his/her weekend and be able to report to someone else or to the class as a whole at least a half dozen things he/she did.

FINDING OUT WHAT YOUR INSTRUCTOR DID ON THE WEEKEND

Ask your instructor about his/her weekend.

A WEEKEND THROUGH PICTURES

Prepare to describe the weekend that is depicted in the sequence of pictures opposite. You should be able to formulate at least one complete sentence about each picture. Use the present perfect tense except with **sein, haben,** and the modals.

GRAMMAR SUMMARY

I. Formation of the Present Perfect Tense

A. **Haben** or **sein** (auxiliary verbs) + past participle

1. **Sein** if the verb is intransitive (does not take a direct object) **and** shows a change of place or condition
2. Otherwise, **haben**
3. Exceptions: **bleiben** > **ist** geblieben; **sein** > **ist** gewesen

B. Past participle of *weak* verbs

   ge- + *unchanged stem* + **-(e)t (gespielt, gearbeitet)**

C. Past Participle of *strong* verbs

   ge- + *changed or unchanged stem* + **-en (geschlafen, gesehen, geschrieben, gegangen)**

Memorize the past participle, along with auxiliary verb, of all strong and irregular verbs!

D. No **ge-** prefix is added in the past participle formation of verbs with an unaccented first syllable.

1. Verbs ending in **-ieren (studieren > studiert, passieren > passiert)**
2. Verbs with the inseparable prefix **be-, emp-, ent-, er-, ge-, miß-, ver-,** or **zer- (bezahlen > bezahlt, verstehen > verstanden)**

E. The participle of separable verbs is formed by placing the **ge-** prefix between the separable prefix and the stem:

   anschauen > angeschaut, aufstehen > aufgestanden

II. Note on the Usage of the Present Perfect Tense

Although the present perfect tense is a compound tense (*auxiliary + participle*), it should not be automatically equated with an English compound tense. The present perfect in German simply expresses that the action of the verb happened in the past. The most accurate English translation will depend on context:

Wir sind nach Hause gegangen.
$$\begin{cases} \textit{We were going home.} \\ \textit{We went home.} \\ \textit{We did go home.} \\ \textit{We have gone home.} \end{cases}$$

The present perfect tense is commonly used in conversational situations; that is why it is introduced now, before the other past tense in German (called the *simple past* or *imperfect*), which is more common in narrative situations. The simple past forms of two verbs (**sein** and **haben**) and the modal auxiliary verbs are introduced in this unit because they are commonly used in conversation.

III. Word Order

A. Position of the Past Participle

The past participle is placed at the end of position IV, after any verbal complements. The auxiliary verb is the conjugated verb of the clause and occupies position II:

I	II	III	IV	
			a	b
Der Lehrer	hat	uns zu viel Arbeit		gegeben.
Wohin	ist	er gestern		gefahren?
Warum	ist	er nicht	nach Hause	gegangen?
	Bist	du immer so spät		aufgestanden?
Nachher	sind	wir zusammen	ins Konzert	gegangen.

B. Infinitive Phrases

	INFINITIVE PHRASE	
MAIN CLAUSE		INFINITIVE LAST
Ich habe vergessen,	meine Hausaufgaben	zu machen.
Ich hatte vor,	meine Mutter	anzurufen.

EXERCISES

I. Vocabulary Check. Choose a word or one of its forms from the list below to complete the sentences meaningfully.

erst, niemand, darum, nachher, fast, genug, hinfahren, wieviel, bloß, zuerst

1. Ich habe sie ein paarmal angerufen, aber _____ war zu Hause.
2. Das Kleid war schön, aber zu teuer. _____ habe ich es nicht gekauft.
3. So, eure Reise [*trip*] nach Hawaii war herrlich. Aber _____ hat sie gekostet?
4. _____ waren wir bei meiner Schwester. Nachher sind wir zu meinen Eltern gefahren.
5. Die Kurzgeschichte von Kafka war so schwer. _____ niemand hat sie verstanden.
6. Wo seid ihr am Wochenende _____?
7. Wir waren vier Wochen in Colorado und sind _____ gestern nach Hause gekommen.
8. Kannst du es glauben? Das schöne Kleid hat _____ 20 DM gekostet.
9. Wir waren zuerst auf einer Party. _____ sind wir ins Kino gegangen.
10. Ich hatte Geld aber leider nicht _____.

II. Complete the sentences meaningfully.

1. Ich bin in die Stadt gefahren, um . . .
2. Wir hatten vor, skilaufen zu gehen, aber . . .
3. Ich habe vergessen, . . .
4. Wir haben in einem sehr teuren Restaurant gegessen, aber . . .
5. Ich hatte vor, länger in Mexiko zu bleiben, aber . . .
6. Ich hatte so viele Hausaufgaben; darum . . .
7. Am Morgen habe ich Tennis gespielt und am Nachmittag . . .

III. Writing.

A. Write a short account of an interesting weekend you have had.
B. Write a short account of your activities yesterday.

In both of the above, do not deviate too far from the patterns and vocabulary we have had.

IV. Express the following sentences in German.

1. Why do you always have to fight?
2. Were you able to visit your friends in California?
3. First we ate and then we went to the movies.
4. How does your coffee taste?
5. It was a difficult novel. I couldn't understand it at all.

6. Did you have to invite him for supper?
7. She had in mind lying in the sun all afternoon, but it rained.
8. By the way, I came by at four, but you weren't home.
9. In the morning I did my laundry and in the afternoon I washed my car.
10. Did you forget to invite your parents?
11. Do we have to take a walk now? I would really like to watch TV.
12. I didn't read the entire chapter, but I did read twenty pages.
13. Last night I wanted to watch my favorite TV program, but my stupid
    brother had to watch a special program.

EINE LEBENSGESCHICHTE[1]

Die folgende[2] Geschichte wurde von einem ehemaligen[3] Bürgermeister[4] eines hessischen[5] Dorfes erzählt[6]. In der Erzählung lernt man nicht nur einen Menschen kennen, man lernt auch viel über die Geschichte[7] Deutschlands in den letzten fünfzig Jahren. Da[8] die Erzählung ohne Vorbereitung[9] einfach aufs Tonband[10] gesprochen wurde[11], ist die Sprache, die der Altbürgermeister[12] gesprochen hat, ein geläufiges[13] Umgangsdeutsch[14].

„Im Jahre 1931 habe ich mein Abitur in einer Klosterschule[15] in Nördlingen gemacht. Es war gerade[16] die Zeit, in der eine große Wirtschaftskatastrophe[17] die Welt heimsuchte[18], nicht nur Deutschland, sondern[19] die ganze Welt. Deutschland hatte damals sechs bis acht Millionen Arbeitslose[20]. Ich wollte nicht in der Klosterschule bleiben und Theologie studieren; ich wollte ein freier Student sein. Darum bin ich in die Welt gezogen[21], um Menschen kennenzulernen. Als[22] die Zeiten etwas besser wurden[23], unterstützten[24] mich meine Brüder, so daß ich in Straßburg am internationalen Institut studieren konnte. Als Deutscher hatte ich in Straßburg politische Schwierigkeiten[25]. Die Nazipartei hatte zum ersten Mal eine größere Menge Stimmen[26] bekommen, und Frankreich machte sich deswegen[27] Sorgen[28]. Man hat mich verhaftet[29] und nach drei Wochen Untersuchung[30] nach Deutschland abgeschickt[31], wo mich dann die Deutschen anklagten[32], ich hätte in die Fremdenlegion gehen wollen[33]. Das war aber nicht wahr, und ich wurde freigelassen[34].

„Ich bin dann nach München gefahren und habe dort mit dem Studium der Slavistik begonnen. Ich habe sehr gut Russisch gelernt, und im Jahre 1936 hat man mich meiner Sprachkenntnisse wegen[35] erst zur Olympiade geschickt[36], und anschließend[37] hat man mich als Dolmetscher für slavische Sprachen eingestellt[38]. In Berlin habe ich die Aufgabe bekommen, die Entzifferungskunst[39] zu lernen und habe

---

[1]life story   [2]following   [3]former   [4]mayor   [5]Hessian   [6]*wurde . . . erzählt:* was told
[7]history   [8]since   [9]preparation   [10]on tape   [11]was spoken   [12]retired mayor   [13]fluent
[14]colloquial German   [15]monastery school   [16]exactly   [17]economic catastrophe   [18]afflicted
[19]but   [20]unemployed   [21]went out into the world   [22]when   [23]became   [24]supported
[25]difficulties   [26]a larger number of votes   [27]therefore   [28]was concerned   [29]arrested   [30]interrogation   [31]deported   [32]accused   [33]*hätte . . . wollen:* had wanted to go   [34]was released
[35]on account of my language skills   [36]sent   [37]thereupon   [38]assigned   [39]art of code breaking

dann anschließend direkt unter Canaris[40] gearbeitet. Ich kam[41] auf eine Außen-stelle[42] in Breslau, wo ich immer die Sender[43] Moskaus abgehört[44] und ins Deutsche übersetzt habe. Natürlich habe ich auch die Funksprüche[45] nach ihren Lösungs-möglichkeiten[46] untersucht[47].

„Ich bin auch eingezogen worden[48]. Ich hab' den Krieg mitgemacht[49] und zwar immer als Dolmetscher und Entzifferer[50] auf einer Hörstelle[51] im Frontbereich[52], d.h.[53] wir konnten die ganzen fünf Jahre nur 100 km hinter der Front sein. Wir waren auch kurze Zeit in Afrika eingesetzt[54]. Dort hab' ich Malaria bekommen und bin dann in Belgrad ein dreiviertel Jahr lang im Lazarett[55] gewesen[56]. Beim Rückmarsch[57] haben wir nur noch Funknachrichten[58] abgehört, um den Rückzug[59] zu decken[60].

„Ich hab' vergessen zu erzählen, daß ich meine Frau 1937 in Breslau kennen-gelernt habe. Sie stammt aus[61] dem Sudetenland und ist damals zu einem Turnfest[62] aus der Tschechoslovakei nach Breslau gekommen. Bei diesem Turnfest haben wir uns kennengelernt. 1940 haben wir geheiratet. Sie war auch eingezogen worden[63].

„Dann kommt die Geschichte nach dem Krieg. Ich bin kurz in der amerikani-schen Gefangenschaft[64] gewesen, nachdem[65] ich zweimal in Jugoslavien den Russen davonlaufen[66] konnte. Sie haben mich nach drei Wochen entlassen[67]. Zunächst wußte ich nicht[68], was ich tun sollte, aber dann habe ich einen Auftrag[69] von den Amerikanern angenommen[70] und bin in meinen Heimatort[71] zurückgekehrt[72]. Ich arbeitete als Dolmetscher bei den Amerikanern in einem Depot. Während dieser Zeit bin ich in meinem Geburtsort[73] zum Bürgermeister gewählt worden[74], zum ersten Mal auf sechs Jahre, zum zweiten Mal auf zwölf Jahre, und zum dritten Mal wiederum[75] auf zwölf Jahre, so daß ich also auf dreißig Jahre zum Bürgermeister gewählt worden war[76].

„Als Bürgermeister habe ich versucht[77], die internationale Verständigung[78] unter[79] unsere Leute zu bringen, damit[80] es keinen Krieg mehr gibt. Vor allem[81] habe ich mir zur Aufgabe[82] gestellt, Franzosen und Deutsche näher[83] zusammenzubringen. Zu diesem Zweck[84] haben wir 1960 eine Stadt in Frankreich gesucht, mit der[85] wir uns dann verschwistert[86] haben. Der Bürgermeister dieses französischen Dorfes war während des Krieges in deutscher Kriegsgefangenschaft[87] in der Nähe[88] von hier, und weil es ihm damals in Gefangenschaft gut gegangen war[89], hat er sich an dieser Verschwisterung interessiert. Mit der Verschwisterung haben wir sehr großen Erfolg[90] gehabt. Mein älterer Sohn hat übrigens ein französisches Mädchen aus diesem Dorf geheiratet. Eine ganze Reihe[91] von Gemeinden[92] ist unserem Beispiel

---

[40]German admiral under Hitler   [41]was sent (came)   [42]outpost   [43]radio transmitters   [44]mon-itored   [45]wireless messages   [46]possible solutions   [47]examined   [48]was inducted   [49]partic-ipated in   [50]decoder   [51]listening post   [52]area of the front   [53]i.e. (*d.h. = das heißt*)   [54]*waren . . . eingesetzt:* were engaged   [55]military hospital   [56]*bin . . . gewesen:* was   [57]retreat   [58]wire-less messages   [59]retreat   [60]cover   [61]comes from   [62]gymnastics festival   [63]had also been inducted   [64]captivity   [65]after   [66]escape from the Russians   [67]released   [68]at first I didn't know   [69]assignment   [70]accepted   [71]home town   [72]returned   [73]birthplace   [74]*bin ge-wählt worden:* was elected   [75]once again   [76]had been elected   [77]attempted   [78]understanding   [79]among   [80]so that   [81]above all   [82]I set myself the task   [83]closer   [84]for this purpose   [85]with which   [86]became sister cities   [87]captivity   [88]nearby   [89]had gone well   [90]success   [91]group (literally, *row*)   [92]communities

gefolgt[93]. Wegen meiner Leistungen[94] an dieser Unternehmung[95] durfte ich beim ersten Staatsbesuch des französischen Staatspräsidenten De Gaulle an einer besonderen Feier[96] teilnehmen[97] und wurde ihm damals persönlich vorgestellt[98]."

COMPREHENSION CHECK

Check all correct answers.

1. Warum wollte der Erzähler nicht in der Klosterschule bleiben?
    a. Das Studium der Theologie hat ihm nicht gefallen [*to please*].
    b. Er wollte die Welt sehen.
    c. Er hat nicht genug Geld gehabt, um weiterzustudieren.
    d. Die Schule wurde wegen [*because of*] der Wirtschaftskrise geschlossen [*was closed*].
2. Warum hat man ihn in Straßburg verhaftet [*arrested*]?
    a. Weil er Deutscher war.
    b. Weil die Nazipartei in Deutschland stärker [*stronger*] war.
    c. Weil Frankreich vor Deutschland Angst hatte. [Angst haben: *to be afraid*]
    d. Weil es so viele Arbeitslose [*unemployed*] in Deutschland gab. [es gab: *there were*]
3. Warum kam er zu der Olympiade in Berlin?
    a. Weil er ein großer Sportler war.
    b. Weil er dort Slavistik studieren wollte.
    c. Weil er verschiedene [*various*] Fremdsprachen [*foreign languages*] konnte.
    d. So daß er als Dolmetscher arbeiten konnte.
4. Warum hat Canaris ihn dann eingestellt?
    a. Weil er slavische Sprachen gelernt hatte.
    b. Canaris wollte die Moskauer Sender abhören.
    c. Er sollte die Entzifferungskunst lernen.
    d. In Berlin sprach [*spoke*] man damals fast nur Russisch.
5. Seine Frau
    a. hat er erst nach dem Krieg geheiratet.
    b. hat er in der Tschechoslovakei kennengelernt.
    c. war nicht im Krieg.
    d. war wahrscheinlich Turnerin.
6. Nach dem Krieg
    a. kam der Erzähler kurz in amerikanische Kriegsgefangenschaft.
    b. haben die Russen den Erzähler verhaftet.
    c. hat der Erzähler für die amerikanische Besatzung [*occupation*] gearbeitet.
    d. kehrte der Erzähler in seinen Heimatort [*home town*] zurück. [kehrte zurück: *returned*]

---

[93]followed   [94]because of my accomplishments   [95]undertaking   [96]celebration   [97]take part
[98]*wurde . . . vorgestellt:* was introduced to him

7. Welche Arbeit war ihm als Bürgermeister sehr wichtig [*important*]?
   a. die internationale Verständigung unter seinem Volk [*people*].
   b. neue Fremdsprachen zu lernen.
   c. die Franzosen und die Deutschen näher zu bringen.
   d. die Verschwisterung seines Dorfes mit anderen deutschen Dörfern.

Topics for Further Discussion

1. The situation in Germany in the early 1930s.
2. Straßburg—French or German?
3. The tradition of *Wanderjahre*.
4. The concept of *Volksdeutsche*.
5. Russian-German relations under Hitler.
6. French-German relations after the war.

VOCABULARY

Active

Nouns

das Abendessen, -	*supper*
zum Abendessen	*for supper*
die Bibliothek, -en	*library*
in die Bibliothek gehen	*to go to the library*
in der Bibliothek sein	*to be in the library*
der Brief, -e	*letter*
der Dollar, -	*dollar*
das Eis	*ice, ice cream*
das Essen, -	*meal, food*
das Fernsehen	*television*
die Fernsehsendung, -en	*TV program*
der Film, -e	*film, movie*
das Geld, -er	*money*
die Hälfte, -n	*half*
die Hausaufgabe, -n	*homework*
die Jeans (plural)	*jeans*
das Kapitel, -	*chapter*
das Kleid, -er	*dress*
die Kurzgeschichte, -n	*short story*
das Labor, -e (Laboratorium)	*lab*
Lieblings- (*in compounds*)	*favorite (program, book, etc.)*
meine Lieblingssendung	*my favorite program*

das Paar, -e	*pair*
die Politik	*politics*
die Radtour, -en	*bike trip*
das Restaurant, -s	*restaurant*
ins Restaurant gehen	*to go to a restaurant*
im Restaurant essen	*to eat in a restaurant*
der Roman, -e	*novel*
die Sache, -n	*thing, matter, affair*
der Schnee	*snow*
die Seite, -n	*page, side*
die Sendung, -en	*program (TV or radio)*
die Sonne, -n	*sun*
in der Sonne liegen	*to lie in the sun*
der Spaziergang, ⸗e	*walk, stroll*
einen Spaziergang machen	*to take a walk*
die Vorlesung, -en	*lecture*
in die Vorlesung gehen	*to go to the lecture*
in der Vorlesung sein	*to be in the lecture*
die Wanderung, -en	*hike, long walk (in mountains or forest)*
die Tageswanderung	*day hike*
die Wäsche, -n	*laundry*
das Wetter	*weather*

Verbs

anrufen (ruft an), hat angerufen	*to call up*
anschauen (schaut an), hat angeschaut	*to look at, watch*
besuchen	*to visit*
bummeln	
ist gebummelt	*to stroll (without goal)*
hat gebummelt	*to mess around, to live it up*
diskutieren	*to discuss*
einladen (lädt ein), hat eingeladen	*to invite*
hinfahren (fährt hin), ist hingefahren	*to drive to some place*
kegeln	*to bowl*
kochen	*to cook*
kosten	*to cost*
liegen (hat gelegen)	*to lie, to be located*
regnen	*to rain*
schneien	*to snow*
schreiben, hat geschrieben	*to write*
streiten, hat gestritten	*to quarrel, to fight*

(handwritten margin note) chaufenster bummelt gemacht = window shopping

tanzen	*to dance*
vergessen (vergißt), hat vergessen	*to forget*
vorbeikommen (kommt vorbei), ist	
vorbeigekommen	*to come over (to visit someone)*
vorhaben (hat vor), hatte vor	*to have (something) planned*
waschen (wäscht), hat gewaschen	*to wash*
zusammenkommen (kommt zusammen),	
ist zusammengekommen	*to come (get) together*

Other Words

ander-	*other*
bißchen	*bit*
ein bißchen	*a little bit*
bloß	*only*
bös(e)	*angry, mean, evil*
danke	*thanks*
darum	*therefore*
französisch	*French*
gewöhnlich	*usually*
herrlich	*glorious, lovely*
jemand	*someone*
nachher	*afterwards*
niemand	*no one*
nur	*only*
sonst	*otherwise*
später	*later*
toll	*fantastic, great*
überhaupt	*altogether, in general*
überhaupt nicht	*not at all*
überhaupt kein	*none at all*
übrigens	*by the way*
verstimmt	*in a bad mood, upset*
zuerst	*(at) first*

Expressions

gehen	*to go*
zur Arbeit gehen	*to go to work*
zu meinen Eltern gehen	*to go to my parents' place*
nicht allzu (gut)	*no all too (good)*
nicht einmal	*not even*
nichts Besonderes	*nothing special*
nicht besonders (gut)	*not especially (good)*

paar	*few*
ein paar	*a few*
ein paarmal	*a few times*
um . . . zu (*with infinitive*)	*in order to*
um das zu verstehen	*in order to understand that*
wahnsinnig viel	*an awful lot* (*colloquial*)
wie gewöhnlich	*as usual*

Passive

Nouns

das Abitur, -e	*final comprehensive exam in German **Gymnasium***
die Aufgabe, -n	*lesson, assignment*
der Dolmetscher, -	*interpreter*
das Dorf, ⸚er	*village*
die Erzählung, -en	*story*
(das) Frankreich	*France*
der Krieg, -e	*war*
das Mal, -e	*time*
zum ersten Mal	*for the first time*
die Sprache, -n	*language*
das Studium, Studien	*studies*
die Welt, -en	*world*

Verbs

beginnen, hat begonnen	*to begin*
bekommen, hat bekommen	*to receive, to get*
erzählen	*to tell, to relate*
geboren	*born*
bin geboren	*was born*
heiraten	*to marry*
kennenlernen (lernt kennen), hat kennengelernt	*to get to know someone*
übersetzen	*to translate*
werden (wirst, wird), ist geworden	*to become*

Other Words

also	*well, then, so, thus*
bis	*till, until, to*
damals	*at that time*
erst-	*first*
frei	*free*
hinter	*behind*

kurz	*short, quickly*
ohne	*without*
ungefähr	*approximately*
unter	*under, below, among*
während	*during*
welcher	*which*
zurück	*back*
zwar	*to be sure*

Welche Kirche gefällt Ihnen am besten?

6/SECHS

WAS GEFÄLLT DIR?
WER GEFÄLLT DIR?
WAS TUST DU GERN?

The theme of this unit is likes and dislikes: what do you like? whom do you like? what do you like to do? So that you can express ideas such as these, the verbs **gefallen** and **mögen** are introduced and practiced in their positive, comparative, and superlative forms. The verb **gefallen** is difficult to use because it takes a dative object and because its syntactical form in the sentence seems backwards to native English speakers.

A Was gefällt dir?
A Was macht dir Spaß?

what do you enjoy? *fun F*

Kind: Gefällt dir mein neues Kleid? Es hat nur fünfzig Dollar gekostet.
Mutti: Aber Kind, es paßt dir gar nicht. Es ist viel zu kurz.
Kind: Ach Mutti, kurze Kleider sind doch heute wieder Mode [*in style*].

Freund: Na, wie hat dir die Oper gefallen?
Freundin: Der erste Akt hat mir ganz gut gefallen.
Freund: Und die letzten zwei?
Freundin: Ich weiß nicht recht. Ich bin eingeschlafen.
Freund: Ach, es macht dir nie Spaß, in die Oper zu gehen.

It's never fun for you to go to the opera.

190

Künstler: Warum gefällt dir dieses Gemälde nicht? Mir gefällt es sehr.
Physiker: Mir gefällt überhaupt keine abstrakte Malerei.
Künstler: Du nennst das abstrakt? Das Bild heißt doch „Eva mit Apfel". Es ist ein
         Mädchen!
Physiker: Das arme Mädchen!

Wie schmeckt dir der Big Mäc?

A: Welche Kirche gefällt euch am besten?

B: Mir gefällt der große Dom in München gut.

C: Die moderne Kirche in Neviges gefällt mir eigentlich besser.

A: Die kleine alte Pfarrkirche von Ramsau gefällt mir am besten.

*   *   *

A: Na, wo essen wir denn heute? Hoffentlich nicht wieder im Goldenen Hahn.

B: Warum nicht? Das Essen dort schmeckt mir ganz gut, besonders das Jägerschnitzel. Es ist auch nicht teuer.

C: Außerdem hat es uns dort immer viel Spaß gemacht. Warum gefällt es dir nicht?

A: Ja, warum essen wir nicht mal 'was Neues? Warum immer Jägerschnitzel? Bei McDonald's gibt es den Big Mäc.

B: Den . . . Big . . .

C: Mäc?

A: Ja ja! Die schmecken mir wahnsinnig gut!

PUTTING IT TO WORK

I. gefallen

The verb **gefallen** expresses the idea "to like":

Der Wagen gefällt mir.
I like the car. (The car is pleasing to me.)

Die Oper hat ihr gar nicht gefallen.
She didn't like the opera at all. (The opera didn't please her at all.)

Gefallen shows a vowel change from **a** to **ä** in the **du** and **er** forms of the present tense:

ich gefalle	wir gefallen
du gefällst	ihr gefallt
er	sie gefallen
sie } gefällt	
es	

Sie gefallen

Present Perfect: **hat gefallen**

Gefallen is most commonly used in the third person:

Das Buch gefällt mir. Es gefällt mir.
Die Bücher gefallen mir. Sie gefallen mir.

This construction takes getting used to, because the thing liked is the subject of the sentence, whereas the person who likes is a *dative object*.

SUBJECT		OBJECT
(nominative case)		(dative case: *to me*)
Das Buch	gefällt	mir.

Literally translated, this sentence means *The book is pleasing to me*. But it really means *I like the book*. To use **gefallen** you must thus learn the dative forms of the personal pronouns. For the moment we are going to restrict ourselves to using the dative personal pronouns with **gefallen**.

SINGULAR

NOMINATIVE	ich	du	er	sie	es
DATIVE	**mir**	**dir**	**ihm**	**ihr**	**ihm**

PLURAL

NOMINATIVE	wir	ihr	sie
DATIVE	**uns**	**euch**	**ihnen**

SINGULAR AND PLURAL

NOMINATIVE	Sie
DATIVE	**Ihnen**

PRACTICE A (Individual)

Using the pattern, practice the dative forms of the personal pronouns.

EXAMPLE: **Ich** habe einen Mercedes.
     Mein Mercedes gefällt **mir**.

Du hast einen Volkswagen.
Gefällt _____ dein VW?

Er hat eine neue Stereoanlage.
Seine neue Stereoanlage gefällt _____.

Sie hat ein italienisches Rad.
Gefällt _____ ihr italienisches Rad?

Das Kind hat ein neues Rad.
Wie gefällt _____ sein neues Rad?

Meine Freunde haben viele neue Schallplatten.
Ihre Schallplatten gefallen _____ gut.

Ihr habt doch eine neue Wohnung.
Wie gefällt _____ eure Wohnung?

Ich sehe, Sie spielen eine neue Gitarre.
Wie gefällt _____ Ihre neue Gitarre?

Read and study the following sentences carefully, comparing the German with the English translation.

Sein neuer Wagen gefällt ihm.	*He likes his new car.*
Unsere Wohnung hat ihr nicht gefallen.	*She didn't like our apartment.*
Gefällt Ihnen Gitarrenmusik?	*Do you like guitar music?*
Das Kleid hat mir gar nicht gefallen.	*I didn't like the dress at all.*
Wie gefallen dir deine neuen Schallplatten?	*How do you like your new records?*
Sie gefallen mir sehr gut.	*I like them very much.*
Aber ihr gefallen sie nicht.	*But she doesn't like them.*

■ PRACTICE B (Individual)

Following the pattern **Das Buch gefällt mir** say that you like the following. Each group is more difficult than the preceding one.

1. the apartment; the dog; the watch; the university; the dress; the opera; the food
2. your bicycle; your room; your record player; your shoes; your taste (der gesmackt)
3. his car; her motorcycle; their radio; her cat; his pants
4. your new car; your old piano; your modern house
5. his new Mercedes; their old VW; her new TV; his abstract painting

Now repeat the above exercise following the pattern **Das Buch hat mir gefallen.**

PRACTICE C (Student/Instructor)

Now tell your instructor that you like his/her:

dress; pants; blouse; shirt; questions; class; example; shoes; lecture

PRACTICE D (Pairs)

Tell a classmate that you like his or her:

pants; dress; answers; apartment; new car; modern house; expensive stereo

It is possible to begin these sentences with the dative pronoun. This tends to give more emphasis to the person who likes:

Mir gefällt der Wagen.   *I like the car.*

Remember that if what is liked is *plural*, the verb form is **gefallen** (not **gefällt**):

Die Bücher **gefallen** mir.
Mir **gefallen** die Bücher.

PRACTICE E (Individual)

Say that you like the following, beginning with **mir**.

1. the bicycles; the dogs; the cats; the records; the stores
2. your shoes; your books; your paintings
3. his questions; their animals; our rooms

The negation of **gefallen** is usually with **nicht**.

Sein neuer Wagen gefällt mir nicht.
Ihr gefallen meine vielen Fragen nicht.
Uns hat die Oper nicht gefallen.

PRACTICE F (Individual)

Negate the following sentences with **nicht**. Concentrate on the meaning of what you're saying.

Dunkle Zimmer gefallen uns.
Das Restaurant hat ihnen gefallen.
Enge Hosen gefallen ihr.
Mein neuer Plattenspieler gefällt mir.
Eure Wohnung gefällt uns.
Mir gefällt sein neues Hemd.
Ihm gefallen eure Fragen.
Das Gemälde hat ihnen gefallen.

■ PRACTICE G (Individual)

Express the following ideas in German.

she likes your watch
he likes your sweater
they don't like our painting
he doesn't like their questions
you like her dress
you don't like her dress
he doesn't like their store
you don't like her toy

II. Order of Nouns and Pronouns in Position III

A basic rule of word order in position III is that pronouns precede nouns, even when the noun is the subject of the sentence.

I	II	III	
		PRONOUN	NOUN
	Gefällt	dir	dein neues Radio?
	Gefällt	euch	euer neuer Plattenspieler?
	Gefallen	Ihnen	unsere modernen Gemälde?
Leider	gefällt	ihm	die Deutschstunde nicht.

However, if the subject is a pronoun rather than a noun, the subject pronoun will precede the dative pronoun in III.

I	II	III	
		SUBJECT	DATIVE OBJECT
Warum	gefällt	es	dir?
Leider	gefallen	sie	mir nicht.

QUESTION–ANSWER PRACTICE (Pairs, Student/Instructor)

Working with your instructor, ask and answer the following questions. Use only pronouns in the answers.

EXAMPLE: Gefällt Ihnen Ihr Mercedes?
      Natürlich gefällt er mir.
        or
    Leider gefällt er mir nicht.

Gefällt Ihnen mein schönes Kleid?
Gefällt Ihnen Ihre neue Wohnung?
Gefallen Ihnen meine neuen Schallplatten?
Gefällt Ihnen sein abstraktes Beispiel?
Hat Ihnen das Essen gestern abend gefallen?
Gefällt Ihnen Ihr japanisches Auto?
Gefallen Ihnen große, moderne Kirchen?
Gefallen Ihnen Inges enge Hosen?
Hat Ihnen der Dom in München gefallen?

QUESTION–ANSWER PRACTICE (Pairs, Student/Student)

With a classmate, practice a question-answer exchange following the pattern below.

EXAMPLE: A: Hast du eine Schreibmaschine?
            B: Ja, ich habe eine Schreibmaschine.
            A: Gefällt sie dir? Wie gefällt sie dir?
            B: (Ja,) sie gefällt mir (gut).

Hast du eine neue Wohnung?
Hast du die Oper gestern abend gesehen?
Hast du ein Fahrrad?
Hast du ein billiges Kleid gekauft?
Hast du sein neues Gemälde gesehen?
Hast du eine neue Stereoanlage gekauft?
Kennst du das Restaurant?
Hast du einen Big Mäc gegessen?
Hast du den Brief gelesen?
Hast du seine Vorlesung gehört?

WHO LIKES WHAT (Groups)

Try a conversational exchange along the following lines.

A to B: Gefällt **ihr/ihm** (*referring to C*) mein Hemd?
B to A: Ich weiß nicht. Wahrscheinlich nicht, aber ich frage sie/ihn.
B to C: Gefällt dir sein Hemd?
C to B: Sein Hemd? Nein, es gefällt mir gar nicht.
B to A: Dein Hemd gefällt ihr/ihm gar nicht.

Ask about as many things as you can, using both the present and present perfect tenses. This is tricky, so prepare yourself in advance!

III. **wie** and **warum**

Two further types of questions involving **gefallen** are *Why do you like something?* and *How do you like something?* Study the following question-answer patterns to get an idea of common types of answers to these questions:

Wie gefällt Ihnen meine neue Stereoanlage?
    Sie gefällt mir gut (sehr, sehr gut, ganz gut*).
    Sie gefällt mir nicht (nicht sehr gut, nicht besonders, gar nicht).

---

* **Ganz gut** (*quite well*) conveys the idea of less than total enthusiasm. **Gut** alone is more positive than **ganz gut**.

Warum gefällt dir der Wagen?
  Er ist schön (bequem; billig; elegant).
  Er fährt gut (schnell; ausgezeichnet).

Warum gefällt Ihnen *Siddhartha?*
  Es ist sehr interessant.
  Ich finde es großartig [*great*].
  Es ist nicht zu schwer.
  Ich bin Siddhartha!

Warum hat dir die Oper *Tristan und Isolde* nicht gefallen?
  Sie war zu lang.
  Sie war sehr langweilig.
  Ich finde alle Opern langweilig.

Warum gefallen Ihnen japanische Stereoanlagen?
  Sie sind preiswert [*worth the money*].
  Sie sind zuverlässig [*reliable*].
  Ich finde, sie funktionieren gut.
  Sie gehen nicht kaputt.

Warum gefällt dir mein neues Hemd nicht?
  Es ist zu bunt (zu dunkel; zu hell).
  Es paßt dir nicht.
  Weinrote Hemden gefallen mir nie.
  Es ist einfach häßlich [*ugly*].
  Was glaubst du?

Obviously there is no limit to the possible answers to the question *Why don't (do) you like something?* In the following practice exercises, try to stick to words and expressions we have been using.

QUESTION–ANSWER PRACTICE (Pairs)

Prepare to answer questions from your instructor or a fellow student about how you like various things. The questions below are arranged in categories, with some possible reasons for liking or disliking the things asked about supplied. Remember that the additional vocabulary in brackets need not be memorized.

ARTICLES OF CLOTHING

Wie gefällt dir mein Hemd? (meine Bluse? meine Hose? mein Pullover?)

POSITIVE QUALITIES	NEGATIVE QUALITIES
schön bunt	zu grell [*too garish*]
schick [*stylish*]	häßlich [*ugly*]
Sie (es, er) paßt dir gut.	Sie (es, er) paßt dir nicht.

HOUSE, ROOM, APARTMENT

Wie gefällt dir deine Wohnung? (dein Haus? das Klassenzimmer?)

geräumig [*roomy*]	Es gibt nicht genug Platz.
schön hell	zu eng [*too cramped*]
praktisch gelegen [*well situated*]	unpraktisch gelegen [*not well situated*]
Die Miete ist gering. [*The rent is low.*]	Die Miete ist zu hoch. [*The rent is too high.*]
	Studentenwohnhäuser [*dorms*] sind nie schön.

BOOKS, ART, MUSIC, FILMS

Wie gefällt dir klassische Musik? (Rock-Musik? Opernmusik? moderne Malerei? Hermann Hesse? der Film *Superman*? unser Deutschbuch?)

spannend [*exciting*], unterhaltsam [*entertaining*]	langweilig
gut geschrieben	schlecht geschrieben
interessant	uninteressant
bedeutungsvoll [*meaningful*]	ohne Bedeutung [*without meaning*]
Die Farben [*colors*]/Melodien [*melodies*] gefallen mir.	

CITIES

Wie gefällt dir New York? (Los Angeles? San Francisco? Chicago? München? unsere Universitätsstadt [*university town*]?)

Das Klima [*climate*] gefällt mir.	zu viel Luftverschmutzung [*air pollution*]
Die Landschaft [*landscape*] ist schön.	uninteressante Landschaft
Es gibt viel zu tun.	nichts zu tun
Es gibt viele Nachtlokale [*nightclubs*]/viel Kultur.	

HOW DO YOU LIKE IT? (Pairs)

Now tell a fellow student that you have something new. He or she asks how you like it. You respond that you do or do not like it and give some reasons.

EXAMPLE: A: Ich habe ein neues Fahrrad.
B: Wie gefällt es dir?
A: Ziemlich gut. Es fährt schnell und ist bequem, nur ist es heute leider kaputt.

Try this with such things as a new car, new apartment, new guitar, new shoes, new records, etc.

HOW DID YOU LIKE IT? (Pairs)

This time the exchange involves something you did or saw.

EXAMPLE: A: Ich habe gestern abend Beethovens Fünfte gehört.
B: Wie hat es dir gefallen?
A: Die Musik war einfach fantastisch, und das Orchester [orchestra] hat sehr gut gespielt.

Try this with books you have read, films or plays you have seen, restaurants you have been to, etc.

IV. passen, Spaß machen, schmecken

Like **gefallen**, these three verbal expressions take a dative object:

Das Kleid paßt **dir** doch gar nicht.
*The dress doesn't fit **you** at all.**

Der Big Mäc schmeckt **mir** gut.
*The Big Mac tastes good **to me**.*

Die Party hat **uns** viel Spaß gemacht.
*The party was a lot of fun (**for us**).*

use keine for negation [handwritten note]

Note that there is no direct English translation for **Spaß machen**. *To have a good time* (for which there is no direct German equivalent) frequently comes close in meaning:

Hat euch die Party Spaß gemacht?
Did you have fun (a good time) at the party?

Die Oper macht mir nie Spaß.
I never have fun at the opera.

Ich mache nur Spaß - I'm only kidding.
Das macht mir Spaß - I'm having fun. [handwritten note]

QUESTION–ANSWER PRACTICE (Pairs)

Answer, using **passen**, **Spaß machen**, or **schmecken**, whichever is most appropriate.

EXAMPLE: Warum gefällt dir McDonalds?
Der Big Mäc schmeckt mir gut.

Kind, warum gefällt dir dieses Kleid?
Wie war die Party gestern abend?
Wie hat euch der Charlie Chaplin Film gefallen?

---

* **Passen** may also be used in a figurative sense: **Die Musik paßt ihm.** (*The music is fitting for him.*)

Warum eßt ihr immer beim Goldenen Hahn?
Warum gefällt dir diese kleine Kirche?
Hast du schon mal Jägerschnitzel gegessen?
Wie gefällt dir *Using German*?
Wie war das Oktoberfest in München?
Warum kaufst du den roten Pullover nicht?
Warum essen Sie nie im Student Union?
Wie war das Eis?

V. welcher, dieser, jeder, alle

Another type of question you are likely to want to ask when discussing likes and dislikes is *Which one do you like?* The answer will frequently be *this one, that one, every one*, or *all*.

Welcher Wagen gefällt dir?	*Which car do you like?*
Dieser Wagen gefällt mir.	*I like this car.*
Der Wagen **dort** gefällt mir.	*I like that car.*
Jeder Wagen gefällt mir.	*I like every car.*
Alle Wagen gefallen mir.	*I like all cars.*

The words **welcher** (*which*), **dieser** (*this*), and **jeder** (*each, every*) are declined like the definite article **der** and are thus called **der**-words. (The word **jener** (*that*), is also a **der**-word; however, it is rarely used in colloquial speech. We shall use the more common expression **der . . . dort** for *that*.) Here are the nominative, accusative, and genitive forms of the **der**-words:

	MASCULINE	FEMININE	NEUTER	PLURAL
NOMINATIVE	der	die	das	die
	welcher	welche	welches	welche
	dieser	diese	dieses	diese
	jeder	jede	jedes	— *alle*
ACCUSATIVE	den	die	das	die
	welchen	welche	welches	welche
	diesen	diese	dieses	diese
	jeden	jede	jedes	— *alle*
GENITIVE	des	der	des	der
	welches	welcher	welches	welcher
	dieses	dieser	dieses	dieser
	jedes	jeder	jedes	jeder

Remember that in the masculine and neuter genitive the noun adds an **s** (one syllable) or **es** (more than one syllable).

Die Vorlesungen dies**es** Professor**s** sind schwer. (*masculine*)
Ich finde die Musik jed**er** Oper langweilig. (*feminine*)
Die Farbe dies**es** Hemd**es** gefällt mir nicht. (*neuter*)
Die Dome welch**er** Städte waren modern? (*plural*)

■ **PRACTICE A** (Individual)

Form sentences with the words below as shown in the example.

EXAMPLE: welch- Wagen/du/gefallen?/ /dies-
     Welcher Wagen gefällt dir?
     Dieser Wagen gefällt mir.

welch- Hund/er/gefallen?/ /dies-
welch- Hemd/sie (*she*)/passen?/ /d-- . . . dort
welch- Party/du/Spaß machen?/ /jed-
welch- Kurzgeschichten/sie (*they*)/gefallen?/ /dies-
welch- Kirche/ihr/gefallen?/ /jed-
welch- Hamburger/Sie/schmecken?/ /dies- (**der** Hamburger)
welch- Gemälde/du/gefallen?/ /d-- . . . dort
welch- Oper/du/gefallen?/ /jed-
welch- Roman/Sie/Spaß gemacht?/ /dies-
welch- Dom/du/gefallen?/ /d-- . . . dort

PRACTICE B (Pairs)

Answer the questions as shown in the example.

EXAMPLE: Welches Fahrrad meinst du? (mein Bruder)
     Ich meine das Fahrrad meines Bruders.

Welche Bluse meinst du? (die Lehrerin)
Welches Haus meinst du? (der Arzt)
Welchen Wagen meinst du? (unser Freund)
Welchen Dom meinst du? (diese Stadt)
Welche Vorlesung meinst du? (dieser Professor)
Welche Antworten meinst du? (jeder Schüler [*singular*])
Welchen Hund meinst du? (deine Freunde)

The word **alle** (*all*) is used in the plural with a **der**-word ending, although it is actually not a **der**-word:

Welche Opern von Richard Wagner gefallen dir?
Alle Opern von Wagner gefallen mir. (*nominative plural*)

VI. Adjectives Following **der**-words and **alle**

The chart below gives the endings of adjectives following **der**-words in the nominative, accusative and genitive cases (and **alle** in the plural):

Adjective Endings Following **der**-Words

	MASCULINE	FEMININE	NEUTER	PLURAL
NOMINATIVE	-e	-e	-e	-en
ACCUSATIVE	-en	-e	-e	-en
GENITIVE	-en	-en	-en	-en

These endings are the same as those following **ein**-words with three important exceptions: *masculine nominative*, *neuter nominative*, and *neuter accusative*. For comparison the **ein**-word chart is given again here with the genitive endings added:

Adjective Endings Following **ein**-words

	MASCULINE	FEMININE	NEUTER	PLURAL
NOMINATIVE	**-er**	-e	**-es**	-en
ACCUSATIVE	-en	-e	**-es**	-en
GENITIVE	-en	-en	-en	-en

The following two examples again illustrate the *analytical* approach to determining the correct adjective ending:

1. *Which German car do you like?*
   a) **Wagen** is masculine nominative (subject of **gefallen**).
   b) **Welch-** is a **der**-word. The masculine nominative ending is **-er**.
      Welcher deutsch____Wagen gefällt dir?
   c) The adjective ending following a masculine nominative **der**-word is **-e**.
      Welcher deutsche Wagen gefällt dir?

2. Did you see *the big cathedral?*
   a) **Dom** is masculine accusative (direct object of **sehen**).
   b) The masculine accusative form of **der** is **den**.
      Habt ihr den groß____ Dom gesehen?
   c) The adjective ending following a masculine accusative **der**-word is **-en**.
      Habt ihr den großen Dom gesehen?

Study the following question-answer patterns, noting the adjective endings:

Welcher Wagen gefällt dir?
Der rote Wagen gefällt mir. (*masculine nominative*)

Welches Buch liest du?

    Ich lese **dieses neue Buch.** (*neuter accusative*)

Welche Bluse paßt Ihnen?

    Diese rote Bluse paßt mir. (*feminine nominative*)

Welchen Film habt ihr gesehen?

    Wir haben **den neuen Film** von Faßbinder gesehen. (*masculine accusative*)

Welche Vorlesungen meinst du?

    Ich meine **die Vorlesungen des neuen Professors.** (*masculine genitive*)

Welche Kirchen gefallen dir?

    Alle deutschen Kirchen gefallen mir. (*plural nominative*)

PRACTICE A (Individual)

Complete with the correct adjective ending.

Die letzte____ Oper von Henze gefällt mir nicht. FND

Welche kleinen____ Kirchen habt ihr in Bayern [*Bavaria*] gesehen? PND

Wir lieben das gute____ Essen im Goldenen Hahn. (*rooster*) NAD

Die neue____ Mode [*fashion*] gefällt mir nicht. FND

Kaufen Sie diesen roten____ Pullover? MAD

Mir gefallen diese neuen____ Schallplatten. PN D

Die Farbe dieses alten____ Wagens gefällt mir. MGD

Kennst du die kleine____ alte____ Kirche von Ramsau? FAD

Die kleinen____ Kinder deines Bruders sind wirklich wild. PND

Gefällt Ihnen dieser alte____ Dom? MND

Mir gefallen alle alten____ Kirchen. PND

Sie hat das kurze____ Kleid gekauft. NAD

Meinst du die Vorlesung der neuen____ Professorin? FGD

As pointed out in Unit 4 (p. 122) it is possible to reduce the number of steps of the analytical process, and in some cases to eliminate them entirely, by becoming aware of certain combinations of endings. Adding to those which we learned earlier, we can now list the following such combinations:

1) The ending **-en** on either an **ein**-word or **der**-word in part A always signals the ending **-en** on the adjective.

A ein-WORD, der-WORD, -en ENDING	B ADJECTIVE ENDING -en	C ANY NOUN (here masculine accusative)
einen diesen	neuen alten	Plattenspieler Wagen

2) The adjective ending in the genitive case is **-en** regardless of the gender and number of the noun. (There is one rare exception to this which will be treated later.)

A GENITIVE	B ADJECTIVE ENDING **-en**	C GENITIVE
eines jeder dieser	**alten** **alten** **alten**	Wagens Kirche Leute

3) No ending on an **ein**-word in part A signals either an **-er** or **-es** ending on the adjective; **-er** if the noun is masculine, **-es** if it is neuter.

A **ein**-WORD WITH NO ENDING	B ADJECTIVE ENDING EITHER **-er** OR **-es**	C MASCULINE OR NEUTER NOUN
ein	alter altes	Mann (*masculine*) Fahrrad (*neuter*)

4) The plural adjective ending is either **-e** or **-en**. (There are two rare exceptions to this which will be treated later.) The ending is **-e** if part A contains no **ein-** or **der**-word; it is **-en** if A contains any **der-** or **ein**-word, regardless of its ending.

A	B	C PLURAL NOUN
1. no word	adjective ending **-e**	
—	alt**e**	Leute
2. **der-** or **ein**-word	adjective ending **-en**	
seine welche	alt**en** neu**en**	Bücher Lehrer

■ PRACTICE B (Individual)

This exercise reviews all the adjective endings we have had up to this point. Insert the correct adjective endings. Try to use the quicker combination approach where possible. *give reasoning !!!*

Keine eng**en** Kleider passen ihr. PNe
Gefällt dir mein neu**es** Fahrrad? *ein word* NNe
Ja, das neu**e** Fahrrad gefällt mir gut. *der word* NND
Die letzt**e** Party deiner Freundin hat uns Spaß gemacht. FND
Ich habe leider viel**e** langweilig**e** Opern gesehen. *unpreceded*
Ich finde meinen klein**en** Bruder nicht. MAe
Hörst du die Vorlesungen jedes neu**en** Professors? *genitive*
Dein klein**er** Bruder ist doch zu Hause. MNe
Deine klein**e** Schwester ist doch zu Hause. FNe
Warum schmeckt dir das amerikanisch**e** Essen nicht? NND
Das Zimmer hat nur einen klein**en** billig**en** Tisch. MAe
Ihm gefallen alle lang**en** Opern von Wagner. PND
Ihm gefallen keine lang**en** Opern von Wagner. PNe
Das ist wirklich ein fabelhaft**es** Buch. NNe
Außerdem macht sie einen schlecht**en** Eindruck. MAe
Verstehen Sie das Problem dieser jung**en** Schülerin? *genitive*

Note that in the answer to a question beginning with **welcher** the noun can be omitted:

Welcher Wagen gefällt dir?
　　Dieser gefällt mir.
　　Der dort gefällt mir.
　　Dieser rote gefällt mir.

Welche Bluse paßt dir?
　　Jede paßt mir.
　　Die rote dort paßt mir.

PRACTICE C (Individual)

Answer the questions as shown in the example.

EXAMPLE: Welcher Wagen gefällt dir? (rot)
　　　　　Der rote gefällt mir.
　　　　　Dieser rote gefällt mir.

Welche Wohnung gefällt dir? (hell)
Welcher Hund gefällt ihm? (schwarz)
Welche Klassen gefallen ihr? (interessant)

Welches Buch gefällt dir nicht? (langweilig)
Welche Bluse gefällt Ihnen nicht? (bunt)
Welche Kirche hat dir gefallen? (alt, klein)
Welches Restaurant hat euch gefallen? (deutsch)
Welcher Akt hat Ihnen nicht gefallen? (erst)

EXAMPLE: Welche Bücher kennst du? (deutsch)
         Ich kenne die deutschen Bücher.

Welchen VW hast du gekauft? (billig)
Welchen Studenten kennen Sie noch nicht? (neu)
Welchen Hund siehst du? (klein, arm)
Welches Gemälde kennst du? (abstrakt)
Welches Kleid hast du gekauft? (bunt)
Welche Bilder gibt es hier? (neu)
Welchen Plattenspieler hast du zu Hause? (alt)

■ PRACTICE D (Individual)

Again, answer as indicated in the example.

EXAMPLE: Welcher Wagen gefällt ihr? (sein- groß-)
         Sein großer Wagen gefällt ihr.

Welche Wohnung hat ihnen gefallen? (unser- neu-)
Welche Schallplatten gefallen ihm? (dein- laut-)
Welche Gemälde gefallen Ihnen? (dies- bunt-)
Welche Klassen gefallen dir? (viel- interessant-)
Welcher Hund gefällt euch? (euer- klein- weiß-)
Welches Kleid paßt ihr? (dies- kurz-)
Welche Uhr gefällt Ihnen? (dies- schön- golden-)

VII. besser, am besten

Besser (*better*) and **am besten** (*best of all*) are frequently added to questions with **gefallen**, **passen**, and **schmecken**:

Welches Hemd gefällt dir besser, das blaue oder das rote?
Das rote gefällt mir besser als (*better than*) das blaue.

Welches Kleid paßt dir besser, das lange oder das kurze?
Das lange paßt mir besser als das kurze.

Welches Bier schmeckt euch am besten?
Dieses deutsche Bier schmeckt uns am besten.

QUESTION–ANSWER PRACTICE (Pairs)

Working with your instructor or a classmate, answer the following questions as in the example.

EXAMPLE: Welche Bücher gefallen dir besser, spannende [*exciting*] oder
         philosophische?
         Spannende gefallen mir besser als philosophische.

Welche Hunde gefallen dir besser, kleine nette oder große schwarze?
Welche Musik gefällt dir besser, klassische oder moderne?
Welche Malerei gefällt dir besser, traditionelle oder moderne?
Welche Filme gefallen dir besser, romantische oder intellektuelle?
Welche Farben gefallen dir besser, helle oder dunkle?
Welches Buch hat dir am besten gefallen, *Siddhartha*, *Moby Dick*, oder *Using German*?
Welcher Wagen gefällt dir am besten, der VW, der Volvo, oder der BMW?
Welche Kirche gefällt dir am besten, die moderne, die kleine, oder die große?
Welcher Pullover hat dir besser gepaßt, der rote, oder der schwarze?
Wo schmeckt euch das Essen besser, im Goldenen Hahn, oder bei McDonald's?
Welches Kleid paßt dir am besten, dieses kurze, das lange dort, oder das schöne rote?
Wo hat Ihnen das Bier am besten geschmeckt, in Deutschland, in Dänemark [*Denmark*], oder in Holland?

VIII. mehr, am meisten

To express that something was *more fun* or *the most fun* you must use **mehr** and **am meisten** with **Spaß machen**:

Die Partys bei Inge machen mir **am meisten** Spaß.
The parties at Inge's are the most fun for me.

Was macht dir **mehr** Spaß, Tanzen oder Singen?
What is more fun for you, dancing or singing?

PRACTICE A (Individual)

Following the pattern, express your feelings about the things and activities listed.

EXAMPLE: Deutsch lernen/Musik hören/auf Partys gehen
         Deutsch lernen macht mir **viel** Spaß.
         Musik hören macht mir **mehr** Spaß.
         Auf Partys gehen macht mir **am meisten** Spaß.

bei McDonald's essen/bei Shakey's essen/im Goldenen Hahn essen
das Oktoberfest/Sylvesterabend [*New Year's Eve*]/Fasching [*carnival*]
Tennis spielen/Wandern/Skilaufen
ins Kino gehen/ins Theater gehen/in die Oper gehen
Spanisch/Französisch/Deutsch

WAS MACHT DIR SPASS UND WARUM? (Groups)

Using the questions below as a starting point, engage in a conversation with your classmates about likes and dislikes, things that are fun or not fun. Try to ask as many additional, specific questions as you can.

EXAMPLE: A: Wie gefällt euch das Buch *Using German*?
   B: Mir gefällt es gar nicht.
   C: Warum nicht? Ist es zu schwer?
   B: Nein, es macht mir aber keinen Spaß.*

Wie gefällt euch meine neue Bluse? mein neuer Pullover? mein neues Hemd?
Macht euch die Deutschstunde Spaß?
Wo schmeckt euch das Essen am besten?
Wie hat euch der Film _____ gefallen?
Was macht euch am Wochenende am meisten Spaß?
Welche Musik gefällt euch am besten?
Was für Kleider passen euch am besten?
Wo schmecken euch die Hamburgers am besten?
Was hat euch letzte Woche im Fernsehen am meisten Spaß gemacht?
Gefällt euch die Oper? Warum? Warum nicht?
Welches Konzert hat euch dieses Semester am besten gefallen?
Wie gefällt euch die Universität?
Wie gefallen euch die neuen kleinen Wagen aus Detroit?
Was macht euch in der Deutschstunde am meisten Spaß?
Haben Sie guten oder schlechten Geschmack?

* Note that the negation of **Spaß machen** is **keinen Spaß machen**.

B Wer gefällt dir?
Wen magst du?

1. A: Wie gefällt dir deine Deutschlehrerin?
   B: Sehr gut. Sie ist nett und freundlich und versteht auch unsere Probleme.
   A: Sie ist Deutsche, nicht wahr?
   B: Ja, und sie spricht oft über ihr Leben in Deutschland. Das gefällt mir sehr.

2. A: Magst du Dieter?
   B: Nein, überhaupt nicht. Er ist immer so höflich und steif [*stiff*]. Ich finde, er ist eingebildet.

3. A: Ich verstehe es nicht. Warum magst du eigentlich *actually* Inge so gern?
   B: Du kennst sie doch nicht sehr gut, oder?

Eva
mag Profis.*

Profis schützen
Arme und Beine.

*Schlumpis mag die Eva nicht.

A: Das stimmt schon, aber ist sie nicht ein bißchen . . . wie sagt man . . .
einfältig [*simpleminded*]?

B: Sie macht zwar diesen Eindruck, aber eigentlich ist sie sehr intelligent. Sie
schreibt immer fehlerlose [*flawless*] Arbeiten in Deutsch.

A: Ach so. Darum magst du sie so gern.

4. A: Max ist ein fabelhafter Tennisspieler, und überhaupt [*in general*] so
sportlich. Ich mag ihn unheimlich gern.

B: Mir gefällt eigentlich sein Bruder besser.

A: Was? Wolfgang? Er ist doch ein langweiliger Mensch.

B: Langweilig? Er spielt doch Schach [*chess*] wie ein Meister [*champion*],
spricht Russisch und Deutsch, und weiß *alles* über die Politik.

A: Naja, Tennis gefällt mir viel besser als Politik.

B: Du bist aber oberflächlich [*superficial*]!

PUTTING IT TO WORK

I. mögen

The modal auxiliary verb **mögen** is used in its *indicative* forms to mean *to like, to be
fond of*. It takes the accusative case. Notice its irregular conjugation:

ich	mag	wir	mögen
du	magst	ihr	mögt
er			
sie	mag	sie	mögen
es			
	Sie mögen		

present perfect: **hat gemocht** (*used rarely*)

PRACTICE A (Individual)

Fill in the correct form of **mögen**.

_____ du Kinder?

Diesen alten Tisch _____ ich wirklich sehr.

_____ Sie Beethoven?

Wen _____ ihr mehr, mich oder den Hund?

Ich glaube, sie (*she*) _____ Peter mehr als mich.

Wir _____ die alte Frau unheimlich gerne.

II. gefallen vs. mögen

To express the idea *to like* or *to dislike a person*—as opposed to a *thing*—either **gefallen** or **mögen** may be used. The choice depends on the degree of emotional attachment. **Mögen** conveys the idea of fondness for a person or a thing; **gefallen** is less intimate and usually indicates that something about a person appeals (or does not appeal) to you: his/her physical appearance, manner, way of talking, dress, etc. Study the following examples and note the difference in usage:

Sie gefällt mir.	*I like her.* (*I find her to be a pleasant or attractive person*).
Ich mag sie.	*I like her.* (*I am fond of her.*)
Gefällst du ihr?	*Does she like you?* (*in a general way*)
Mag sie dich?	*Does she like you?* (*Is she fond of you?*)
Er hat mir auf den ersten Blick gefallen. Jetzt kenne ich ihn schon drei Jahre und mag ihn unheimlich gern.	*I liked him at first glance. Now I've known him for three years and am terribly fond of him.*

■ PRACTICE A (Individual)

Following the examples, say you don't like the people listed below. (This is just an exercise, so don't worry about hurting someone's feelings). Remember that **mögen** takes an accusative direct object, whereas **gefallen** has a dative object.

EXAMPLE: **Der Lehrer** gefällt mir nicht.
　　　　　Ich mag **den Lehrer** nicht.

　　your brother; him; his sister; her; our parents; them; their friends; our
　　　　teacher; all professors; this student

Notice the degrees of fondness (and dislike) expressed by **mögen** in the following sentences:

　　Ich mag deine Schwester **(gern)**.
　　Ich mag deine Schwester **sehr gern**.
　　Ich mag deine Schwester **unheimlich gern**. *terribly*
　　Ich mag deine Schwester **nicht**.
　　Ich mag deine Schwester **überhaupt nicht**.

PRACTICE B (Individual)

Using **mögen**, say that you are:

　　fond of his sister
　　terribly fond of your teacher

not fond of this person*
not at all fond of their parents
terribly fond of her father
not fond of his friends
fond of this young girl
not fond of our new teacher
very fond of your friend's sister
not at all fond of your sister's friends

WEN MAGST DU? WEN MAGST DU NICHT? (Pairs/Groups)

For use in the following conversations, here are some possible reasons for liking or disliking a person:

Warum magst du ihn/sie?
Er/sie ist nett, freundlich, höflich, sportlich, reich, hübsch [*pretty*], immer fröhlich [*happy*], witzig [*witty*], gut aussehend [*handsome*], ehrlich [*honest*], sexy.
Wir haben viel gemeinsam [*in common*].
Ich weiß nicht, ich mag ihn/sie einfach.

Warum magst du ihn/sie nicht?
Er/sie ist dumm, unfreundlich, unhöflich, eingebildet, arm, doof [*stupid*], verrückt [*crazy*], kindisch [*childish*], zu ernst [*serious*], arrogant, unehrlich [*dishonest*], geizig [*stingy*].
Er ist ein Dummkopf, ein langweiliger Mensch, ein Snob, ein Besserwisser [*a know-it-all*], macht einen schlechten Eindruck, hat keinen Geschmack, schläft immer ein, spricht zu viel.

Now, following the examples at the beginning of this section, discuss and gossip a little about your best friend, your worst enemy, a mutual friend (or enemy), a professor, the president or other political figures, film stars, singers, etc.

III. Comparative and Superlative of **mögen**

To express the ideas *to like better* and *to like best of all*, **lieber** and **am liebsten** are used with **mögen**:

Wen magst du lieber, deinen Deutschlehrer oder deinen Biologielehrer?
Ich mag meinen Deutschlehrer lieber als meinen Biologielehrer, aber meinen Musiklehrer mag ich am liebsten. Er ist so artistisch.

---

* **der Mensch**, like **der Student**, adds **en** in both the accusative and genitive singular: **den Menschen, des Menschen**; **den Studenten, des Studenten**.

Mag sie ihren Bruder oder ihre Schwester lieber?
    Sie mag beide nicht.
Warum magst du denn Dieter lieber als Paul?
    Er hat mehr Geld.
Erika, magst du mich oder meinen Hund am liebsten?
    Ich liebe euch beide.

WEN MAGST DU LIEBER? (Pairs)

Read the descriptions of the two people and then say which one you like better and why. Possible answer: **Keiner/Keine von den beiden gefällt mir.** (*I don't like either of them.*)

1. Casey ist Sportler. Er spielt Fußball und Basketball. Er ist freundlich, aber nicht sehr gescheit [*bright*]. Wolfgang ist Künstler [*artist*]. Er hat einen Bart [*beard*]. Er liest oft im *I Ching*.
2. Monika ist Physikstudentin. Sie studiert jeden Abend. Sie trinkt keinen Alkohol, raucht nicht und geht nicht oft ins Kino.
Elke ist Filmschauspielerin, wohnt in Hollywood, hat drei Pudel und sagt immer „Darling"!
3. Herr Müller ist Professor. Er schreibt jedes Jahr ein Buch. Er hat keine Zeit für Studenten.
Herr Jünger ist auch Professor. Er trägt [*wears*] Jeans, auch in der Klasse. Er spricht oft von „Relevanz".
4. Herr Wagner ist Geschäftsmann. Er ist reich und besitzt [*owns*] Häuser in Acapulco, Sun Valley und an der Riviera. Er ist Junggeselle [*bachelor*].
Herr Klein wohnt auf dem Land [*in the country*] in Oregon. Er liebt Schmetterlinge [*butterflies*] und Blumen [*flowers*]. Er ißt nur „organisch". Er ist auch Junggeselle.

Wen mögen Sie lieber?
Wen mögen Sie am liebsten?
Oder gefallen Ihnen alle diese Leute nicht?

C Was tust du gern?

I. A: Gehst du gern ins Kino?
B: Ja schon, aber ich finde, die neuen Filme sind alle zu deprimierend [*depressing*].
A: Was für Filme gefallen dir denn?
B: Ich sehe gern die alten Charlie Chaplin Filme.
A: Ich finde, sie sind oft langweilig und dumm.
B: Du hast eben keinen Geschmack.

II. A: Geht ihr abends nicht gern aus?
B: Nicht besonders. Warum denn auch?
C: Wir sehen gern fern, lesen gern, spielen gern Karten, sprechen gern zusammen . . .
B: Und gehen auch gern früh ins Bett.
A: Was für ein langweiliges Leben!
C: Wir finden es gar nicht langweilig.

doch = affirmative answer to negative question.

Spielst du gern Fußball?

PUTTING IT TO WORK

I. Etwas **gern** tun*

The idea *to like to do something* is expressed in German by using the adverb **gern** in conjunction with the normal verb form. Study these examples:

Ich lese gern.	*I like to read. (literally: I read gladly.)*
Sie arbeitet gern.	*She likes to work.*
Wir reisen gern.	*We like to travel.*
Mein Vater läuft gern Ski.	*My father likes to ski.*
Seht ihr gern fern?	*Do you like to watch TV?*

PRACTICE A (Individual)

Say that you like to do the following:

eat; sleep; drink; study; work; play; stroll; cook

How would you ask a friend whether he or she likes to:

smoke; hike; ski; shop; watch TV; travel; talk about his or her problems

In general, the placement of **gern** in these expressions is the same as that of **nicht** in normal negation.

I	II	III			IV
Ich	fahre	nicht.			
Ich	fahre	gern.			
Er	läuft			nicht	Ski.
Er	läuft			gern	Ski.
Wir	gehen		abends	nicht	aus.
Wir	gehen		abends	gern	aus.
Er	ißt	nicht viel.			
Er	ißt	gern viel.			

An exception is **nicht immer** *but* **immer gern**:

Ich fahre **nicht immer** nach Hause.
Ich fahre **immer gern** nach Hause.

---

* Note the forms of **tun** (*to do*): **ich tue, du tust, er tut, wir tun, ihr tut, sie tun, Sie tun (hat getan).**

PRACTICE B (Individual)

Use the following exercise to review negation and to practice the placement of **gern**.
First, negate by adding **nicht**, **nie**, or **kein** in the proper place, then say you like to do
the activity by adding **gern**.

EXAMPLE: Wir gehen am Wochenende ins Kino.
     Wir gehen am Wochenende **nicht** ins Kino.
     Wir gehen am Wochenende **gern** ins Kino.

Wir gehen abends zu Freunden.
Er spielt am Wochenende Tennis. (**nicht** or **kein**)
Meine Freundin bleibt am Samstag zu Hause. (*use* **nie**)
Herr Weber lernt Deutsch. (**nicht** or **kein**)
Fahrt ihr im Sommer nach Hause?
Lesen die Kinder?
Er hat allein gearbeitet.
Inge wohnt natürlich in Baden Baden.
Sie steht um zehn Uhr auf.
Wir gehen im Winter spazieren.
Spielt ihr Karten? (**nicht** or **kein**)
Ich arbeite immer allein.
Wart ihr zu Hause?

In the negation of **gern tun**, **nicht** immediately precedes **gern** (or an adverbial modifier
in front of **gern**):

Ich arbeite **nicht** gern.
Meine Eltern bleiben Samstag **nicht** gern zu Hause.
Er trinkt **nicht** sehr gern Bier.
Ich laufe **nicht** besonders gern Ski.

QUESTION–ANSWER PRACTICE (Pairs)

Answer the following questions either affirmatively or negatively.

Singen Sie gern?
Sehen Sie gern fern?
Trinkst du gern Wein?
Gehst du gern ins Kino?
Spielst du gern Basketball?
Liest du gern Hemingway?
Fahren Sie gern Rad?
Läufst du im Winter gern Ski?
Sprichst du gern über deine Probleme?

Seid ihr gern spazierengegangen?
Studierst du gern Deutsch?
Rufst du deine Mutter gern an?

Can you quickly name five things in answer to the question, **was tun Sie besonders gern?**

Now prepare to ask and answer these questions.

Was tut deine Mutter besonders gern?
Was haben Sie in Deutschland gern getrunken?
Wann gehen Sie gern einkaufen?
Wo kaufen Sie gern ein? (*answer using* **bei** *with store name*)
Was für Musik hören Sie gern?
Was spielt dein Bruder/deine Schwester gern?
Wann reisen Sie gern?
Wo wohnen Sie gern?
Was für Frauen/Männer mögen Sie gern?

Lieber and **am liebsten** are used to express *to prefer doing something* and *to like doing something most of all*:

Spielen Sie lieber Tennis oder Golf?
Ich spiele Tennis lieber als Golf.
Ich spiele lieber Tennis.

Was tust du am liebsten am Samstag?
Ich gehe am liebsten wandern.

QUESTION–ANSWER PRACTICE (Pairs)

Answer the following questions.

Gehen Sie lieber ins Kino oder ins Konzert?
Fahren Sie lieber Rad oder Ski?
Was trinken Sie im Sommer am liebsten?
Gehst du lieber einkaufen oder Camping?
Welche Musik hörst du am liebsten?
Gehst du lieber auf eine Party oder bleibst du lieber zu Hause?

Now ask the questions above again, this time using the **ihr**-form. The person responding should assume the question is directed at him- or herself plus a friend (**wir**).

WARUM TUST DU DAS SO GERN? (Pairs/Groups)

Ask each other what you like to do, what your family likes to do, whether you prefer to do this or that, what you like to do best of all, and why. Be imaginative! Here are some more possible answers.

Ich möchte am liebsten beim Burger King essen.

Warum tust du das gern?

Es macht viel Spaß.
Ich finde es toll.
Es ist aufregend [*exciting*].
Es ist entspannend [*relaxing*].
Es geht dich nichts an. [*It's none of your business.*]

Warum tust du das nicht gern?

Es macht keinen Spaß, und außerdem kostet es zu viel.
Es ist zu gefährlich [*dangerous*].
Es ist zu anstrengend [*exhausting*].
Es ist langweilig.
Ich bin doch nicht reich.

GRAMMAR SUMMARY

I. Dative Case with **gefallen, passen, schmecken**, and **Spaß machen**

The dative case is primarily the case of the indirect object (the person *to whom* something is given, said, or done). It is also the case used after certain prepositions. In this unit, we are concerned only with the dative case used in conjunction with the above listed verbs. English and German differ in usage here, so be sure to remember that *these verbs take an object in the dative case.*

II. Personal Pronouns: Summary Chart with Dative Forms

NOMINATIVE	ich	du	er	sie	es	wir	ihr	sie	Sie
ACCUSATIVE	mich	dich	ihn	sie	es	uns	euch	sie	Sie
DATIVE	**mir**	**dir**	**ihm**	**ihr**	**ihm**	uns	euch	**ihnen**	**Ihnen**

III. Der-Words: der (die, das), dieser, jeder, welcher, jener, solcher

All **der**-words have the same endings (dative forms have not yet been introduced):

	MASCULINE	FEMININE	NEUTER	PLURAL
NOMINATIVE	-er	-e	-es	-e
ACCUSATIVE	-en	-e	-es	-e
GENITIVE	-es	-er	-es	-er

For the purpose of review and comparison, here are the **ein**-word endings. Note that they differ from the **der**-words in only three places:

	MASCULINE	FEMININE	NEUTER	PLURAL
NOMINATIVE	—	-e	—	-e
ACCUSATIVE	-en	-e	—	-e
GENITIVE	-es	-er	-es	-er

IV. Attributive Adjectives and their Endings

1. Following **der**-words:

	MASCULINE	FEMININE	NEUTER	PLURAL
NOMINATIVE	-e	-e	-e	-en
ACCUSATIVE	-en	-e	-e	-en
GENITIVE	-en	-en	-en	-en

2. Following **ein**-words (for review, see Unit 4):

	MASCULINE	FEMININE	NEUTER	PLURAL
NOMINATIVE	**-er**	-e	**-es**	-en
ACCUSATIVE	-en	-e	**-es**	-en
GENITIVE	-en	-en	-en	-en

Note the three places where the adjective endings differ following **der-** and **ein**-words.

3. Unpreceded (for review, see Unit 4):

	MASCULINE	FEMININE	NEUTER	PLURAL
NOMINATIVE		*(not yet introduced)*		-e
ACCUSATIVE				-e

4. Summary of Adjective Endings:

(See p. 139 for explanation of chart below.)

		MASCULINE			FEMININE			NEUTER		
		A	B	C	A	B	C	A	B	C
NOM.	**ein**-WORD	ein	alter	Mann	eine	alte	Frau	ein	kleines	Kind
	der-WORD	der	alte	Mann	die	alte	Frau	das	kleine	Kind
ACC.	**ein**-WORD	einen	alten	Mann	eine	alte	Frau	ein	kleines	Kind
	der-WORD	den	alten	Mann	die	alte	Frau	das	kleine	Kind
GEN.	**ein**-WORD	eines	alten	Mannes	einer	alten	Frau	eines	kleinen	Kindes
	der-WORD	des	alten	Mannes	der	alten	Frau	des	kleinen	Kindes

		PLURAL		
		A	B	C
NOMINATIVE	**ein**-WORD	meine	alten	Freunde
	der-WORD	diese	alten	Freunde
	UNPRECEDED		alte	Freunde
ACCUSATIVE	**ein**-WORD	meine	alten	Freunde
	der-WORD	diese	alten	Freunde
	UNPRECEDED		alte	Freunde
GENITIVE	**ein**-WORD	meiner	alten	Freunde
	der-WORD	dieser	alten	Freunde
	UNPRECEDED	*(not yet introduced)*		

V. Word Order: Sentence Elements in Position III

1. Pronouns precede all other sentence elements:

I	II	III	IV
Leider	gefällt	ihr mein neues Hemd nicht. *(object)*	
Leider	mag	sie mein Vater nicht. *(object)*	
Leider	mag	er meine Freundin nicht. *(subject)*	

2. The subject pronoun precedes object pronouns:

I	II	III	IV
Leider	hat	es ihr gar nicht *(subject) (object)*	gefallen.

3. The position of other sentence elements in III is flexible. Here are a few guidelines:

A. Usually the subject noun precedes the object noun:

Warum mag dein Freund   deine Schwester nicht?
    (subject)   *(object)*

B. Object nouns usually follow adverbial time expressions:

Warum trinkst du   heute abend   kein Bier?
        (time phrase)   *(object)*

C. The usual order of time and place expressions is *time before place*. The more exact time follows the more general one:

Wir sehen Sie   heute abend   um acht   bei der Party.
    (general)   *(specific)*
        (time phrase)   *(place phrase)*

EXERCISES

I. Vocabulary

A. Do you know words which express the opposite or nearly the opposite of the following?

alle: _keine_
etwas: _nichts_

wenig: _viel_
auf Wiedersehen: _Gruß dich_
sehr: _nicht_
ein bißchen: _viel_
schnell: _langsom_
selten: _oft, immer_

B. Which of the following descriptions would you like most to have apply to you?
    Which ones least? Rank the words in order of increasingly favorable compliments.

    _2_ ganz nett, _4_ wirklich nett, _6_ fabelhaft, _1_ überhaupt nicht nett,
    _3_ nett, _5_ toll

C. Supply an appropriate word or expression.

    1. _____, Hans. Wie geht's?
    2. Gefällt Ihnen Wagner oder Beethoven _____?
    3. Mir gefällt Wagner besser _____ Beethoven.
    4. Gefällt dir dieser Wagen oder der Wagen _____ besser?
    5. Ich mag meinen Deutschlehrer gern aber ich mag meinen Musiklehrer

       _____ .

    6. Viele gefallen mir, aber ich _____ nur eine, und die ist verheiratet.
    7. Diese Hosen passen mir gut, aber die schwarzen dort passen mir _____ .
    8. Seine Partys machen uns viel Spaß, aber ihre Partys machen uns _keinen_
       Spaß.   _mehr_
                 wenig

II. Forms. Fill in the correct form of the word(s) in parentheses

    1. Hunde gefallen _mir_ (me) nicht.
    2. Gefällt _Ihnen_ (you, polite) das neue Orchester?
    3. _Uns_ (us) gefällt das Buch gar nicht.
    4. Warum macht _dir_ (you, familiar sing.) die Musik keinen Spaß?
    5. Ihr gefällt _ihm_ (this) Fahrrad besser als das dort.
    6. _____ (Which new) Dramen liest du gern? _Welche neuen_
    7. Ich habe _____ (many interesting) Bücher zu Hause aber ich lese sie nie. _Viele interessante_
    8. Magst du _____ (your new) Deutschlehrer? _deinen neuen_
    9. Er mag _____ (no modern) Musik. _keinen modernen musik_
    10. Was für _____ (boring) Menschen sind das? _langweilige_
    11. Er ist aber kein _____ (boring) Mensch. _langweiliger_
    12. Kennst du den _____ (nice) Mann? _netten_
    13. Paßt Ihnen die _blaue_ (blue) oder die _rote_ (red) Bluse besser?
    14. Ist Inge nicht ein _____ (fantastic, beautiful) Mädchen? _Fantastiches, schönes_
    15. Sie haben drei _____ (polite) Kinder. _höfliche_
    16. Ich meine den Mann dieser _____ (young) Frau. _jungen_

III. Write an appropriate response to the following questions and statements.

    1. Gefällt dir meine neue Wohnung?

    2. Mir gefallen überhaupt keine modernen Häuser.

    3. Dein Pullover paßt dir wirklich überhaupt nicht.

    4. Deine Freundin ist doch ein bißchen dick [*fat*], nicht?

    5. Warum hat dir mein großer Schäferhund nicht gefallen?

    6. Ich sehe, Sie fahren einen Mercedes. Sie sind wahnsinnig teuer, nicht wahr?

    7. Was für moderne Musik gefällt dir am besten?

    8. Ich höre, unser Deutschlehrer mag dich besonders gern. Warum denn?

    9. Arbeitest du gern bei McDonald's?

    10. Warum haben Sie gestern abend kein Bier getrunken?

    11. Die Hosen deiner Freundin sind wirklich sehr eng.

IV. Fill in the correct forms of the comparative and superlative.

    1. Bach gefällt mir gut. Beethoven gefällt mir _____. Aber Wagner gefällt mir _____ .

    2. Was gefällt dir _____, Tennis oder Golf?

    3. Natürlich mag ich meinen Bruder aber ich mag meine Schwester _____. _____ aber mag ich meine Mutter.

    4. Macht Ihnen Deutsch _____ Spaß als Biologie?

    5. Warum magst du ihn _____ als mich?

    6. Paßt dir dieses rote Hemd _____ als das blaue dort?

    7. Welcher Hamburger schmeckt Ihnen _____ als der Big Mäc?

    8. Ich glaube, Inge mag ihren Freund sogar _____ als ihren Vater.

    9. Was trinkst du _____, Bier oder Wein?

    10. Ich spiele gern Tennis aber _____ laufe ich Ski.

V. Decide whether **gefallen** or **mögen** would be most appropriate in the following sentences. Don't translate them.

    1. I like Tolstoi better than Dostoyevsky.

    2. At first I didn't know, but now I really like Bill.

    3. How do you like our new president?

    4. We don't like that new professor.

    5. Oh Bill, you know I like you.

    6. I like her, but only as a friend.

    7. I never did like that guy.

    8. Like her? I love her.

    9. I don't like our teacher. His shirts are never ironed.

    10. I liked the acting, but I didn't care for the staging.

VI. Express in German:

    1. Do you like their new car?

    2. The food didn't taste good to me at all.

3. Which lecture did you like the best?

— 4. By the way, I liked her a lot more than him.

5. What kind of books do you like to read?

6. I especially like a small comfortable house.

7. I am terribly fond of my grandfather. He is a fantastic person.

8. Did you have fun at their party?

9. Why did you have to fall asleep?

10. She likes that colorful painting better.

11. I hope your new expensive dress fits you.

12. He likes to do that a lot, but unfortunately it costs too much.

13. Did they travel to Europe alone or with friends?

14. I don't like conceited people. You know that.

15. My wife didn't want to cook; therefore we went to a restaurant.

16. I like the color of his new shirt.

VII. Writing Practice.

1. Write a short paragraph describing what you have in common with your brother or sister, or one of your parents, or your boy- or girlfriend. Include as much information as you can, without attempting constructions we have not had.

2. Make up a conversation between mother and daughter/son about why mother doesn't like a friend of the daughter/son, or why the daughter/son doesn't like a friend of the mother. Be imaginative—but not too!

3. Write a brush-off dialogue: boy asks girl (or *vice versa*) to come over or go somewhere. He (or she) gets the brush-off.

ALS ICH NOCH JUNG WAR

„Als ich noch jung war, . . ."—ein oft gehörter Ausdruck[1], besonders von jungen Leuten, wenn ihre Eltern sie wegen[2] ihres Benehmens ausschimpfen wollen. Was dann folgt ist meistens ein Vergleich[3] zuungunsten[4] des heutigen Lebenstils. „Damals", so heißt es, „war das Leben anders." Und hier bedeutet „anders" natürlich „besser". Was war damals anders und besser? Mit einem Wort: alles.

Mit einer Mischung[5] von Ernst[6] und Ironie schreibt der Schweizer[7] Schriftsteller Werner Schmidli über das Thema „Als ich noch jung war". Vielleicht zitiert[8] er seine Eltern:[9]

„Als ich noch jung war, da hatten wir Respekt vor den Alten[10]. Als ich jung war, da waren die Kinder noch Kinder und haben zugehört[11], wenn man ihnen etwas sagte[12]. Man hat gehorcht[13] und den Mund gehalten[14], wenn die Erwachsenen[15] redeten[16]. Als ich jung war, hat man nicht soviel Wert aufs Äußere gelegt[17], die Mädchen waren noch Mädchen und die Frauen wußten[18], wo ihr Platz ist. Die

---

[1]expression   [2]because of   [3]comparison   [4]to the detriment of   [5]mixture   [6]seriousness
[7]Swiss   [8]quotes   [9]From Werner Schmidli, *Sagen Sie nicht: beim Geld hört der Spaß auf.* © 1971, Benziger Verlag, Zurich   [10]old people   [11]listened   [12]said   [13]obeyed   [14]kept quiet
[15]grown-ups   [16]were talking   [17]*hat . . . gelegt:* didn't place so much worth on externals   [18]knew

jungen Männer waren noch Männer und wußten, was sie wollten. Da hat man die
Nachbarn[19] gekannt. Da war nicht alles so hygienisch, und wir leben immer noch.

Als ich jung war, mußte man nicht Angst haben, überfahren zu werden[20], wenn
man auf die Straße ging[21]. Die Luft war nicht verpestet[22], die Flüsse[23] waren noch
sauber[24], der Sommer war noch ein richtiger Sommer, im Winter hatten wir Schnee
und das Holz[25] verfaulte[26] nicht in den Wäldern.

Als ich jung war, hatten wir noch Anstand[27]. In der Straßenbahn standen wir
auf[28], am Sonntagmorgen ging die Familie in die Kirche, am Nachmittag spazieren,
und wenn einer krank war, dann war er wirklich krank.

Als ich jung war, da war der Franken[29] noch ein Franken und wenn wir etwas
wollten, haben wir zuerst gefragt. Als ich jung war, da waren wir nicht so ver-
weichlicht[30]. Wir hatten gute Zähne[31]. Das Obst[32] war gesund und die Milch
fetter[33]. Wir lebten[34] gesünder. Da hat man noch Kartoffeln[35] gegessen und Huhn[36]
gab es[37] nur am Sonntag.

Als ich jung war, war alles anders!
Die Bauern[38] waren noch Bauern!
Die Leute hatten Zeit.
Eine Familie war eine Familie.
Handarbeit[39] wurde geschätzt[40].
An Weihnachten hatten wir immer Schnee.
In den Städten konnte man wohnen.
Kinder waren ein Segen.[41]
Die Zimmer waren größer[42].
Man wußte, was man den Eltern schuldig ist[43].

COMPREHENSION CHECK

A. Select *all* correct answers.

  1. Wie waren die Kinder früher?
    a. Wenn man sie etwas fragte, antworteten [*answered*] sie nie.
    b. Sie hatten Respekt vor ihren Eltern und anderen älteren Menschen.
    c. Wenn die Erwachsenen [*adults*] redeten [*spoke*], hörten sie zu.
    d. Sie standen auf, wenn ein älterer Mensch keinen Platz in der Straßenbahn
       hatte.
  2. Der Erzähler sagt, daß, als er jung war,
    a. er Angst hatte, auf der Straße überfahren zu werden.
    b. die Luft und die Flüsse [*rivers*] sauberer [*cleaner*] waren.
    c. die Menschen leider keinen Anstand [*good manners*] hatten.
    d. man wissen konnte, ob einer wirklich krank war.

---

[19]neighbors   [20]to be run over   [21]went   [22]polluted   [23]rivers   [24]clean   [25]wood
[26]rotted   [27]good manners   [28]stood up   [29]Swiss currency   [30]pampered   [31]teeth   [32]fruit
[33]richer   [34]lived   [35]potatoes   [36]chicken   [37]there was   [38]farmers   [39]manual work
[40]was appreciated   [41]blessing   [42]bigger   [43]*was . . . ist:* what one owes to one's parents

Als wir noch jung waren, da war alles viel schöner.

3. Der Erzähler glaubt, daß die Menschen, besonders die jungen Menschen, es heute leicht haben, weil
   a. sie Huhn [*chicken*] nicht nur am Sonntag haben.
   b. sie das nehmen [*take*], was sie wollen, ohne zu fragen.
   c. sie schlechte Zähne [*teeth*] haben.
   d. sie fette Milch nicht trinken müssen.
4. Es ist die Meinung [*opinion*] des Erzählers, daß man nicht mehr in den Städten wohnen kann, weil
   a. zu viele Bauern [*farmers*] dort wohnen.
   b. das Holz [*wood*] da verfault [*rots*].
   c. es zu Weihnachten zu viel Schnee gibt.
   d. die Luft verpestet [*polluted*] ist.
5. Der Erzähler sagt indirekt, daß
   a. Sachen, die die Menschen mit den Händen machen, besser sind als Sachen, die mit Maschinen gemacht werden [*are made*].
   b. die Kinder den Eltern ein Segen [*blessing*] sein sollen.
   c. er mit dem heutigen Leben in den Großstädten zufrieden [*satisfied*] ist.
   d. es gut ist, daß die Menschen von heute so wenig Zeit haben.

B. Zur Diskussion. Glauben Sie, daß Schmidli alles ernst meint? War damals alles wirklich besser? War vieles vielleicht schlechter [*worse*]? Oder ändert sich in Wirklichkeit nur wenig?

VOCABULARY

Active

Nouns

der	Akt, -e	*act* (*theater*)
das	Beispiel, -e	*example*
	zum Beispiel	*for example*
das	Bild, -er	*picture*
der	Dom, -e	*cathedral*
das	Drama, Dramen	*drama*
der	Dummkopf, ⸚e	*numskull*
der	Eindruck, ⸚e	*impression*
die	Farbe, -n	*color*
(das)	Französisch	*French*
das	Gemälde, -	*painting*
der	Geschmack	*taste*
das	Hemd, -en	*shirt*
die	Kirche, -n	*church*
das	Leben, -	*life*
die	Malerei, -en	*painting*
der	Mensch (des Menschen, den Menschen), -en	*human being, person*
die	Oper, -n	*opera*
das	Rad, ⸚er (Fahrrad)	*bicycle*
(das)	Russisch	*Russian*
(das)	Spanisch	*Spanish*
der	Spaß	*fun*
	Das macht Spaß.	*That's fun.*
	Das macht mir Spaß.	*I find that fun.*
der	Tisch, -e	*table*

Verbs

einschlafen (schläft ein), ist eingeschlafen	*to fall asleep*
fragen	*to ask*
gefallen (gefällt), hat gefallen	*to please*
Es gefällt mir.	*I like it.*
meinen	*to mean*
mögen (mag), hat gemocht	*to like, to be fond of*
nennen, hat genannt	*to name, to call*
passen	*to fit*

[handwritten note in left margin: malen = to paint]

singen, hat gesungen	*to sing*
sprechen (spricht), hat gesprochen	*to speak, to talk*
sprechen über	*to speak about*
tun, hat getan	*to do*

Other Words

abstrakt	*abstract*
alle	*all*
arm	*poor*
außerdem	*besides*
bequem	*comfortable*
besser	*better*
best-	*best*
bunt	*colorful, bright*
dieser	*this*
dunkel	*dark*
eingebildet	*conceited*
eng	*narrow, tight*
fabelhaft	*fabulous*
fantastisch	*fantastic*
gern(e)	*gladly*
hell	*light, bright*
hoffentlich	*hopefully, I hope*
höflich	*polite, courteous*
intellektuell	*intellectual*
italienisch	*Italian*
jeder	*every, each*
kurz	*short*
langweilig	*boring*
laut	*loud*
letzt-	*last*
lieber	*rather, preferably, more*
liebst-	*most, favorite*
mehr	*more*
meist-	*most*
na	*well*
recht	*right*
reich	*rich*
romantisch	*romantic*
sportlich	*athletic, sports minded*
traditionell	*traditional*
unheimlich	*awfully, tremendously*
welcher	*which*
wild	*wild*
zwar	*to be sure*

Expressions

am besten	*best of all*
am meisten	*most of all*
bei, beim	*at*
beim Goldenen Hahn	*at the Golden Hahn restaurant*
der . . . dort	*that (one there)*
gar nicht	*not at all*
ganz gut	*quite good*
mal	*one of these times*
nicht recht	*not really*
Ich weiß nicht recht.	*I don't really (rightly) know.*
oder?	*or am I wrong?*
Du kennst sie gut, oder?	*You know her well, or am I wrong?*
schon, ja schon	*of course*
unheimlich gern (mögen)	*to like really an awful lot*
(et)was Neues	*something new*

Passive

Nouns

das Benehmen	*behavior*
die Luft, ̈e	*air*
der Mund, ̈er	*mouth*
der Schriftsteller, -	*author*
die Straßenbahn, -en	*streetcar*
der Wald, ̈er	*forest*
das Weihnachten	*Christmas*
also: die Weihnachten (*plural*)	
zu Weihnachten	*at Christmas, for Christmas*

Verbs

ändern	*to change*
ausschimpfen (schimpft aus), hat ausgeschimpft	*to scold*
folgen	*to follow*

Other Words

als	*when, as, than*
da	*then, there*
gesund	*healthy*
krank	*sick*
leicht	*light, easy*

Expressions

Angst haben	*to be afraid*
Ich habe Angst.	*I'm afraid.*
es heißt	*it is said*
So heißt es.	*That is what they say.*
immer noch	*still*

7/SIEBEN

WER ÄRGERT DICH?
WAS ÄRGERT DICH?

Here is a short unit that teaches you how to express your annoyance at someone or at something while making you familiar with *verb-last* word order.

A Wer ärgert dich?

1. A: Mein Zimmerkollege ärgert mich.
   B: Wirklich? Warum ärgert er dich denn?
   A: Weil er dauernd meckert.
   B: Leute, die meckern, mag ich auch nicht.
   A: Ärgert dich auch deine Zimmerkollegin?
   B: Ich habe keine Zimmerkollegin, aber meine Mutter ärgert mich furchtbar.
   A: Wieso?
   B: Weil sie immer in meinen Sachen herumschnüffelt.

2. C: Was für Menschen ärgern Sie am meisten?
   D: Leute, die eingebildet sind, ärgern mich sehr.
   C: Solche Leute ärgern mich auch, aber ich glaube, daß verklemmte Menschen mich noch mehr ärgern.

3. E: Warum hat dich denn dein jüngerer Bruder so geärgert?
   F: Weil er meinen Wagen genommen hat, ohne mich darum zu bitten.
   E: Das verstehe ich schon. Meine jüngere Schwester trägt immer meine besten Kleider.

B Was ärgert dich?

1. A: Es ärgert mich, wenn mein Vater mich ausschimpft. *subordinate clauses cause a different word order.*

   B: Warum schimpft er dich denn immer aus?

   A: Er glaubt, daß ich faul bin.

   B: Hat er recht?

   A: Nein, ich bin gar nicht faul. Ich arbeite einfach nicht gern. Schimpft dich denn dein Vater nicht aus?

   B: Doch, ein bißchen schon, aber was mich am meisten ärgert, ist, daß er mich dauernd ausfragt.

   A: Was für Fragen stellt er denn?

   B: Er fragt immer, was ich vorhabe, warum ich das nicht mache, warum ich so spät nach Hause komme, warum ich sooft fernsehe, wen ich mag, was ich im Leben tun will, usw., usw.

   A: Ja, neugierige Eltern gehen einem auf die Nerven.

2. C: Warum bist du heute so schlechter Laune?

   D: Mein Wagen ist schon wieder kaputt.

   C: Ich verstehe schon. Wagen, die nie richtig laufen, ärgern mich auch.

   D: Dieser Wagen läuft so schlecht, daß es mich wütend macht.

3. E: Hat es dich denn nicht geärgert, daß der Deutschlehrer gestern solche persönlichen Fragen gestellt hat? Ich finde so was ganz unverschämt.

   F: Doch, etwas schon, aber . . .

   E: Es geht ihn doch gar nichts an [*It's none of his business*], ob du mich magst und ob wir zusammen wohnen. Warum hast du überhaupt geantwortet?

   F: Weil ich Angst habe, daß ich sonst eine schlechte Note bekomme.

   E: Na, so was Blödes. Du ärgerst mich genau so viel wie er.

Menschen und Sachen, die einen oft ärgern, und warum sie einen ärgern

1. Eltern und andere ältere Leute:

   Sie schimpfen dauernd.
   Sie fragen einen immer aus.
   Sie schnüffeln herum.
   Sie meckern immer.
   Sie können so verklemmt sein.

2. Geschwister, Kinder und andere jüngere Leute:

> Sie sind frech.
> Sie sind faul.
> Oft sind sie grob.
> Sie können oft so blöd sein.
> Sie nehmen Sachen, ohne darum zu bitten.
> Sie tragen Kleider, ohne darum zu bitten.

3. Professoren, Lehrer und andere solche Typen:

> Sie erwarten zu viel.
> Sie sind oft eingebildet.
> Sie stellen zu viele dumme Fragen.
> Sie glauben, daß sie alles wissen.
> Sie sind oft schlechter Laune.
> Sie prüfen zu häufig.

4. Zimmerkollegen und Zimmerkolleginnen:

> Sie räumen nie auf.
> Sie klatschen immer.

Frauen, die immer klatschen, ärgern mich sehr.

Sie sind schlampig.
Sie sind unfreundlich.
Sie schwätzen dauernd.
Sie wollen immer streiten.
Sie sind oft unhöflich.

5. Gegenstände [*objects*] und andere Sachen:

Wagen, weil sie nicht richtig laufen.
Kugelschreiber, weil sie selten richtig schreiben.
Deutsch, weil es so verdammt schwer ist.
Sachen, die leicht kaputtgehen.
Die Lesestücke [*reading passages*] in diesem Buch, weil man sie nicht
   übersetzen kann.

PUTTING IT TO WORK

I. ärgern

The verb **ärgern** expresses strong annoyance. Note that its infinitive form ends in **n**
rather than **en** (**ärger + n**) and that its first and third person plural forms, therefore,
have only **n** as an ending: **wir ärgern**, **sie ärgern**. It is a weak verb, therefore its participle is **geärgert**.

PRACTICE A (Individual)

Supply the correct form of the verb **ärgern**.

Sein Benehmen _____ mich.
Eingebildete Menschen können einen sehr _____.
Du _____ deinen Vater.
Du hast mich gestern nämlich sehr _____.
Heute _____ mich alles.
Hast du schon wieder deine Mutter _____?
_____ euch ihre vielen Fragen?
Der Lehrer _____ diesen Studenten.

PRACTICE B (Individual)

Say that the following annoy you. Then, say that they annoyed you (present perfect.)

EXAMPLE: *your mother*   Meine Mutter **ärgert** mich.
                          Meine Mutter **hat** mich **geärgert**.

your father; your sister; the matter; her behavior; he; your roommate; his
little brother; her impolite questions; the German class; uptight men; her
first example

II. Es ärgert mich, wenn . . ./Es ärgert mich, daß . . .

To express in German ideas such as *It annoys me when* . . . and *It annoys me that* . . . ,
a *subordinate clause* is used. Such clauses are introduced by *subordinate conjunctions*,
for example, **wenn** and **daß**, as here. In a subordinate clause, the conjugated verb
stands in last position. Study the following patterns carefully:

MAIN CLAUSE			SUBORDINATE CONJUNCTION	SUBORDINATE CLAUSE					
I	II	III	0	I	II	III	IV		
								A	B
Es	ärgert	mich,	wenn	meine Mutter		meine Kleider			trägt.
	Ärgert	es Sie,	wenn	Ihr Lehrer		so viel			erwartet?
Es	ärgert	ihn,	daß	ich		abends nie	zu Hause		bin.

The conjugated verb that occupies position II in a main clause is transposed to
position IV in a subordinate clause, thus leaving position II empty.

PRACTICE A (Individual)

Convert the following sentences into subordinate clauses by introducing them with
either **Es ärgert mich, wenn** . . . or **Es ärgert mich, daß** . . .

Sie ist immer unfreundlich.
Ich habe so wenig Geld.
Du fährst so langsam.
Er hat keinen Geschmack.
Du hast immer Angst.
Mein Bruder und meine Schwester streiten dauernd.
Ihr seid so faul.
Er hat immer recht.
Sie schwätzt dauernd.
Der Biologielehrer erwartet so viel.
Mein Vater meckert immer.
Du kommst so spät nach Hause.

Meine Tochter spricht kein richtiges Deutsch.
Mein Wagen ist meistens kaputt.
Nancy ist so furchtbar eingebildet.
Der Lehrer prüft so häufig.

QUESTION–ANSWER PRACTICE (Pairs)

Ärgert es Sie, wenn der Lehrer viel erwartet?
   , wenn der Lehrer schwere Fragen stellt?
   , wenn Ihre Eltern streiten?
   , wenn Ihr Vater schimpft?
   , wenn Ihre Schwester Ihre Kleider trägt?
   , daß Sie immer so viel Arbeit haben?
   , daß Ihr Motorrad nicht gut fährt?
   , daß Ihr Zimmerkollege Sie um Geld bittet?
   , wenn Ihre Freundin klatscht?
   , wenn Ihr Bruder Ihren Wagen nimmt?

When the subordinate clause is in the present perfect tense, the conjugated auxiliary verb follows the past participle:

Es ärgert mich, **daß** ich eine schlechte Note bekommen **habe**.
Hat es Sie geärgert, **daß** er so spät nach Hause gekommen **ist?**

When a modal is the conjugated verb of a subordinate clause, it stands last, following the dependent infinitive:

Es ärgert mich, **wenn** ich ihn nicht verstehen **kann**.
Es hat mich geärgert, **daß** ich nicht ausgehen **durfte**.

QUESTION–ANSWER PRACTICE (Pairs)

Ask questions beginning with **Hat es dich geärgert, daß** . . . , completing the question with the words supplied. Use the present perfect tense in the subordinate clause, or the simple past in the case of modals.

der Lehrer/so häufig/prüfen
sie/allein/gehen
du/schlecht/Eindruck/machen
du/schlecht/Note/bekommen
sie/um Geld/bitten
nicht/schneien
dein/Freundin/die ganze Zeit/meckern
dein/Schulbücher/so viel/kosten

[handwritten notes:]
inseparable prefixes
be- ver- zer-
ent- ge-
emp- er-.
no meaning by themselves

ihr/nicht/zusammen/tanzen/dürfen
das/teuer/Essen/nicht schmecken
er/das/schon wieder/vergessen
dein Zimmerkollege/so langsam/fahren

When a verb with a separable prefix appears in a subordinate clause, the prefix precedes the stem at the end of the clause and is attached to it. Study the sentences below:

MAIN CLAUSE			SUBORDINATE CONJUNCTION	SUBORDINATE CLAUSE			
I	II	III	0	I	II	III	IV
Es Warum	Ärgert ärgert ärgert	es dich, sie, es euch,	wenn wenn daß	dein Kind mein Vater ich		so viel mich abends allein	fernsieht? ausschimpft. ausgehe?

■ PRACTICE B (Individual)

Convert the following statements into subordinate clauses, using the conjunctions **wenn** or **daß**. Use a variety of introductory main clauses, either as statements or questions.

Ihre Schwester schnüffelt herum.
Ihre Mutter schimpft Sie immer aus.
Seine Frau geht mit Freundinnen aus.
Deine Zimmerkollegin räumt die Wohnung nie auf.
Ihr Sohn läuft jedes Wochenende Ski.
Eure Kinder sehen jeden Abend fern.
Meine Eltern gehen am Wochenende nie aus.
Meine Tochter steht meistens um zehn Uhr auf.
Meine Tochter kommt nur vorbei, um ihre Wäsche zu waschen.
Wir gehen nie zusammen spazieren.

QUESTION—ANSWER PRACTICE (Pairs)

Ask questions with the words given, using the present perfect tense in the subordinate clause. Begin with **Hat es dich geärgert, daß** . . . .

dein/Schwester/in deinen Sachen/herumschnüffeln
der Lehrer/dich/ein/Dummkopf/nennen
dein Zimmerkollege/nie/ausgehen/wollen

dein/Freunde/dich/nicht/einladen
dein/Zimmerkollegin/gestern/so früh/aufstehen
dein Freund/dich/nicht/anrufen
euer/Studenten/in der Vorlesung/einschlafen
dein Freund/allein/skilaufen/gehen
dein/Sohn/gestern abend/Musik/so laut/spielen

III. Das ärgert mich, <u>weil</u> . . .

If you want to give a reason why something annoys you, you can use the subordinate conjunction **weil** (because). Since a clause introduced by **weil** is subordinate, the verb must stand at the end of the clause.

MAIN CLAUSE			
I	II	III	IV
Unser Lehrer Ich Wir	ärgert ärgere haben	uns, meinen Sohn, sie	geärgert,

SUBORDINATE CONJUNCTION	SUBORDINATE CLAUSE					
0	I	II	III	IV		
				A	B	C
weil weil weil	er ich wir		ihn so früh	so eingebildet nach Hause	ist. ausfrage. gegangen	 sind.

■ PRACTICE A (Individual)

Say why the following annoy or annoyed you, using the reason given in parentheses.

dein Bruder (er ist so furchtbar eingebildet)
dein Vater (er meckert immer)
deine Mutter (sie hat in deinen Sachen herumgeschnüffelt)
die Deutschprüfung (sie war so verdammt schwer)
eingebildete Menschen (sie glauben, daß sie alles wissen)
dein Wagen (er war kaputt)
dein Freund (er ist in der Vorlesung eingeschlafen)

deine Freundin (sie sagt immer nein)

dein Zimmerkollege (er muß so schlampig sein)

wenn deine Schwester deine Kleider trägt (sie macht alles kaputt)

daß euer Lehrer gestern so viele Fragen gestellt hat (du hast die Antworten
nicht gewußt)

IV. Leute, die . . ./Sachen, die . . .*

Expressions like **Leute, die** . . . (*people who*), **Lehrer, die** . . . (*teachers who*), **Wagen, die** . . . (*cars that*) can be used to express annoyance with groups of people or things. The word **die** functions here as a relative pronoun, referring back to an antecedent (**Leute, Lehrer, Sachen, Wagen,** *etc.*). All relative clauses are subordinate clauses, which means that the conjugated verb stands at the end.

MAIN	SUBORDINATE CLAUSE				CLAUSE	
I	I	II	III	IV	II	III
Leute, Motorräder,	die die		unfreundlich laut	sind, sind,	mag ärgern	ich nicht. mich sehr.

PRACTICE A (Individual)

Following the patterns in the chart above, say that the following types of people or things annoy you.

Die Leute sind grob.

Die Sachen laufen nicht richtig.

Die Studenten wollen nicht lernen.

Die Eltern schimpfen immer.

Die Motorräder sind zu laut.

Die Lehrer erwarten zu viel.

Die Schularbeiten kann ich nicht verstehen.

Die Leute sind zu neugierig.

Die Uhren laufen nicht richtig.

---

* A relative pronoun, in this case **die**, is determined in German on the basis of the gender and number of the noun to which it refers (its antecedent) and its function (case) in the relative clause. This is different from English where a relative pronoun is determined on the basis of whether its antecedent is a person or an object. We have introduced in this unit only one situation: nominative plural, which calls for the relative pronoun **die**. The other relative pronouns will be introduced later. For the time being, learn to use the expression: **Leute (Sachen, Wagen), die** . . . , concentrating on the meaning of what you are saying and on the position of the verb at the end of the clause, rather than on the gender, number, and case of the relative pronoun.

Junge Leute, die immer demonstrieren, ärgern meinen Vater sehr.

Die Professoren sind immer schlechter Laune.
Die Stühle sind nicht bequem.

The relative clause can, of course, also be in the past time and then the pattern looks like this:

Leute, **die** zu viel getrunken **haben**, ärgern mich.

■ PRACTICE B (Individual)

Put the sentences together following the above pattern. Make the relative clause refer to past time.

EXAMPLE: Leute/nie Kegeln/wissen nicht, wieviel Spaß das macht
Leute, die nie gekegelt haben, wissen nicht, wieviel Spaß das macht.

Studenten/ihre Hausaufgaben nicht machen/bekommen meistens eine
schlechte Note
Männer/nie kochen/wissen nicht, wieviel Arbeit das ist
Wagen/man zu schnell fahren/gehen oft schnell kaputt
Leute/keine Fremdsprache lernen/verstehen oft nicht, wie schwer es ist, eine
zu lernen
Leute/kein Auto kaufen/wissen oft nicht, wieviel sie kosten
Studenten/schon in Deutschland sind/lernen gern Deutsch, weil sie vorhaben,
wieder nach Deutschland zu reisen

V. Er fragt mich, warum . . .

Question words such as **warum, was, wie, wer (wen)**, etc., may be used to ask a *direct* question:

> **Wer** gefällt dir denn?
> **Was** habt ihr heute abend vor?
> **Warum** hast du das gemacht?

They may also be used to introduce an *indirect* question, in which case the question word functions like a subordinate conjunction, and the indirect question is expressed in the form of a subordinate clause:

> Ich möchte wissen, **wer** dir denn **gefällt**.
> Ich weiß nicht, **was** wir heute abend **vorhaben**.
> Er hat mich gefragt, **warum** ich das gemacht **habe**.

PRACTICE A (Individual)

Convert the following direct questions into indirect questions by introducing each with the expression **Sie fragt mich immer, . . .** or **Sie hat mich immer gefragt, . . .**

> Wann hast du dein Zimmer aufgeräumt?
> Warum bleibst du nie zu Hause?
> Wie heißt dein neuer Freund?
> Woher kommt euer neuer Lehrer?
> Wann willst du eine Fremdsprache lernen?
> Wen mag Hans?
> Warum bist du jeden Morgen so spät aufgestanden?
> Welches Klavier gefällt dir am besten?
> Was habt ihr gegessen?
> Wieviel Geld hat er bekommen?

VI. Er fragt mich, ob . . . say (ab)

A general yes/no question is converted into an indirect question by introducing the subordinate clause with the conjunction **ob** (*whether*): (ıf)

> Hat sie recht?
> Er fragt mich, **ob** sie recht **hat**.

> Schimpft er sie oft aus?
> Ich weiß nicht, **ob** er sie oft **ausschimpft**.

> Bist du allein gefahren?
> Er hat mich gefragt, **ob** ich allein **gefahren bin**.

PRACTICE A (Individual)

Change the following direct questions to indirect questions by introducing each with
Ich weiß nicht, ob . . .

> Haben sie gestern abend zusammen gekocht?
> Geht ihr am Nachmittag zu Freunden?
> Wollte dein Vater am Wochenende Golf spielen?
> Schläft er immer gleich ein?
> Fahren Hans und Inge zusammen Rad?
> Sind ihre Eltern sehr streng?
> Ärgert ihn sein Sohn?
> Hast du heute abend was vor?
> Sind deine Geschwister auch furchtbar schlampig?
> Hat es ihr viel Spaß gemacht?
> Mag er sie?
> Kannst du deine Deutschaufgaben übersetzen?

VII. ja/doch/nein

If a yes/no question is stated negatively in German and you wish to answer it posi-
tively, you use **doch** instead of **ja**. Note the difference in the response to the questions:

> Ärgert es dich, wenn deine Geschwister nie aufräumen?
>> Ja, das ärgert mich sehr.
>> Nein, das ärgert mich nicht.

> Ärgert es dich **nicht**, wenn deine Geschwister nie aufräumen?
>> **Doch**, das ärgert mich sehr.
>> Nein, das ärgert mich gar nicht.

QUESTION–ANSWER PRACTICE A (Pairs)

Answer, using **ja**, **doch**, or **nein**, whichever is appropriate for how you want to respond.
Remember that **ja** as an answer to a negatively stated question indicates *agreement*
with the negative statement.

> Ärgert es Sie nicht, daß Ihre Schallplatten so schnell kaputtgehen?
> Ärgert es Sie nicht, wenn Ihr Vater Sie ausschimpft?
> Ärgert es Sie, daß Ihr Zimmerkollege nie aufräumt?
> Magst du ihn nicht?
> Ärgern Sie eingebildete Menschen?
> Ärgern Sie Hausaufgaben nicht, die schwer zu verstehen sind?
> Hat es dich geärgert, daß du es nicht finden konntest?
> Hat dir das Kleid nicht gepaßt?

QUESTION–ANSWER PRACTICE B (Pairs)

Ask a classmate whether the following annoy/annoyed her or him. Use both positive and negative questions. The classmate gives an appropriate answer:

his/her father
that his/her roommate didn't straighten up the room
that her/his parents always stay home
that her/his ballpoint pen never writes well
when his/her friend played cards badly
men/women who want to gossip all the time
his/her parents because they always interrogate
that his/her shirt doesn't fit
that her/his friend had to chatter all evening

QUESTION–ANSWER PRACTICE C (Pairs)

Drawing upon as much vocabulary and as many patterns as you can, answer the following questions.

Warum ärgert Sie Ihre Mutter?
Was für Menschen ärgern Sie?
Wer ärgert dich am meisten? Und warum?
Ärgert es dich nicht, daß Deutsch so schwer ist?
Wen mögen Sie lieber, Ihren Bruder oder Ihre Schwester?
Wer ärgert Sie mehr, Leute, die meckern, oder Leute, die klatschen?
Warum hat Ihnen mein neues Kleid/Hemd nicht gefallen?
Gefällt es Ihnen oder ärgert es Sie, wenn der Deutschlehrer häufig prüft?
Warum ärgert dich dein Zimmerkollege/deine Zimmerkollegin?
Ärgert es Sie, daß Sie eine Fremdsprache lernen müssen?
Was ärgert dich mehr, daß Deutsch schwer ist oder daß Deutsch langweilig
    ist?
Hat dich gestern etwas geärgert?

QUESTION–ANSWER PRACTICE D (Pairs)

Haben Sie schon zu Mittag gegessen? Wie hat's Ihnen geschmeckt?
Haben Sie Freunde, die unhöflich sind?
Wissen Sie, ob heute abend etwas Interessantes [*something interesting*] im
    Fernsehen spielt?
Was finden Sie blöd?
Stellt unser Deutschlehrer zu viele persönliche Fragen?
Was geht Ihnen auf die Nerven?

Gibt es viele Studenten in dieser Deutschstunde, die immer eine gute Prüfung
   schreiben?
Die Deutschstunde macht Ihnen doch nicht Spaß?
Haben Sie gewußt, daß wir nächste Woche eine Prüfung haben?
Haben Sie Angst, daß Sie eine schlechte Note in Deutsch bekommen?
Wie wissen Sie, daß Ihr Freund/Ihre Freundin Sie mag?

CONVERSATION PRACTICE A (Pairs)

Using the dialogue at the beginning of the unit as a model (**Wer ärgert dich?**, p. 234),
carry on a brief conversation with a classmate or the instructor, substituting the
following traits in place of **eingebildet** and **verklemmt**. Practice at home first so that
you can do it spontaneously without looking at the pattern.

for **eingebildet**	for **verklemmt**
1. schlampig	1. unfreundlich
2. dumm	2. faul
3. klatschen	3. meckern
4. grob	4. neugierig
5. streiten	5. nicht aufräumen

CONVERSATION PRACTICE B (Pairs)

Using the dialogue **Was ärgert dich?** (# 2, p. 235) as a model, complain to a classmate
or to the instructor about the following. Several modifications will be necessary in
order for the exchange to make sense.

1. Kugelschreiber
2. Fahrrad
3. Stereoanlage
4. Deutschstunde

CONVERSATION PRACTICE C (Pairs)

Carry on a brief conversational exchange along the following lines, using the dialogue
Wer ärgert dich 1 (p. 234) as a model.

1. A sagt, daß jemand ihn ärgert.
2. B fragt, warum dieser ihn ärgert.
3. A erklärt [*explains*] warum und fragt B dann, ob solche Leute ihn auch
   ärgern.
4. B sagt nein, daß aber sonst jemand [*someone else*] ihn ärgert, und er
   erklärt warum.

Warum schimpft er ihn aus?

CONVERSATION PRACTICE D (Pairs)

Converse along the following lines.

> Student A asks Student B why he or she was in such a bad mood yesterday.
> Student B answers that he was annoyed *that* . . . , or *because* . . . (use past
>   time) and then asks Student A whether that doesn't annoy him or her.
> Student A says it annoys him or her a lot. It even makes him or her furious.

Suggestions if you can't think of anything:

Weil . . . , daß . . .

etwas Neues dir nicht paßt; Zimmerkollege die ganze Nacht geschwätzt hat;
dein kleiner Bruder deinen Wagen genommen hat; dein Professor zu viel auf
der letzten Prüfung erwartet hat; usw.

GRAMMAR SUMMARY

I. Subordinate Clause Word Order

A subordinate clause consists of a subject, verb and other sentence elements, but it
cannot stand by itself, as a main clause can. It depends on the main clause for its
complete, logical meaning. Subordinate clauses are introduced by subordinate

conjunctions (we have had **daß**, **wenn**, **weil**, and **ob**), relative pronouns (so far only the plural form **die**, *who*), and the question words in indirect questions (**wer**, **warum**, **wann**, *etc.*). Subordinate clauses are always set off from main clauses by a comma.

A. The conjugated verb in a subordinate clause stands *at the end of position IV*, pushing any other element already in IV forward.

MAIN CLAUSE			SUB. CONJ.	SUBORDINATE CLAUSE					
I	II	III	0	I	II	III	IV		
							A	B	C
Ich	weiß,		daß	er		kein Geld			hat.
Ich	weiß	nicht,	ob	er		heute abend		ins Kino	geht.
Es	ärgert	mich,	daß	du		so schlecht	Karten	gespielt	hast.
Es	ärgert	mich,	wenn	ich		früh	nach Hause	gehen	muß.

B. Separable verbs are rejoined at the end of position IV in a subordinate clause:

Er sagt, daß er immer um sechs Uhr **aufsteht**.
Ich weiß wirklich nicht, was er heute abend **vorhat**.

C. It is normally not possible to start a subordinate clause with an adverb or other element from position III, as it is in a main clause. Otherwise, word order in a subordinate clause is like that in a main clause:

	0	I	II	III	IV	
					A	B
Ich weiß nicht,	ob	mein Lehrer *(Subject)*		am Wochenende manchmal *(Other Elements)*	Golf	spielt.

	0	I	II	III	IV
Er fragt uns,	ob	ihm *(Pronoun Object)*		das Fahrrad *(Noun Subject)*	gefällt.

D. Relative clauses, which are a type of subordinate clause, come immediately after the noun they refer to and are set off from the main clause by commas:

	RELATIVE CLAUSE				
	I	II	III	IV	
Sachen,	die *(Subject)*		leicht	kaputtgehen,	ärgern mich sehr.

E. Note the transformation of a *direct question* into an *indirect question*:

Warum **gefällt** ihm der Wagen nicht?
Ich verstehe nicht, **warum** ihm der Wagen nicht **gefällt**.

II. man > einen

The accusative form of the indefinite pronoun **man** (*one*) is **einen**:

Man sagt das nicht.   *One doesn't say that.*
Das ärgert **einen**.   *That annoys one.*

EXERCISES

I. Put the following sentence elements together correctly.

1. Sie/ihr Mann/ärgern/weil/sie/aufräumen/nie
2. Der Lehrer/haben/mein Vater/letzte Woche/fragen/warum/ich/machen/ nicht/meine Schularbeit
3. Es/mein Bruder/ärgern/daß/sein Wagen/laufen/richtig/nie
4. Er/ausfragen/seine Tochter/dauernd/aber/ausschimpfen/er sie/nie
5. Meine Eltern/mich/immer/fragen/ob/vorhaben/ich/etwas
6. Er/haben/gestern/seine Freundin/ärgern/weil/er/mit Inge/ausgehen/wollen

II. Express in German.

1. Does your new roommate annoy you?
2. My mother never snoops around in my things.
3. It annoys me terribly when he complains constantly.
4. Did it annoy you that the German teacher asked so many personal questions?
5. Do you know if he likes her?
6. It annoyed me that I couldn't translate it.
7. I completely forgot that I had to do it.

8. Sloppy people who never straighten up their rooms annoy me.
9. I don't like your sassy behavior at all.
10. I don't know why I did it.
11. He annoyed my father because he smoked so much.
12. I can't buy things that cost so much.

III. Without looking up words and expressions, can you write at least two sentences explaining why each of the following people and things can be annoying?

Eltern; Kinder; Wagen; Lehrer; Deutsch; Geschwister; billige Sachen

IV. Write a short dialogue between the two people in one of the following pairs, in which each lets the other know what annoys him or her about the other person.

1. Vater/Sohn
2. Mutter/Tochter
3. Mann/Frau
4. Professor/Student

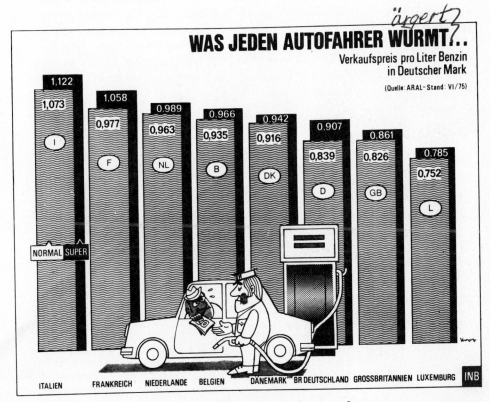

Verstehen Sie jetzt, was „wurmt" bedeutet?

EMANZIPATION, WAS IST DAS?

prep-
Phrase

Auf die Frage[1] [wie ein gewöhnlicher Tag bei ihr aussieht,] und [was sie unter[2] *Sub. clause*   *Sub. clause*
Emanzipation versteht] hat eine arbeitende deutsche Frau [die folgende Antwort
geschrieben[3].   *d. object*

Um 1/2 6 Uhr schellt[4] der Wecker[5], montags bis freitags. Butterbrote schmieren[6],
Eier[7] und Kaffee kochen. 6 Uhr 15 verläßt mein Mann das Haus. Die Zeit ist zu
knapp, um mich noch einmal schlafen zu legen[8], um 7 Uhr muß ich weg[9]. Stehplatz
im überfüllten[10] Bus. Dann zehn Gehminuten[11] bis zum Büro.

Über acht Stunden Büroarbeit, unterbrochen[12] durch eine Viertelstunde Früh-
stückspause[13] und einstündige[14] Mittagszeit. Eine halbe Stunde Warten auf den
Bus wird zum Einkaufen genutzt[15]. Was gebraucht wird[16], habe ich über Tag auf-
geschrieben[17]. Schnell in den nächsten Supermarkt, da sind alle Artikel an einem
Platz, Preisvergleiche[18] natürlich nicht möglich. Der Bus ist auch abends überfüllt.
Um 18 Uhr 15 bin ich wieder zu Hause, abgespannt[19] von der Tagesarbeit, müde
vom Endspurt[20].

Mein Mann ist schon zwei Stunden da, und wir beide brauchen erst einmal[21]
eine kleine Zwischenmahlzeit[22], eine Suppe oder ein Brötchen. Dann wird das
Abendessen zubereitet[23]. Eine Kantine haben die beiden Betriebe[24] nicht, in denen[25]
wir beschäftigt[26] sind, und einmal täglich[27] muß man schließlich[28] warm essen. Die
Hauptmahlzeit[29] fällt bei uns meist mit der Tagesschau[30] zusammen[31]. Spülen[32],
aufräumen, Feierabend[33]: 21 Uhr. Wenn dann das Fernsehen noch etwas Sehens-
wertes[34] bietet[35], schlafe ich trotzdem[36] ein, und auch bei einem Buch[37] komme ich
nicht mehr als eine Seite weiter[38]. Schlafengehen. Morgen früh ist die Nacht herum[39]!

Emanzipation, was ist das?

COMPREHENSION CHECK (Fragen)

Mark *all* correct answers!

1. Wie oft schellt der Wecker um halb sechs?
   a. fünfmal in der Woche
   b. nur am Wochenende nicht
   c. nur wenn die Zeit knapp ist
   d. siebenmal in der Woche

---

[1]in answer to the question   [2]by   [3]From *Liebe Kollegin*, Werkkreis Literatur der Arbeitswelt. ©
1975 Fischer Taschenbuchverlag, Frankfurt am Main.   [4]rings   [5]alarm clock   [6]spread   [7]eggs
[8]*noch einmal . . . legen:* to go back to bed   [9]have to leave   [10]crowded   [11]ten minute walk
[12]interrupted   [13]morning break   [14]one hour   [15]*wird . . . genutzt:* is used   [16]what is needed
[17]written down   [18]comparative shopping   [19]exhausted   [20]final sprint   [21]first of all   [22]snack
[23]*wird . . . zubereitet:* is prepared   [24]plants   [25]in which   [26]employed   [27]once a day   [28]after
all   [29]main meal   [30]news   [31]*fällt . . . zusammen:* usually coincides at our house   [32]dishwash-
ing   [33]work finished   [34]worth seeing   [35]offers   [36]nevertheless   [37]reading a book
[38]*komme . . . weiter:* progress   [39]over

2. Was macht diese Frau von halb sechs bis sechs Uhr fünfzehn?
 a. Sie schläft.
 b. Sie fährt mit dem Bus zum Büro.
 c. Sie geht wieder schlafen.
 d. Sie kocht Eier und Kaffee.

3. Warum geht sie um sechs Uhr fünfzehn nicht wieder schlafen?
 a. Ihr Mann ißt noch Eier.
 b. Sie muß in 45 Minuten das Haus verlassen [*leave*].
 c. Um schlafen zu gehen, braucht sie mehr als 45 Minuten.
 d. Um sechs Uhr fünfzehn schellt der Wecker.

4. Wie lange ist sie ungefähr [*approximately*] im Büro, wenn sie in der Mittagszeit nicht ausgeht?
 a. mehr als neun Stunden
 b. ungefähr acht Stunden
 c. bis 18 Uhr
 d. nicht mehr als acht Stunden

5. Wann geht sie meistens einkaufen?
 a. nach der Arbeit
 b. wenn sie wieder zu Hause ist
 c. Sie hat keine Zeit, Preisvergleiche zu machen.
 d. in der halben Stunde nach der Arbeit, bevor ihr Bus kommt

6. Warum kauft sie im Supermarkt ein?
 a. Die Zeit ist zu knapp, um in mehr als einem Geschäft [*store*] einzukaufen.
 b. Der Bus ist immer überfüllt.
 c. Es geht schnell, weil sie alles an einem Platz findet.
 d. Sie muß wieder ins Büro gehen.

7. Warum müssen sie und ihr Mann abends etwas Warmes zubereiten [*prepare*]?
 a. Sie kocht gern nach der Arbeit.
 b. Sie glaubt, man soll einmal täglich warm essen, und zu Mittag essen sie nichts Warmes.
 c. Sie essen gern während der Tagesschau.
 d. Im Büro und auch im Betrieb, wo ihr Mann arbeitet, kann man nichts Warmes zu essen bekommen.

8. Was machen sie meistens während des Abendessens?
 a. Sie schlafen ein.
 b. Sie lesen zusammen ein Buch.
 c. Sie spülen und räumen auf.
 d. Sie sehen fern.

9. Wann ist sie endlich mit ihrer Arbeit fertig?
 a. erst um neun Uhr abends.
 b. wenn sie mit dem Spülen und Aufräumen fertig ist.
 c. wenn sie nach Hause kommt.
 d. wenn die Zwischenmahlzeit zu Ende ist.

10. Warum kann sie abends nicht viel lesen?
    a. Sie schläft wahrscheinlich beim Lesen ein.
    b. Ihr Mann möchte ausgehen.
    c. Das Fernsehen bietet immer etwas Sehenswertes.
    d. Sie ist zu müde.

11. Warum fährt diese Frau wahrscheinlich nicht gern mit dem Bus?
    a. Er hat keine Kantine.
    b. Sie kommt immer zu spät ins Büro.
    c. Es gibt meistens nur Stehplätze.
    d. Er ist meistens überfüllt.

Antworten Sie auf Englisch!

1. Warum hat diese Frau so wenig Zeit im Supermarkt?
2. Ist der Mann rücksichtsvoll [*considerate*] seiner Frau gegenüber [*toward his wife*]?
    Erklären [*explain*] Sie Ihre Antwort!

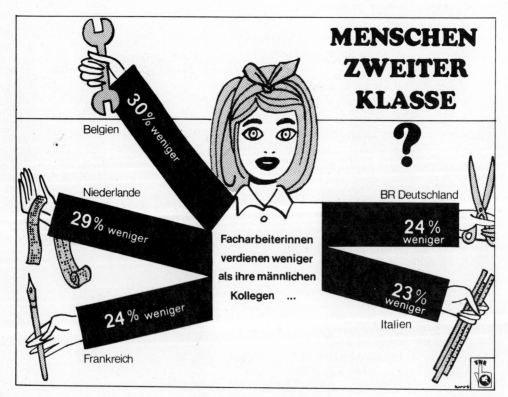

Emanzipation, was ist das?

VOCABULARY

Active

Nouns

die Angst, ⁼e	*fear*
Angst haben	*to be afraid*
das Benehmen	*behavior*
die Fremdsprache, -n	*foreign language*
die Note, -n	*grade*
die Prüfung, -en	*test*
der Typ, -en *(say tüp)*	*type*
der Zimmerkollege (des Zimmerkollegen,	
den Zimmerkollegen), -n	*roommate (male)*
die Zimmerkollegin, -nen	*roommate (female)*

Verbs

ärgern	*to annoy*
aufräumen (räumt auf)	*to clean up, to straighten up*
ausfragen (fragt aus)	*to interrogate*
ausschimpfen (schimpft aus) *(used with direct object)*	*to scold*
bekommen (hat bekommen)	*to get, to receive*
bitten, hat gebeten	*to ask, to request*
bitten um *(+acc.)*	*to ask for*
erwarten	*to expect*
herumschnüffeln (schnüffelt herum)	*to snoop*
klatschen	*to gossip*
meckern	*to gripe, to complain*
nehmen (nimmt), hat genommen	*to take*
schimpfen *(used without direct object)*	*to scold*
schwätzen	*to chatter*
stellen	*to place, to put*
eine Frage stellen	*to ask a question*
tragen (trägt), hat getragen	*to wear, to carry*

Other words

blöd	*stupid*
daß	*that (conjunction)*

dauernd	*constantly*
doch (*affirmative answer to negative question*)	*on the contrary*
einer (*indefinite pronoun; declined like **der**-word*)	*one*
faul	*lazy,* rotten
frech	*impudent, sassy*
furchtbar	*terrible, horrible*
genau	*exactly, just*
grob	*crude*
häufig synonym - oft	*frequently*
langsam	*slow*
leicht	*light, easy*
nämlich	*you see (filler word)*
neugierig	*curious*
ob	*whether, if*
ohne	*without*
persönlich	*personally*
schlampig	*sloppy*
solch- (ein, eine)	*such*
unfreundlich	*unfriendly*
unhöflich	*impolite*
unverschämt	*brazen, impudent*
usw. (und so weiter)	*etc., and so forth*
verdammt	*damned*
verklemmt	*uptight*
weil	*because*
wenn	*when, if*
wieso	*how come*
wütend	*furious*

Expressions

auf die Nerven gehen	*to get on one's nerves*
Das geht mir (**einem**) auf die Nerven.	*That gets on my (one's) nerves.*
etwas <u>Besonderes</u> *	*something special*
etwas schon	*sure, somewhat*
genau <u>so</u> viel <u>wie</u> comparing 2 equal things (unequal use als)	*just as much as*
noch mehr	*even more*
ohne . . . zu (+ *infinitive*)	*without*
ohne darum zu bitten	*without asking for it*
recht haben	*to be right*
Hat er recht?	*Is he right?*
schlechter Laune (*genitive*) sein	*to be in a bad mood*
Sie ist immer schlechter Laune. (Sie ist immer verstimmt)	*She is always in a bad mood.*
so (et)was	*such a thing*
so was Blödes	*such a stupid thing*

* etwas infront of any adjective - capitalize and add -es

Passive

Nouns

die Antwort, -en	*answer*
das Brot, -e	*bread*
das Brötchen, -	*roll*
das Büro, -s	*office*
der Supermarkt, ⸗e	*supermarket*
das Warten	*waiting*

Verbs

aussehen (sieht aus), hat ausgesehen	*to appear, to look*
brauchen	*to need*
warten	*to wait*
warten auf (+ *acc.*)	*to wait for*

Other words

fertig	*finished, ready*
knapp	*tight, short, scarce*
möglich	*possible*
nächst-	*nearest, next*
sooft	*so often*

Expressions

darum	*for it, for them*
noch einmal	*again, once more*

Die Mauer ärgert nicht nur die Berliner.

8/ACHT

ZUKUNFTSPLÄNE

What do you plan to become? Why are you going to college? When will you be finished? Will you continue to study or look for a job? Do you want to make a lot of money? When do you intend to get married? Do you want children? How many? Young people are frequently put on the spot with such questions. How do you ask and answer them in German? This unit deals with future plans and introduces two new points of grammar which are essential to the theme: the future tense and time phrases. Some additional meanings of the modal verbs are also introduced and practiced.

A Wir möchten alle mal reich werden

1. A: Was möchtest du mal werden?
   B: Ich möchte eigentlich gern Ärztin werden. Ärzte verdienen ja ganz schön. *earn*
      Das Studium kostet aber so verdammt viel Geld.
   A: Kann dein Alter nicht dafür bezahlen?
   B: Er kann schon, aber er will nicht. Ich muß wahrscheinlich arbeiten.
   A: Vielleicht kannst du ein Stipendium bekommen.
   B: Mit meinen Noten! Du machst wohl Spaß.

2. A: Wie viele Semester hast du noch?
   B: Nur noch zwei, Gott sei Dank.
   A: Was hast du dann vor?
   B: Ich weiß nicht recht. Ich werde wahrscheinlich herumreisen.
   A: Wohin willst du denn reisen?
   B: Vielleicht nach New York. Ich habe ein paar Freunde da. Und dann möchte
      ich weiter nach Deutschland.
   A: Warum willst du denn nach Deutschland?
   B: Es soll doch sehr schön sein. Außerdem habe ich Verwandte da, meine
      Großmutter und eigentlich fast die ganze Familie meines Vaters.
   A: Kannst du etwas Deutsch?
   B: Hoffentlich werde ich nach zwei Semestern etwas Deutsch können.

3. A: Wirst du dein Studium nicht abschließen?
   B: Nein, Jim und ich werden im Januar heiraten.
   A: Warum machst du so etwas Dummes? Du bist noch jung. Du sollst doch
      dein Studium abschließen.
   B: Warum denn? Wir haben vor, aufs Land zu ziehen. Jim hat ein Grundstück
      [*piece of property*] in Colorado. Wir wollen Landwirte (*farmers*) werden. Ich
      habe sowieso keine Lust, weiterzustudieren.
   A: Das Leben auf dem Land wird recht schwer sein.
   B: Kann sein, aber wir haben ein paar Freunde, die sagen, es ist sehr schön, auf
      dem Land zu wohnen.
   A: Ihr wollt also richtige Pioniere werden. Viel Glück!

4. A: Hast du gehört, daß der Fredi die Isabella Landesberger heiraten will?
   B: Das kann doch nicht sein! Die Isabella? Er kennt sie doch erst zwei Monate,
      und sie ist—was?—fünfzehn Jahre älter als er.

Vielleicht wird das Kind mal Ingenieur werden.

A: Das stimmt, aber sie soll Geld haben. Sie ist Managerin bei IBM.

B: Sie mag Geld haben, was hat sie aber sonst?

A: Ja, Fredi meint, sie ist auch schön, interessant, höflich, und besonders intelligent.

B: Na Servus! [*Oh brother!*] Ist denn Fredi verrückt geworden? Er will sonst immer ein großer Don Juan sein.

A: Mag sein, daß er wirklich die große Liebe gefunden hat. Wer weiß.

PUTTING IT TO WORK

I. wo, wohin, woher?

Note the difference in meaning between **wo**, **wohin**, and **woher**.

Wo wohnst du?	*Where do you live?*
Wohin ziehst du?	*Where are you moving to?*
Woher kommst du?	*Where do you come from?*

The suffix **-hin** denotes movement *away* from the speaker; the suffix **-her** movement *towards* the speaker. **Wo?** asks for location alone. It is thus incorrect to ask **Wo gehst du?**, because the verb, **gehen**, indicates *movement*.

The suffixes **-hin** and **-her** may also be separated from **wo** and placed at the end of the sentence or clause.

> **Wo** ziehst du nächstes Jahr **hin**?
> **Wo** kommt ihr so spät abends **her**?

In sentences in the present perfect tense, **hin** and **her** may become prefixes of the past participle: *also in subordinate word order –*

> **Wo** seid ihr gestern **hin**gefahren?
> **Wo** bist du denn **her**gekommen?

example:
weizt du, wo er herkommt.

PRACTICE A (Individual)

Wo, wohin, or **woher**?

_____ kommen denn deine Verwandten?
Wissen Sie, _____ man hier Spielzeug kaufen kann?
_____ wollt ihr dieses Wochenende fahren?
Gehen wir jetzt?—Ja, aber _____ denn?
_____ ist mein Deutschbuch?
_____ zieht Familie Müller?
__Wo__ möchtest du im Sommer herumreisen?
_____ sind Sie im Sommer gereist?
_____ hast du Französisch gelernt?

Restate the following questions, placing **-hin** and **-her** at the end.

Wohin müssen Sie nach der Klasse?
Woher kommt deine Familie?
Woher hast du diese schöne Bluse?
Wohin sind Müllers im Sommer gereist?
Wohin ist sie jeden Samstagabend so spät gegangen?

II. Nouns with Endings

① Weak Nouns

Up to now we have been working with endings on **der**-words, **ein**-words and adjectives. Certain nouns also take endings in the various cases. There is a category of masculine nouns, *weak nouns*, in which the ending **-en** is added to the stem in every singular case other than the nominative, and in all cases in the plural. We have had the following nouns from this category: **Student**; **Mensch**; **Junge**; **Zimmerkollege**.

Der Student versteht die Frage nicht. (*Nom.*)
Der Lehrer fragt immer diesen Studen**ten**. (*Acc.*)
Wie heißt die Schwester deines Zimmerkolleg**en**? (*Gen.*)

Dieser Junge versteht wirklich nichts. (*Nom.*)
Kannst du diesen Jung**en** verstehen? (*Acc.*)
Wie heißt der neue Lehrer Ihres Jung**en**? (*Gen.*)

Viele Mensch**en** können keine Fremdsprache. (*Plural Nom.*)
Er hat alle Mensch**en** gern. (*Plural Acc.*)
Die Noten meiner Studen**ten** sind ausgezeichnet. (*Plural Gen.*)

Many nouns indicating professionals belong to this category, principally those ending in *-oge* or having the accent on the last syllable.

der Biolo**ge**, der Geolo**ge**, der Psycholo**ge**, der Soziolo**ge**, der Photo**graph**, der Journa**list**, der Philo**soph**, der Poli**zist**

② Adjectives used as Nouns

Another category of nouns consists of those formed from adjectives:

schön (*beautiful*)

die Reichen - the rich
die Armen — " poor

der Schöne	*the beautiful male*
die Schöne	*the beautiful female*
das Schöne	*the beautiful*

die Schönen   *the beautiful people/things*   *neuter is abstract.*

alt (*old*)

der Alte	*the old man*
die Alte	*the old woman*
das Alte	*the old*

die Alten   *the old people/things*

Such nouns, though capitalized like all nouns, retain the characteristic of adjectives, in that they must receive the proper adjective ending.

	As Adjective	As Noun
	Masculine	
Nominative	der schöne Mann ein schöner Mann	der Schöne ein Schöner
Accusative	den schönen Mann einen schönen Mann	den Schönen einen Schönen
Genitive	des schönen Mannes eines schönen Mannes	des Schönen eines Schönen

	AS ADJECTIVE	AS NOUN
	FEMININE	
NOMINATIVE	die schöne Frau	die Schöne
	eine schöne Frau	eine Schöne
ACCUSATIVE	die schöne Frau	die Schöne
	eine schöne Frau	eine Schöne
GENITIVE	der schönen Frau	der Schönen
	einer schönen Frau	einer Schönen
	NEUTER	
NOMINATIVE	das schöne Haus	das Schöne*
	ein schönes Haus	ein Schönes
ACCUSATIVE	das schöne Haus	das Schöne
	ein schönes Haus	ein Schönes
GENITIVE	des schönen Hauses	des Schönen
	eines schönen Hauses	eines Schönen
	PLURAL	
NOMINATIVE	die schönen Frauen	die Schönen
	keine schönen Frauen	keine Schönen
ACCUSATIVE	die schönen Frauen	die Schönen
	keine schönen Frauen	keine Schönen
GENITIVE	der schönen Frauen	der Schönen
	keiner schönen Frauen	keiner Schönen

Two nouns to watch out for in this regard are **der Beamte** and **der Verwandte**. The masculine form **der Beamte** is an adjective used as a noun and declined accordingly. The feminine form, **die Beamtin**, however, is not declined as an adjective:

MASCULINE	FEMININE	
ein Beamter	eine Beamtin	(*nominative*)
einen Beamten	eine Beamtin	(*accusative*)
eines Beamten	einer Beamtin	(*genitive*)

The noun **der Verwandte** will seem peculiar to you because one does not normally think of a noun associated with the adjective **verwandt**. However, both the masculine and feminine forms are declined as adjectives just as the adjective **schön** above.

---

* Note that the neuter singular forms usually refer to an abstract quality rather than to a specific object (**das Alte**, *that which is old*).

Note that the noun **der Junge** is not declined as an adjective. It follows the pattern of nouns like **der Student**.

der Junge	ein Junge (*not* ein Junger)
den Jungen	einen Jung**en**
des Jungen	eines Jung**en**

Note also the plural forms of adjectives used as nouns when they are unpreceded by an **ein**-word or **der**-word.

Verwandt**e** gefallen mir überhaupt nicht. (*nominative*)
Hast du Verwandt**e** in England? (*accusative*)

PRACTICE A (Individual)

Add the proper ending, leaving a blank if no ending is needed.

Siehst du den Beamt*en* dort?
Ich habe einen Zimmerkolleg*en*, der [*who*] aus Deutschland kommt.
Warum hat dein Alt*er* nicht dein Studium bezahlt?
Wer ist die Schön*e* dort?
Ich verstehe nicht, warum sie diesen Jung*en* liebt.
Haben Sie diesen Student*en* in Ihrer Vorlesung?
So ein*er* Mensch*en* hat keine Freunde.
Ist das nicht die Freundin Ihres Jung*en*?
Es ist doch so unmodern, nur das Alt*e* zu lieben.
Das ist kein Mädchen. Das ist ein Jung*e*.

Fill in the proper form of **Verwandter**.

Gott sei Dank ist sie keine ___*e* von mir [*of mine*].
Meine ___*en* wohnen alle in den USA.
Ist er der ___*e*, der [*who*] die Millionen hat?
Seine amerikanischen ___*en* sind nämlich alle reich.
Hast du noch ___*e* in Europa? *unpreceded*
Diesen Sommer habe ich viele ___*e* besucht.
Unsere ___*en* aus Chicago besuchen uns leider jedes Jahr.

QUESTION–ANSWER PRACTICE (Pairs)

Using *adjectives as nouns*, answer the questions with the cues given.

Wer hat dein Studium bezahlt? (*my old man*)
Wen fragt der Professor immer aus? (*this dumb student*)
Wen magst du besonders gern? (*that beauty over there*)
Wen magst du besonders gern? (*that good looking one over there*)

Wen habt ihr im Sommer besucht? (*our relatives in Ohio*)
Welche Menschen gefallen dir nicht? (*conceited people*)
Was schmeckt ihm denn? (*that which is simple*)
Wen meinst du? (*the wife of my relative*)

III. werden

The verb **werden** means *to become*. It is irregular:

PRESENT TENSE

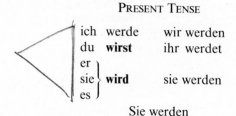

ich werde	wir werden
du **wirst**	ihr werdet
er
sie } **wird**	sie werden
es

Sie werden

PRESENT PERFECT TENSE: ist geworden

Note the usage of **werden**:

Mein Bruder wird reich.	*My brother is becoming (getting) rich.*
Es wird endlich Sommer.	*At last summer is coming.*
Inge wird Ärztin.	*Inge is becoming a doctor.*
Hans ist doch Lehrer geworden.	*Hans did become a teacher.*
Warum wird er immer so böse?	*Why does he always get so mad?*
Es wird spät.	*It's getting late.*
Was ist denn aus Dieter geworden?	*What (ever) became of Dieter?*

When **werden** is used to express the idea *to become a lawyer*, *doctor*, *mechanic*, etc., the article is usually omitted before the noun indicating the profession:

Mein kleiner Bruder **wird Rechtsanwalt**.
My little brother is becoming *a* lawyer.

PRACTICE A (Individual)

Supply the correct form of **werden**.

Der Lehrer _____ böse, wenn wir die Antworten nicht wissen.
Weißt du, daß Karl Astronom [*astronomer*] _____? weak noun
Warum _____ Sie Deutschlehrer?
Meine Schwestern sind beide Psychologinnen _____.
Kannst du glauben, daß Harold Journalist _____?
Wann _____ es hier in Alaska endlich mal warm?
_____ Sie nicht böse, wenn er immer spät kommt?
Ich _____ kein guter Deutschstudent.

QUESTION–ANSWER PRACTICE (Pairs)

Answer the questions as indicated.

> Ist Ihr Bruder Rechtsanwalt geworden? **(nein, Geologe)**
> Wann wird es in Alaska warm? **(im August)**
> Werden Sie Arzt? **(nein, Astronom)**
> Wann wird deine Mutter besonders böse? **(wenn ich immer schlafe)**
> Wie spät ist es gestern abend geworden? **(fast zwölf Uhr)**
> Werdet ihr beide Lehrer? **(ja)**
> Wirst du Rechtsanwalt? **(nein, Clown)**
> Was ist denn aus Irene geworden? **(nichts)**

IV. Future Tense

The verb **werden** is also used as an auxiliary verb to form the future tense. In this usage it doesn't mean *to become* but rather expresses the future idea *will*.

> Er **wird** bald kommen.
> *He **will** come soon.*

> Nächstes Jahr **werde** ich mein Studium abschließen.
> *Next year I **will** finish my studies.*

Notice that **werden** is the conjugated verb of the sentence and occupies the normal position of the verb. The verb expressing the action (will *go*, will *come*, will *finish*, etc.) comes at the end of the sentence in its infinitive form. The same rule applies if a sentence with a modal verb is expressed in the future tense, resulting in two infinitives in position IV:

I	II	III	IV
Er	kommt	bald.	
Er	**wird**	bald	kommen.
Er	fährt	nächstes Jahr	nach Europa.
Er	**wird**	nächstes Jahr	nach Europa fahren.
Sie	wird		Ärztin.
Sie	**wird**		Ärztin werden.
Das	muß	er wohl	tun.
Das	**wird**	er wohl	**tun müssen.**
Wir	schließen	bald unser Studium	ab.
Wir	**werden**	bald unser Studium	abschließen.*

* Note that separable verbs are rejoined in the infinitive form.

abschließen – finish

We have been using the present tense alone to express a future idea, usually when a time phrase such as **morgen**, **bald**, or **nächstes Jahr** is involved.

Er kommt bald.	*He is coming (will come) soon.*
Ich mache es morgen.	*I'll do it tomorrow.*

And, in fact, the actual future tense is used relatively rarely in German, usually only when the future idea is to be made absolutely clear or stressed:

Herr Müller **wird bestimmt** sein Studium nie abschließen.
Wann **wird** Ihre Arbeit **endlich** fertig sein?
Er **wird** das **nie** verstehen können.

PRACTICE A (Individual)

Put the following sentences into the future tense.

Warum machst du deinen Doktor nicht?
Er macht im Sommer eine Reise nach Deutschland.
Sie kann erst um zehn Uhr kommen.
Bezahlt dein Alter dein Studium?
Schließt sie ihr Studium dieses Semester ab?
Ärgert er seine Verwandten in Deutschland?
Hat sie ihn gern?
Wird er reich?
Fahrt ihr diesen Winter Ski?
Sie heiratet im Juni den jungen Müller.
Dürft ihr auch in China herumreisen?

Now read the above sentences again and decide which ones *must* be transformed into the future tense in order to have a clear future meaning.

Before proceeding to the questions below in the future tense, learn these additional phrases which are frequently used to indicate the future.

morgen	*tomorrow*
morgen früh	*tomorrow morning*
morgen abend	*tomorrow evening* (night)
übermorgen	*the day after tomorrow*
in zwei (drei, vier, *etc.*) Tagen	*in two days*
in einigen (ein paar) Tagen	*in a few days*
heute in acht Tagen	*in a week*
Freitag in acht Tagen	*a week from Friday*
heute in vierzehn Tagen	*two weeks from today*
in zwei (drei, *etc.*) Wochen	*in two weeks*
in einem Monat	*in a month*
in zwei (drei, *etc.*) Monaten	*in two months*

in einem Jahr   *in a year*
    in zwei (drei, *etc.*) Jahren   *in two years*
nächste Woche (*accusative case*)   *next week*
    nächsten Monat; nächstes Semester; nächsten Sonntag,
    nächsten Montag, *etc.*; nächstes Jahr
bald   *soon*
irgendwann   *sometime (soon)*
Gott weiß wann   *God knows when*

[handwritten: all time expressions without prepositions are in the accusative]

Learn also the months of the year.

    (der) Januar, (der) Februar, (der) März, (der) April, (der) Mai, (der) Juni,
    (der) Juli, (der) August, (der) September, (der) Oktober, (der) November,
    (der) Dezember   *[handwritten: wir haben jetzt . . . .]*

The two most common expressions using the months are:
       im Januar, im Februar, etc.   *in January, in February, etc.*
       nächsten April, nächsten Mai, etc.   *next April, next May, etc.*

QUESTION–ANSWER PRACTICE A (Pairs)

Answer the questions using the future tense.

EXAMPLE: Liest du jetzt das Buch? (**morgen**)
          Nein, aber ich **werde** es **morgen lesen.**

    Studierst du jetzt Biologie? (nächstes Semester)
    Kommst du heute abend vorbei? (morgen abend)
    Schließt sie dieses Semester ihr Studium ab? (in zwei Jahren)
    Kannst du schon das Geld haben? (in ein paar Tagen)
    Heiraten Sie im Juni? (im August)
    Geht ihr heute einkaufen? (morgen)
    Machst du jetzt deine Arbeit? (später)
    Ärgern Sie Ihre Verwandten? (bald)
    Ziehst du nach dem Semester aufs Land? (im Herbst)

QUESTION–ANSWER PRACTICE B (Pairs)

    Haben wir heute eine Prüfung?
    Wann werden wir eine Prüfung machen?
    Was wirst du am Wochenende machen?
    Was wirst du im Sommer machen?
    Was wirst du heute abend machen?
    Wohin willst du dieses Jahr reisen?
    Wann wirst du dein Studium abschließen können?
          [handwritten: finish; also means to close]

Wann wirst du heiraten?

Wann wirst du wieder in die Deutschstunde kommen?

Wann brauchst du das Geld?

Wann werdet ihr uns mal einladen?

Wann wirst du einmal Kochen?

V. würde

In German the *conditional* (*would*) is formed from the subjunctive of **werden** and an infinitive.

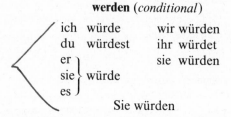

Same form as modals.

werden (*conditional*)

ich würde   wir würden
du   würdest   ihr würdet
er ⎫
sie ⎬ würde   sie würden
es ⎭

Sie würden

For the time being we will use **würde** together with **gern** to express *would like to*. Notice that the word order is the same as in the future tense:

Ich mache eine Reise nach Deutschland.

Ich würde gern eine Reise nach Deutschland machen.   (*I would like to make a trip to Germany.*)

Wir verdienen alle mehr Geld.

Wir würden alle gern mehr Geld verdienen.   (*We would all like to earn more money.*)

Wie kann ich dieses Semester mein Studium abschließen, wenn es einen Streik gibt?

Notice that the meaning of **würde gern** is the same as that of the modal **möchte**:

Sie möchte schon im Herbst heiraten.   ⎰ *She would like to get married in the*
Sie würde gern schon im Herbst heiraten.   ⎱   *fall.*

PRACTICE A (Individual)

Answer the following questions in the negative, transforming the future tense into the conditional.

EXAMPLE: **Wirst** du dieses Semester Deutsch **studieren**?
　　　　　Nein, aber ich **würde gern** dieses Semester Deutsch **studieren**.

Wirst du heute abend vorbeikommen? *Nein, aber ich würde gern heute abend v*
Werden Sie in Europa herumreisen?
Wirst du im Sommer heiraten?
Werden Sie jetzt viel Geld verdienen?
Wirst du bald dein Studium abschließen?
Werden Sie am Wochenende skifahren dürfen?
Werdet ihr im Sommer oft Camping gehen?
Wirst du deine Freundin jeden Tag sehen?
Wirst du den neuen Mercedes kaufen?
Werdet ihr übermorgen eure Verwandten zum Abendessen einladen?
Werden Sie ihn schon wieder in zwei Wochen besuchen?

VI. Word Order in Subordinate Clauses

Remember that the conjugated verb goes at the very end of a subordinate clause. This applies also to the auxiliary verbs **werden** and **würden**, resulting in the following word order pattern in position IV of a subordinate clause:

MAIN CLAUSE	SUBORDINATE CONJUNCTION 0	I	II	III	IV A	B	C
Es ärgert mich,	daß	er		im Sommer nicht	nach Amerika	kommen	wird.
Ich frage ihn,	ob	er		heute abend	vorbeikommen	wird.	
Er fragt sie,	ob	sie		ihn gern bald	heiraten	würde.	
Es ärgert mich,	daß	sie		wirklich	aufs Land	ziehen	wird.

PRACTICE A (Individual)

Repeat each sentence, beginning with the given clause and making the necessary word order shift.

EXAMPLE: Er **würde** gern im Sommer **nichts tun.**
    Es ärgert seinen Vater, daß er gern im Sommer **nichts tun würde.**

Warum werden sie nicht nach Spanien reisen?
Ich frage sie, warum _____.

Er wird uns bestimmt nicht besuchen.
Es ärgert mich, weil _____.

Kann er übermorgen vorbeikommen?
Er fragt ihn, ob _____.

Sie würde gern morgen nachmittag einkaufen gehen.
Ich weiß nicht, ob _____.

Since this unit deals with future plans, you will want to learn the German names for some common professions. Here are those we have already learned.

MASCULINE	FEMININE
der Arzt, ⸚	die Ärztin, -nen
der Lehrer, -	die Lehrerin, -nen
der Photograph, -en	die Photographin, -nen
der Professor, -en	die Professorin, -nen

Other common professions that are used actively in this unit or that you will want to learn are:

der Biologe, -n	die Biologin, -nen
der Chemiker, -	die Chemikerin, -nen
der Dolmetscher, -	die Dolmetscherin, -nen (*interpreter*)
der Geologe, -n	die Geologin, -nen
der Geschäftsmann, ⸚er	die Geschäftsfrau, -en
die Geschäftsleute (*plural*)	
der Ingenieur, -e	die Ingenieurin, -nen
der Journalist, -en	die Journalistin, -nen
der Künstler, -	die Künstlerin, -nen (*artist*)
der Mathematiker, -	die Mathematikerin, -nen
der Philosoph, -en	die Philosophin, -nen
der Physiker, -	die Physikerin, -nen
der Polizist, -en	die Polizistin, -nen
der Psychologe, -n	die Psychologin, -nen
der Rechtsanwalt, ⸚e	die Rechtsanwältin, -nen (*lawyer*)
der Schauspieler, -	die Schauspielerin, -nen (*actor/actress*)
der Schriftsteller, -	die Schriftstellerin, -nen (*author*)

der Soziologe, -n   die Soziologin, -nen
der Staatsbeamte, -n   die Staatsbeamtin, -nen
  (adjective endings)
der Tierarzt, -̈e   die Tierärztin, -nen *(vet)*
der Übersetzer, -   die Übersetzerin, -nen
der Zahnarzt, -̈e   die Zahnärztin, -nen *(Dentist)*

der Kinderarzt   *(Pieldiatrician)*

WAS MÖCHTEST DU GERN MAL WERDEN? (Individual/Pairs)

EXAMPLE: Warum studiert er denn Physik?
         Er möchte gern Physiker werden.
                    or
         Er würde gern Physiker werden.
                    or
         Er studiert Physik, weil er gern Physiker werden möchte.

Warum studiert er Deutsch?
Warum studiert ihr Jura [*law*]?
Warum studiert er Englisch?
Warum studiert sie Soziologie?
Warum studieren Sie Kriminalistik [*criminology*]?
Warum studieren sie Sprachen?
Warum studiert er Chemie?
Warum studierst du Medizin?
Warum studiert er Betriebswirtschaft [*business management*]?
Warum studiert sie Biologie?
Warum studiert sie Kunst?
Warum studiert ihr Mathematik?
Warum studiert er Ingenieurwesen [*engineering*]?
Warum studiert sie Theater?
Warum studieren Sie Philosophie?
Warum arbeitest du für die Schulzeitung [*school newspaper*]?
Warum hat Ihr Sohn ein Mikroskop [*microscope*] gekauft?
Warum sitzt deine Schwester immer in ihrem Zimmer und schreibt?
Warum hat deine Freundin so eine teure Kamera [*camera*] gekauft?

WAS KANN MAN VIELLEICHT WERDEN?

Was kann man vielleicht werden, wenn man für Folgendes Interesse hat?

Tiere; Kinder; das Schreiben; Zahlen [*numbers*]; Laboratorien; Geld; Hegel;
   Gemälde; kranke Menschen; geisteskranke [*mentally ill*] Menschen;
   Menschen mit schlechten Zähnen; menschliche Probleme; kranke Hunde
   und Katzen; Bücher; das Notengeben; die Malerei; Vorlesungen;
   Prüfungen; Dummköpfe; Fremdsprachen; ein Büro

*VII. Modal Auxiliaries: Additional Meanings

Several of the modal verbs have additional meanings or connotations which are frequently used in colloquial speech. These are sometimes called the *subjective* meanings of the modals because they express the personal opinion of the speaker. Compare the sentences below:

BASIC MEANING	SUBJECTIVE MEANING
Er **kann** gut Deutsch sprechen. *He can (is able to) speak German well.*	Das **kann** nicht sein. *That can't be. (in my opinion, based on what I know)* Ich kann Deutsch (I know German)
Er **muß** viel studieren. *He has to (must) study a lot.*	Er **muß** intelligent sein. *He must be intelligent. (my conclusion, based on what I know)*
Wir **sollen** Kapitel 11 lesen. *We're supposed to read chapter 11.*	Er **soll** viel Geld haben. *He's said to have a lot of money. (hearsay or rumor)*
Er **will** Arzt werden. *He wants to become a doctor.*	Er **will** reich sein. *He claims to be rich. (but I don't believe him)*
Ich **mag** ihn. *I like him.*	Das **mag** sein. same as kann. *That may be. (it's possible)*

PRACTICE A (Individual)

Fill in the correct form of one of the modals in its subjective meaning. Concentrate on the meaning of each sentence. More than one modal may be possible.

Hans hat ein „A"? Das __kann__ ja nicht sein. Sonst hat er immer „F".
Inge fährt einen Mercedes. Sie __muß__ viel Geld haben.
Ich habe viel über Spanien gelesen. Es __soll__ sehr schön sein.
Jürgen ist sehr eingebildet. Er __will__ immer alles wissen.
Ich glaube nicht, daß sie nach Deutschland reisen, aber es __mag__ sein.
Sie __kann__ noch nicht dort sein. Es ist ja erst 7 Uhr.
Unser Deutschlehrer hat viele Bücher geschrieben. Er __muß__ sehr intelligent sein. willste
Warum __muß__ du immer recht haben?

■ PRACTICE B (Individual)

Restate the ideas expressed in the sentences below using a modal with its subjective meaning.

EXAMPLE: Ich glaube, er ist intelligent.
   Er muß intelligent sein.

Er sagt immer wieder, er ist ein großer Skiläufer [*skier*]. *will*
Es ist möglich, daß sie schon zu Hause sind. *kommen*
Ich höre, sie reisen jetzt in Europa herum. *sollen*
Ich glaube nicht, daß sie verheiratet sind. *können*
Man sagt, Deutsch ist sehr schwer. *soll*

VIII. Omission of the Infinitive with Modals

It is common in certain fixed expressions to omit the dependent infinitive after a modal. In such cases the infinitive is understood. For the time being, confine such usage to the following types of expressions:

Willst du es?	= Willst du es haben?
Kannst du es?	= Kannst du es tun?
Möchtest du nach Europa?	= Möchtest du nach Europa fahren?
Kannst du Deutsch?	= Kannst du Deutsch sprechen?
Ich kann kein Englisch.	= Ich kann kein Englisch sprechen.
Das darfst du doch nicht.	= Das darfst du doch nicht tun.

QUESTION–ANSWER PRACTICE (Pairs)

In this and the following exercises, we will practice both the basic and subjective use of the modals. Prepare to answer these questions in the negative, paying special attention to the placement of **nicht**.

Möchtest du mal nach Deutschland?
Soll Isabella wirklich so viel Geld haben?
Kannst du diese Deutschbücher lesen?
Wollen Sie im Sommer nach Italien?
Darf man hier rauchen?
Kann das sein?
Kann man im Sommer billig nach Deutschland?
Will Hans immer alles besser wissen?
Können Sie wirklich alles?

CONVERSATION PRACTICE (Pairs)

Using the example as a guide, continue the conversational exchange along the lines indicated.

EXAMPLE: A: Möchtest du heute abend vorbeikommen?
   B: Nein, ich kann nicht.

A: Schade. Warum denn nicht?

B: Ich muß heute abend studieren.

1. A: Möchtest du nächstes Semester weiter Deutsch studieren?

   B: (*No, I can't.*)

   A: (*Why can't you?*)

   B: (*I won't have any time.*)

2. A: Darfst du im Sommer eine Reise nach Europa machen?

   B: (*No, I'm not permitted to.*)

   A: (*That's too bad, why aren't you?*)

   B: (*My parents say I'm too young and have to stay home.*)

3. A: Willst du nicht dein Studium bald abschließen?

   B: (*Yes, I want to, but I can't.*)

   A: (*Why not?*)

   B: (*I have to earn some money.*)

4. A: Möchtet ihr mal nach Spanien reisen?

   B: (*No, perhaps Germany, but not Spain.*)

   A: (*Why not Spain? It's supposed to be beautiful.*)

   B: (*We can't speak Spanish.*)

5. A: Kann es sein, daß Hans und Inge heiraten werden?

   B: (*They're supposed to get married already in June.*)

   A: (*Doesn't Inge want to finish her studies?*)

   B: (*It may be that she'll finish them later.*)

WARUM WILLST DU NICHT HEIRATEN? (Pairs)

Now prepare to engage in a brief conversation with a classmate about future plans. You should anticipate asking and answering the questions below. Again, we have supplied some answers you may want to use which contain vocabulary not included in the active list for this unit.

Warum studierst du auf der Universität?

  Es macht Spaß.

  Meine Eltern bestehen darauf [*insist on it*].

  Was soll ich sonst tun?

Was muß man studieren, wenn man _____ werden will?

Wann willst du dein Studium abschließen?

Was machst du dann?

  Ich suche irgendeine Stellung [*some sort of a position*].

  Ich werde bei der Armee/bei der Reserve/in der Marine/in der Luftwaffe/
     dienen. [*I'll serve in the army/in the reserves/in the navy/in the air force.*]

Wer bezahlt dein Studium?

Würdest du gern reisen? Wohin?

Wo würdest du gern wohnen?
Willst du reich werden?
>   Es macht mir nichts aus. [*I don't care.*]
Mußt du jetzt schon Geld verdienen?
>   Ja, ich studiere als Werkstudent [*part-time student*].
Willst du bald heiraten? Darfst du?

B Ich habe aber keine Zukunftspläne

I. A: Mein lieber Junge, was sind denn eigentlich deine Zukunftspläne?
B: Zukunftspläne? Ich habe keine. Ich habe nichts Bestimmtes im Sinn.
A: Aber du mußt doch wissen, was du werden willst.
B: Ach Vati, ich brauche das noch nicht zu wissen. Ich bin doch erst zwanzig. Ich habe noch viel Zeit, einen Beruf auszuwählen [choose].
A: Du hast also wirklich keine Zukunftspläne! Deine Mutter und ich . . .
B: Doch, moment mal! Ich habe etwas vor. Ich habe vor, heute abend mit Inge ins Kino zu gehen. Bist du zufrieden?

II. A: Inge, du weißt, daß ich dich heiraten möchte.
B: Aber Karl, wir sind erst zwanzig. Wir müssen doch erst unser Studium abschließen. Das dauert noch ein paar Jahre. Und dann willst du deinen Doktor machen. Das dauert weitere fünf Jahre. Dann . . .

Würden Sie gern Straßenfeger werden?

Aber Kind, das ist doch kein Beruf für dich! *Schornsteinfeger =*
Chimneysweep.

A: Aber Inge, ich kann nicht so lange warten. Ich liebe dich doch.
B: Wenn du mich liebst, kannst du auch warten, nicht?
A: Vielleicht können wir mindestens zusammen wohnen?
B: Aber Karl! Was würde dein Vater sagen?

III. A: Ich weiß nicht, was ich machen soll, Bill. Ich habe keine Zukunftspläne.
B: Willst du nicht im Juni Inge heiraten?
A: Sie sagt, wir müssen vier, fünf, sechs Jahre warten.
B: Vielleicht liebt sie dich nicht mehr.
A: Bill, wie kannst du so etwas sagen? Wir haben schon lange vor, irgendwann zu heiraten. Ich weiß nur nicht genau, warum sie so lange warten will.
B: Soll ich sie fragen? Wir gehen heute abend zusammen ins Kino.

PUTTING IT TO WORK

I. erst vs. nur

Erst and **nur** are easily confused, because both mean *only*. **Erst** is used in a temporal context, while **nur** is used in a quantitative one. Study the following sentences carefully:

Leider habe ich **nur fünf Dollar**. (*only five dollars*)
Hier kann man **nur Bier** kaufen. (*only beer*)
Die Stunde dauert **nur 45 Minuten**. (*only 45 minutes*)

Wir haben vor, **erst um sieben** auszugehen. (*not until 7:00, only at 7:00, not before 7:00*)

Es ist **erst ein Uhr**. (*only one o'clock*)

Sie ist **erst zwanzig Jahre alt**. (*only twenty years old*)

PRACTICE A (Individual)

Erst or **nur**?

Mein Vater verdient _____ n wenig Geld.

Inge ist doch _____ u sechzehn geworden.

Wir haben _____ n eine Stunde Zeit für das Examen.

Warum kommt ihr _____ u um zehn Uhr?

Wir haben vor, _____ u nächsten Frühling zu heiraten.

Dieser Wein hat _____ n ein paar Dollar gekostet.

II. Time Phrases

Another temporal usage of **erst** is a little more complicated. Compare the following sentences:

Wir wohnen **erst** ein Jahr hier in Chicago.
We have been living here in Chicago for only a year.

[handwritten: present perfect ~~present perfect~~ in English = present in German, indicates something started in past and is continuing in present.]

Wir wohnen **schon** ein Jahr hier in Chicago.
We have been living here in Chicago for a year already.

When **erst** and **schon** precede a time phrase expressing a *duration* of time, such as *a year* in these examples, they have the function of adding the idea *only* and *already* to the time expression. In English, however, this idea must be expressed with the present perfect tense, that is, with *have been only* or *has been already*.

Notice the difference between time phrases which express a *point of time* and those which express a *duration of time*.

	ADVERBS	NOUNS (*accusative*)
POINT OF TIME	heute	letztes Jahr
	gestern	letzten Sommer
	heute abend	letzten Montag
	später, *etc.*	diese Woche, *etc.*
DURATION	lang(e)	eine Woche (lang)*
	stundenlang	einen Monat (lang)
	wochenlang	zwei Jahre (lang)
	kurz	drei Stunden (lang)

* **Lang** is optional.

For the time being, we are concerned only with duration-of-time phrases which reach up to the moment of speaking, and therefore must be combined with *have/has been* in English. Notice that there is *no tense change* in German; the addition of **erst** or **schon** alone gives this meaning:

> Ich studiere **schon zwei Jahre** Biologie.
> *I have been studying biology for two years already.*

> Ich habe **schon lange** vor, Arzt zu werden.
> *I have been planning for a long time already to become a doctor.*

> Wir wohnen **erst sechs Monate** in München.
> *We have been living in Munich for only six months.*

Similarly, in questions which ask about duration of time up to the present (*How long have you been . . . ?*), **schon** must be added to the question phrase **Wie lange?** Study the following questions and answers carefully:

> **Wie lange** studierst du **schon** Biologie?
> Ich studiere **schon** zwei Jahre Biologie.

> **Wie lange** ärgern dich **schon** seine vielen Fragen?
> **Schon** Jahre lang!

> **Wie lange** wohnt ihr **schon** in New York?
> Wir wohnen **erst** zwei Monate hier.

PRACTICE A (Individual)

Answer the questions according to the example, paying close attention to the meaning of what you are saying.

EXAMPLE: Wie lange wohnen sie **schon** in Amerika? (**zwei Jahre**)
         Sie wohnen **schon zwei Jahre** hier.

Wie lange arbeitest du schon in diesem Büro? (ein Jahr)
Wie lange willst du schon Rechtsanwalt werden? (Jahre) *(langen)*
Wie lange studierst du schon Deutsch? (erst drei Monate)
Wie lange ärgert dich schon dieser Wagen? (Monate) *(langen)*
Wie lange wohnt ihr schon in Kalifornien? (zehn Jahre)
Wie lange wartest du schon hier? (mindestens drei Stunden)

QUESTION–ANSWER PRACTICE (Pairs)

Now prepare to ask and answer these questions.

> Wie lange wohnst du schon hier?
> Wie lange studieren Sie schon Deutsch?

Wie lange seid ihr schon auf der Universität?
Wie lange kennen Sie schon Ihren Deutschlehrer?
Arbeitest du? Wie lange schon?
Wie lange bist du heute schon auf der Universität?
Wie lange ärgert ihn schon sein kleiner Bruder?
Wie lange brauchen Sie schon Geld?
Wie lange sitzt du schon da?

III. nicht brauchen zu

As we have seen, normally the negation of a modal construction is the same as that of regular clauses: both **nicht** and **kein** are used, with **nicht** preceding position IV (if negating the verbal idea) or the specific sentence element to be negated:

Er kommt heute abend **nicht**.
Er **möchte** heute abend **nicht** kommen.

Ich bezahle **kein** Geld für mein Studium.
Ich **möchte kein** Geld für mein Studium bezahlen.

The only peculiarity involving negation is with the modal **müssen**. Here, too, it is possible to use **nicht**:

Mußt du heute abend studieren?
Nein, ich **muß** heute abend **nicht** studieren.

Nicht müssen expresses the idea of absence of compulsion: "I don't *have* to study, nobody is forcing me."

An equally common negation, however, expresses the idea of absence of necessity rather than compulsion, usually rendered in English as *I don't need to* (rather than *I don't have to*). For this, German uses the construction **nicht brauchen zu**:

Mußt du heute abend studieren?
Nein, ich **brauche** heute abend **nicht zu** studieren, weil ich morgen studieren
    kann.

Sie **brauchen** dieses Buch **nicht zu** lesen.

The construction **nicht brauchen zu** works like the modals, with the important difference that **zu** precedes the infinitive in position IV. If the verb is separable, **zu** is inserted *between* the prefix and stem with the entire form written as one word.

I	II	III	IV
Gott sei Dank	brauchen	wir heute abend nicht	**zu** arbeiten.
Er	braucht	seine Verwandten nicht	**zu** besuchen.
Ich	brauche	mein Studium noch nicht	**abzuschließen.**

MAIN CLAUSE	SUBORDINATE CLAUSE
Er ist glücklich,	weil er heute abend nicht **zu** arbeiten braucht.
Ich verstehe nicht,	warum wir das Buch nicht **zu** lesen brauchen.
Mutti hat gesagt,	daß wir heute nicht ein**zu**kaufen brauchen.

Where **kein** rather than **nicht** must be used in negation, it is retained with **brauchen zu**:

Mußt du dafür Geld bezahlen?
Nein, ich brauche **kein** Geld dafür zu bezahlen.

Müßt ihr in Deutschland auch Verwandte besuchen?
Nein, wir brauchen Gott sei Dank **keine** Verwandten zu besuchen.

PRACTICE A (Individual)

Give negative answers to the following questions, using **nicht brauchen zu**.

Müssen Sie heute abend studieren?
Müssen wir dieses dumme Buch lesen?
Muß man Deutsch studieren, wenn man Künstler werden will?
Müßt ihr euer Studium dieses Semester abschließen?
Muß ein junger Student Zukunftspläne im Sinn haben?
Müssen wir drei Wochen lang in New Mexico herumreisen?

The fine distinction between **nicht müssen** and **nicht brauchen zu** is often not observed; both forms of negation are considered correct.

IV. Additional Usage of Infinitive Phrases

In Unit 5 we introduced the infinitive construction **um ... zu**.

Er ist nach Deutschland gefahren, **um** dort Medizin **zu studieren**.

We also introduced infinitive phrases following two common introductory clauses:

Wir haben vor, im Sommer **zu heiraten**.
Ich habe vergessen, den Professor **zu fragen**.

Here are some additional expressions which are frequently followed by an infinitive phrase:

1. Lust haben/keine Lust haben

This expression has no one directly translatable meaning. It means *to want to do something, to be in the mood to do something, to feel like doing something.*

Ich habe jetzt keine Lust, zu tanzen.
I don't feel like dancing now.

Damals hatte ich Lust, auf dem Land zu wohnen.
At that time, I was interested in living in the country.

2. **Es ist schön (langweilig, interessant, schwer, usw.) . . .**

> Es ist verdammt langweilig, auf dem Land zu wohnen.
> Es war sehr schön, Sie hier zu sehen.
> Es ist interessant, eine Sprache zu lernen.

If a modal verb is used in an infinitive phrase, **zu** comes between the dependent infinitive and the infinitive of the modal:

> Es ist langweilig, so viel Grammatik **lernen zu müssen.**
> Es ist schön, Inge wieder **sehen zu können.**

3. **Es kostet viel, . . . (hat viel gekostet)**

> Es kostet viel, nach Europa zu reisen.

4. **Zeit haben/keine Zeit haben**

> Ich habe jetzt keine Zeit, das zu lesen.
> Damals hatte ich keine Zeit, auf Partys zu gehen.

5. **Spaß machen/keinen Spaß machen**

> Es macht mir Spaß, mit Inge Tennis zu spielen.
> Es macht uns keinen Spaß, Deutsch zu lernen.

PRACTICE A (Individual)

Using the introductory phrase given, transform the following sentences into infinitive phrases.

EXAMPLE: Ich gehe heute abend ins Kino. **(keine Lust haben)**
> **Ich habe keine Lust,** heute abend **ins Kino zu gehen.**

> Sie machen eine Reise nach Deutschland. (Es kostet viel)
> Sie gehen ins Kino. (Sie hatten keine Zeit)
> Er muß immer zu Hause bleiben. (Es war langweilig)
> Er schließt sein Studium im Herbst ab. (Er hat vor)
> Wir reisen zwei Monate in Europa herum. (Wir haben Lust)
> Sie räumen jetzt auf. (Sie haben keine Zeit)
> Sie laufen in Sankt Moritz Ski. (Es hat viel gekostet)
> Sie sehen heute abend fern. (Sie haben keine Lust)
> Er geht mit Hilde aus. (Er hatte vor)

QUESTION–ANSWER PRACTICE (Pairs)

Prepare to ask and answer the following questions. Some suggested answers are indicated, but don't limit yourself to them.

Warum ist es schwer, Arzt zu werden? (lange studieren/viel kosten)
Warum wohnen einige Leute nicht gern in New York? (zu viel kosten)
Warum gehen Deutschstudenten nicht oft ins Kino? (immer studieren)
Warum haben Sie keinen Mercedes gefahren? (zu viel gekostet)
Warum räumen Sie nicht jeden Tag Ihr Zimmer auf? (keine Lust)
Was hat er nächstes Jahr vor? (weiterstudieren)
Warum will sie Ärztin werden? (viel Geld verdienen)
Warum bist du nicht in Sankt Moritz skigelaufen? (zu viel gekostet hat)
Warum schreiben Sie nicht alle Deutschübungen [*exercises*]? (keine Zeit, keine Lust)

CONVERSATION PRACTICE (Groups)

In preparation for free conversation, work on the following type of exchange with two classmates, using the questions below. This will take some preparation in advance!

EXAMPLE: A to B (*about C*): Warum studiert er Deutsch?
 B to A: Ich weiß nicht, warum er Deutsch studiert.
 B to C: Warum studierst du denn Deutsch?
 C to B: Ich studiere Deutsch, weil ich eine deutsche Freundin habe.
 B to A: Er sagt, er studiert Deutsch, weil er eine deutsche Freundin hat.

Warum studiert er/sie auf der Universität?
Wie lange studiert er/sie schon?
Was für einen Beruf hat er/sie im Sinn?
Welcher Beruf gefällt ihr/ihm am besten?
Wann wird er/sie das Studium abschließen?
Was möchte er/sie mal werden?
Wen möchte er/sie heiraten?
Was hat er/sie heute abend vor?

SOLL MAN ZUKUNFTSPLÄNE IM SINN HABEN? (Pairs)

First, prepare to answer the following questions about yourself and your plans. Many answers should by now come almost automatically.

Wie lange studierst du schon auf der Universität?
Warum studierst du auf der Universität?
Was studierst du und warum?
Weißt du schon, was du mal werden willst?
Möchtest du gern Arzt/Ärztin werden? Rechtsanwalt/Rechtsanwältin?
 Warum? Warum nicht?

Möchtest du gern Beamter/Beamtin werden? Warum? Warum nicht?
Würdest du gern Geschäftsmann/frau werden? Warum? Warum nicht?
Möchtest du lieber in der Stadt oder auf dem Land wohnen?
Wann willst du das Studium abschließen?
Hast du vor, den Magister oder den Doktor zu machen?
Macht es dir Spaß zu studieren?
Ärgert dich etwas ganz besonders auf der Universität?
Glaubst du, daß alle Studenten Zukunftspläne im Sinn haben sollen?
Hast du jetzt Zeit, das zu tun, was du am liebsten tun möchtest?
Hast du vor, bald zu heiraten? irgendwann zu heiraten?
Möchtest du Kinder haben? Wie viele?
Fragen dich deine Eltern, ob du Zukunftspläne im Sinn hast? Ärgert es dich,
    wenn sie das tun?
Wann soll man einen Beruf auswählen [choose]?

Having prepared to give the kind of information asked for above, now engage in a
conversation with a classmate. Try to find out as much as you can about his or her
future plans.

Diese achtzigjährige Frau wohnt schon ihr ganzes Leben auf dem Land.

GRAMMAR SUMMARY

I. Plural of Nouns

We have now introduced enough nouns for you to begin to be aware of certain categories of plural formation. It is still advisable to memorize immediately the individual noun, its gender and plural formation as one. The following tables, however, containing most nouns we have had may give you a helpful overview.

Group 1: Most masculine and neuter nouns ending in **-el**, **-en** and **-er**

a) No ending, no umlaut:

der Fernseher	die Fernseher
der Pullover	die Pullover
der Wagen	die Wagen
das Zimmer	die Zimmer

b) No ending, with umlaut:

der Bruder	die Brüder
der Garten	die Gärten
die Mutter	die Mütter*
die Tochter	die Töchter*

Group 2: Many one-syllable masculine and neuter nouns; many polysyllabic masculine nouns

a) **-e** ending, no umlaut:

der Brief	die Briefe
der Freund	die Freunde
der Roman	die Romane
der Tisch	die Tische

b) **-e** ending, with umlaut:

der Arzt	die Ärzte
der Sohn	die Söhne
die Stadt	die Städte

Group 3: Some single syllable masculine nouns; many single syllable neuter nouns

a) **-er** ending, no umlaut:

das Bild	die Bilder
das Kind	die Kinder
das Kleid	die Kleider

* Note the exceptions: **Mutter** and **Tochter** are *feminine* nouns.

b) **-er** ending, with umlaut (singular stem vowel **a, o, u, au**):

das Buch	die Bücher
das Haus	die Häuser
der Mann	die Männer

Group 4: **-en** or **-n** ending, no umlaut; a large group consisting of the following

a) All feminine nouns ending in **-e**:

die Bluse	die Blusen
die Frage	die Fragen
die Schule	die Schulen
die Woche	die Wochen

b) All nouns with the suffix **-ei, -heit, -keit, -schaft, -ung,** or **-in** (these are always *feminine*):

die Lehrerin	die Lehrerinnen
die Prüfung	die Prüfungen
die Studentin	die Studentinnen

c) Nouns with the foreign suffixes **-age, -ant, -enz, -ion, -ist, -or, -tät,** and **-ur**:

der Professor	die Professoren
die Universität	die Universitäten

Group 5: **-s** ending, no umlaut (foreign words adopted by German)

das Auto	die Autos
die Party	die Partys
das Restaurant	die Restaurants

II. Weak Noun Declension

A limited number of masculine nouns add an **-en** ending in all cases, singular and plural, except the nominative singular. So far we have seen: **der Mensch, der Junge, der Kollege,** and **der Student,** plus many nouns referring to professions.

	SINGULAR	PLURAL
NOMINATIVE	der Mensch	die Menschen
ACCUSATIVE	den Menschen	die Menschen
DATIVE	dem Menschen	den Menschen
GENITIVE	des Menschen	der Menschen

III. Adjectives as Nouns

Many adjectives in German are used as nouns referring to people (masculine, feminine, plural) or concepts (neuter). So used, the adjective is capitalized and retains its proper adjective ending:

MASCULINE			FEMININE		
A	B	C	A	B	C
ein	alter	Mann	eine	alte	Frau
ein	Alter		eine	Alte	
der	alte	Mann	die	alte	Frau
der	Alte		die	Alte	
ein	Verwandter		eine	Verwandte	
der	Verwandte		die	Verwandte	

NEUTER			PLURAL		
A	B	C	A	B	C
ein	schönes	Haus	die	alten	Leute
ein	Schönes		die	Alten	
das	schöne	Haus	die	Verwandten	
das	Schöne		meine	Verwandten	
das	Gute		—	Verwandte	
das	Alte				

Note that the neuter singular form usually refers to an abstract concept rather than a specific object: **das Schöne**, *the beautiful*; **das Gute**, *the good*; **das Alte**, *the old*.

IV. The Future Tense

A. Formation

The conjugated form of **werden** is the main verb; the dependent infinitive is in position IV.

MAIN CLAUSE			
I	II	III	IV
Ich	werde	mein Studium im Herbst	abschließen.

			SUBORDINATE CLAUSE		
	0	I	III	IV	
				A	B
Weißt du,	daß	ich	mein Studium im Herbst	abschließen	werde?

B. Usage

The present tense is frequently used with a future implication, and usually a future time phrase is present. The actual future tense is generally used only when the future idea is to be stressed and/or is not clearly implied by the presence of a time phrase:

> Ich schließe mein Studium im Herbst ab. (*present tense with time phrase*)
> Ich werde meine Verwandten in Chicago besuchen. (*future tense, no time phrase*)

V. Summary of Time Phrases

A. Point in Time

1) Prepositional Phrases
   im Sommer, am Abend, am Wochenende, *etc.*
2) Adverbs
   heute, gestern, später, morgens, *etc.*
3) Nouns in the Accusative
   Montag, diese Woche, letzten Sommer, *etc.*

B. Stretch of Time

1) Adverbs
   lange, tagelang, wochenlang, jahrelang, *etc.*
2) Nouns in the Accusative
   Jahre, zwei Jahre, Wochen, drei Wochen, *etc.*

C. Stretch of Time Preceded by **schon** and **erst**

In combination with the *present tense* in German, such time phrases express the idea (*already*) *for . . . , for only . . . .* The stretch of time extends from a point in the past up to the moment of speaking. In English, the present perfect tense must be used to express this idea:

> Ich wohne schon zwei Jahre hier.
> *I **have been living** here for two years.*

> Er studiert erst ein Jahr Deutsch.
> *He **has been studying** German only for one year.*

VI. Word Order: Infinitive Phrases

MAIN CLAUSE	INFINITIVE PHRASE		
	III	IV	
		A	B
Ich habe vor, Es kostet viel,	nächsten Sommer eine Reise zwei Monate in Europa	nach Europa	zu machen. herumzureisen.

EXERCISES

I. Fill in an appropriate time phrase.

    1. Das Studium der Medizin dauert mindestens ————— .
    2. Ich komme bestimmt ————— vorbei.
    3. Wir lernen erst ————— Deutsch.
    4. Wann beginnt die Deutschstunde —————?
    5. Eine gute Party dauert mindestens ————— .
    6. In Arizona ist es sogar ————— oft schön warm.

II. Complete the sentence logically.

    1. Es kostet leider sehr viel, ————————————————— .
    2. Am Wochenende hatte ich keine Zeit, ————————————— .
    3. Ich habe nicht gewußt, daß ————————————————— .
    4. Was hast du vor, wenn ————————————————— ?
    5. Hattest du nicht vor, ————————————————— ?
    6. Leider haben wir keine Zeit, ————————————————— .
    7. Ich habe ganz vergessen, ————————————————— .
    8. Hat es deinen Vater geärgert, daß ————————————— ?

III. Express in German.

    1. When would you like to get married?
    2. He wants to become a policeman.
    3. Do you know when she will finish her studies?
    4. Do you know French? *Kannst du Fransoïsche .*
    5. That simply can't be true.
    6. He is supposed to be a very good photographer.
    7. I forgot how much she annoys me.
    8. He must be at least twenty-eight years old.
    9. How long have you lived in the country? *present tense*
    10. Last week our relatives from Italy visited us.
    11. Actually, I don't have to pay for my studies.
    12. We've been planning to travel to Europe for years.
    13. Do you know the new German teacher's wife?
                      's ending on noun .

IV. Write a dialogue along the following lines. Don't hesitate to change the sequence of events, the characters, even the outcome.

At a Party

Hans asks Inge if she likes the party.
Inge responds that she doesn't like it much; it's boring, and the unfriendly
    men annoy her.

Hans tells her she is simply in a bad mood and asks her if she would like to dance.

She says no, she has no desire to dance, but she would like a beer.

Over a beer, Hans keeps trying: he asks her the usual questions (how she likes school, what she's studying, what she's planning to do this summer, etc.).

Inge is monosyllabic in her answers; but she does mention that she would like to become a police woman.

Hans is surprised and asks why.

Inge says she likes to work with men (**mit Männern**).

At this point Hans asks her what she has planned for later this evening.

Inge says she has to go home and study.

Hans asks if he may come along.

She says he may come, that they can study together.

Hans says great [**großartig!**] and asks what she has to study.

Inge says she has to study karate; her final [**die Schlußprüfung**] is tomorrow.

Inge möchte Verkäuferin werden.

DATING, WAS IS'N DAS?*

Was machen junge Leute in einer Kleinstadt in der BRD während ihrer Freizeit? Das folgende Interview mit zwei befreundeten Schülern weist auf[1], daß es erhebliche[2] Unterschiede[3] im gesellschaftlichen[4] Leben zwischen Gymnasiasten[5] in Deutschland und *high school* Schülern in Amerika gibt.

Wenn man vor Unterrichtsbeginn[6], während der großen Pausen[7] oder auch nach der Schule am Göttenbach-Gymnasium vorbeikommt und einen Blick[8] in den Schulhof[9] wirft[10], sieht man bestimmt auch Bernd und Uschi, unser unzertrennliches Pärchen[11]. Bernd (17) und Uschi (16) kennen sich schon seit sechs Jahren und gehen zur Zeit dieses Interviews genau (Uschi hat es mir versichert[12]) zwei Jahre und vier Monate miteinander[13].

Bis vor einem Jahr[14] waren sie noch in derselben Klasse—bis Uschi das „große Pech[15]" hatte und sitzenblieb[16]. „Aber das hat mit uns nichts geändert," bestätigt[17] Uschi. Und die Noten seien (deswegen?) in ein oder zwei Fächern besser geworden[18].

Frage: Ich sehe euch immer zusammen—hier in der Schule oder auch in der Stadt— und habe mich schon oft gefragt, wie ihr euch eure Zeit vertreibt[19].

Bernd: Wenn Sie uns sehen, gehen wir wohl immer spazieren. Aber wir gehen auch ab und zu mal aus.

Frage: Und was macht ihr dann?

Bernd: Nun, wir gehen ins Kino, mal ins Theater, oder essen, und manchmal fahren wir auch weg.

Frage: Und in Diskotheken?

Uschi: Nein, gehen wir nicht hin. Da kann man sich so schlecht unterhalten. Aber Musik hören wir sehr gerne. Wir haben beide große Plattensammlungen[20], und wenn wir Zeit haben, dann legen wir uns was von Eric Burdon, oder von Emerson, Lake und Palmer, oder auch von der Ekseption auf[21]. Oder auch was anderes: Jethro Tull, Degenhardt, Pink Floyd, John Mayall, . . .

Bernd: Oder wir treiben Sport.

Uschi: Ja, Tischtennis und „Mensch Ärgere Dich Nicht[22]." Außerdem kommt es auch schon mal vor[23], daß wir zusammen lernen[24].

Bernd: Oder wir gehen spazieren, diskutieren, oder feiern[25].

Frage: Gibt es denn hier genug zu tun? Ich meine nicht nur an der Schule, sondern auch in der Stadt.

---

*Rolf W. Roth, in *Rundschau*, Vol. 4, no. 6 (September, 1974). Reprinted by permission of *Rundschau*.

[1]*weist auf:* shows   [2]considerable   [3]differences   [4]social   [5]students at the gymnasium   [6]start of instruction   [7]recesses   [8]glance   [9]school yard   [10]casts   [11]inseparable pair   [12]assured me   [13]with each other   [14]until a year ago   [15]great misfortune   [16]failed a grade   [17]confirms   [18]*seien . . . geworden:* got better   [19]spend   [20]record collections   [21]*legen . . . auf:* put on   [22]Parcheesi   [23]*kommt . . . vor:* it even happens   [24]study   [25]celebrate

Bernd: So furchtbar viel gibt es da eigentlich nicht. Wenn's mal kalt wird, kann man in den Woolworth (sprich[26] „Woolwort") gehen, um sich dort aufzu-wärmen[27].

Frage: Von der Schule aus[28] wird ja eigentlich im Sinne von „activities" wenig geboten[29]. (Ich mußte diesen Begriff[30] erklären.) Hättet ihr gerne[31], daß sich die Schule mehr darum kümmert[32]?

Uschi: Einerseits[33] wäre[34] das ganz gut—aber nicht, wenn man sich da irgendwie verpflichtet fühlen müßte[35], dort überall mitzumachen[36] vor lauter Angst[37], sonst als Außenseiter[38] zu gelten[39].

Frage: Meint ihr, daß dieser Mangel an[40] „activities" vielleicht dazu beiträgt[41], daß man hier in der Schule außer euch gar kein anderes Pärchen sieht?

Bernd: Das kann sein. Der Hauptgrund[42], meines Erachtens[43], ist, daß viele zu verklemmt sind. Vielleicht würden diese „activities" das etwas abbauen[44]. Viele differenzieren auch zu stark zwischen Schule und Freizeit.

Uschi: Das stimmt. Die Mädchen haben eigentlich alle feste Freunde[45]. Halt[46] nur nicht in der Schule.

Frage: Deswegen gibt es hier in der Schule wohl auch so wenig „dating."

Bernd: „Dating," was is'n das? (Auch diesen Begriff mußte ich erklären.)

Uschi: Ach, wie furchtbar.

Frage: Zum Schluß[47] möchte ich euch noch fragen, ob ihr irgendwelche Zukunfts-pläne habt. Heiraten? Studieren?

Uschi: Wir würden schon gerne studieren, aber mit dem Numerus Clausus[48] ist das ziemlich schwierig. In den Fächern, die mich interessieren: Mathe, Physik, Chemie ist da wenig zu machen.

Bernd: Ich bin noch nicht ganz sicher. Vielleicht Bio.

Uschi: Und heiraten? Das wissen wir noch nicht. Zusammenbleiben wollen wir auf jeden Fall. Wenn's mit dem Studium nicht klappt[49], möchten wir gerne nach Norwegen auswandern[50].

Frage: Warum gerade[51] Norwegen?

Bernd: Nun, wegen der schönen Landschaft[52] und, weil's dort mehr persönliche Freiheit[53] gibt.

Frage: Wart ihr schon mal da?

Bernd: Nein, aber wir haben sehr viele Bilder gesehen und auch sehr viel drüber[54] gehört.

---

[26]pronounced   [27]sich . . . aufzuwärmen: warm oneself up   [28]on the part of the school   [29]wird . . . geboten: little is offered   [30]concept   [31]would you like it   [32]more concerned about it   [33]on the one hand   [34]would be   [35]would have to feel obliged   [36]to participate   [37]out of pure fear   [38]outsider   [39]to be considered   [40]lack of   [41]contributes to   [42]main reason   [43]in my opinion   [44]reduce   [45]steady boyfriends   [46]simply   [47]finally   [48]quota system controlling admission to certain fields at West German universities   [49]doesn't work out   [50]emigrate   [51]precisely   [52]landscape   [53]personal freedom   [54]about it

Sehen Sie Bernd und Uschi auf diesem Schulhof?

COMPREHENSION CHECK

Check *all* the correct answers.

1. Bernd und Uschi
   a. sind Schüler an einem Gymnasium.
   b. sind seit mehr als zwei Jahren fest befreundet [*going steady*].
   c. sind ein unzertrennliches Pärchen.
   d. wollen bald heiraten.
2. Bernd und Uschi sind nicht mehr in derselben Klasse,
   a. weil Bernd 17 aber Uschi erst 16 ist.
   b. weil sie verschiedene Fächer lernen.
   c. weil Uschi das „große Pech" hatte und sitzenblieb.
   d. weil Bernd in eine höhere Klasse ging [*went*].
3. Warum gehen Bernd und Uschi sooft zusammen spazieren?
   a. Es gibt in Göttenbach sonst nicht viel zu tun.
   b. Sie können sich beim Spazierengehen gut unterhalten.
   c. Sie haben die Landschaft dort sehr gern.
   d. Sie wollen nach Norwegen auswandern.

4. Warum gehen sie nicht gern in Diskotheken?
   a. Die Musik dort ist zu laut.
   b. Sie tanzen nicht gern.
   c. Sie können dort nicht gut miteinander sprechen.
   d. Sie sind nicht gern mit anderen Leuten zusammen.

5. Was kann man in Göttenbach während der Freizeit machen?
   a. ins Kino gehen
   b. ins Theater gehen
   c. in den Woolworth gehen
   d. Schallplatten auflegen

6. Welche Wirkung [*effect*], sagt Uschi, könnten „activities" auf bestimmte Schüler haben?
   a. Der Schüler hat das Gefühl [*feeling*], er **muß** mitmachen.
   b. Der Schüler glaubt, er ist Außenseiter, wenn er nicht mitmacht.
   c. Der Schüler hat Angst, er wird beim Tischtennisspielen nicht gewinnen.
   d. Der Schüler fühlt sich verpflichtet [*obligated*], mitzumachen.

7. Warum gibt es in der Schule so wenig „dating"?
   a. In der Schule lernt man; in der Freizeit hat man Spaß.
   b. Den Begriff [*concept*] „dating" gibt es in Deutschland nicht.
   c. Viele Mädchen haben schon einen festen [*steady*] Freund.
   d. Die Schüler sind alle zu verklemmt.

Ist dieser Woolworth in Deutschland oder Amerika?

8. Warum wird Uschi wahrscheinlich nicht studieren können?
   a. Sie ist mal sitzengeblieben.
   b. Nur die besten Schüler dürfen auf der Universität Mathematik, Chemie, und
      Physik studieren.
   c. Sie wird bald heiraten.
   d. Frauen dürfen auf deutschen Universitäten nicht studieren.
9. Warum werden Bernd und Uschi vielleicht nach Norwegen auswandern?
   a. Sie werden vielleicht in der BRD nicht studieren können.
   b. Sie finden die Landschaft Norwegens sehr schön.
   c. Man kann in Norwegen leicht das tun, was man will.
   d. Es gibt keine persönliche Freiheit in der BRD.
10. In einer amerikanischen „high school"
   a. wissen die Schüler, was „dating" heißt.
   b. gibt es viel zu tun, auch außerhalb [*outside of*] der Klassen.
   c. würden Bernd und Uschi wahrscheinlich als Außenseiter gelten [*be
      considered*].
   d. gibt es keine unzertrennlichen Pärchen.

VOCABULARY

Active

Nouns

der	Alte (*adj. decl.*)	*the old man*
	mein Alter, meine Alte	*my old man, my old lady*
der	Beamte (*adj. decl.*)	*official, clerk (male)*
die	Beamtin, -nen	*official (female)*
der	Beruf, -e	*profession*
der	Biologe (des Biologen, den	
	Biologen), -n	*biologist*
das	Büro, -s	*office*
der	Chemiker, -e	*chemist*
der	Doktor, -en	*PhD (academic doctor)*
der	Dolmetscher, -	*interpreter*
(das)	Frankreich	*France*
der	Geologe (des Geologen, den	
	Geologen), -n	*geologist*
die	Geschäftsfrau, -en	*businesswoman*
der	Geschäftsmann, ∺er	*businessman*
das	Glück	*luck*
	viel Glück	*I wish you luck.*
die	Großmutter, ∺	*grandmother*
	(Urgroßmutter)	[greatgrandmother]

der Ingenieur, -e	*engineer*
(das) Italien	*Italy*
der Journalist (des Journalisten, den Journalisten), -en	*journalist*
der Junge (des Jungen, den Jungen), -n	*boy*
die Kunst, ⸚e	*art*
der Künstler, -	*artist*
das Land, ⸚er	*country, land*
auf dem Land sein (wohnen)	*to be (live) in the country*
aufs Land fahren (ziehen)	*to drive (move) to the country*
die Lust, ⸚e	*pleasure, desire*
Lust haben	*to have a desire to*
der Mathematiker, -	*mathematician*
die Medizin	*medicine*
der Moment, -e	*moment*
Moment mal	*just a minute*
der Philosoph (des Philosophen, den Philosophen), -en	*philosopher*
die Physik	*physics*
der Physiker, -	*physicist*
die Polizei	*police*
der Polizist (des Polizisten, den Polizisten), -en	*policeman*
der Psychologe (des Psychologen, den Psychologen), -n	*psychologist*
die Psychologie	*psychology*
der Rechtsanwalt, ⸚e	*lawyer (male)*
die Rechtsanwältin, -nen	*lawyer (female)*
die Reise, -n	*trip*
der Schauspieler, -	*actor*
der Schriftsteller, -	*author, writer*
das Semester, -	*semester*
der Sinn, -e	*sense*
im Sinn (haben)	*(to have) in mind*
der Soziologe (des Soziologen, den Soziologen), -n	*sociologist*
die Soziologie	*sociology*
(das) Spanien	*Spain*
die Sprache, -n	*language*
der Staatsbeamte (*adj. decl.*)	*civil servant*
das Stipendium, Stipendien	*scholarship, grant*
das Studium, Studien	*studies*
der Tierarzt, ⸚e	*veterinarian*
der Übersetzer, -	*translator*

der	Verwandte (*adj. decl.*)	*relative*
der	Zahnarzt, ⸚e	*dentist*
der	Zukunftsplan, ⸚e	*future plan*

Months of the Year

(der) Januar	(der) Juli
(der) Februar	(der) August
(der) März	(der) September
(der) April	(der) Oktober
(der) Mai	(der) November
(der) Juni	(der) Dezember

Verbs

abschließen (schließt ab), hat abgeschlossen	*to conclude, to finish*
bezahlen	*to pay*
brauchen	*to need*
dauern	*to last*
heiraten	*to marry*
herumreisen (reist herum), ist herumgereist	*to travel around*
skifahren (fährt Ski), ist skigefahren	*to ski*
verdienen	*to earn*
warten	*to wait*
warten auf (+*acc.*)	*to wait for*
weiterstudieren (studiert weiter)	*to continue studying*
werden (du wirst, er wird), ist geworden	*to become, to get*
ziehen, ist gezogen	*to move*

Other Words

also	*therefore, well, in other words*
bald	*soon*
bestimmt	*certainly*
dafür	*for it, for that*
endlich	*finally*
irgendwann	*sometime*
lieb	*dear*
mal	*sometime, just, one of these times, for a change*
mindestens	*at least*
nächst-	*next, nearest*

schade	too bad, it's a shame
schlimm	bad
stundenlang	for hours
übermorgen	day after tomorrow
verrückt	crazy
verwandt	related
weiter	further
in verb compounds:	
weiterarbeiten	to continue working
weitermachen	to continue doing
weiterstudieren	to continue studying
wochenlang	for weeks
wohin	to where
wohl	probably, well, to be sure
zufrieden	satisfied, content

Expressions

gern haben	to like, to be fond of
Er hat sie gern. ⎱	
Er mag sie. ⎰	He likes her.
Gott sei Dank	thank God
Gott weiß wann	God knows when
nichts	nothing
nichts Bestimmtes	nothing definite
Spaß	fun, joke
Du machst wohl Spaß.	You must be joking.

Time Expressions

der Tag, -e	day
heute in acht Tagen	a week from today
die Woche, -n	week
in einigen Wochen	in a few weeks
der Monat, -e	month
in zwei Monaten	in two months
das Jahr, -e	year
in einem Jahr	in a year
nächster (-e, es)	next
nächste Woche, nächsten	next week, next month,
Monat, nächstes Jahr, usw.	next year, etc.

Flavoring Particles

mal

Short for **einmal**, which means *once, one time*. It also conveys the meanings *once in a while, one of these times, sometime, for a change.*

Es kommt mal vor.
It happens sometimes.

Wir wollen alle mal reich werden.
We all want to become rich sometime.

Ich will dieses Jahr nicht nach Italien. Ich möchte mal nach Spanien.
I don't want to go to Italy this year. For a change, I would like to go to Spain.

Frequently **mal** has little left of its literal meaning, merely indicating a casualness about the assertion made.

Ich muß mal in die Stadt.
Ich geh' mal einkaufen.

recht	really, quite
recht gut	really good
recht schwer	quite difficult

Passive

Nouns

das Fach, ⸚er	subject, area of study
der Fall, ⸚e	case
auf jeden Fall	in any case
die Freizeit	leisure time
der Sport	sports
Sport treiben	to participate in sports

Verbs

fühlen	to feel
legen	to lay, to put
meinen	to think, to mean
sitzen, hat gesessen	to sit
sich unterhalten, unterhält sich, hat sich unterhalten	to converse, to talk

Other Words

außer	except, besides
derselbe	the same
deswegen	for that reason, because of that
irgendwelcher	any
irgendwie	somehow
schwierig	difficult
sicher	certainly
sondern	but, on the contrary
nicht nur . . . sondern auch	not only . . . but also

überall	*everywhere*
verschieden	*different*
weg	*away, gone*
in verb compounds:	
wegfahren (fährt weg)	*to drive away, to go out of town*
wegen (+*genitive case*)	*because of*
zwischen	*between*

Expressions

      ab und zu   *now and then*

9/NEUN

TRÄUME

Do you have recurrent dreams? Funny dreams? Frightening dreams?
In this unit you will read a number of crazy dreams and be asked to
relate some dreams of your own. Prepositions make up the grammar of
the unit: the cases they govern, their meaning, and their idiomatic usage.

Was träumen Sie denn, Dr. Freud?

[handwritten notes:]
1) What they are saying
2) How they are saying it
3) Be able to tell a dream th... was they do?

A. Ich habe immer denselben schrecklichen Traum: Jemand jagt mich durch einen dunklen Wald, über ein weites Feld oder eine leere Straße. In der Hand hat er ein langes Messer. Er will mich mit dem Messer töten. Obwohl ich so schnell wie möglich renne, kommt er immer näher heran. Bald ist er nur ein paar Meter hinter mir. Dann stolpere ich gegen einen Stein und falle hilflos auf die Erde. Ich versuche, sofort wieder aufzustehen, aber es gelingt mir nicht. Nun steht er über mir und . . . Glücklicherweise wache ich immer in diesem Moment auf, aber ich schwitze und zittere am ganzen Körper.

B. Mindestens einmal im Monat träume ich, daß ich irgendwo vor einer Gruppe von Menschen stehe: in der Kirche, in einer großen Vorlesung auf der Uni, auf irgendeinem Podium [*platform*]. In der ersten Reihe sitzen meine Eltern und schauen mich ernst an. Es ist ganz leise im Zimmer. Ich weiß, ich soll etwas

Fastnacht in Bad Waldsee (Oberschwaben): Das ist kein Traum.

Wichtiges sagen, aber kein Wort kommt mir aus dem Mund. Ich verstehe nicht, was mit mir los ist. Ich bekomme große Angst. Ich möchte aus der Tür rennen, aber ich finde keine. Plötzlich merke ich, daß ich keine Kleider trage; ich stehe splitternackt da. Meine Eltern werden ganz böse auf mich. Mein Vater fängt an, mich furchtbar auszuschimpfen, und meine Mutter beginnt zu weinen. Ich wache im selben Moment auf und bin glücklich, daß es nur ein Traum ist.

C. Im Traum passiert mir Folgendes: Der Lehrer ruft mich auf. Ich soll vor die Klasse treten und an die Tafel schreiben, warum mir der Lehrer gefällt. Nichts kommt mir in den Sinn. Ich kann kein Wort schreiben. Die anderen Studenten fangen an, mich auszulachen, und der Lehrer nennt mich einen Dummkopf. Das macht mich furchtbar verlegen aber ärgert mich auch sehr. Ich möchte etwas auf deutsch sagen, aber mir fehlen die Wörter. Ich fange an, etwas auf englisch zu sagen, aber da sagt der Lehrer ganz laut: „Bitte schön, Herr/Fräulein . . . , es ist doch verboten, in der Deutschstunde Englisch zu sprechen; das wissen Sie ja!" Ich bin ganz böse, aber was kann ein armer Student gegen einen verklemmten, strengen, unfreundlichen, groben, eingebildeten Deutschlehrer tun, besonders in einem Traum!

PUTTING IT TO WORK

I. Accusative Prepositions

The following prepositions always require an object in the accusative case:

> **durch** (*through*)
>   Ich laufe **durch den** Wald.
> **für** (*for*)
>   Das Geld ist **für meinen** Sohn.
> **gegen** (*against*)
>   Was habt ihr **gegen ihn?**
> **ohne** (*without*)
>   Dann gehen wir **ohne dich.**
> **um** (*around, at*)
>   Sie sitzen **um diesen großen** Tisch.
>   **Um welche** Zeit kommt sie?

PRACTICE A (Individual)

Translate the word in parentheses, using the correct accusative form. Review accusative forms first if you cannot say them without hesitation.

> Er läuft durch _das_ (*the*) Haus.
> Ist das für _seinen_ (*his*) Sohn? ihnen
> Sie kommt meistens ohne _seinen_ (*her*) Mann. ihren

Ich habe nichts gegen _____ (*this*) Wein.
Sind die Bücher für _____ (*our*) Kinder?
Ich renne durch _____ (*a*) Wald.
Wir sind eigentlich gegen _____ (*no*) Leute.
Er kommt meistens um _____ (*this*) Zeit.
Habt ihr etwas gegen _____ (*him*)?
Ohne _____ (*this*) Geld kann ich mein Studium nicht abschließen.
Durch _____ (*which*) Wald sind Sie gefahren?
Ich gehe um _____ (*the*) Gebäude, und da steht plötzlich ein Mann vor mir.
Ich versuche, ohne _____ (*her*) anzufangen.

PRACTICE B (Individual)

Complete the sentence with the correct form of the words in parentheses. Use a definite article if no other **der**-word or **ein**-word is indicated.

Er geht durch _____ (Stadt, Wald, Büro).
Ich tue es ohne _____ (der Herr, mein Zimmerkollege). — weak nouns – en
Sie sagt etwas gegen _____ (Frau, mein Verwandter, dieser Student).
Die Straße geht um _____ (Berg, Stadt, Häuser).
Für _____ (welcher Mensch, welcher Sohn, welche Leute) hat er das getan?

PRACTICE C (Individual)

Practice translating the following prepositional phrases until you can say them quickly.

A. for me, for her, against him, without you, around them, against them
B. for the man, for the woman, for the teacher, through the building, through the church, against the window, without the money, without the books, around the earth, for the dogs, through this row, for this son, for which daughter, through the mountains
C. without my cigarettes, for my cats, through our field, without her watch, against your hand, without your love, around our city, for your pets

Review the adjective endings in the accusative before attempting the next practice.

1. Following **der**-words or **ein** words with an ending:

MASCULINE (en + en)	FEMININE (e + e)
für **den** alten Mann	für **die** alte Frau
durch diesen dunklen* Wald	um welche kleine Kirche
gegen einen großen Stein	durch eine lange Reihe
ohne unseren neuen Wagen	ohne seine neue Frau
Ich kenne **den alten** Mann.	Ich verstehe **die** alte Frau.

* The **e** of **dunkel** is usually dropped when an ending is added.

NEUTER [(e)s + e] PLURAL (e + en)

ohne **das** scharfe Messer durch **die** dunklen Straßen
um dies**es** große Gebäude ohne diese alt**en** Leute
für keine neu**en** Lehrer

2. Preceded by an **ein**-word without an ending:

NEUTER SINGULAR (− +es)

Ich habe kein alt**es** Buch.
ohne ein leis**es** Wort
um mein groß**es** Haus

3. Not preceded by an **ein**- or **der**-word (plural only):

PLURAL (− +e)

durch dunkle Straßen
ohne schreckliche Träume
für neue Lehrer

PRACTICE D (Individual)

Supply the correct form of the adjective in parentheses.

Man sieht ihn nie ohne seinen _neuen_ (*new*) Freund.
Er läuft durch den _____ (*dark*) Wald.
Das kann ich ohne ein _____ (*sharp*) Messer nicht tun.
Sie rennt durch die _kleine_ (*small*) Tür.
Kaufst du diese _____ (*cheap*) Blusen?
Er raucht nur _____ (*expensive*) Zigaretten.
Ich möchte Ihr _____ (*new*) Motorrad kaufen.
Ich verstehe _____ (*young*) Menschen nicht.
Habt ihr eure _____ (*new*) Lehrerin gern?
Ich habe nichts gegen einen _____ (*excellent*) Wein.
Seid ihr nicht gegen diesen _____ (*evil*) Menschen?
Er hat ein _____ (*new, expensive*) Auto.

■ PRACTICE E (Individual)

Complete the sentences with the correct form of the words in parentheses.

Wir laufen durch _____ (ein/leer/Wald, dunkel/Wälder, dieses/alt/Gebäude).
Die Straße geht um _____ (die/groß/Stadt, ein/alt/Haus, das/groß/Feld).
Warum sagst du etwas gegen _____ (dieser/Beamte (*masc. sing.*), ihr/alt/
Mann, mein/neu/Kleider)?

■ **PRACTICE F** (Individual)

Practice translating these combinations until you can say them rapidly.

- A. through the dark street, for my friend's teacher, for this important lecture, through this wide field, for this helpless man, for this difficult test
- B. for my new bicycle, for our old apartment, against a large stone, without my motorcycle
- C. for my old friends, against your parents' friends, through dark forests, around strange fields

QUESTION–ANSWER PRACTICE A (Pairs)

Answer, using pronouns wherever possible.

> War das für Ihren Jungen?
> Hast du etwas gegen deinen Zimmerkollegen?
> Haben Sie etwas für Ihre Zimmerkollegin?
> Kommst du heute abend ohne deine Freundin?
> Arbeiten Sie für oder gegen diesen Menschen?
> Sagt er etwas gegen seine Geschwister?
> Haben Sie etwas gegen mich?
> Ihr habt doch etwas für uns, nicht?

QUESTION–ANSWER PRACTICE B (Pairs)

Answer, using word(s) in parentheses.

> Für wen arbeiten Sie? (Vater)
> Gegen wen spricht er? (Bruder)
> Gegen welchen Lehrer sind Sie denn? (unser)
> Ohne wen kommt er immer? (Freundin)
> Durch welches Feld läufst du denn? (weit)
> Was sagt er gegen seinen Vater? (zu streng)
> Warum kommt er immer ohne seine Frau? (nicht gern haben)
> Durch was für* ein Gebäude läuft er? (leer)

PREPARATION FOR TELLING A DREAM (Pairs or Groups)

A. Answer the following questions based on the dreams at the beginning of the unit, or if you feel adventurous, based on your imagination.

> Traum A: Warum läufst du so schnell durch den Wald?
>   Warum jagt dich dieser Mensch durch den Wald?

---

* **Für** in the expression **was für ein** does not influence case.

Was hat er in seiner Hand?
Warum fällst du plötzlich auf die Erde?
Was versuchst du dann zu tun?

Traum B: Wie oft hast du diesen Traum?
Wie stehst du vor dieser Gruppe?
Warum kannst du kein Wort sagen?
Warum sind dir deine Eltern so böse?
Warum bist du in diesem Traum so verlegen?
Warum bist du glücklich, daß du in diesem Moment aufwachst?

Traum C: Wer ruft dich in diesem Traum auf?
Warum sollst du vor die Klasse treten?
Was kommt dir nicht in den Sinn?
Warum schimpft dich der Deutschlehrer aus?
Warum bist du in diesem Traum gegen deinen Deutschlehrer?

B. Start the sentences as indicated and complete them by using the words supplied in parentheses. Add words as necessary so that the sentence makes sense. Pay close attention to case forms and to word order.

In diesem Traum (laufen/durch/Wald)
(jemand/jagen/durch/dunkel/Kirche)
(stolpern/gegen/groß/Stein)
(können/gegen/Mann/nichts/tun)
(sein/ohne/Kleider)
(mein/Mutter/anfangen/weinen)
(immer/mit mir/etwas/los sein)

In diesem Traum habe ich große Angst, weil
(alle Menschen/anschauen)
(kein/Tür/können/finden)
(etwas/immer/los)
(können/kein/Wort/sagen)
(mir/etwas Schreckliches/passieren)
(alle Studenten/auslachen)
(ein Polizist/ein Dummkopf/nennen)

C. Develop the sentences into dream sequences to tell to another person or to a group, first using the cues, and second without any cues.

1. jemand/jagen/durch/groß/dunkel/Kirche
stolpern/gegen/etwas/laufen/so schnell wie möglich
können/gegen/Mann/nichts/tun
haben/Messer/in der Hand
wollen/töten
aufwachen/in diesem Moment

2. In diesem Traum/haben/groß/Angst/weil/alle Menschen/anschauen
ich/da/stehen/ohne/Kleider
sein/sehr/verlegen
ich/etwas/auf deutsch/sagen/versuchen
können/kein/Wort/sagen
alle Menschen/auslachen
Deutschlehrer/auch/da
nennen/einen Dummkopf
sein/sehr/böse
wollen/töten

II. Dative Prepositions

The following prepositions always require an object in the dative case:

aus (*out of, from*)

> Er kommt **aus dem** Haus.
> Sie kommt **aus** Deutschland.

außer (*except, besides*)

> **Außer ihm** konnte nur ich es tun.

bei (*at, near, at the home of*) (with)

> Wohnst du **bei einem** Verwandten?
> Potsdam liegt **bei** Berlin.

mit (*with*)

> Er spielt gern **mit den** Kindern.

↗ country, city, house

nach (*to*, direction; *after*, time)

> Im Herbst reisen wir **nach** Deutschland.
> **Nach der** Vorlesung bin ich nach Hause gegangen.

seit (*since*)

> **Seit dieser** Zeit sehe ich sie oft.

von (*from, of, by*)

> **Von wem** ist das Geld?
> Es ist ein Drama **von** Shakespeare.

zu (*to, to someone's place*)

> Kommt ihr heute abend **zu mir**?
> Ich bin sofort **zu der** Polizei gegangen.

So far, the only dative forms we have used are those of the personal pronoun (**mir, dir, ihm, ihr, uns, euch, ihnen, Ihnen**) and the interrogative pronoun (**wem**).

Below is a chart giving the dative forms of **der**-words and **ein**-words:

Dative Forms of **der**-Words and **ein**-Words

	MASCULINE	FEMININE	NEUTER	PLURAL
der-Words	dem diesem	der dieser	dem diesem	den diesen
ein-Words	einem meinem	einer meiner	einem meinem	keinen meinen

Notice that the endings of **der**- and **ein**-words in the dative are the same.

PRACTICE A (Individual)

Translate the word in parentheses, using the correct dative form.

Er will mich mit _____ (*the*) Messer töten.
Ich komme zu _____ (*this*) dunklen Wald.
Außer _____ (*my*) Mutter ist nur mein Bruder zu Hause.
Möchtet ihr nach _____ (*the*) Vorlesung zu mir kommen?
Mit _____ (*the*) Zeit wird er mich vielleicht nicht so sehr ärgern.
Ich träume von _____ (*this*) weiten Feld.
Mit _____ (*which*) Schuhen sind Sie nicht zufrieden?
Ich wohne bei _____ (*them*). shoes
Sie läuft dann zu _____ (*the*) Tür.
Du sollst von _____ (*no*) Menschen Geld bekommen.

Note the following about the dative before proceeding to the next Practice.

1) The following contractions of dative prepositions and the definite article are common in both written and spoken German. Contractions are usually preferred in speech.

bei dem > **beim**	zu dem > **zum**
von dem > **vom**	zu der > **zur**

2) Weak masculine nouns such as **der Student**, **der Mensch**, **der Junge**, **der Kollege**, etc., add **(e)n** in the dative singular as well as in the accusative and genitive singular.

Ich gehe mit meinem Zimmerkolleg**en** ins Kino.

3) All nouns must end in **n** in the dative plural, except those which form their plural with **s**. In most cases this means simply adding an **n** to the nominative plural form if it does not already end in an **n**.

NOMINATIVE SINGULAR	NOMINATIVE PLURAL	DATIVE PLURAL
das Zimmer	die Zimmer	den Zimmern
der Traum	die Träume	den Träumen
die Nacht	die Nächte	den Nächten
das Kind	die Kinder	den Kindern
but		
der Wagen	die Wagen	den Wagen
die Schule	die Schulen	den Schulen
das Büro	die Büros	den Büros

PRACTICE B (Individual)

Complete the sentence with the correct form of the words in parentheses. Use a definite article if no other **der**-word or **ein**-word is indicated.

Er kommt aus _____ (Wald, Berge, Kirche).

Wohnt sie bei _____ (ihre Schwester, Freunde, ihr Sohn)?

Sie kommen immer mit _____ (ihre Haustiere, ihr Hund, ihre Katze).

Ich sehe ihn nach _____ (Klasse, Deutschstunde, eine Stunde).

Du wirst kein Geld von _____ (dieser Mensch, diese Beamten (*pl.*), diese Universität) bekommen.

Sind Sie letzte Woche zu _____ (Ihre Eltern, Ihre Vorlesung, unser Lehrer) gegangen?

Seit _____ (diese Träume, diese Zeit) gehe ich nicht mehr allein zum Wald.

PRACTICE C (Individual)

Supply the correct ending wherever one is required. Be on your guard because we have mixed all four cases together. Also, some blanks require no ending.

Kommt sie immer mit dies*em* Herrn?

Wie gefällt es deinem Zimmerkollege*n*?

Ich weiß nicht, ob dieser Mensch___ ihm gefällt.

Gibt es auch genug für Ihre Brüder___?

Was kann man mit diesen Haustiere*n* machen?

Die Klassen dies*es* Professors sind immer interessant.

Ich kenne keinen Mensch___ in diesem Zimmer.

Welch*e* Träume ärgern Sie?

Mit den Ärzte*en* war ich nie zufrieden.
Welchen Student*en* kennen Sie nicht?
Ich brauche heute nicht ohne mein*en* Vater zu gehen.
Kennst du die Schwester meines Zimmerkolleg*en*?

Do not confuse the meaning of the following prepositions:

1) **aus** and **von**

   a) **aus** (*from*, with place names)

      Der Lehrer kommt **aus** Deutschland.

   b) **aus** (*out of*, location)

      Da kommt er **aus dem** Haus.

   c) **von** (*from*)

      Er fährt **von** Hamburg nach Berlin.
      Wann kommt er **von der** Vorlesung.

Aus is more specific when referring to location, indicating *out of some place* such as a house, building, class, etc. **Von** means *from* without the meaning *out of*.

Compare:

   Da kommt er aus der Vorlesung.
   Kommst du von deiner Biologievorlesung oder von der Deutschstunde?

   Peter kommt aus Berlin.
   Er kommt heute von Berlin.

2) **nach** and **zu**

Both can be translated as *to*. When referring to direction toward some place, **nach** is used with place names (towns, cities, countries, continents).

   Wir sind **nach Europa** gefahren. (*England, Paris, etc.*)

It is also used in the expression **nach Hause**.

   Fährst du im Frühling **nach Hause**?

Zu is used for persons, to someone's place, to places within a city, and to places in general when you do not specifically mean *into* or *up to*.

   Ich gehe **zu** mein**em** Wagen (**zur** Vorlesung, **zu** mein**em** Bruder).

Note some idiomatic expressions.

   Ich bin nach Hause gegangen.
   Ich bleibe zu Hause.

   Ich wohne bei meinem Bruder.
   I live with my brother (at his place).

Wir sind bei Karl.
We're at Karl's place.

Ich bin zu meinem Bruder gefahren.
I drove to my brother's place.

■ PRACTICE D (Individual)

Practice until you can translate rapidly.

A. with me, with her, from us, besides him, from you, with them, except her
B. at his place, at their house, to my place, to her place
C. with the knife, from the earth, from which house, out of the building, to the field, to the doctor, since the lecture, with this scholarship, after this year
D. from his answer, from her behavior, since our German class, with his body, except one thing, at my parents' place, at my teacher's place, after an hour, with your pencil
E. with my boy, from this person, from my roommate, except one student, to my colleague's house, with this young lady, with her example
F. from my dreams, with these knives, to her rooms, from these buildings, with their bicycles, with these people

The attributive adjective ending following both **ein-** and **der-**words in the dative in both the singular and plural is always **-en**. It is also **-en** in the plural when the adjective is unpreceded:

	MASCULINE			FEMININE			NEUTER		
	A	B	C	A	B	C	A	B	C
Dative **der**-word	diesem	guten	Wein	dieser	guten	Antwort	diesem	alten	Haus
ein-word	einem	guten	Wein	einer	guten	Antwort	einem	alten	Haus

	PLURAL		
	A	B	C
Dative **der**-word	diesen	guten	Leuten
ein-word	keinen	guten	Leuten
unpreceded		guten	Leuten

Study the following examples:

> Ich arbeite mit einem gut**en** Freund.
> Er kommt aus dem alt**en** Gebäude dort.
> Sie spricht immer von ihren bös**en** Träumen.
> Ich habe zu Mittag mit einer alt**en** Freundin gegessen.

Since an attributive adjective without a preceding **der**-word or **ein**-word is a rare occurrence in the dative singular, the adjective ending on an attributive adjective will almost always be **-en** in the dative. It can, therefore, be treated as a type of adjective combination and serve as a shortcut to the analytical approach where gender, number, and case must be considered.

■ PRACTICE E (Individual)

Translate.

> with my old dog, with a sharp knife, with good people, from a boring lecture, at his old aunt's place, except for this terrible fear, to my new girlfriend's, to my rich uncle's, with my conceited roommate, with conceited brothers and sisters, with old friends

Don't forget that nouns formed from adjectives also take adjective endings:

> Bekommst du Geld von deinem Alt**en**? (*Masculine/Singular/Dative*)
> Er wohnt bei einer Verwandt**en**. (*Feminine/Singular/Dative*)
> Ich spreche schon stundenlang mit Beamt**en**. (*Plural/Dative*)

PREPARING TO TELL A DREAM (Pairs or Groups)

A. Complete the following as they might relate to a dream.

> Dieser böse Mann kommt auf mich zu mit . . . in der Hand.
> Ich laufe so schnell wie möglich und komme plötzlich zu . . .
> In diesem furchtbaren Traum träume ich immer von . . .
> Ich bekomme große Angst, weil . . .
> Ich bin sehr verlegen, weil außer . . .
> Es ärgert mich, daß die anderen Studenten mich auslachen, aber . . .
> In diesem Traum habe ich nie Zeit, . . .
> Ich versuche . . . aber . . .
> Ich sitze schon stundenlang in meinem Wagen, wenn plötzlich . . .
> Ich träume, daß ich keine Lust mehr habe, Deutsch zu lernen, weil . . .
> In diesem Traum habe ich immer vor, . . .

B. Answer the following questions. Use answers found in the sample dreams at the beginning of the unit, or if you feel bold, try to supply different, but appropriate answers.

> Mit was für einem Messer kommt er näher heran?
>
> Warum schwitzen und zittern Sie am ganzen Körper?
>
> Warum fängt Ihr Vater in diesem Traum an, Sie auszuschimpfen?
>
> Warum nennt Sie der Lehrer einen Dummkopf?
>
> Was bedeutet es vielleicht, wenn Sie im Traum Angst haben, in der Deutschstunde an die Tafel zu treten?
>
> Von was für einem Traum wachen Sie auf?
>
> Sie wissen doch, daß es verboten ist, in der Deutschstunde, Englisch zu sprechen. Warum sprechen Sie denn in diesem Traum Englisch?
>
> Was bedeutet es vielleicht, wenn Sie immer träumen, daß Ihnen die Kleider fehlen?

III. Dative/Accusative Prepositions

The following prepositions take the *dative* case when they show *location within* a given spatial or geographical area; they take the *accusative* case when they show *direction or movement toward* a destination:

an (*next to, at the side of*)
auf (*on, on top of*)
hinter (*behind, in back of*)
in (*in, into*)
neben (*beside*)
über (*over, above*)
unter (*under, below*)
vor (*in front of, before*)
zwischen (*between*)

In their basic meanings, these prepositions indicate a position in space in relation to a fixed point of reference, just as their English counterparts do.

> on the table
> in front of the house
> in the forest

In determining whether to use the dative or the accusative case after these prepositions, you must decide whether the entire verbal action (or verbal idea) of the sentence takes place within the spatial area indicated by the prepositional phrase or whether the verbal action shows movement into this spatial area as a destination. Consider the difference between the following two sentences:

> Er wohnt in **dem** Wald.   *He lives **in** the forest.*
> Er läuft in **den** Wald.   *He runs **into** the forest.*

The spatial area defined by the prepositional phrase is *the forest*. In the first sentence the entire verbal action, **wohnen** (*to live*) takes place in this area. Consequently, the dative case is used. In the second sentence, the verbal idea *to run* begins outside the forest and takes the person into the forest. The forest becomes the destination of the verb **laufen**. This sentence, therefore, requires the accusative case.

Note that movement confined *within* as opposed to movement *into* the spatial area defined by the prepositional phrase requires the dative rather than the accusative case:

Die Kinder spielen in **dem** Wald.
The children play in the forest.

Er läuft in **dem** Wald herum.
He's running around in the forest.

PRACTICE A (Individual)

Translate the word in parentheses, using the correct case form.

Ich sitze immer hilflos in _____ (*the*) Deutschstunde.
Wir essen gern in _____ (*a*) Restaurant.
Der Hund springt [*jumps*] in _____ (*the*) Wagen.
Der Lehrer steht vor _____ (*the*) Klasse.
Er steht über _____ (*her*).
Sie geht an _____ (*the*) Fenster. (*das*)
Ich stehe nicht gern vor _____ (*a*) Gruppe.
Sie wohnt über _____ (*our*) Wohnung.
Mein Vater arbeitet am Samstag in _____ (*his*) Garten.
Sie steigt in diesem Moment in _____ (*her*) Auto.
Sind meine Zigaretten auf _____ (*the*) Tisch?
Er tritt an _____ (*the*) Tafel und fängt sofort an, zu schreiben.
Ich fahre aus der Garage auf _____ (*the*) Straße.
Wie lange bleibt ihr in _____ (*this*) Land?

These may be a little more difficult.

Er studiert auf _____ (*the*) Universität.
Möchtest du in _____ (*my*) Wagen fahren?
Er stolpert und fällt auf _____ (*the*) Erde. *acc* .
In _____ (*a*) Traum kann alles passieren.
Er reist jetzt irgendwo in _____ (*this*) Land herum.
Ich muß heute auf _____ (*the*) Uni.
Das Auto fährt nur 10 Meter hinter _____ (*me*).
Ich habe immer große Angst in _____*en* (*these*) Träumen.
Zwischen _____ (*whom*) sitzt du?
Er fährt vor _____ (*the*) Haus.
Er trägt die Tote in _____ (*the*) Wald.

PRACTICE B (Individual)

Replace the verb by the verb in parentheses. Make a case change where necessary.

> Der Student ist auf der Universität. (gehen)
> Das Auto steht vor der Kirche. (fahren)
> Er geht an das Fenster. (sitzen)
> Das Buch liegt auf dem Stuhl. (sein)
> Sie sitzt gern im Garten. (arbeiten)
> Er läuft über das Feld. (fahren)

■ PRACTICE C (Individual)

Form a sentence with the following prepositional phrases.

> in der Stadt
> in den Wald
> an die Tür
> zwischen das Gebäude und die Kirche
> am Fenster
> vor das Haus

The following contractions with the definite article are common and acceptable in both written and spoken German:

> an dem > **am**
> in dem > **im**
> an das > **ans**
> in das > **ins**
> auf das > **aufs**

PRACTICE D (Individual)

Say that you are standing in the following places. Use contractions wherever possible.

> at the window, in the forest, behind the restaurant, in her apartment, at the
> table, in front of a group, on the street, between the church and the
> building

Say that you are running to/into the following places. Use contractions wherever possible.

> to the door, into your house, into the street, into his garden, over their field,
> to the window, into this building

With very few exceptions, time expressions that use one of these prepositions take the dative case. Contractions are normally used where possible, unless for some reason the definite article is emphasized.

PRACTICE E (Individual)

Translate the time expressions in parentheses.

_____ (*In the morning*) arbeite ich zu Hause.
_____ (*On Saturday*) fahren wir in die Berge.
Ich kann _____ (*at this moment*) nicht sehen.
Fahrt ihr _____ (*in the fall*) nach Hause?
Was machst du _____ (*on Thursday*)?
Das Wetter gefällt mir hier _____ (*in the winter*) gar nicht.
_____ (*In the evening*) machen wir gern einen Spaziergang.
_____ (*On the weekend*) wache ich erst um neun Uhr auf.
_____ (*A week ago*) waren wir bei unseren Verwandten.

IV. Special Problems with Prepositions

Do not confuse the meaning of the following prepositions:

1) auf and an

Both can be translated as the English *on*. **Auf** means *on top of* a horizontal surface such as a chair, a field, a street, etc. **An** means literally *at the side of*, frequently touching, a vertical surface such as a door, a window, a building, etc.

An is used to indicate that a city is situated on the banks (but not on top of) a river:

Frankfurt **am** Main
Frankfurt **an der** Oder
Mannheim liegt **am** Rhein.

Note the difference in meaning of these sentence pairs:

Sie sitzt auf dem Tisch.
She is sitting on the table.

Sie sitzt am Tisch.
She is sitting at the table.

Warum stellt er den Stuhl auf das Klavier?
Why is he putting the chair on the piano?

Warum stellt er den Stuhl ans Klavier?
Why is he putting the chair next to the piano?

2) **neben**, **an**, and **bei**

These can all mean *near* an object or person. **An** usually indicates a position closer than **neben**; it frequently means *in contact with*. **Bei** means about the same as **neben** but is less common in expressions indicating spatial location. Two common uses of **bei** are:

a) with cities, in the sense of *in the vicinity of*

> Diese Stadt liegt bei Berlin.

b) with people's names to indicate *at someone's house*, place, city, country, etc.

> Ich habe ein Zimmer **bei ihnen.**
> **Bei uns** in den USA ist das ganz anders.
> Wie ist das **bei euch** hier in Berlin?

3) **nach**, **in**, **an**, and **zu**

These can all be used in the sense of going *to* someplace. **Nach** and **zu** were discussed on page 313.

The preposition **in** specifically means *into* something such as a church, house, building, theater, movie theater, etc.

> **in die** Kirche, **ins** Haus, **ins** Gebäude,
> **ins** Theater, **ins** Kino, **in die** Oper,
> **ins** Zimmer

In also indicates movement to places like a city, the mountains, etc., which are viewed as something you can go *into*.

> **in die** Stadt, **in die** Berge, **in den** Wald

The preposition **an** literally means *up to* something.

> **an die** Tür, **ans** Fenster, **an die** Tafel

Note also the expression **an die Küste**.

Achtung!

The use of prepositions is very idiomatic in both German and English. It is difficult to explain subtle distinctions in meaning, and to any rule there is likely to be an exception. Frequently your only choice will be to memorize the prepositional phrase as a vocabulary item.

PRACTICE A (Individual)

Select the appropriate preposition.

Wir spazieren _____ *an* (an/auf) dem See.
Ich möchte _____ *zu* (zu/nach) meiner Wohnung gehen. *to someone's place*
Sie alle sitzen _____ *an* (auf/an) dem Tisch und essen.
Ich komme heute _____ *zu* (an/zu) dir, weil ich mit dir sprechen muß.
Wir reisen diesen Winter _____ *nach* (nach/zu) Australien.
Wie oft geht ihr _____ *ins* (an/in) das Theater?
Wann fährst du _____ *nach* (nach/zu) Hause?
Wir reisen morgen _____ *an* (bei/an) die Küste.
Er sitzt _____ *neben* (neben/an) mir in der Deutschstunde.
Was schreibt sie _____ *an* (auf/an) die Tafel?
Wir wollen am Samstag _____ (zu/nach) Macy's. *place within city*
Kinder, ihr sollt nicht _____ *auf* (auf/an) der Straße spielen.
Die Stadt liegt _____ *an* (auf/an) einem Wald.
Wohnt jemand in dem Haus _____ *neben* (neben/an) uns?
Wir wollen nach dem Essen _____ *ins* (an/ins) Theater gehen.

PRACTICE B (Individual)

Add the proper adjective ending.

Sie sitzt allein in ihrem groß_____, leer_____ Haus.
Ich laufe in den dunkl_____ Wald.
Sein Haus liegt an einem groß_____ Wald.
Er steigt in sein neu_____ Auto und fährt los [*drives off*].
In diesen furchtbar_____ Träumen will mich jemand töten.
Klein_____ Zimmer gefallen mir nicht.
Er hat ein groß_____ Messer in der Hand.
Ich laufe über ein weit_____ Feld.
Ich falle auf einen scharf_____ Stein.
Wir fahren durch diese schön_____ Wälder.
Ich fahre stundenlang durch schön_____ Wälder.
Ich habe immer diese groß_____ Angst.
Wo findet man in einer groß_____ Stadt nett_____, freundlich_____ Menschen?

PRACTICE C (Individual)

Translate the prepositional phrase in the context of the complete sentence.

Er läuft _____ (*into his room*).
Ich trete _____ (*in front of the group*).

Sie sitzt immer _____ (*in the first row*).

Sie wohnen _____ (*next to us*).

Müssen Sie jeden Tag _____ (*to the board*) gehen? an

_____ (*In bad dreams*) passiert mir das immer.

Sie sitzt _____ (*behind me*).

Er fällt _____ (*to the ground*).

Er rennt _____ (*over this big field*).

Mein Wagen steht _____ (*between the building and the house*).

Da steht sie _____ (*in front of my car*).

Wir fahren _____ (*into a dark forest*).

Er fährt _____ (*behind the church*).

Sitzt sie immer _____ (*at the big window*)? an

in _____ (*at this moment*) wache ich immer auf.

Die Kinder spielen _____ (*in the street*). auf

Steigt er _____ (*in his car*)?

Sie fahren morgen _____ (*to the coast*).

Ich laufe _____ (*into the house*) und da steht er mit einem Messer _____ (*in his hand*).

Ich konnte das Geld nicht _____ (*in my apartment*) finden.

Frankfurt liegt _____ (*on the Main river*).

Wenn du wirklich einmal ein richtiger Klavierspieler werden willst, mußt du mindestens jeden Tag zwei Stunden _____ (*at the piano*) sitzen.

QUESTION–ANSWER PRACTICE (Pairs)

Give an appropriate answer.

Neben wem sitzen Sie in der Deutschstunde?

Wer steht meistens vor einer Vorlesung?

Stehen Sie gern vor einer Gruppe? Warum? Warum nicht?

Wohin reisen Sie im Sommer?

In was für einem Haus würden Sie gern wohnen?

Wohin gehen Sie gern am Wochenende?

Haben Sie heute abend etwas Wichtiges vor? Was?

Was für Träume haben Sie gern?

In was für einem Traum passiert das?

Warum möchten Sie nach Europa reisen?

Wohin gehen Sie nach der Deutschstunde?

In welcher Reihe sitzen Sie?

Wo ist Ihr Wagen jetzt?

Wo ist Ihre Mutter jetzt?

Wo möchten Sie jetzt sein?

Wohin fährt Ihr Vater jeden Morgen?

In was für einem Auto fahren Sie gern?

Wohin sind Sie gestern abend gegangen?

Wo waren Sie vor einer Stunde?
Wann waren Sie heute zu Hause?
Wo haben Sie letztes Jahr gewohnt?

PREPARATION FOR TELLING A DREAM (Pairs and Groups)

A. Starting the sentence with the prepositional phrase, say that you have a terrible or beautiful dream.

> every night, once a month, every week, too often, almost every night, only in the winter, at least once a year, at that time, last night

B. Complete the sentence according to the English cue.

> Da merke ich plötzlich, daß . . .
> > (*I'm sitting in my car.*)
> > (*I'm standing behind a big building.*)
> > (*it is very quiet in the room.*)
> > (*he is standing next to me.*)
> > (*someone is chasing me through a big, empty church.*)
> > (*I'm standing in front of the class stark naked.*)
> > (*the German teacher is coming closer and closer with a knife in his hand.*)

C. Translate the English expression in parentheses and complete the sentence.

> Ich muß _____ (*to the university*) gehen, weil . . .
> > (*to the board*) gehen, und . . .
> > (*home*) gehen, weil . . .
> > (*to my teacher's house*) gehen, aber . . .
> > (*in my car*) steigen, und . . .
> > (*to my brother's*) gehen, und . . .
> > (*to New York*) fahren, obwohl . . .
> > (*in front of the group*) gehen, obwohl . . .

D. Complete the following as they might occur in a dream. Refer to the sample dreams at the beginning of the unit if you should need ideas:

> Jemand jagt mich . . .
> Da merke ich plötzlich, daß ein Mann . . .
> Es ärgert mich im Traum, wenn . . .
> Ich versuche in diesem Traum . . . , aber . . .
> Es ist ganz leise in . . .
> Da laufe ich schnell an . . .
> > > in . . .
> > > hinter . . .
> In diesem Traum weiß ich nie, was . . .
> > > ob . . .
> > > warum . . .

[handwritten notes, top margin:] Es geschieht mir oft. / happens often / geschehen, geschieht ist geschehen

V. Dative Verbs

The verbs **gehören**, <u>gelingen</u>, **passieren**, and <u>fehlen</u>, like <u>gefallen</u>, take dative objects:

[handwritten, right margin:] reversed construction / helfen, hilft, geholfen / antworten / dienen — to serve / begegnen — to run into one, impersonal

Das Haus gefällt mein**er** Mutter.
My Mother likes the house. (It is pleasing to her.)

Das Haus gehört mein**er** Mutter.   *[handwritten:] hat gehört*
The house belongs to my mother.

Es wird **dir** bestimmt gelingen.
You will certainly succeed. (It will succeed to you.)

Das passiert mein**em** Bruder immer.
That always happens to my brother.

Mir fehlt das Geld für so etwas.
I lack the money for something like that. (lacking to me)

Mein**em** Wagen fehlt ein Rad.
My car is missing a wheel. (missing to my car)

Gelingen is frequently followed by an infinitive phrase:

Es gelingt mir nicht, etwas auf deutsch zu sagen.
I do not succeed in saying anything in German.

Meiner Schwester gelingt es immer, Geld von unserem Vater zu bekommen.
My sister is always successful in getting money from our father.

Mir gelingt das nie.
I am never successful in doing that.

Note the present perfect form of **gelingen**: **ist gelungen**.

Mir ist das nie gelungen.

Passieren can introduce a **daß**-clause:

Es passiert mir oft im Traum, daß jemand mich jagt.
It often happens (to me) in a dream that someone is chasing me.

Note that although **passieren** is a weak verb, its auxiliary in the present perfect tense is **sein**: **ist passiert**.

Das ist mir oft passiert.

PRACTICE A (Individual)

Supply the correct form of the word(s) in parentheses. They will not all be in the dative.

Im Traume gelingt es _____ (ich) nie, die Tür zu finden.
Das Messer hat _____ (ein Freund) von mir gehört.

Sie heiratet _____ (sein Zimmerkollege).
Ist es _____ (dieser Student) gelungen?
_____ (Dein Mann) fehlt immer das Geld.
Ich glaube, daß _____ (sie) so etwas ärgert.
Sie fragt _____ (ihr Vater), ob _____ (er) ihr Kleid gefällt.
Ich habe _____ (dieser Traum) fast jede Nacht.
_____ (Unsere Zimmerkollegin) gelingt es fast immer, von _____ (ihre
  Mutter) Geld zu bekommen.
_____ (Wer) fehlt ein Buch?
Ist das _____ (Sie) auch einmal im Traum passiert?

PRACTICE B (Individual)

Supply an ending wherever one is required.

Dieser Lehrer gefällt meinem Zimmerkollege____ nicht.
Gehört es wirklich deinem Alt____?
Es gefällt meiner neu____ Zimmerkollegin gar nicht, wenn ich meckere.
Diesen unfreundlichen Mensch____ habe ich nicht gern.
Das Klavier hat einer alten Verwandt____ von mir gehört.
Ich jage unser____ Professor durch einen Wald.
Wir haben einen lang____ Spaziergang am See gemacht.
Es gefällt den Lehrer____ nicht, wenn die Studenten immer dumm____
  Antworten geben.
Ist das dem Jung____ auch passiert?

QUESTION–ANSWER PRACTICE (Pairs)

Wen hat der Lehrer gestern aufgerufen?
Wem gehört dieses Buch?
Gelingt es Ihnen immer, sofort eine richtige Antwort zu geben?
Ärgern Sie Ihre Geschwister?
Gehören diese Schuhe Ihnen oder mir?
Haben Sie Ihren Zimmerkollegen gern?
Gefällt Ihnen meine Bluse/mein Hemd/Kleid?
Gelingt es Ihnen im Traum, alles richtig zu machen?
Was fehlt oft vielen Studenten?
Passiert es Ihnen oft im Traum, daß jemand Sie jagt?
Was passiert Ihnen oft im Traum?
Was passiert Ihnen oft in der Deutschstunde?
Was ist Ihnen gestern nicht gelungen?
Wem ist es nicht gelungen, eine richtige Antwort zu geben?

VI. Subordinate Clause in Position I

If a sentence begins with a subordinate clause, it is considered the first element as far as the entire sentence is concerned. The main clause, therefore, begins with the verb.

I	II	III	IV
Obwohl ich schnell laufe, Wenn ich nach Hause gehe,	kommt besuche	er immer näher ich meine Verwandten.	heran.

VII. derselbe (*the same*) 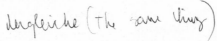 dergleiche (The same thing)

The word **derselbe** is composed of the definite article **der** and the adjective **selb-** (*same*). Although written as one word, the two parts have their normal declensions.

	MASCULINE	FEMININE	NEUTER	PLURAL
NOMINATIVE	**der**selbe	**die**selbe	**das**selbe	**die**selben
ACCUSATIVE	**den**selben	**die**selbe	**das**selbe	**die**selben
DATIVE	**dem**selben	**der**selben	**dem**selben	**den**selben
GENITIVE	**des**selben	**der**selben	**des**selben	**der**selben

When the definite article contracts with a preposition, the adjective is separated:

    in demselben Traum → **im** selben Traum
    zu derselben Zeit → **zur** selben Zeit

VIII. Definite Article Instead of Possessive Adjective

In expressions referring to parts of the body, the definite article is normally used in German instead of possessive adjective:

    Er hat ein Messer **in der Hand** (*in his hand*).
    Ich schwitze **am ganzen Körper** (*on my entire body*).
    Nichts kommt **mir in den Sinn** (*to (my) mind*).

IX. etwas + Adjective

When an adjective follows **etwas** or **nichts**, as in the English *something urgent* or *nothing urgent*, the German adjective is capitalized and takes the neuter **-es** ending (nominative and accusative):

etwas **Wichtiges**	*something important*
etwas **Schönes**	*something beautiful*
nichts **Ernstes**	*nothing serious*
etwas **Schreckliches**	*something terrible*

X. **irgend-**

The word **irgend** combines with question words to make them adverbs:

irgend**wie**	*somehow*
irgend**wann**	*sometime*
irgend**wo**	*somewhere*
irgend**wohin**	*to somewhere*

[handwritten: irgend welch (something or other)]

[handwritten: nirgendwo (no where at all)]

The word **irgend** also combines with the indefinite article to convey the meaning *some (or other)*:

in irgend**einem** Gebäude (*in some building or other*)
für irgend**einen** Menschen (*for some person or other*)
irgend**ein** Lehrer (*some teacher or other*)
irgend**eine** Lehrerin (*some teacher or other*)

Irgend is used with but not attached to **etwas** and **jemand**:

irgend etwas	*something*
irgend jemand	*somebody*

PRACTICE A (Individual)

Translate the word(s) in parentheses according to the context of the sentence.

Ich sehe immer _____ (*the same*) Wald.
Es ist wichtig, daß ich _____ (*the same*) Buch finde.
Das Haus gehört _____ (*some, masc./sing.*) Verwandten.
_____ (*Something terrible*) passiert ihm.
Ich muß immer zu _____ (*some*) Prüfung gehen.
Wir müssen _____ (*nothing important*) tun.
Ist das _____ (*the same*) Plattenspieler?
Er hat kein Messer _____ (*in his hand*).
Das Auto hat _____ (*my roommate*) gehört.
_____ (*At the same moment*) fängt sie an zu weinen.
_____ (*In this same dream*) laufe ich aus _____ (*some*) Gebäude.
Ich tue das immer _____ (*with the same friends*).
Ich habe es _____ (*in my mouth*).
Es gibt nicht viele _____ (*good*) Professoren auf _____ (*this*) Universität.
Das ist _____ (*a forbidden*) Sache.

PREPARATION FOR TELLING A DREAM (Pairs and Groups)

A. Choose one of the introductory subordinate clauses and then complete the sentence, using the English cues.

Obwohl ich große Angst habe, . . .
Obwohl ich keine Angst habe, . . .
    (I go into the house)
    (I begin to cry immediately)
    (I step in front of the group)
    (I begin to speak German)
    (I run through the door and out of the house)
    (I don't say a word)
    (I drive alone to the city)
    (I become very angry)
    (I don't succeed immediately)

B. Complete, using the cues.

In diesem Traum ist es mir nie gelungen, . . .
    (ein Wort/sagen)
    (ein/richtig/Antwort/auf deutsch/geben)
    (mein/Kleider/finden)
    (mein/Arbeit/anfangen)
    (mit/derselb/Mann/sprechen)
    (dies/groß/Tier/töten)
    (mein/Studium/abschließen)

C. Complete using the cues.

In diesem Traum ist es mir passiert, daß . . .
    (ich/kein/richtig/Antwort/können/geben)
    (derselb/Lehrer/ich/Dummkopf/nennen)
    (ich/groß/Angst/bekommen)
    (ich/etwas Wichtiges/müssen/tun)
    (eine Frau/ich/durch/dunkel/Wald/jagen)

D. Complete the sentences. Use your imagination this time.

In diesem Traum passiert es mir immer, daß . . .
Obwohl ich ein Messer in der Hand habe, . . .
Ich merke nicht in diesem Traum, daß . . .
Es gelingt mir manchmal nicht, . . .

TELLING A DREAM (Pairs and Groups)

A. Using only notes, relate one or more of the following dreams to your group or to the class as a whole. You need not follow the outline exactly, but stick to expressions we have had. You should be able to tell the dream in both the present and past (present perfect) tenses. *Don't translate the English into German!*

1. At least once a month you have this terrible dream. Someone or something is chasing you through something, an empty building, a big church, a dark house. You want to get out, but you do not succeed in finding a door. Suddenly, it becomes very dark. You can't see anything. Then you notice that a large man is standing next to you with a knife in his hand. Fortunately, you wake up at that moment.

2. In this unusual dream you have an important test with your German teacher, but you don't know where you are supposed to go. You go to his place, but he is not home. His wife says he is in the church next to their house. A large group of people is sitting in the church. Your teacher is standing in front of them. He is talking German although you do not understand what he is saying. You ask him in English what you are supposed to do. He scolds you because you are talking English. You begin to cry. Everybody laughs at you. You get angry and want to tell them that they are stupid, but at that moment you wake up.

Im Traum versuche ich, schnell zu laufen, aber ich komme nicht weiter.

3. You are driving to the country, or the mountains or to the coast to visit a relative. You are alone in your car. You see a large house near a dark forest. You drive in front of the house and get out of your car. A beautiful woman is standing at the window. You go to her and ask whether she knows your relative. She says she is your Aunt Clara. You become very frightened because you know that your Aunt Clara has been dead for years.

B. Using expressions and vocabulary we have had up to this point, put together a bizarre, embarrassing or terrifying dream to tell to your group or to the class as a whole. It need not be a true dream. To assist you, you may use notes or an outline, but you should not read a prepared written text. Be imaginative, but don't deviate from the structures and vocabulary you know.

GRAMMAR SUMMARY

I. Summary of Case Forms and Endings

A. Pronouns

NOMINATIVE	ich	du	er	sie	es	wir	ihr	sie	Sie
ACCUSATIVE	mich	dich	ihn	sie	es	uns	euch	sie	Sie
DATIVE	mir	dir	ihm	ihr	ihm	uns	euch	ihnen	Ihnen

B. **der**-Words (dative new in this unit)

	MASCULINE	FEMININE	NEUTER	PLURAL
NOMINATIVE	dieser	diese	dieses	diese
ACCUSATIVE	diesen	diese	dieses	diese
DATIVE	diesem	dieser	diesem	diesen
GENITIVE	dieses	dieser	dieses	dieser

C. **ein**-Words (dative new in this unit)

	MASCULINE	FEMININE	NEUTER	PLURAL
NOMINATIVE	ein	eine	ein	keine
ACCUSATIVE	einen	eine	ein	keine
DATIVE	einem	einer	einem	keinen
GENITIVE	eines	einer	eines	keiner

D. Nouns

1. WEAK NOUNS (**der Mensch, der Student, der Kollege,** etc.)

In all cases, singular and plural, except nominative singular, these nouns have an **-en** ending.

	SINGULAR	PLURAL
NOMINATIVE	der Mensch	die Menschen
ACCUSATIVE	den Menschen	die Menschen
DATIVE	dem Menschen	den Menschen
GENITIVE	des Menschen	der Menschen

2. DATIVE PLURAL

With the exception of nouns which form their plural with the ending **-s** or **-(e)n**, all nouns add the ending **-n** in the dative plural.

PLURAL

NOMINATIVE	die Freunde
ACCUSATIVE	die Freunde
DATIVE	den Freunden
GENITIVE	der Freunde

E. Adjective Endings

1. ADJECTIVE ENDINGS IN THE DATIVE (new in this unit)

The adjective ending in the dative following both **ein-** and **der-**words is always **-en**.

MASCULINE	FEMININE	NEUTER	PLURAL
dem alt**en** Mann	der alt**en** Frau	dem klein**en** Kind	den alt**en** Freunden
einem alt**en** Mann	einer alt**en** Frau	einem klein**en** Kind	seinen alt**en** Freunden

2. CUMULATIVE CHART OF ADJECTIVE ENDINGS

		MASCULINE			FEMININE		
		A	B	C	A	B	C
NOMINATIVE	**der**-word	der	alte	Mann	die	alte	Frau
	ein-word	ein	alter	Mann	eine	alte	Frau
ACCUSATIVE	**der**-word	den	alten	Mann	die	alte	Frau
	ein-word	einen	alten	Mann	eine	alte	Frau
DATIVE	**der**-word	dem	alten	Mann	der	alten	Frau
	ein-word	einem	alten	Mann	einer	alten	Frau
GENITIVE	**der**-word	des	alten	Mannes	der	alten	Frau
	ein-word	eines	alten	Mannes	einer	alten	Frau

		NEUTER			PLURAL		
		A	B	C	A	B	C
NOMINATIVE	**der**-word	das	kleine	Kind	die	guten	Freunde
	ein-word	ein	kleines	Kind	seine	guten	Freunde
	unpreceded					gute	Freunde
ACCUSATIVE	**der**-word	das	kleine	Kind	die	guten	Freunde
	ein-word	ein	kleines	Kind	seine	guten	Freunde
	unpreceded					gute	Freunde
DATIVE	**der**-word	dem	kleinen	Kind	den	guten	Freunden
	ein-word	einem	kleinen	Kind	seinen	guten	Freunden
	unpreceded					guten	Freunden
GENITIVE	**der**-word	des	kleinen	Kindes	der	guten	Freunde
	ein-word	eines	kleinen	Kindes	seiner	guten	Freunde

II. Prepositions

A. Followed by *accusative* case: **durch, für, gegen, ohne, um**

B. Followed by *dative* case: **aus, außer, bei, mit, nach, seit, von, zu**

C. Followed by *either* accusative *or* dative case: **an, auf, hinter, in, neben, über, unter, vor, zwischen**

> *Accusative* expresses the idea of *motion into the area* defined by the preposition.
>
> *Dative* expresses the idea of *location within the area* defined by the preposition (including motion within the area).

III. Word Order Review

A. *Main Clause*. Verb in position II, subject or other sentence element in position I:

I	II	III	IV
Der Traum	ist	meistens sehr kurz.	
Heute abend	gehen	wir nicht	in die Oper.
Mir	gefällt	dein neues Kleid ganz gut.	
Dem Kind	gelingt	es meistens nicht.	
Im Winter	reise	ich oft	nach Rom.

An entire subordinate clause can occupy position I:

I	II	III	IV
Obwohl ich ganz schnell laufe,	kommt	er näher	heran.

B. *Subordinate Clause:* Verb in position IV:

Main Clause	Subordinate Clause			
	0	I	III	IV
Ich weiß nicht,	ob	der Wagen	ihm	gehört.

Subordinate Clause				
0	I	IV		
		A	B	Main Clause
Wenn	ich	nach Hause	gehe,	besuche ich immer meine Verwandten.

C. *Position IV:* Past participle; dependent infinitive with modals, future tense, and **würde**:

	IV	
	A	B
Ich habe sie letzten Sommer in Köln		besucht.
Im Traum muß ich immer allein	vor die Klasse	treten.
Im Herbst werde ich eine Reise	nach Europa	machen.
Er würde sehr gern mit uns	ins Kino	gehen.

EXERCISES

I. Accusative Prepositions

Fill in the indicated word(s).

1. Ich laufe dann durch _____ (*a dark*) Wald.
2. Warum hat der Lehrer etwas _gegen_ (*against*) dich?
3. Wir möchten lieber um _____ (*the big*) Tisch sitzen.
4. Sie hat doch nichts gegen _____ (*this gentleman*). (Herren)
5. Möchten Sie für _____ (*me*) arbeiten?
6. Ohne _____ (*this scholarship*) würde ich nicht studieren können.
7. Wir haben letzten Sommer eine Reise _____ (*through*) die Schweiz gemacht.
8. Dieses Buch ist für _____ (*my roommate*).
9. Warum läuft der Hund immer _um_ (*around*) das Haus?
10. Ich habe nichts gegen _____ (*this inexpensive*) Wein.

II. Dative Prepositions

Fill in the indicated word(s).

1. Außer _____ (*me*) hat keiner die Antwort gewußt.
2. Seit _____ (*my last*) Traum kann ich nur noch an sie denken.
3. Als er in Deutschland war, hat er immer bei _____ (*his relatives*) gewohnt.
4. Ich komme gerade aus _____ (*the interesting*) Vorlesung von Professor Hanslick.
5. Kommt ihr heute abend _____ (*to*) uns?
6. Im Winter fahren wir immer _____ (*to*) Sankt Moritz.
7. Mit _____ (*these lazy*) Studenten kann man überhaupt nichts anfangen.
8. Die Party ist heute in acht Tagen _____ (*at Inge's*).
9. Ich würde sehr gern mit _____ (*her*) eine Reise nach Italien machen.
10. Ich höre jetzt nur noch wenig von _____ (*my old friends*).

III. Accusative/Dative Prepositions

Fill in the indicated word(s), putting them in the appropriate case (accusative or dative).

1. Alte Hexen [witches] wohnen immer in _____ (a dark) Wald.
2. Warum willst du in _____ (this old) Gebäude gehen?
3. Unsere Kinder spielen immer hinter _____ (our) Haus.
4. Kannst du deinen Wagen hinter _____ (the) Gebäude fahren?
5. Viele Leute stehen da vor _____ (the old) Kirche.
6. Ich steige sehr gern in _____ (your new) Mercedes ein.
7. Der alte Hund schläft immer unter _____ (this) Tisch.
8. Jeden Abend gehen sie neben _____ (the) Wald spazieren.
9. Inge steht stundenlang an _____ (her) Fenster und wartet.
10. Wohnt ihr nicht zwischen _____ (two empty fields)?

IV. All Prepositions

Express in German. You should be able to do these quickly.

1. He's standing in front of the house.
2. Are you coming to Inge's tonight.
3. Did he work for his father?
4. The teacher is coming into the room.
5. They are taking a walk through the town.
6. We're eating after class anyway.
7. That book was for me.
8. They are living in the country.
9. Are you going to church immediately?
10. What is wrong with me?

V. Dative Verbs

Express in German.

1. That car belonged to my father.
2. You'll certainly succeed.
3. I lacked the money for my studies.
4. It often happens that I wake up suddenly.
5. Why didn't you like his lectures?
6. This building belongs to the same man.
7. Somehow I'll succeed.
8. I like the same records.
9. Something similar is always happening to me.
10. This sweater must belong to somebody.

Kevel

PRÄPOSITIONENALPTRAUM[1]

Ich fahre allein in meinem alten Kabriolett aber ich weiß nicht recht wohin. Obwohl ich in der dunklen Nacht fast nichts sehen kann, kommen mir die Straße und der dichte[2] Wald irgendwie bekannt vor[3]. Fahre ich gegen Osten in die Berge oder gegen Westen an die Küste? Es ist mir nicht ganz klar[4]. Das Verdeck[5] ist herunter[6], und ich fühle die kalte Luft gegen mein Gesicht[7]. Nach einer Weile komme ich zu einer Lichtung[8] im Wald, und da der Mond[9] gerade in diesem Moment durch die Wolken[10] scheint, erkenne[11] ich einen kleinen See nicht weit von der Straße. Jetzt weiß ich, daß ich nach Osten fahre, daß ich auf dem Weg zu unserem Sommerhaus in den Bergen bin. Wie ich dann um eine scharfe Kurve fahre, da steht plötzlich vor mir mitten[12] auf der Straße eine junge Frau und winkt ganz ruhig[13] mit den Armen mir zu[14]. Voll Erschrecken[15] trete ich fest[16] auf die Bremse[17]. Mein Wagen kommt bloß ein paar Meter vor ihr zum Stehen[18]. Ich schwitze am ganzen Körper, und mein Herz[19] schlägt[20] wie verrückt. Ohne irgendein Wort zu sagen, steigt sie in den Wagen. Ich fange an, etwas zu sagen, aber die Worte bleiben mir in dem Mund stecken[21]. Wie ich sie anschaue, merke ich, daß ihr Kleid zerrissen[22] ist und daß sie Blut[23] an den Händen hat. Automatisch fahre ich wieder los[24]. Nach ein paar Minuten schreit[25] sie ganz laut: „Nein, nicht in diese Richtung[26]; wir müssen zu dem Haus zurück; er stirbt." Meine Angst kann ich kaum beschreiben[27]. Ich schaue sie noch einmal an, und zu meinem Erschrecken[28] sitzt jetzt meine Mutter neben mir. Aber sie scheint[29] mich nicht zu erkennen[30]. Ich drehe ganz schnell um[31], und in wenigen Minuten sind wir wieder am See. Meine Mutter springt[32] aus dem Auto und rennt zu unserem Sommerhaus. Ich bleibe im Wagen sitzen, ganz verwirrt. Es ist unser Sommerhaus, aber wie kann das möglich sein, es liegt doch an keinem See. Meine Mutter hält an[33] und schimpft mich aus: ob ich nicht verstehe, daß mein Vater da im Haus liegt und stirbt. Wir beide rennen in das Haus und da auf dem Boden[34] liegt ein großer Mann und blutet[35]. Das kann nicht mein Vater sein, denke ich. Der Mann ist zu groß und das sind nicht seine Kleider. Ich kann kaum atmen[36], so groß ist meine Angst. Wie ich auf den Mann zugehe[37], springt er plötzlich auf und packt[38] mich mit seinen starken Händen. „Jetzt haben wir ihn," schreit[39] er und beginnt, mich zum See zu schleppen[40]. Mit einem starken Fußtritt[41] in die Leiste[42] gelingt es mir, von ihm loszukommen[43]. Ich laufe so schnell, wie ich kann, zu meinem Wagen. Aber der ist nicht mehr da. Was soll ich tun? Ich kann kaum denken. Ich laufe über die Straße und komme auf der anderen Seite zu einem steilen[44] Felsen[45]. Wie ich hinabschaue[46], sehe und höre ich unten das Meer.

---

[1]preposition nightmare   [2]dense   [3]kommen . . . vor: seem   [4]mir . . . klar: not quite clear to me   [5]top   [6]down   [7]face   [8]clearing   [9]moon   [10]clouds   [11]recognize   [12]in the middle of   [13]calmly   [14]winkt . . . mir zu: waves to me   [15]terrified   [16]firmly   [17]brake   [18]to a stop   [19]heart   [20]beats   [21]bleiben . . . stecken: stick   [22]torn   [23]blood   [24]fahre . . . los: drive off   [25]screams   [26]direction   [27]describe   [28]horror   [29]seems   [30]recognize   [31]drehe . . . um: turn around   [32]jumps   [33]hält an: stops   [34]floor   [35]bleeds   [36]breathe   [37]approach   [38]grabs   [39]screams   [40]drag   [41]kick   [42]groin   [43]to get free   [44]steep   [45]cliff   [46]look down

Winter in Garmisch-Partenkirchen: So schön wie in einem Traum!

Was ist mit mir los? Ich bin doch in den Bergen, nicht an der Küste. Mir schwindelt's[47], und ich falle in die kalte Nachtluft hinein[48]. Ich schreie[49], aber diesmal wache ich nicht auf. Es ist das Ende für mich.

WRITING A DREAM

Now try writing a dream of your own. Use as patterns the "*Prepositionenalptraum*" above and other dreams in the unit. Or base it entirely on your own imagination.

VOCABULARY

Active

Nouns

der Berg, -e   *mountain*
die Erde, -n   *earth*

---

[47]I become dizzy   [48]into   [49]scream

das Feld, -er	*field*
das Fenster, -	*window*
das Folgende (*adj. decl.*)	*the following*
das Fräulein, -	*Miss, young lady*
das Gebäude, -	*building*
die Gruppe, -n	*group*
die Hand, ⸚e	*hand*
der Herr (des Herrn), -en	*Mr., gentleman*
der Kollege (-en), -n	*colleague*
der Körper, -	*body*
die Küste, -n	*coast*
das Messer, -	*knife*
das Meter, -	*meter*
der Mund, ⸚er	*mouth*
die Reihe, -n	*row*
der Stein, -e	*stone, rock*
die Straße, -n	*street*
die Tafel, -n	*blackboard*
der Traum, ⸚e	*dream*
die Tür, -en	*door*
der Wald, ⸚er	*forest*
das Wort, ⸚er	*word*

Verbs

anfangen (fängt an), hat angefangen	*to start*
aufrufen (ruft auf), hat aufgerufen	*to call on (someone in class)*
aufwachen (wacht auf), ist aufgewacht	*to wake up*
auslachen (lacht aus)	*to laugh at (someone)*
bedeuten	*to mean*
beginnen, hat begonnen	*to begin*
fallen (fällt), ist gefallen	*to fall*
fehlen (+ *dat.*)	*to be missing, to be lacking*
gehören (+*dat.*)	*to belong to*
gelingen, ist gelungen (+*dat.*)	*to succeed*
herankommen (kommt heran), ist herangekommen	*to come up to (someone)*
jagen	*to hunt, to chase*
merken	*to notice*
passieren, ist passiert (+ *dat.*)	*to happen (to)*
rennen, ist gerannt	*to run*
schwitzen	*to sweat*
sitzen, hat gesessen	*to sit*
steigen, ist gestiegen	*to climb, to get into*

stolpern, ist gestolpert	*to stumble*
töten	*to kill*
träumen	*to dream*
treten (tritt), ist getreten	*to step*
versuchen	*to try*
weinen	*to cry*
zittern	*to tremble*

Other Words

an	*next to, at the side of, up to, at*
auf	*on, on top of*
aus	*out of, from*
außer	*except, besides*
bis	*until*
bis zu (bis an)	*up to*
derselbe	*the same*
durch	*through*
einmal	*once*
ernst	*serious*
für	*for*
gegen	*against*
glücklich	*happy*
glücklicherweise	*fortunately*
hilflos	*helpless*
hinter	*behind*
in	*in, into*
irgend	*some*
irgend etwas	*something*
irgend jemand	*someone*
irgendein	*some (or other)*
irgendwie	*somehow*
irgendwo(hin)	*(to) somewhere*
leer	*empty*
leise	*quiet, soft*
möglich	*possible*
nach	*to, after*
nackt	*naked*
nah (näher)	*near (nearer)*
neben	*beside*
obwohl	*although*
plötzlich	*suddenly*
schrecklich	*terrible*
seit	*since*

selb-	*same*
sofort	*immediately*
splitternackt	*stark naked*
über	*over*
um	*around, about, at*
unter	*under*
verboten	*forbidden*
verlegen	*embarrassed*
von	*from, of*
vor	*in front of, before, ago*
weit	*far, wide*
wichtig	*important*
zwischen	*between*

Expressions

auf deutsch (auf englisch)	*in German (in English)*
bitte schön	*please, you're welcome*
böse auf (+ *acc.*)	*angry with*
immer näher	*closer and closer*
los	*loose, wrong, away*
Was ist los?	*What's wrong?*
der Sinn	*sense, mind*
in den Sinn kommen	*to come to mind*
so . . . wie	*as . . . as*
so schnell wie möglich	*as fast as possible*
gut	

(handwritten note, left margin:) immer + comparative form of the adverb = ___ and ___ immer schäder = more and more

Passive

Nouns

das Meer, -e	*ocean*
der Osten	*east*
die Schweiz	*Switzerland*
der See, -n	*lake*
der Weg, -e	*way, path*
die Weile	*(a) while*
der Westen	*west*

(handwritten notes, right margin:) 1) two way prep. w/ an expression usually takes acc. 2) two way prep w/ a time expression usually takes dative. 3) if time expression doesn't have a prep. its in the accusative. 4) can have dangling prep. in eng. like "who are you waiting for?" In German must put the prep. before the sentence "Für wen wartest du?"

Verbs

denken, hat gedacht	*to think*
sterben (stirbt), ist gestorben	*to die*

Other Words

bekannt	*familiar, known*
da	*since*
gerade	*precisely*
kaum	*hardly*
stark	*strong*
verwirrt	*confused*

10/ZEHN

FERIEN UND URLAUB

The topic of this unit is vacations: where you have gone, what you have seen, what you did. When telling about vacations you have had, it is common in German to use the narrative (simple past) tense. And this unit concentrates exclusively on the problem of tenses, especially the usage of the simple past and present perfect.

1 Habt ihr dieses Jahr schon Urlaub genommen?

—Ja, wir waren im Januar vierzehn Tage im Skiurlaub.*

—Zweimal sogar! Den Sommerurlaub haben wir im Nordwesten verbracht und im Winterurlaub sind wir nach Arizona gefahren.

—Nein, dieses Jahr nicht. Das Geld war ein bißchen knapp, und deswegen sind wir zu Hause geblieben.

—Ja, sicher! Wir sind wie jeden Sommer zu unserem Sommerhaus hoch in die Berge gefahren.

2 Wie hast du deine Ferien verbracht?

—Zu Weihnachten bin ich nach Hause geflogen. Ich habe die Feiertage zusammen mit meiner Familie verbracht.

—Zu Ostern bin ich mit meinem Zimmerkollegen nach Florida gereist. Dort haben wir im Meer gebadet, in der Sonne am Strand gelegen, viel Bier getrunken, und viele schöne Mädchen und Jungen kennengelernt.

—Ich mußte die ganze Zeit arbeiten. Ich habe überhaupt nichts Interessantes gemacht.

—In den Frühlingsferien* sind wir Camping gegangen. Leider hat es geschneit. Nächstes Jahr fahren wir in den Süden.

—Die großen Ferien habe ich in Deutschland verbracht. Ich habe meine Verwandten besucht und ein bißchen Deutsch gelernt.

---

* While the distinction between **Ferien** and **Urlaub** is not always clear-cut, **Ferien** normally applies to vacations which occur at specifically designated times which everybody or everybody belonging to a specific group receives—school vacations, for example. The word is always plural grammatically. **Urlaub** means a vacation which employees accrue and take at different times of the year.

3 Urlaub an der Küste von Maine

Ich habe letzten Sommer im Juni mit meiner Familie eine Reise nach Maine gemacht. Diese Gegend war für uns ganz neu. Dort haben wir an der Küste einen Monat lang ein Ferienhäuschen gemietet. Wir waren zum ersten Mal dort. Wenn das Wetter schön war, verbrachten wir den ganzen Tag am Strand oder gingen segeln [*sailing*]. Wenn es regnete, was leider ziemlich oft passierte, spielten wir im Haus Karten, Schach [*chess*], Monopoly oder irgendwas anderes. Von dort aus machten wir auch oft Ausflüge zu anderen Dörfern und Städtchen in der Gegend. Einmal machten wir eine längere Reise nach Quebec, wo wir uns die vielen Sehenswürdigkeiten in dieser alten französischen Stadt ansahen und in den vielen schönen Geschäften einkauften. Da ich nicht viel Geld hatte, kaufte ich bloß ein paar Andenken für meine Freunde zu Hause. Wir blieben zwei Tage und drei Nächte in Quebec. Unser Urlaub ging zu schnell zu Ende; niemand wollte nach Hause. Auf dem Rückweg mußten wir unsere Verwandten in New Haven besuchen. Das war wie immer sehr langweilig.

4 Im Urlaub muß man aufpassen

Jim: Was habt ihr in den Ferien gemacht?
Ron: Wir sind nach Mexiko gefahren, an die pazifische Küste.
Jim: Das muß da unten herrlich sein. Dorthin würde ich auch gern mal reisen, aber es kostet so verdammt viel.
Ron: Die Fahrt war nicht besonders teuer. Wir sind per Anhalter bis nach El Paso gefahren, von dort mit dem Bus nach Chihuahua, und dann weiter mit dem Zug nach Mazatlan.
Jim: Ja, aber wie ist es dort mit der Unterkunft und dem Essen? Das hat bestimmt eine Menge Geld gekostet.
Ron: Gar nicht so teuer, wie wir gedacht hatten. Wir konnten glücklicherweise einen Wohnwagen von Bekannten mieten. Sonst kann man im Zelt auf

Wir haben unseren Urlaub am Rhein verbracht.

einem Campingplatz schlafen oder, wenn das Wetter kalt ist, ein billiges Hotelzimmer finden. Das Essen ist sogar billig, wenn man etwas Spanisch kann und wie die Mexikaner einkauft.

Jim: Ist das aber nicht gefährlich, ich meine mit dem Krankwerden und so?

Ron: Du meinst den Durchfall [*diarrhea*] oder Montezumas Rache [*revenge*], wie die Touristen das nennen. Natürlich muß man aufpassen, besonders mit dem Wasser, aber ich glaube, daß mir nur einmal was passiert ist, vor ein paar Jahren. Jetzt trinke ich kein Wasser mehr, nur Bier. Übrigens, wir fahren in den Frühlingsferien wieder dorthin. Wenn du gern mitfahren möchtest, laden wir dich herzlich [*cordially*] ein.

Jim: Das ist sehr nett von dir. Ich würde gern mitreisen.

PUTTING IT TO WORK

I. Present Perfect vs. Simple Past

The pattern sentences, monologues and dialogues of this unit show the basic difference in German between the present perfect and the simple past tenses. Since both tenses convey in most instances the same meaning, the difference is essentially one of style. Except in the case of a few verbs, the present perfect is used to talk about isolated events that occurred in the past. It is therefore used with few exceptions in conversations. It is also common practice in spoken German to narrate, that is, to relate a sequence of events, in the present perfect tense. This results in a colloquial style. A more formal style is to narrate in the simple past tense. In writing, which of course is more formal than speaking, the simple past tense is preferred over the present perfect. It is not uncommon to hear a German begin to relate a story or an incident in the present perfect and then switch to the simple past when he realizes he has begun to narrate. The simple past of **sein** and the modal auxiliary verbs is more common than their present perfect forms. The verbs **haben**, **werden** and **wissen** also occur frequently in the simple past tense.

II. Formation of the Simple Past Tense (Imperfect)

A. Weak Verbs

The simple past tense of weak verbs is formed by adding the following endings to the infinitive stem:

	INFINITIVE STEM	ENDING
ich	sag	**te**
du	sag	**test**
er	sag	**te**
wir	sag	**ten**
ihr	sag	**tet**
sie	sag	**ten**
Sie	sag	**ten**

An **e** is inserted between the stem and the ending if the stem ends in **d** or **t** or other sound combinations which make it difficult to pronounce the ending:

Ich wartete, du arbeitetest, er mietete, es kostete, ihr badetet, es regnete

B. Strong Verbs

The simple past tense of strong verbs is formed by adding the following endings to the *changed infinitive stem* called the *past stem* (**geben** → *gab*, **gehen** → *ging*).

	PAST STEM	ENDING
ich	gab	—
du	gab	**st**
er	gab	—
wir	gab	**en**
ihr	gab	**t**
sie	gab	**en**
Sie	gab	**en**

Like the weak verbs, strong verbs insert an **e** between the stem and ending in the **du** and the **ihr** form if the stem ends in **d** or **t** or other sound combination which makes it difficult to pronounce the ending (**du bat*e*st, ihr bat*e*t**).

C. Mixed Verbs

A small group of verbs change their stems (as do strong verbs) but take the endings used with weak verbs:

denken	**dachte**
kennen	**kannte**
rennen	**rannte**
wissen	**wußte**
bringen	**brachte**

Werden (*to become*) behaves like a mixed verb in the simple past:

ich wurde	wir wurden
du wurdest	ihr wurdet
er sie } wurde es	sie wurden

Sie wurden

But its past participle is formed like that of a strong verb:

ist . . . geworden

D. Separable Verbs

As in the present tense, the prefix of separable verbs is separated from the stem in the simple past tense and placed in position IV:

I	II	III	IV
Die Vorlesung Ich	**fing** **wachte**	um neun Uhr sehr früh	**an.** **auf.**

The word order in subordinate clauses is also the same as present tense.

	0	I	II	III	IV
Ich wußte nicht,	daß	die Vorlesung		um neun Uhr	anfing.

III. Principal Parts of Strong Verbs

From this point on in the book you must memorize the *principal parts* of all strong and irregular verbs. The principal parts consist of 1) the infinitive, 2) the third person singular present tense, if it has a vowel change, 3) the simple past tense, and 4) the past participle, including the auxiliary verb. In charts, the principal parts are listed as follows:

INFINITIVE	PRESENT	SIMPLE PAST	PAST PARTICIPLE
geben	gibt	gab	hat gegeben
fahren	fährt	fuhr	ist gefahren
bleiben		blieb	ist geblieben
anfangen	fängt an	fing an	hat angefangen
verstehen		verstand	hat verstanden

At the end of the Vocabulary section of this unit the principal parts of all strong and irregular verbs introduced actively through Unit 10 are listed. The Appendix lists all such verbs used actively and passively in the book. If a verb is not included in the list of strong and irregular verbs, it can be assumed to be weak. The list of verbs at the end of this unit should be memorized before proceeding with the exercises below.

PRACTICE A (Individual)

Weak Verbs. Restate the following sentences in the simple past tense.

Ich wohne schon immer in einem kleinen Dorf.
Deswegen schwitzt und zittert er am ganzen Körper.
Unsere Bekannten baden jeden Tag im Meer.
Er antwortet sofort.
Warum paßt du nicht besser auf?
Ich lerne viele neue Menschen kennen.
Meint sie das wirklich so?
Warum heiratet er diese faule Frau?
Wir mieten ein Zelt.

PRACTICE B (Individual)

Strong and mixed verbs. Again, restate the following sentences in the simple past tense.

Wann schließt er sein Studium ab?
Wie weißt du, daß das nur ein Traum ist?

Sie laden uns zum ersten Mal ein.
Sie ziehen im Herbst aufs Land.
Meine kleine Schwester sieht jeden Abend fern.
Wir verstehen seine Fragen nicht.
Leider schlafe ich in der Deutschstunde immer ein.
Was ißt du gern?
Wir fliegen zuerst mit einem Charterflug nach Frankreich.
Er fährt erst um sieben ab.

PRACTICE C (Individual)

In the following sentences, which contain all types of verbs, change the subject as indicated.

Ich verbringe gern viel Zeit am Strand. (meine Familie, sie [she])
Wir arbeiten schwer. (du, meine Mutter)
Er schlief sofort ein. (ich, meine Schwester)
Fuhr er den ganzen Weg allein? (sie [they], du)
Ich stand erst um zehn auf. (wir, er)
Ich dachte den ganzen Monat daran [about it]. (du, ihr)
Wir waren nach dem Ausflug müde. (ich, du)
Das Fräulein wollte mich töten. (ihr, du)
Darfst du in den Ferien allein nach Mexiko fahren? (dein Bruder, das
   Mädchen)

■ PRACTICE D (Individual)

Say that you *were able to* (**ich konnte**) do the following **vor einer Woche.** *a week ago*

visit the area, get to know the girl, write a letter and read a little in your novel, learn a little French, bathe in the ocean and then lie in the sun on the beach

Say that you *did not want to* do the following **im Urlaub**.

eat in expensive restaurants, stay in a small village, make long excursions, buy a bunch of souvenirs, take the train to New York, rent a trailer house

keine Menge

Say that you **had to** do the following **vor ein paar Tagen.**

help your father in the store, sleep in a tent on the beach, spend the holidays with your relatives, find accommodations in a cheap hotel

QUESTION–ANSWER PRACTICE A (Pairs)

Answer the following questions based on the narration and the conversation at the beginning of the unit.

Urlaub an der Küste von Maine

Wohin fuhr diese Familie im Urlaub?
Wie lange blieben sie?
Wo verbrachten sie ihre Zeit, wenn das Wetter schön war?
Was machten sie, wenn es regnete?
Wohin machten sie Ausflüge?
Was machten sie in Quebec?
Warum kaufte der Junge/das Mädchen nur ein paar Andenken?
Wie lange blieben sie in Quebec?
Was war wahrscheinlich das Interessanteste in Quebec?
Warum wollte niemand nach Hause?
Wie war die Rückreise?

Im Urlaub muß man aufpassen

Was hat Ron in den Ferien gemacht?
Warum hat die Reise nicht besonders viel gekostet?
Warum war die Unterkunft billig?
Warum mußten sie nicht allzu viel fürs Essen bezahlen?
Was kann oft da unten gefährlich sein?
Wann fahren sie wieder dorthin?
Warum würde Jim gern mitfahren?

QUESTION–ANSWER PRACTICE B (Pairs)

Answer the following questions using the simple past tense, following the example.

EXAMPLE: Bist du heute sehr müde? (**gestern abend**)
          Nein, aber ich **war gestern abend** sehr müde.

Mußt du dieses Wochenende arbeiten? (letztes Wochenende)
Ist das Geld dieses Jahr knapp? (letztes Jahr)
Kann man ein Zelt mieten? (damals)
Weißt du alle Antworten? (vor ein paar Tagen)
Wird sie Rechtsanwältin? (ihre Schwester)
Magst du den Big Mäc? (als ich Kind war)

QUESTION–ANSWER PRACTICE C (Pairs)

Answer using the simple past, according to the cues in parentheses.

Wann fing die Oper an? (20.15)
Wem gehörte das Messer? (sein Bekannter)
Wer merkte das zuerst? (meine Geschwister)
Warum konntest du heute morgen nicht früh aufstehen? (spät zu Bett)

Warum reisten Sie nicht mit? (kein Geld)
Was fehlte ihm eigentlich gestern? (krank)
Wo saßen sie? (um/Tisch)
Wo verbrachten sie ihren Urlaub? (Küste)

NARRATION PRACTICE (Pairs)

Narrate one of the dreams in Unit 9 in the simple past tense.

IV. Past Perfect

The *past perfect* is formed with the simple past of **haben** or **sein** plus the past participle of the verb. It is used to report an event or action which took place before another event or action in the past.

> Ich **hatte vergessen**, daß er so krank war.
> *I **had forgotten** that he was so sick.*

> Wir wollten unseren Urlaub hier verbringen, weil wir so viel Schönes über die
>   Gegend **gehört hatten**.
> *We wanted to spend our vacation here because we **had heard** so many nice
>   things about the area.*

> Wir wußten nicht, daß sie schon **abgefahren waren**.
> *We didn't know that they **had** already **departed**.*

PRACTICE A (Individual)

Say that you *had forgotten* the following.

> that your money was so scarce, that she loved another man, that the path was
> so dangerous, that one had to be careful, that accommodations were so
> expensive, that she had already met him

■ PRACTICE B (Individual)

Use the past perfect to explain why you wanted to spend your vacation at the place indicated, using the reason given in parentheses.

EXAMPLE: **Wir wollten unseren Urlaub in Deutschland verbringen, . . . (weil/wir/
viel/von diesem Land/hören)**
    Wir wollten unseren Urlaub in Deutschland verbringen, **weil wir viel von
    diesem Land gehört hatten.**

wieder in Maine (weil/es/uns/hier/das erste Mal/gefallen)
in England (weil/ich/dort/als Kind/leben)
an der Küste von South Carolina (weil/wir/so viele schöne Bilder von dieser
   Gegend/sehen)
dort oben in den Bergen (weil/Bekannte/uns/einladen)
wieder im Nordosten (weil/es/uns/das letzte Mal/so viel Spaß/machen)

■ PRACTICE C (Individual)

Form complete sentences according to the example, beginning each with **nachdem**
(*after*).

EXAMPLE: **wir/unsere Verwandten in Denver/besuchen,** fuhren wir weiter nach Los
         Angeles.
         Nachdem wir unsere Verwandten in Denver besucht hatten, fuhren wir
         weiter nach Los Angeles.

ich/zwei Wochen auf Ski/stehen, konnte ich ziemlich gut skifahren.
wir/im See/baden, lagen wir in der Sonne am Strand.
wir/per Anhalter nach El Paso/fahren, fuhren wir weiter mit dem Bus.
ich/den Durchfall/bekommen, lag ich todkrank auf meinem Bett im
   Hotelzimmer.
er/genug Geld/verdienen, machte er eine Reise nach Europa.

■ PRACTICE D (Individual)

Complete the sentences according to the examples.

EXAMPLE: Bevor wir nach Mexiko abfuhren, (**unsere Freunde in Mazatlan/noch
         nicht/schreiben**)
         Bevor wir nach Mexiko abfuhren, **hatten wir unseren Freunden in
         Mazatlan noch nicht geschrieben.**

Bevor wir nach Mexiko abfuhren,
     (Tabletten gegen Durchfall/schon/kaufen)
     (ein/neu/Auto/schon/kaufen)
     (ein/Wohnwagen/schon/mieten)
     (unser/Hotelzimmer/noch nicht/reservieren)
     (in Colorado/schon ein paar Tage/sein)

PRACTICE E (Individual)

Formulate questions, asking someone whether he or she did the following on his or
her vacation. This time use the *present perfect* tense except with **sein, haben** and the
modals. Vary the second person pronoun from **du** to **ihr** to **Sie**.

skilaufen gehen, mit den Eltern reisen, durch Arizona fahren, neue Menschen kennenlernen, per Anhalter nach Denver fahren, in Mexiko gut aufpassen, einige neue Kleider kaufen, ein Sommerhaus mieten, zum ersten Mal nach dem Südosten reisen

PRACTICE F (Individual)

Restate the following sentences as subordinate clauses by introducing them with the main clause and subordinate conjunction given in parentheses.

EXAMPLE: Ihr Mann ist vor zwei Jahren zu Weihnachten nach Hause geflogen.
(**Wissen Sie, ob . . .**)
Wissen Sie, ob Ihr Mann vor zwei Jahren zu Weihnachten nach Hause **geflogen ist**?

Er ist vor ein paar Tagen per Anhalter nach Portland gefahren. (Weißt du, ob . . .)
Ihre Eltern haben das nicht gewußt. (Ich glaube, daß . . .)
Wir haben in Mazatlan einen Wohnwagen gemietet. (Die Reise war nicht teuer, weil . . .)
Wieviel hat der Charterflug gekostet? (Wißt ihr, wieviel . . .)
Seine Schwestern sind auch zu Weihnachten nach Hause gekommen. (Er war glücklich, daß . . .)
Ich bin den ganzen Sommer zu Hause geblieben. (Sie glaubt nicht, daß . . .)
Wir hatten kein Geld. (Wir mußten zu Hause bleiben, weil . . .)
Das ist ihm auch einmal passiert. (Wissen Sie, ob . . .)

QUESTION–ANSWER PRACTICE (Pairs)

A. Letzten Sommer

Haben Sie letzten Sommer Urlaub gemacht?
Wo waren Sie?
Wie hat es Ihnen dort gefallen?
Hat es Ihnen eine Menge Geld gekostet?
Wo haben Sie Unterkunft gefunden?
Haben Sie viele Andenken gekauft?
Haben Sie sonst etwas gekauft?
Haben Sie dort neue Freunde kennengelernt?
Was haben Sie auf dem Rückweg gemacht?

B. Zu Weihnachten (zu Ostern)

Was haben Sie zu Weihnachten (zu Ostern) gemacht?
Sind Sie irgendwohin gereist?
Wann sind Sie abgefahren?
Haben Sie Geschwister, Eltern oder Verwandte besucht?
Wie sind Sie dorthin gefahren?
Hat die Fahrt viel gekostet?

C. General

Was für ein Urlaub gefällt Ihnen am besten?
Wohin reisen Sie im Urlaub lieber? nach Süden? oder nach Norden?
Machen Sie lieber im Sommer oder im Winter Urlaub?
Wo verbringen Sie Ihre Ferien am liebsten?
Was tun Sie am liebsten im Urlaub?
Wo.würden Sie gern einen Urlaub verbringen? Warum?
Wissen Sie, wo der Lehrer seinen Urlaub verbracht hat?
Haben Sie gewußt, daß die Deutschen im Urlaub gern nach dem Süden
    reisen?
Wohin würden Sie gern in den Frühlingsferien reisen?
Wen hast du zu Weihnachten besucht?
Reisen Sie gern per Anhalter? Warum? Warum nicht?
Fährst du lieber mit dem Bus, mit dem Zug, oder mit dem Flugzeug?
In was für Geschäften kaufen Sie gern ein?
Was für Sehenswürdigkeiten gefallen Ihnen?
Sind Sie schon einmal mit dem Zug gefahren?
Was kostet mehr, mit dem Bus oder mit dem Flugzeug nach New York zu
    reisen?
Wie kann man nach Europa reisen?

NARRATION PRACTICE (Pairs or Groups)

Using the dialogues at the beginning of the unit as models, construct a fictitious
vacation to tell to a classmate, to a group or to the class as a whole. Don't deviate too
far from the patterns. Relate it in the simple past tense.

TELLING ABOUT YOUR OWN VACATION (Pairs or Groups)

Prepare an account of a vacation which you have taken at some time. Choose one to
relate which will not get you into too many grammar or vocabulary problems. Relate
it in either the present perfect or the simple past, whichever you feel more comfortable
with.

Zu Weihnachten war die ganze Familie zusammen in Nürnberg.

FINDING OUT ABOUT SOMEONE ELSE'S VACATION (Pairs or Groups)

Ask a classmate about his/her vacation. Be able to report to someone else or to the class as a whole at least six or seven things that the person did.

GRAMMAR SUMMARY

I. Formation of the Simple Past Tense (Imperfect)

A. Weak Verbs

REGULAR WEAK	IRREGULAR WEAK	MODALS	STEM IN d OR t*
kaufen	**kennen**	**können**	**warten**
ich kaufte	kannte	konnte	wartete
du kauftest	kanntest	konntest	wartetest
er kaufte	kannte	konnte	wartete
wir kauften	kannten	konnten	warteten

* Also verbs whose stems end in a consonant + **n**: regnen (*to rain*) → es regne**te**.

354

ihr kauftet	kanntet	konntet	wartetet
sie kauften	kannten	konnten	warteten
Sie kauften	kannten	konnten	warteten

B. Strong Verbs

STEM VOWEL CHANGE ONLY	ADDITIONAL CHANGE	STEM IN **d** OR **t**
fahren	**gehen**	**bitten**
ich fuhr	ging	bat
du fuhrst	gingst	batest
er fuhr	ging	bat
wir fuhren	gingen	baten
ihr fuhrt	gingt	batet
sie fuhren	gingen	baten
Sie fuhren	gingen	baten

C. Auxiliary Verbs

haben (*basically weak*)	**werden** (*basically weak*)	**sein** (*irr. strong*)
ich hatte	wurde	war
du hattest	wurdest	warst
er hatte	wurde	war
wir hatten	wurden	waren
ihr hattet	wurdet	wart
sie hatten	wurden	waren
Sie hatten	wurden	waren

II. Strong Verbs: Principal Parts

Strong verbs change their stem vowel in the simple past tense and sometimes also in the second and third person of the present tense and in the past participle formation. In addition, there may also be modifications in the consonants. Each strong verb must be learned, although there are only a limited number of vowel change patterns, and the simplest way is to memorize the principal parts of each strong verb. This gives you all the information you need to use the verb in all tenses. The principal parts for all the strong verbs we have had up to this point are listed at the end of the unit, and upcoming vocabulary lists will indicate the principal parts for all new strong verbs. This is the way you should learn them:

INFINITIVE	THIRD PERSON PRESENT (IF CHANGED)	SIMPLE PAST	AUXILIARY AND PARTICIPLE
gehen		ging	ist gegangen
essen	er ißt	aß	hat gegessen

III. Summary of Tenses

Here are the five tenses we have had up to this point, with a comparison to English tenses. (There is only one more, the relatively rare future perfect tense.)

1. Present:

ich wohne $\begin{cases} \textit{I live} \\ \textit{I am living (progressive)} \\ \textit{I do live (emphatic)} \end{cases}$ *I have been living (schon, seit)*

2. Simple Past:

ich wohnte $\begin{cases} \textit{I lived} \\ \textit{I was living (progressive)} \\ \textit{I did live (emphatic)} \end{cases}$

3. Present Perfect:

ich habe gewohnt $\begin{cases} \textit{I have lived (but no longer)} \\ \textit{I lived} \\ \textit{I did live} \end{cases}$

4. Past Perfect:

ich hatte gewohnt   *I had lived*

5. Future:

ich werde wohnen $\begin{cases} \textit{I will live} \\ \textit{I will be living (future progressive)} \end{cases}$ *, I shall live, I'am going to live.*

IV. Use of Tenses and Time Phrases

A. All-in-the-Past Situation

TYPE OF TIME PHRASE: *Stretch of Time* or *Point in Time*

Both the *simple past* tense (preferred in narration) and the *present perfect* tense (preferred in conversation) can be used to tell of an action or state that took place entirely in the past.

Stretch of Time:

> Wir **wohnten zwei Jahre (lang)** in Berlin.
> Wir **haben zwei Jahre** in Berlin **gewohnt.**

Point in Time:

> Wir **besuchten** seine Eltern **im Herbst.**
> Wir **haben** seine Eltern **im Herbst besucht.**

If the situation took place prior to another event in the past, the *past perfect* tense is used:

> Zuerst **hatten** wir **zwei Jahre** in Berlin **gewohnt**.
> Zuerst **hatten** wir sie **im Herbst besucht**.

B. Starting in the Past, Continuing into the Future

TYPE OF TIME PHRASE: **schon (seit)** + *Stretch of Time*

If the action or state described began in the past but continues into the future, the *present* tense is used; the stretch of time phrase must be preceded by **schon** or **erst** (time phrase an adverb or noun in the accusative), by **seit** (a preposition requiring time phrase in the dative), or by **schon seit** (followed by dative). In English, this situation is expressed with the present perfect (frequently progressive) tense:

> Wir wohnen **schon zwei Jahre** in Berlin.
> Wir wohnen **seit zwei Jahren** in Berlin.
> Wir wohnen **schon seit zwei Jahren** in Berlin.
>
> *We **have been living** in Berlin for two years.*

C. Starting in the Past, Ending in the Present Moment

TYPE OF TIME PHRASE: **schon (seit)** + *Stretch of Time*

German uses the *present perfect* tense to indicate the action or state is ceasing at the moment of speaking. English cannot convey this idea without a qualification.

> Wir haben **schon zwei Jahre** in Berlin gewohnt.
> *We **have lived** (have been living) in Berlin for two years (but we are now moving).*

D. All-in-the-Future Situation

TYPE OF TIME PHRASE: *Stretch of Time* or *Point in Time*

Both the *present* and *future* tense may be used. The future is preferable if the time phrase does not clearly indicate the all-in-the-future situation.

Stretch of Time:

> Wir werden zwei Wochen (lang) in Europa herumreisen.
> Wir bleiben eine Woche in Berlin.

Point in Time:

> Wir werden nächste Woche in den Urlaub fahren.
> Wir fahren nächste Woche in den Urlaub.

In den Sommerferien haben wir die alte Stadt Rothenburg ob der Tauber besucht.

EXERCISES

I. Change to the tense indicated.

1. Ich bleibe oft zu Hause. (*present perfect*)
2. Er durfte bloß einen Monat bleiben. (*present*) darf
3. Es gibt kein billiges Hotel. (*simple past*) gab
4. Geht ihr oft spazieren? (*present perfect*)
5. Sie ging immer allein aus. (*past perfect*)
6. Im Winter ist er immer spät aufgestanden. (*simple past*)
7. Es gelang ihm nie. (*future*)
8. Du ißt ja so viel. (*present perfect*)
9. Mein Vater meckert dauernd. (*simple past*)
10. Wird es diesen Winter viel schneien? (*present perfect*)

II. Translate, using the simple past tense.

1. The opera began at eight and didn't end until eleven thirty.
2. It rained for weeks.

3. Last week my relatives invited me for dinner.
4. I was lying in the sun.
5. I was working all day.

III. Translate, using the present perfect tense.

    1. When did you travel to Italy?
    2. We began without him.
    3. Why didn't you call us as soon as possible?
    4. Did that happen to you, too?
    5. Did you really succeed in doing it alone?

IV. Translate, using a modal verb in each sentence in either the present or simple past tense.

    1. I couldn't do it immediately.
    2. Why do we have to learn that?
    3. Would you like to look at it?
    4. We weren't able to begin until after lunch.
    5. Without her money, we will never be able to do it.

V. Translate.

    1. The drive lasted four hours.
    2. We want to travel there by plane.
    3. One time we took an excursion to the coast.
    4. Did you travel around the entire area?
    5. At Christmas time we stayed at home because the weather was so bad.

VI. Rewrite the dream which you composed for Unit 9 in the simple past tense.

VII. Narrate in the simple past tense a vacation (either real or imaginary).

ZWEI BALLADEN[1]

    Sie wissen wohl, was eine Ballade ist: eine Geschichte in Versform[2]. Die deutsche Dichtung ist reich an Balladendichtern, aber zwei der bedeutendsten[3] sind sicherlich[4] Goethe und Heine. Johann Wolfgang von Goethe schrieb nicht nur viele Gedichte sondern war auch ein großer Denker, Naturforscher[5], Menschenkenner[6], und auch Dramatiker[7]—sein *Faust* weist alle seine Talente auf[8]. Heinrich Heine bleibt eine umstrittene[9] Figur in der deutschen Literatur, zum Teil[10] weil er manchmal sehr kritisch über sein Vaterland geschrieben hat. Aber seine Lyrik ist noch heute sehr beliebt, auch im Ausland[11].

    Folgende zwei Balladen behandeln[12] dasselbe Thema, aber auf verschiedene Weise[13], wie Sie erkennen[14] werden.

---

[1]ballads   [2]verse form   [3]of the most significant   [4]surely   [5]natural scientist   [6]observer of human nature   [7]dramatist   [8]*weist ... auf:* demonstrates   [9]disputed   [10]in part   [11]in foreign countries   [12]treat   [13]in different ways   [14]recognize

Der König in Thule

Es war ein König in Thule
Gar treu[15] bis an das Grab[16],
Dem sterbend seine Buhle[17]
Einen goldnen Becher[18] gab.

Es ging ihm nichts darüber[19],
Er leert'[20] ihn jeden Schmaus[21],
Die Augen gingen ihm über, *cried*
So oft er trank daraus[22].

Und als er kam zu sterben,
Zählt'[23] er seine Städt' im Reich[24],
Gönnt'[25] alles seinen Erben[26],
Den Becher nicht zugleich[27].

Er saß beim Königsmahle[28],
Die Ritter[29] um ihn her,
Auf hohem Vätersaale[30]
Dort auf dem Schloß[31] am Meer.

Dort stand der alte Zecher[32],
Trank letzte Lebensglut[33],
Und warf[34] den heil'gen[35] Becher
Hinunter in die Flut[36].

Er sah ihn stürzen[37], trinken
Und sinken tief[38] ins Meer.
Die Augen täten ihm sinken[39]:
Trank nie einen Tropfen[40] mehr.

Johann Wolfgang von Goethe
1749–1832

Es war ein alter König

Es war ein alter König,
Sein Herz war schwer, sein Haupt[41] war grau;
Der arme alte König,
Er nahm eine junge Frau.

[15]true [16]grave [17]lady-love [18]goblet [19]nothing was of more value to him [20]emptied
[21]feast [22]from it [23]counted up [24]kingdom [25]gave gladly to [26]heirs [27]along with
[28]king's banquet [29]knights [30]ancestral chamber [31]castle [32]drinker [33]fire of life
[34]threw [35]holy [36]sea [37]plunging [38]deep [39]his eyes closed [40]drop [41]head

Es war ein schöner Page,
Blond war sein Haupt, leicht war sein Sinn[42];
Er trug die seidne[43] Schleppe[44]
Der jungen Königin.

Kennst du das alte Liedchen[45]?
Es klingt[46] so süß[47], es klingt so trüb[48]!
Sie mußten beide sterben,
Sie hatten sich viel zu lieb.

Heinrich Heine
1797–1856

COMPREHENSION CHECK

Sind die folgenden Aussagen [statements] über die zwei Balladen **richtig** oder **falsch?**

1. Die Geliebte [beloved] von dem König von Thule hat ihm einen Becher gegeben, als sie starb.
2. Der König von Thule mochte seine Buhle sehr gern, hat sie aber nicht wirklich geliebt.
3. Der König liebte diesen Becher so sehr, weil er gut daraus trinken konnte.
4. Als der König starb, war er sehr arm.
5. Die Erben haben den goldnen Becher bekommen.
6. Der König warf den Becher ins Meer, so daß niemand anders aus dem Becher trinken würde.
7. Nachdem der König den Becher ins Meer geworfen hatte, starb er.
8. Goethes Ballade erzählt von einer Liebe, die echt [honest] und tief ist.
9. Der König bei Heine ist jung und gutaussehend.
10. Dieser König hat eine viel jüngere Frau geheiratet.
11. Der Page der Königin ist ein ernster junger Mann, dem [to whom] es nie einfallen [occur] würde, seinen König zu betrügen [betray].
12. Die Königin hat sich in den Pagen verliebt.
13. Der Page hat sich in die Königin verliebt.
14. Der König war sehr glücklich darüber, daß seine Frau einen jungen Freund hatte.
15. Die Königin und der Page mußten sterben, weil der König sehr böse wurde und sie töten ließ [had them killed].

[42]spirit   [43]silk   [44]train   [45]little song   [46]it sounds   [47]sweet   [48]sad

VOCABULARY

Active

Nouns

das	Andenken, -	*souvenir*
der	Anhalter, -	*hitchhiker*
	per Anhalter fahren	*to hitchhike*
der	Ausflug, ⸚e	*excursion*
der	Bekannte (*adj. decl.*)	*acquaintance*
der	Bus, die Busse	*bus*
der	Campingplatz, ⸚e	*campground*
das	Dorf, ⸚er	*village*
die	Fahrt, -en	*trip, drive*
der	Feiertag, -e	*holiday*
die	Ferien (*plural*)	*vacation*
	die großen Ferien	*summer vacation (from school)*
der	Flug, ⸚e	*flight*
	der Charterflug	*charter flight*
das	Flugzeug, -e	*airplane*
die	Gegend, -en	*area*
das	Geschäft, -e	*store, business*
das	Häuschen, -	*little house, cabin*
das	Hotel, -s	*hotel*
das	Mal, -e	*time*
das	Meer, -e	*sea*
die	Menge, -n	*number, group, crowd*
	eine Menge Geld	*a lot (bunch) of money*
(das)	Mexiko	*Mexico*
der	Mexikaner, -	*Mexican*
der	Norden	*north*
der	Osten	*east*
(die)	Ostern (*plural*)	*Easter*
der	Rückweg, -e	*return trip*
die	Sehenswürdigkeit, -en	*sight*
der	Strand, ⸚e	*beach*
der	Süden	*south*
der	Tourist (-en), -en	*tourist*
die	Unterkunft, ⸚e	*lodging,* accomodations
der	Urlaub	*vacation*
das	Wasser, -	*water*
der	Weg, -e	*way, path*

(das) Weihnachten	*Christmas*
also die Weihnachten (*plural*)	
zu Weihnachten	*at (for) Christmas*
der Westen	*west*
der Wohnwagen	*trailer house*
das Zelt, -e	*tent*
der Zug, ⁼e	*train*

Verbs

abfahren (fährt ab), fuhr ab, ist abgefahren	*to depart*
ansehen (sieht an), sah an, hat angesehen	*to view, to look at*
aufpassen (paßt auf)	*to be careful, to pay attention*
baden	*to bathe, to swim*
denken, dachte, hat gedacht	*to think*
fliegen, flog, ist geflogen	*to fly*
kennenlernen (lernt kennen)	*to get acquainted*
meinen	*to mean, to think*
mieten	*to rent*
mitfahren (fährt mit), fuhr mit, ist mitgefahren	*to drive (go along) with someone*
verbringen, verbrachte, hat verbracht	*to spend (time)*

Other Words

bayrisch	*Bavarian*
bevor	*before*
da (*conjunction*)	*since*
deswegen	*therefore, for that reason*
dorthin	*(to) there, to that place*
gefährlich	*dangerous*
hoch (höher, höchster)	*high (higher, highest)*
knapp	*tight, scarce*
krank	*sick*
nachdem	*after, afterwards*
sicher	*certainly*
sogar	*even, as a matter of fact*
unten	*below, down, downstairs*
zweimal	*twice*

Expressions

einen Monat lang	*for a month*
die ganze Zeit	*the whole time*
vor	*ago*
vor einer Woche	*a week ago*
vor einem Jahr	*a year ago*
zu Ende gehen	*to end*
Zum Ersten Mal	*for the first time*

Handwritten top margin:

Kommen ↘strong rufen
laufen ↗   tun
saufen
saugen – to suck
hauen

Strong verb characteristics – Infinitive
– ern
2 diff consonants – eln   } weak –u–en
– xxen   –o–en
– ieren   –au–en
¨ – en
eu – en

Passive

Saug mich (handwritten)

Nouns

die Alpen (*plural*)	*the Alps*
das Auge, -n	*eye*
der Dichter, -	*poet, writer*
die Dichtung, -en	*literature, poetry*
das Gedicht, -e	*poem*
die Geschichte, -n	*story, history*
das Herz (des Herzens, dem Herzen), -en	*heart*
der König, -e	*king*
die Königin, -nen	*queen*

Verbs

sich verlieben in (+*acc.*)	*to fall in love* (*with*)

Other Words

beliebt	*beloved, popular, much liked*
pazifisch	*Pacific*

Principal Parts of Strong and Irregular Verbs Used Actively in Units 1 through 10

INFINITIVE	PRESENT (*Third Person Singular*)	PAST	PRESENT PERFECT
abfahren	fährt ab	fuhr ab	ist abgefahren
abschließen		schloß ab	hat abgeschlossen
anfangen	fängt an	fing an	hat angefangen
anrufen		rief an	hat angerufen
ansehen	sieht an	sah an	hat angesehen
aufrufen		rief auf	hat aufgerufen
aufstehen		stand auf	ist aufgestanden
ausgehen		ging aus	ist ausgegangen
beginnen		begann	hat begonnen
bekommen		bekam	hat bekommen
bitten		bat	hat gebeten
bleiben		blieb	ist geblieben
dürfen	darf	durfte	hat gedurft
einladen	lädt ein	lud ein	hat eingeladen
einschlafen	schläft ein	schlief ein	ist eingeschlafen
denken	*denkt*	*dachte*	*hat gedenkt*

Infinitive	Present (*Third Person Singular*)	Past	Present Perfect
essen	ißt	aß	hat gegessen
fahren	fährt	fuhr	ist (hat) gefahren
fernsehen	sieht fern	sah fern	hat ferngesehen
finden		fand	hat gefunden
fliegen		flog	ist (hat) geflogen
geben	gibt	gab	hat gegeben
gefallen	gefällt	gefiel	hat gefallen
gehen		ging	ist gegangen
gelingen		gelang	ist gelungen
haben	hat	hatte	hat gehabt
heißen		hieß	hat geheißen
kennen		kannte	hat gekannt
kommen		kam	ist gekommen
können	kann	konnte	hat gekonnt
laufen	läuft	lief	ist gelaufen
lesen	liest	las	hat gelesen
liegen		lag	hat gelegen
mögen	mag	mochte	hat gemocht
müssen	muß	mußte	hat gemußt
nehmen	nimmt	nahm	hat genommen
nennen		nannte	hat genannt
rennen		rannte	ist gerannt
schlafen	schläft	schlief	hat geschlafen
schreiben		schrieb	hat geschrieben
sehen	sieht	sah	hat gesehen
sein	ist	war	ist gewesen
singen		sang	hat gesungen
skilaufen	läuft Ski	lief Ski	ist skigelaufen
sollen	soll	sollte	hat gesollt
spazierengehen		ging spazieren	ist spazierengegangen
steigen		stieg	ist gestiegen
streiten *quarrel, fight*		stritt	hat gestritten
tragen	trägt	trug	hat getragen
treten *to step*	tritt	trat	ist getreten
trinken		trank	hat getrunken
tun	tut	tat	hat getan
verbringen		verbrachte	hat verbracht
vergessen	vergißt	vergaß	hat vergessen
verstehen		verstand	hat verstanden
vorbeikommen		kam vorbei	ist vorbeigekommen
vorhaben	hat vor	hatte vor	hat vorgehabt
scheinen	scheint	schien	geschienen
sprechen	spricht	sprach	hat gesprochen
sitzen	sitzt	saß	gesessen

INFINITIVE	PRESENT (*Third Person Singular*)	PAST	PRESENT PERFECT
waschen	wäscht	wusch	hat gewaschen
werden	wird, wirst	wurde	ist geworden
wissen	weiß, weißt	wußte	hat gewußt
wollen	will	wollte	hat gewollt
ziehen		zog	ist (hat) gezogen

11/ELF

EINKAUFEN

Shopping occupies a good deal of our time, both at home and in a foreign country. We shop for groceries, clothing and other necessities for ourselves, as well as gifts for friends and relatives. In this unit we discuss shopping and introduce the *imperative* and *indirect dative objects* used with many verbs associated with buying and giving.

A Socken zum Geburtstag?

I. Hilde: Inge, hilf mir doch! Was soll ich Dieter zum Geburtstag schenken? Mir
fällt überhaupt nichts Interessantes ein.

Inge: Was würde ihn freuen? Etwas nur zum Spaß oder etwas Nützliches, ein
Kleidungsstück etwa? Was glaubst du?

Hilde: Er braucht zwar neue Socken, aber Socken zum Geburtstag . . . Nein,
ich möchte etwas ganz Ungewöhnliches finden. Dieter sagt mir immer,
ich bin zu praktisch.

Inge: Komm! Gehen wir zusammen einkaufen! Wir finden bestimmt ein tolles
Geschenk für Dieter.

Hilde: Schön, aber wohin denn?

Inge: Gehen wir ins Kaufhaus! Dort kann man alles finden, auch Socken im
Notfall.

Im Kaufhaus.

II. Hilde: Rasierapparate, Geldtaschen, Aschenbecher, Porzellanfiguren,
Haarwuchsmittel*—alles nichts für Dieter.

Inge: Schau dort! Der schöne Skipullover. Dieter läuft doch gern Ski. So ein
Pulli würde ihm doch gut gefallen.

Hilde: Gute Idee, Inge. Dieser schicke rote hier passt ihm auch sicher. Findest
du den Preis?

Inge: Moment mal. „Importiert aus Schweden . . . reine Wolle [*pure wool*] . . .
200 DM."

Hilde: Schade! So viel Geld kann ich nicht ausgeben.

PUTTING IT TO WORK

I. Review of Strong Verbs in Present Tense

Irregular verbs we have introduced exhibit three types of vowel shift in the present
tense.

1) **a > ä**: fallen, einfallen, anfangen, tragen, fahren, schlafen, einladen, gefallen,
waschen

ich falle	wir fallen
du fällst	ihr fallt
er	
sie } fällt	sie fallen
es	

Sie fallen

2) **au > äu**: laufen

ich laufe	wir laufen
du läufst	ihr lauft
er	
sie } läuft	sie laufen
es	

Sie laufen

3) **e > i**: geben, nehmen†, treten†, essen, helfen ↗ *vergessen*
   e > ie: empfehlen, lesen, sehen, ~~vergessen~~

ich nehme	wir nehmen
du nimmst	ihr nehmt
er	
sie } nimmt	sie nehmen
es	

Sie nehmen

---

* [*Razors, wallets, ash trays, china figurines, preparation for stimulating hair growth.*]

† Remember that these verbs have an additional spelling change in the second and third person singular:
du ni*mm*st, du trit*t*st.

ich empfehle   wir empfehlen   *recommend*
du   empfiehlst   ihr empfehlt
er
sie } empfiehlt   sie empfehlen
es

Sie empfehlen

PRACTICE A (Individual)

Supply the correct form of the verb in parentheses.

(aussehen) Wie _____ er in seinem neuen Pulli _____?
(einfallen) In der Deutschstunde _____ mir nie etwas _____.
(empfehlen) Ich _____ Ihnen, diese Skier zu kaufen.
(schlafen) Unser Kind _____ immer zwei Stunden am Nachmittag.
(laufen) Warum _____ er so schnell über die Straße?
(ausgeben) Wieviel Geld _____ du für Geschenke _____?
(anfangen) Die Klasse _____ erst um Viertel nach _____.
(treten) Der Student _____ vor die Gruppe.

PRACTICE B (Individual)

Supply the correct form of an appropriate verb from those listed above under "Review of Strong Verbs."

Was _____ dir deine Mutter zu Weihnachten?
Die Verkäuferin _____ diesen neuen Roman von Rex Stark.
Ich glaube, ich _____ diesen Tennisschläger zu 95 Mark.
Aber Inge, Dieter _____ solche Pullover doch nicht.
Wer _____ mir morgen mit dieser Arbeit?
Warum _____ du nur so wenig zu Mittag?
Jeden Sommer _____ die Familie Landesberger nach Wien.

II. Imperative

There are three forms of the imperative in the second person, corresponding to the **du**, **ihr**, and **Sie** forms.

1. Polite (**Sie**) *form:* **Zeigen Sie mir den blauen Pullover!** (*singular and plural*)

2. Familiar (**du**) *form:* **Zeig mir bitte den blauen Pullover!**

3. Familiar (**ihr**) *form:* **Zeigt mir den blauen Pullover!**

The polite imperative consists simply of the normal verb form placed at the beginning of the sentence, followed by the pronoun **Sie**.

STATEMENT   Sie zeigen mir den blauen Pullover.
QUESTION   Zeigen Sie mir den blauen Pullover?
IMPERATIVE   **Zeigen Sie** mir den blauen Pullover!

Notice that word order in the question and the imperative is identical, the distinction between the two being made in sentence intonation and final punctuation.

Note the word order of the imperative with separable verbs:

Kaufen Sie bei Penney's **ein**!
Fangen Sie jetzt **an**!

PRACTICE A (Individual)

Transform the following sentences into imperatives according to the example.

EXAMPLE: Warum zeigt er mir den Pullover nicht?
         Zeigen Sie mir bitte den Pullover!

Warum gibt er mir das Buch nicht?
Warum hilft sie uns nicht?
Warum fangen sie jetzt nicht an?
Warum nimmt er diesen warmen Mantel nicht?
Warum kommt er heute abend nicht?
Warum kauft sie nicht im Kaufhaus ein?
Warum schenkt sie ihm diese bunten Socken nicht?
Warum sagt er nie die Wahrheit?

[handwritten: Sei = is sein form]

In both the **du** and **ihr** forms of the imperative, *the pronoun is omitted* (as in English); the **ihr** form has the normal ending, but the **du** form is unique, consisting of the infinitive stem alone:

[handwritten: Komm mal vorbei → suggestion softens command]

QUESTION   IMPERATIVE

Kommst du heute abend vorbei?   **Komm** doch heute abend vorbei!
Kaufst du diesen Mantel?   **Kauf** doch diesen Mantel!
Kommt ihr heute abend vorbei?   **Kommt** doch heute abend vorbei!
Kauft ihr diesen Mantel?   **Kauft** doch diesen Mantel!

[handwritten: strengthen command]

An optional **-e** ending may be added to the **du** form of the imperative. It is usually omitted except in the case of verbs whose stems end in **-d** or **-t**:

Geh(e) doch nicht nach Hause!
Sag(e) die Wahrheit!

[handwritten: ruhig → reassuring in command]

Arbeite nicht so schwer!
Finde mein Buch!

*[handwritten: ruhig - it's ok.
Gib ihm ruhig deine Adresse
(It's ok, give him your address.)]*

As above, the prefix of a separable verb is placed at the end of the sentence:

> **Frag** mich doch nicht immer **aus**!
> **Räum** dein Zimmer jetzt **auf**!

■ PRACTICE B (Individual)

Transform into imperatives (negative to positive and vice versa).

EXAMPLE: Warum **gehst** du nicht nach Hause?
    Geh nach Hause!

> Warum schaust du so komisch?
> Warum schenkst du ihr nicht einen Tennisschläger zu Weihnachten?
> Warum beantwortest du die Frage nicht?
> Warum weinst du immer?
> Warum fragst du diesen Verkäufer nicht?
> Warum wartest du so lange?
> Warum kommst du morgen nicht mit?

EXAMPLE: Warum **bleibt** ihr zu Hause?
    Bleibt nicht zu Hause!

> Warum bezahlt ihr nicht fürs Abendessen?
> Warum räumt ihr euer Zimmer nicht auf?
> Warum meckert ihr immer?
> Warum stellt ihr immer diese dummen Fragen?
> Warum streitet ihr immer?
> Warum raucht ihr so viele Zigaretten?
> Warum sagt ihr nie die Wahrheit?

Only strong verbs which exhibit the **e > i** or **e > ie** shift in the present tense retain this shift in the **du**-imperative form. The optional **-e** ending is not possible with these verbs:

QUESTION	IMPERATIVE
Warum empf**ie**hlst du mir kein gutes Buch?	Empf**ie**hl mir doch ein gutes Buch!
Warum g**i**bst du mir kein Geld?	G**i**b mir Geld!
Warum h**i**lfst du mir nicht?	H**i**lf mir doch!
Warum g**i**bst du immer so viel Geld aus?	G**i**b doch nicht immer so viel Geld aus!

but

Warum f**ä**ngst du nicht an?	Fang doch an!
Warum f**ä**hrst du nicht nach Hause?	Fahr doch nach Hause!
Warum l**äu**fst du so schnell?	Lauf nicht so schnell!

■ PRACTICE C (Individual)

As above, Practice B.

> Warum trägst du dieses bunte Hemd heute?
> Warum liest du keine deutschen Bücher?
> Warum nimmst du immer die teure Flasche Wein?
> Warum fährst du so schnell?
> Warum schläfst du nicht bis 10 Uhr morgen?
> Warum ißt du immer nur Hamburgers?
> Warum siehst du abends immer fern?
> Warum gibst du immer so viel Geld für Schallplatten aus?

The word **bitte** may be added to soften and the word **doch** to strengthen or add a note of encouragement to an imperative. Since they are considered sentence adverbs, they normally occupy position III. Within position III, there is some flexibility in their placement, but they must follow all pronouns. They normally also follow dative noun objects, but precede all other elements unless for some reason they assume greater importance.

I	II	III
	Bezahlen	Sie doch mit einem Scheck!
	Geben	Sie mir bitte das Geld!
	Tun	Sie das doch nicht!
	Schenkt	eurer Mutter doch eine Bluse!
	Empfiehl	uns bitte ein gutes Buch!
	Arbeite	doch nicht jeden Abend!
	Bleib	bitte hier bei uns!
	Kaufen	Sie doch diesen Mercedes!

Bitte may also be placed at either the beginning or the end of an imperative sentence:

> **Bitte**, sagen Sie das doch nicht immer wieder!
> Stellt nicht so viele dumme Fragen, **bitte**!

Note the imperative forms of the verbs **sein** and **werden**:

du FORM:	**Sei** nicht böse!	**Werde** nicht böse!
ihr FORM:	**Seid** nicht böse!	**Werdet** nicht böse!
Sie FORM:	**Seien** Sie nicht böse!	**Werden** Sie nicht böse!

PRACTICE D (Pairs/Groups)

Prepare to tell your classmate(s) not to be so:

> lazy, impudent, crude, sloppy, unfriendly, uptight, confused, embarrassed, precise

The **wir** form of the imperative is similar in structure to the **Sie** form:

Bezahlen wir mit einem Scheck!	*Let's pay with a check.*
Gehen wir einkaufen!	*Let's go shopping.*
Seien wir nicht böse!	*Let's not be angry.*
Werden wir nicht böse!	*Let's not get (become) angry.*
Fangen wir sofort an!	*Let's start immediately.*

PRACTICE E (Individual)

Respond to the statement with a sentence in the first-person imperative.

EXAMPLE: Ich möchte **einkaufen gehen**.
> **Gehen** wir **einkaufen**!

Ich möchte die Pullover anschauen.
Ich möchte in dieses Restaurant gehen.
Ich möchte etwas Fleisch kaufen.
Ich möchte am Wochenende skilaufen.
Ich möchte Bier trinken.
Ich möchte nicht so viel Geld ausgeben.

GIVING ORDERS (Pairs)

Prepare to give an appropriate command upon hearing the following remarks. Use your imagination!

EXAMPLE: A: Ich kann heute abend nicht kommen.
          B: Ach, komm doch heute abend!

or

          Gut, bleibe zu Hause!
          Komm dann morgen abend vorbei!

Ich bin immer so müde.
Wir wissen nicht, wo wir einkaufen sollen.
Ich habe heute viel Geld bei mir.
Wohin soll ich in Europa fahren?
Welche Bluse möchten Sie sehen, die blaue oder die rote?
Wir sitzen schon eine Stunde hier.
Dieser alte Stuhl gefällt mir nicht mehr.
Ich habe noch kein Weihnachtsgeschenk für meine Mutter.
Ich muß eine Fremdsprache studieren, aber Deutsch finde ich zu schwer.
Ich bin wirklich sehr intelligent.
Ich möchte einkaufen gehen.
Ich möchte heute bei Saks 5th Avenue viel Geld ausgeben.

B Immer noch im Kaufhaus

III.   Hilde: Inge, ich bin todmüde. Kaufen wir ihm Socken!

    Inge: Moment, Moment. Dieter trägt doch gern einen Hut, nicht? Da gibt's Cowboy Hüte aus Texas. Ganz lustig, was?

    Hilde: Ein Cowboy Hut für Dieter. Du, das ist eine tolle Idee, etwas ganz Ungewöhnliches. Entschuldigen Sie, können Sie uns bitte helfen?

    Verkäufer: Ja, bitte, was darf es sein?

    Hilde: Können Sie uns bitte so einen Cowboy Hut zeigen, Größe 60.

    Verkäufer: 60 . . . 60. Es tut mir schrecklich leid, aber ausgerechnet [*precisely*] in dieser Größe sind wir momentan ausverkauft. Ich kann Ihnen einen schönen Tyrolerhut zeigen . . .

    Hilde: Nein, nein danke.

    Inge: Schade.

IV. Verkäuferin: Bitte sehr?

    Hilde: Mein Freund liest gern Kriminalromane. Können Sie uns einen guten empfehlen?

    Verkäuferin: Der neue Rex Stark ist zur Zeit sehr populär: *Mord in der Deutschstunde.*

    Hilde: Gut. Geben Sie mir bitte ein Exemplar [*copy*].

    Verkäuferin: Ach, sehen Sie! Die Frau dort kauft eben [*just*] unser letztes Exemplar. Wie schade. Wir haben aber noch den neuen Liebesroman von Gertrude Spinnt: *Die wollüstige Witwe.*

    Hilde: Sagen Sie uns bitte nur, wo wir Herrensocken finden.

    Verkäuferin: Unten im Erdgeschoß. In der Abteilung für Herrenbekleidung, direkt neben der Rolltreppe [*escalator*].

    Hilde: Danke schön.

    Verkäuferin: Ich danke Ihnen.

    Inge: Schade!

PUTTING IT TO WORK

I. The Indirect Object

We have seen that the direct object in German requires the accusative case:

Wen hast du nicht gern?	Ich habe **ihn** nicht gern.
Was kaufst du?	Ich kaufe **den** neuen Roman.
Welchen Roman hast du gelesen?	Ich habe **einen** Roman von Rex Stark gelesen.

The indirect object, however, requires the dative case:

Wem gibst du den Mantel?
To whom are you giving the coat?

Ich gebe ihn **meiner Mutter.**
*I'm giving it **to my mother**.*

The indirect object normally expresses the person to whom something is given, shown, or said and may always be formulated with *to* in English.

Give *him* the book.   Give the book *to him*.
They'll show *us* their new house.   They'll show their new house *to us*.

Unlike English, which does not have unique forms of modifiers, nouns, or pronouns to distinguish dative from accusative objects, German must use the *dative* case for all indirect objects. The dative case forms were introduced in Units 6 and 9.

Notice that sentences in which the indirect object appears also have a direct object, usually the thing given, shown or said:

INDIRECT OBJECT (*Dat.*)		DIRECT OBJECT (*Acc.*)
Inge schenkt	ihrem Freund	eine Flasche Wein.

The following verbs almost always take an indirect object:

geben (gibt, gab, hat gegeben) (*to give*)

Geben Sie mir bitte den Bleistift!

schenken (*to give as a present*)

Sie schenkt ihrer Mutter Blumen [*flowers*] zum Geburtstag.

zeigen (*to show*)

Zeigen Sie uns doch Ihre Universität!

These verbs frequently are followed by an indirect object:

sagen (*to tell, say*)*

Ich werde es deiner Mutter sagen.

schreiben (schrieb, hat geschrieben) (*to write*)

Schreiben Sie Ihrer Freundin doch einen Brief!

empfehlen (er empfiehlt, empfahl, hat empfohlen) (*to recommend*)

Können Sie mir einen interessanten Roman empfehlen?

---

* **Sagen** may also be used with **zu**:
Ich werde es **zu ihm** sagen.

erzählen (*to tell, to relate*)

Wem habt ihr das erzählt?

kaufen (*to buy*) ←

Kauf mir doch diese schicke Bluse!

verkaufen (*to sell*)

Haben Sie es ihm verkauft?

[handwritten margin notes: pronoun comes before the noun. (In sentences with Direct + Indirect Objects)]

[handwritten: can't use prep. für him w/ Two nouns]

[handwritten: Dat. Noun — Acc. Noun / Acc. Pro. — Dat. Pro. / Dat. Pro — Acc Noun / Pro — Noun]

PRACTICE A (Individual)

Fill in the correct dative forms.

Hast du _____ (*her*) alles erzählt?
Ich möchte _____ (*you*) dieses Gemälde verkaufen.
Schreib _____ (*us*) doch einen Brief!
_____ (*Whom*) schenkst du diesen Hut?
Das empfiehlt man doch _____ (*no child*).
Ich habe _____ (*my acquaintance*) eure Geschichte erzählt.
Zeigen Sie _____ (*your brother*) den neuen Tennisschläger!
Wann gibst du _____ (*your wife*) das Geld?
Die Wahrheit sage ich nur _____ (*my good friends*).
Die Eltern haben _____ (*their small children*) Spielzeug zu Weihnachten
   geschenkt.
Was schenkt der Weihnachtsmann _____ (*your little sister*)?

■ PRACTICE B (Individual)

Using the verbs **schenken** and **geben**, state you are giving or gave the object to the person.

EXAMPLE: der Mantel/mein Freund

Ich gebe den Mantel meinem Freund.
Ich habe den Mantel meinem Freund gegeben.

[handwritten: when answering a question]

das Brot/meine Mutter
der Pullover/mein Bruder
das Obst/die Verkäuferin
das Messer/sein Vater
das Geld/unser Arzt
die Schallplatte/deine Zimmerkollegin
der Hund/unsere Verwandten

die Uhr/das Mädchen
die Schuhe/eure kleine Schwester
die Flasche Wein/meine Freunde

Remember that weak masculine nouns add (e)n in the dative singular and that all nouns, except those that form their plural in s, end in n in the dative plural.

■ PRACTICE C (Individual)

As Practice B above.

der Hut/mein Zimmerkollege
die Schallplatten/meine Brüder
das Gemälde/ein Student
der Stuhl/unsere Kinder
das Fahrrad/der Junge

II. Order of Direct and Indirect Objects in Position III

A. Both Objects are *Nouns*: New Information Follows Old.

In sentences where both the direct and indirect objects are nouns, the principle of "news value" determines the order of the objects. The stressed or "new" information comes after the information which has already been mentioned or is of lesser importance. In answer to the question **Wem?** the dative object follows, to **Was?** the accusative object:

Was	möchtest	du deinem Freund schenken?	
Ich	möchte	meinem Freund **eine Schallplatte**	schenken.
Wem	möchtest	du diese Schallplatte schenken?	
Ich	möchte	diese Schallplatte **meinem Freund**	schenken.
Warum	gibst du	deinem Sohn kein Geld?	
Warum	gibst du	das Geld deinem Sohn nicht?	

B. One *Noun*, one *Pronoun*: Pronoun Always Precedes Noun.

Ich	möchte		es meinem Freund	schenken.
Ich	möchte		ihm diese Schallplatte	schenken.
Warum	gibst	du	ihm diesen Hut?	

C. Two *Pronouns*: Accusative Always Precedes Dative.

Warum	sagst	du	es ihm nicht?
Mutter	gibt		es dir.
Morgen	werden	wir	es Ihnen geben.

QUESTION–ANSWER PRACTICE A (Pairs)

Answer the questions as indicated, using the nouns within parentheses in the answer.

EXAMPLE: Was zeigst du dem Lehrer? (meine Arbeit)
Ich zeige dem Lehrer **meine Arbeit**.

Was hat der Professor seinen Studenten empfohlen? (der neue Roman)
Wem willst du die Wahrheit sagen? (mein Vater)
Was wirst du deiner Freundin zu Weihnachten schenken? (neue Skier)
Wem wollt ihr diese Flasche Wein kaufen? (unsere Freunde)
Was hat der Student seinen Verwandten gezeigt? (seine Universität)
Wem würdest du dieses Buch empfehlen? (intelligente Studenten)
Wem hast du das erzählt? (mein kleiner Bruder)
Wem schenkst du dieses Fahrrad? (mein Junge)
Was hast du deinem Jungen zu seinem Geburtstag geschenkt? (ein neuer Tennisschläger)

QUESTION–ANSWER PRACTICE B (Pairs)

In answering the following questions, replace the noun in the question with a pronoun.

EXAMPLE: Was hast du deinem **Bruder** geschenkt? (ein Kugelschreiber)
Ich habe **ihm** einen Kugelschreiber geschenkt.

Was habt ihr euren Freunden gezeigt? (die Stadt)
Wem gibst du das Geld? (mein kleiner Bruder)
Was hat sie ihrem Sohn zum Geburtstag geschenkt? (neue Skier)
Wem empfehlen Sie diesen teuren Tennisschläger? (gute Tennisspieler)
Wem hat er die alten Skier gegeben? (sein Zimmerkollege)
Was wird er den Studenten sagen? (die Wahrheit)

QUESTION–ANSWER PRACTICE C (Pairs)

Answer the questions, replacing both the direct and indirect objects with pronouns.

EXAMPLE: Zeigst du dem Lehrer deine Arbeit?
Ja, ich zeige sie ihm.

Empfiehlt der Tennislehrer seinen Studenten den neuen Schläger?
Schenkst du deiner Freundin diese Uhr?
Wollt ihr diese schönen Gemälde unseren Freunden schenken?
Würden Sie Studenten diesen Roman empfehlen?
Habt ihr dem Kind das Spielzeug gegeben?
Möchtest du deiner Freundin diese Skier schenken?

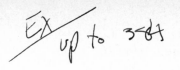
GETTING AND GIVING ADVICE (Pairs)

Substituting the words below for those underlined, practice the following conversational exchange.

A: Ich weiß nicht, was ich **meiner Mutter** zum Geburtstag schenken soll. Kannst du mir etwas empfehlen?
B: Schenk ihr doch **Parfüm**!
A: Gute Idee. Ich werde ihr Parfüm schenken.

> meine Freundin/eine Uhr
> mein Bruder/eine Schallplatte
> unsere Eltern/ein schönes Gemälde
> meine Schwester/ein schönes Kleid
> unsere Lehrerin/eine gute Flasche Wein
> unser Professor/ein Mickey Mouse Plakat [*poster*]
> mein Zimmerkollege/ein Deutschbuch mit den Antworten drin [*in it*]
> du/ein Porsche (**der** Porsche)

III. Verbs Taking a Dative Object

We have already introduced several verbs which take a single dative object: **gefallen** (*to be pleasing to*), **passieren** (*to happen to*), **gelingen** (*to succeed*), **fehlen** (*to be missing*), **gehören** (*to belong to*), **passen** (*to fit*), **schmecken** (*to taste*):

> Die Uhr wird **deiner Freundin** gut gefallen.
> Das passiert **meinem** Vater immer.
> Es gelingt **mir** nie, die Antwort richtig zu schreiben.
> Mein Kugelschreiber fehlt **mir**.*
> **Wem** gehört dieser Hund?
> Leider hat **ihm** der Pulli nicht gepaßt.

Other verbs in this group, introduced in this unit, are **helfen** (*to give help to*), **glauben** (*to believe somebody*), **einfallen** (*to occur to*):

> Können Sie **mir** bitte helfen?
> Glaubst du **unserem Lehrer** nicht?
> **Uns** fällt nichts Interessantes ein.

One difficulty with these verbs for English-speaking students lies in the fact that their equivalents in English frequently take a normal direct object:

> Can you please help *me*?
> Don't you believe *our teacher*?

---

* In figurative usage, **fehlen** + dative means *to be wrong with*:

> Was fehlt ihm eigentlich?   *What's wrong with him anyway?*

→ person dative
+ thing Acc.

You must therefore simply memorize the verbs which take a dative object. Notice that **glauben** may take either the accusative object or the dative object, or both:

ACCUSATIVE: Ich glaube es.   *I believe it.*
DATIVE: Ich glaube dir nicht.   *I don't believe you.*
ACCUSATIVE + DATIVE: Ich glaube es dir nicht.   *I don't believe it (coming*
                                                      from you).

Gelingen and **empfehlen** are frequently followed by an infinitive phrase which takes the place of the accusative direct object:

    Was gelingt ihm nie?
    Es gelingt ihm nie, die Antwort richtig zu schreiben.

    Was empfiehlt er dir?
    Er empfiehlt mir, früh ins Bett zu gehen.

PRACTICE A (Individual)

Fill in the blanks with the dative or accusative object, using the noun phrase given:

    Warum gefällt deine Arbeit _____ (unser Lehrer) nicht?
    Ich sehe hier überhaupt _____ (kein guter Tennisschläger).
    Helfen Sie doch _____ (dein kleiner Bruder)!
    Es fällt _____ (meine Schwester) nie etwas Interessantes ein.
    Die Verkäuferin wollte mir _____ (ein teurer Plattenspieler) zeigen.
    Wie konntest du _____ (dieser junge Student) glauben?
    Ich empfehle _____ (viele Freunde), die Stadt zu besuchen.
    Kaufen wir doch _____ (dieser große Wagen)!
    Was fehlt _____ (deine Freundin) heute?
    Im Kaufhaus ist _____ (mein Bruder) etwas Interessantes passiert.

QUESTION–ANSWER PRACTICE (Pairs)

Prepare to give appropriate answers to the following questions.

    Wem mußt du ein Geburtstagsgeschenk kaufen?
    Fällt dir leicht etwas ein, wenn du für jemand ein Geschenk kaufen mußt?
    Wohin gehst du meistens, wenn du Geschenke kaufen willst?
    Wer hilft dir, interessante Geschenke zu finden?
    Wann kaufst du Weihnachtsgeschenke, schon früh oder erst spät?
    Was würde dich als Geschenk zum Geburtstag freuen?

Kaufst du meistens praktische oder unpraktische Geschenke?

Glaubst du alles, was dir ein Verkäufer sagt?

Hilfst du gern anderen beim Einkaufen?

Wieviel Geld brauchst du für Weihnachtsgeschenke?

Bezahlst du meistens bar [*cash*] oder mit einem Scheck, wenn du einkaufen gehst?

Bezahlst du gern in Raten [*in installments*]?

IM KAUFHAUS (Pairs/Groups)

Prepare to act out a conversation between a salesperson and one or more buyers in a store. Some suggestions are given, but don't hesitate to use your imagination (you may want to make use of the supplemental shopping vocabulary listed below).

A. The salesperson asks if he can help.

The buyer says he wants to buy a good stereo system.

The salesperson recommends the new Japanese system.

The buyer asks how much it costs.

The salesperson says it's a good buy, only $999.

The buyer can spend only $200.

The salesperson asks if he can show the buyer some very good radios.

B. You meet a friend in the department store and ask him/her for help in buying your mother a birthday present.

Your friend asks what sort of presents your mother likes. You respond that she prefers non-practical gifts, but you never succeed in finding such gifts.

Your friend suggests asking a salesperson, which you do.

The salesperson recommends a pet rock [**Hausstein**]; they are very popular at the moment.

You inquire how much and get the answer, $5.00, $7.50 with cage [**der Käfig**].

Your friend says he can sell you one cheaper (**billiger**).

Supplemental Shopping Vocabulary:

Ich möchte nur herumschauen [*look around*].

das Sonderangebot [*special offer*], der Ausverkauf [*sale*]

preiswert [*worth the price, inexpensive, a good deal*]

ein Tennisschläger **zu** 40 DM (*for 40 marks*)

die Anzahlung [*down payment*], auf Kredit kaufen [*to buy on credit*]

aufschreiben lassen [*to charge (something)*]

Bitte, schreiben Sie es auf! [*Please charge it.*]

Ich möchte die Skier aufschreiben lassen. [*I'd like to have the skis charged (to my account).*]

Sonderangebot = special offer
Rock = skirt.

East German Currency = 1M (handwritten)

ich möchte mich herumschauen. (I'd like to look around.) (handwritten, left margin)

TÜV ist der Technische Überwachungsverein, der alle Autos in der Bundesrepublik prüft, ob sie gefahren werden dürfen.

Wo kann ich Geld wechseln. (handwritten)

einen Scheck einlösen [*cash a check*], Geld wechseln [*to change money*]
Das kann ich mir nicht leisten. [*I can't afford it.*]

Note that in German currency is usually given in the singular:

Die Skier kosten nur hundert Dollar/nur 250 Mark.

wechselgeld = change (handwritten)

Währung = currency (handwritten)

Österreich = shilling (handwritten)

auf Raten - to pay in payment (handwritten)

Reisescheck - travellers check (handwritten)

Bargeld = cash (handwritten)

Schein = Bank note (handwritten)

die Münze (handwritten)

Kleingeld (handwritten)

die Deutsche Mark (handwritten)
" D-Mark (handwritten)
DM 5,20 (handwritten)

1,50 eine mark fünfzig (handwritten)

der Pfennig (handwritten)

der Kurs - rate of exchange (handwritten)

C Das Einkaufen kann problematisch sein!

Shady Acres, den 16.4.

Liebe Mutti!

Die vielen Fragen Deines letzten Briefes machen mir viel zu schaffen[1], aber ich will heute versuchen, einige zu beantworten. Also: Was finde ich am problematischsten[2] im Laufe[3] des Tages? Ganz einfach: das Einkaufen, besonders wenn es um Lebensmittel geht[4]. Stell Dir mal vor[5]: man braucht eine Wurst für das Mittagessen. Was tut man? Man steigt in den Wagen, fährt zwei Meilen zum Supermarkt, läuft eine Viertelstunde zwischen den Auslagen des Supermarkts auf und ab[6], findet Streichhölzer[7], Schuhe, Eisenwaren[8], Zahnpasta[9] und wer weiß was noch, nur keine Wurst. Es gibt zwar eine Fleischabteilung, wie bei uns im EDEKA[10], aber hier ist allerlei[11] Fleisch in Zellophan ausgelegt[12], *meat dept.* und keine Wurst! Auch keine Spur[13] eines Fleischers. Und wo versteckt sich[14] die Wurst? Wenn man überhaupt einen Verkäufer findet, heißt es[15]: „O, Wurst? Irgendwo dahinten." Und schau! Da ist sie, die Wurst, in einer Kühltruhe[16] hinter dem Käse, alles wieder in Zellophan eingepackt[17]. Wenn man nur 50 Gramm Leberwurst will, da hat man Pech. Man muß halt von dem nehmen, was ausgelegt ist. Mir fehlt wirklich unsere freundliche Fleischerei[18] in der Lindenstraße. Geh also nicht jedesmal zum EDEKA, wenn Du Lebensmittel brauchst, liebe Mutti. Es wäre[19] ja schade, wenn die kleinen Läden und Spezialgeschäfte bei uns aussterben[20] würden . . .

Rosenheim, den 16.4.

Liebe Mutti!

Deutschland gefällt mir an und für sich[21] ganz gut, nur ärgern mich die Strapazen[22] des hiesigen[23] Einkaufens manchmal sehr. Stell Dir mal vor: man braucht eine Wurst für das Abendessen. Was tut man? Man geht zu Fuß die Straße entlang[24] und findet eine Bäckerei, eine Konditorei[25], eine Drogerie[26], ein Milchgeschäft, und allerlei[27] weitere Spezialgeschäfte—nur verkaufen sie alle keine Wurst. Am

---

[1]*machen . . . zu schaffen:* "overwhelm me"   [2]most problematical   [3]in the course of   [4]*um . . . geht:* it involves   [5]Just imagine   [6]*läuft . . . auf und ab:* goes up and down between the displays   [7]matches   [8]hardware   [9]toothpaste   [10]West German supermarket chain   [11]all kinds of   [12]laid out   [13]no trace of   [14]is hiding   [15]his answer is   [16]refrigeration cabinet   [17]packed   [18]butcher shop   [19]would be   [20]die out   [21]*an und für sich:* actually   [22]hardships   [23]local   [24]along   [25]confectioner's shop   [26]drugstore   [27]all kinds of

Acc. form of Man = einen

Mir fehlen die Spezialgeschäfte in der Lindenstraße.

Eingang[28] vieler Läden stehen Schilder: Brot, Milch, Obst, Wein und Spirituosen[29]—nur keine Wurst. Endlich findet man eine Metzgerei, aber da sind so viele Sorten[30] von Wurst, daß man ganz verwirrt wird. Und die Fragen der Verkäuferin verwirren ✗einen noch mehr: „Was darf es sein? Wieviel möchten Sie? Ein Pfund[31], ein halbes[32], ein viertel?" Mir fällt nichts ein, ich werde verlegen, das Schmunzeln[33] der anderen Kunden[34] macht mich böse. Natürlich gibt es auch hier Supermärkte, aber die alte Frau Schultz sagt immer: „Geh doch zu Herrn Schminke!" oder „Geh doch zu Frau Blumenkohl!" und meint dabei[35] die Besitzer[36] der Spezialgeschäfte in der Lindenstraße. Sie kauft schon dreißig Jahre bei ihnen ein. Ach Mutti, mir fehlt der Safeway in Shady Acres Shopping Center ...

PRACTICE (Pairs)

After reading the two letters above, prepare to answer the following questions.

Wo geht man noch heute oft zu Fuß einkaufen, in Deutschland oder in den USA?

Was für einen Laden muß man suchen, wenn man in Deutschland eine Wurst kaufen möchte? *Metzgerei*

Wo hilft einem ein Verkäufer oder eine Verkäuferin? D.

[28]entrance   [29]liquor   [30]sorts   [31]*Ein Pfund = 500 Gramm*   [32]*(ein halbes Pfund)*   [33]smirking   [34]customers   [35]by that   [36]owners

fehlen – to miss
du fehlst mir – I miss you

Supermärkte gibt es natürlich auch.

Was muß man der Verkäuferin in der Metzgerei sagen können, wenn man
  eine Wurst kaufen will?

Wann hat man Pech in einem amerikanischen Supermarkt?

Warum ist es schwierig, in einem amerikanischen Supermarkt 50 Gramm
  Leberwurst zu kaufen?

Was fehlt einem Deutschen vielleicht in Amerika? einem Amerikaner in
  Deutschland?

Wo würden Sie lieber Wurst kaufen, im Supermarkt oder in der Metzgerei?

Warum werden kleine Läden in Deutschland vielleicht aussterben? *die out*

Was ist den kleinen Läden in Amerika passiert?

In was für einem Geschäft kaufst du gern deine Lebensmittel?

PUTTING IT TO WORK

I. Review of the Genitive Case

Remember the following about the genitive:

1. The endings on both **der-** and **ein-**words in the genitive are the same.
2. The adjective ending following **der-** and **ein-**words in the genitive is always
   -en.

der was
in genetive { mancher – many a   (many students) *ex*
                solcher – such

3. Masculine and neuter nouns add the ending -(e)s in the genitive singular.

– weak nouns take n
  eines Menschen
  ↓

MASCULINE	FEMININE	NEUTER
des alten Mannes	der alten Frau	des alten Hauses
eines alten Wagens	einer alten Frau	eines alten Fahrrads

PLURAL

der alten Frauen
keiner alten Frauen

(ns)
der Name
des Namens

Herzens

PRACTICE A (Individual)

Express in German.

the price of this expensive coat; the second floor of this big department store;
the behavior of his new girlfriend; the names of these fantastic records; the
price of her new hat; the end of his last novel; the music of this modern
opera; the beginning of the first act; the price of such German skis; the name
of the small store; the rooms of which large hotel

QUESTION–ANSWER PRACTICE (Pairs)

Answer the questions as indicated.

Wessen Fragen ärgern dich am meisten? (*of the conceited professor*)
Welche Werke [*works*] von Goethe lesen Sie am liebsten? (*of his last years*)
Welche Namen möchtest du wissen? (*of the intelligent students*)
Wessen Benehmen hat dich gestern abend so geärgert? (*of his new girlfriend*)
Wessen Skier gefallen dir so gut? (*of the new instructors*)
Welche Musik in der Oper *Fidelio* gefällt Ihnen am besten? (*of the first act*)
Wessen Schecks will der Verkäufer nicht einlösen [*cash*]? (*of such sloppy
    students*)
Welche Sehenswürdigkeiten haben euch am besten gefallen? (*of the many
    small villages*)

II. Unpreceded Adjectives in the Genitive Plural

Unpreceded adjectives in the genitive plural take the ending -er:

die Frage vieler Studenten	*the question of many students*
am Eingang vieler Geschäfte	*at the entrance of many shops*
die Probleme alter Leute	*the problems of old people*

ein solch—

"such a —"   *singular*   *solch ein Mensch*
                            einer Frau
    or   *so*   *ein Mensch (more common*

[handwritten annotations:]
"Lots of ___" → viele
all of the ___ → alle
most of the ___ → die meisten
a few of ___ → wenige

eine Menge Geld
die Stadt London
die Uni Berlin

PRACTICE A (Individual)

Fill in the correct endings.

[handwritten:] "all kinds of ___" → allerlei
many ___ → vielerlei, mancherlei
2, 3 ___ → zweierlei, dreierlei

Die Fragen dieser groben Verkäuferin haben mich sehr geärgert.

„Obst," „Milch," „Spirituosen" liest man auf den Schildern vieler kleiner Läden.

Ich war mit dem Ende seines letzten Romans sehr unzufrieden.

Er findet die Musik aller modernen Komponisten furchtbar.*

Der Preis dieses schönen Mantels ist nur 80 DM.

Er hat uns zu dem Geburtstag seiner kleinen Tochter eingeladen.

Die Probleme sehr alter Leute und sehr junger Leute sind vielleicht nicht so verschieden.

Die Gemälde modern___ Künstler sind oft schwer zu verstehen.

Frau Schultz kennt die Besitzer [*owners*] aller alten Spezialgeschäfte in der Lindenstraße.

III. "A Glass of Beer"

German usually does *not* use a genitive construction following nouns expressing weight or measure. Rather, the following noun is simply in the same case as the noun of weight or measure:

ein Glas Bier	*a glass of beer*
eine Flasche Wein	*a bottle of wine*
zwei Pfund Käse	*two pounds of cheese*
drei Glas Bier	*three glasses of beer*

Note that masculine and neuter nouns of weight or measure are always in the *singular* in German, even if more than one is involved. Feminine nouns are used in the plural:

drei Tassen Kaffee	*three cups of coffee*
zwei Flaschen Bier	*two bottles of beer*

[handwritten:] Portion

PRACTICE A (Individual)

Express in German (assume all phrases are nominative).

a bottle of beer, a cup of coffee, a pound of fruit *[handwritten: Obst]*, two glasses of wine, two bottles of beer, 100 bottles of beer on the wall [**auf der Mauer**], a cup of coffee, three pounds of hamburger [**Hackfleisch**], two cups of tea, five liters of milk

---

* Remember that **alle** is treated like a **der**-word: following adjectives take the corresponding endings.

[handwritten:] diese (vie) Art Musik
Klasse
Typ → type
Sorte (type)

QUESTION–ANSWER PRACTICE (Pairs)

Was trinken Sie gern . . .
>   wenn es sehr heiß ist?
>   wenn es sehr kalt ist?
>   nachdem Sie Tennis gespielt haben?
>   wenn Sie auf einer Party sind?

Wieviel Liter Milch trinken Sie in einer Woche?

Wie viele Tassen Kaffee trinken Sie am Tag?

Wieviel Pfund Obst muß man kaufen, wenn man eine Obsttorte [*pie*] backen will?

Wieviel kostet ein Pfund Brot? ein Pfund Butter?

Wieviel Pfund Hackfleisch [*hamburger*] ißt der Amerikaner im Jahr?

Was muß man in einem teuren Restaurant für eine gute Flasche Wein ausgeben?

IM LEBENSMITTELGESCHÄFT

For this exercise, your instructor will play the part of a shopkeeper in a small German grocery store. Your job is to buy groceries for the week (some additional vocabulary

Wo ist das nächste Reformhaus?

is supplied below). Prepare to tell the shopkeeper exactly what and how much of everything you want. Depending on your instructor, you may get put on the spot!

das Paket [*package*]
die Dose [*can*]
gefroren [*frozen*]
wiegen [*to weigh*]
die Tüte [*bag*]

Some foods

der Zucker [*sugar*], das Salz [*salt*], grüner Salat [*lettuce*], die Zwiebel [*onion*], das Gemüse [*vegetables*], das Schnitzel [*cutlet*]

GRAMMAR SUMMARY

I. Forms of the Imperative

A. Polite (**Sie**) Forms, Singular and Plural: Regular Verb Ending

Kaufen Sie das Buch!
Stehen Sie **auf**!

B. Familiar (**du**) Forms, Singular: No Verb Ending (Optional **-e** Ending), No Pronoun

WEAK VERBS	STRONG VERBS (*no vowel shift*)
Kauf das Buch!	**Komm** heute abend **vorbei**!
Steh auf!	**Find(e)** mein Buch!

STRONG VERBS (**a > ä**)	STRONG VERBS (**e > i, ie**)*
Fahr(e) nach Hause!	**Iß** doch etwas!
Schlaf nicht so viel!	**Empfiehl** mir etwas!

C. Familiar (**ihr**) Forms, Plural: Regular Verb Ending, No Pronoun

Kauft das Buch!
Lest das Buch!
Kommt doch heute abend **vorbei**!

D. First Person Plural Forms (**wir**): Regular Verb Ending

Kaufen wir das Buch!
Gehen wir jetzt einkaufen!

* The optional **-e** ending is not possible with these verbs.

E. Sein and Werden (Irregular Forms)

Sei nicht so dumm!	**Werde** nicht krank!
Seien Sie nicht böse!	**Werden** Sie nicht böse!

II. Dative Case: Indirect Object

The indirect object in a sentence is usually the person **to whom** something is given, said, or shown. In German, the indirect object must be in the dative case. Although a sentence may have only an indirect object, it is more common to have both the indirect object and the direct object (accusative case), which is the thing (person) given, shown, or said:

Direct Object	Sag **die Wahrheit**!	*Tell **the truth**!*
Indirect Object	Zeigen Sie **mir**!	*Show **me**!*
Both Objects	Sagen Sie **mir die Wahrheit**!	*Tell **me the truth**!*

III. Dative Case: Verbs Taking a Dative Object

The following list includes all the dative verbs we have had up to this point:

einfallen (*to occur to*)	glauben (*to believe somebody*)
fehlen (*to be missing to*)	helfen (*to help, give help to*)
gefallen (*to be pleasing to*)	passen (*to fit*)
gehören (*to belong to*)	passieren (*to happen to*)
gelingen (*to succeed*)	schmecken (*to taste*)

IV. Word Order: Dative and Accusative Objects in Position III

A. Both Noun Objects

Order is flexible. Usually the object which conveys new information follows that which is already known:

Was zeigst du deinen Freunden morgen?

	Dative	Accusative
Morgen zeige ich	meinen Freunden	**die Stadt.**

Wem zeigst du morgen die Stadt?

	Accusative	Dative
Morgen zeige ich	die Stadt	**meinen Freunden.**

B. One Noun, One Pronoun

Pronoun precedes noun:

	ACCUSATIVE	DATIVE
Morgen zeige ich	**sie**	meinen Freunden.

	DATIVE	ACCUSATIVE
Morgen zeige ich	**ihnen**	die Stadt.

C. Two Pronouns

Accusative precedes dative:

	ACCUSATIVE	DATIVE
Morgen zeige ich	**sie**	ihnen.

V. Unpreceded Adjectives in the Genitive Plural

Adjectives not preceded by an **ein-** or **der-**word in the genitive plural take the ending **-er**.

das Problem alt**er** Leute
am Eingang viel**er** Geschäfte

VI. Summary Chart: Case Forms and Endings

The chart below includes all the case forms we have had up to this point:

		MASCULINE			FEMININE			NEUTER		
		A	B	C	A	B	C	A	B	C
NOMINATIVE	**der**-WORD	der	alte	Mann	die	alte	Frau	das	kleine	Kind
	ein-WORD	ein	alter	Mann	eine	alte	Frau	ein	kleines	Kind
ACCUSATIVE	**der**-WORD	den	alten	Mann	die	alte	Frau	das	kleine	Kind
	ein-WORD	einen	alten	Mann	eine	alte	Frau	ein	kleines	Kind
DATIVE	**der**-WORD	dem	alten	Mann	der	alten	Frau	dem	kleinen	Kind
	ein-WORD	einem	alten	Mann	einer	alten	Frau	einem	kleinen	Kind
GENITIVE	**der**-WORD	des	alten	Mannes	der	alten	Frau	des	kleinen	Kindes
	ein-WORD	eines	alten	Mannes	einer	alten	Frau	eines	kleinen	Kindes

		PLURAL		
		A	B	C
NOMINATIVE	der-WORD	die	kleinen	Kinder
	ein-WORD	seine	kleinen	Kinder
	UNPRECEDED		kleine	Kinder
ACCUSATIVE	der-WORD	die	kleinen	Kinder
	ein-WORD	seine	kleinen	Kinder
	UNPRECEDED		kleine	Kinder
DATIVE	der-WORD	den	kleinen	Kindern
	ein-WORD	seinen	kleinen	Kindern
	UNPRECEDED		kleinen	Kindern
GENITIVE	der-WORD	der	kleinen	Kinder
	ein-WORD	seiner	kleinen	Kinder
	UNPRECEDED		kleiner	Kinder

EXERCISES

I. *Vocabulary.* Do you know the following shopping vocabulary?

    1. department store _____
    2. salesman _____
    3. money _____
    4. Can you help me? _____
    5. How much does it cost? _____
    6. What size? *welche grosse* _____
    7. What color? *welche farbe* _____
    8. What would you recommend? _____
    9. the price _____
    10. That's too expensive. _____

II. *Imperatives.* Rewrite the following sentences in the imperative, retaining the person of the original and changing positive to negative and vice versa.

EXAMPLE: Warum gibst du mir nicht das Buch?
        Gib mir das Buch!

    1. Warum geht ihr nicht ins Kino?
    2. Warum gehen wir nicht einkaufen?
    3. Warum empfiehlst du ihm kein gutes Restaurant?
    4. Warum schläfst du immer so lange?

5. Warum lauft ihr heute nicht Ski?

6. Warum kaufen Sie nicht diesen guten Tennisschläger?

7. Warum siehst du so oft fern?

8. Warum lest ihr immer diese dummen Bücher?

9. Warum liest du nicht Kafka?

10. Warum fahren Sie so früh nach Hause?

III. *Dative Forms.* Insert the correct forms of the words in parentheses.

1. Helfen Sie _____ (*them*)!

2. Was schenken Sie _____ (*your mother*) zum Geburtstag?

3. Warum sagen Sie es _____ (*your professor*) nicht?

4. Ich schreibe _____ (*my good friends*) in Köln.

5. Geben Sie _____ (*her*) Ihre Adresse!

6. Diese Schallplatte wird _____ (*your brothers*) bestimmt gut gefallen.

7. Warum passiert _____ (*me*) nie etwas Interessantes?

8. Der Verkäufer empfiehlt _____ (*the old people*), ein kleines Auto zu kaufen.

9. Dieser Mantel würde nur _____ (*a child*) passen.

10. Man kann _____ (*these salesclerks*) nicht immer glauben.

IV. Express in German.

1. Let's go shopping.

2. Give me the book. (**du** form)

3. Show them the university. (**du** form)

4. Come home. (**ihr** form)

5. Don't get up so late. (**Sie** form)

6. Help your brother. (**du** form)

7. Don't eat so much. (**du** form)

8. Let's pay now. (**wir** form)

9. Show your parents the new apartment. (**ihr** form)

10. Show it to your parents. (**ihr** form)

11. Show the apartment to them. (**ihr** form)

12. I'm giving my girl friend new skis.

13. I'm giving them to my girl friend.

14. I'm giving the new skis to her.

15. Why does it always happen to me?

16. The right answer always occurs to me too late.

17. She wrote her parents a letter.

18. I can recommend this book to you.

19. What was wrong with her?

20. We got acquainted with the teacher's children.

21. I had bad luck. The stylish coats were all sold out.

22. Give us two glasses of beer.

23. I don't like the color of many blouses.

V. *Writing.* A. Write a dialogue along the following lines:

You're in a department store and ask a salesperson where the men's
department is.

The salesperson tells you to go up the stairs [**die Treppen hinauf**] to the
second floor.

In the men's department, you ask the saleslady to please show you their ties
[**die Kravatte, -n**].

She asks you what kind of ties you like, colorful or plain.

You say the tie is not for you but rather [**sondern**] for your boss [**der Chef**].
He's very conservative [**konservativ**].

The saleslady recommends a plain blue tie.

You ask how much; she answers $10.

You ask if they don't have something cheaper.

She says yes, of course, but they are not so elegant and probably wouldn't
suit your boss.

You say fine, you'll take the $10 tie and hope your boss will like it.

B. Have you had an unpleasant experience when shopping? Try to describe it in
German (use past tense).

C. Describe an ideal shopping situation. The salesperson is friendly. They have what
you want in the right color and size. And it's on sale for much less than you expected
to pay.

VOCABULARY

Active

Nouns

die	Abteilung, -en	*department*
die	Antwort, -en	*answer*
die	Bäckerei, -en	*bakery*
das	Brot, -e	*bread*
die	Butter	*butter*
das	Einkaufen	*shopping*
das	Ende, -n	*end*
das	Erdgeschoß	*ground floor*
die	Flasche, -n	*bottle*
das	Fleisch	*meat*
der	Fleischer, -	*butcher*
der	Geburtstag, -e	*birthday*
	zum Geburtstag	*for one's birthday*

das	Geschenk, -e	*present*
das	Glas, ⸚er	*glass*
das	Gramm, -	*gram*
die	Größe, -n	*size*
	Herren-	*men's*
	die Herrenbekleidung	*men's clothing*
	die Herrensocken	*men's socks*
der	Hut, ⸚e	*hat*
die	Idee, -n	*idea*
der	Käse	*cheese*
das	Kaufhaus, ⸚er	*department store*
das	Kleidungsstück, -e	*article of clothing*
die	Lebensmittel (*plural*)	*groceries*
die	Leberwurst	*liverwurst*
der	Mantel, ⸚	*coat*
die	Mark	*mark*
	die Deutsche Mark (DM)	*the German mark*
die	Meile, -n	*mile*
die	Metzgerei, -en	*butcher shop*
die	Milch	*milk*
das	Mittagessen, -	*lunch*
	zum Mittagessen	*for lunch*
der	Name (-ns), -n	*name*
der	Notfall, ⸚e	*emergency*
das	Obst	*fruit*
das	Pech	*bad luck*
	Pech haben	*to have bad luck*
das	Pfund, -	*pound*
der	Preis, -e	*price*
der	Pulli (*short for* Pullover)	*sweater*
der	Scheck, -s	*check*
(das)	Schweden	*Sweden*
der	Ski, -er	*ski*
die	Socke, -n	*sock*
der	Stock, Stockwerke	*floor*
das	Stück, -e	*piece, play*
der	Supermarkt, ⸚e	*supermarket*
die	Tasse, -n	*cup*
der	Tee	*tea*
der	Tennisschläger, -	*tennis racket*
der	Verkäufer, -	*salesman, clerk*
die	Wahrheit, -en	*truth*
der	Weihnachtsmann, ⸚er	*Santa Claus*
die	Wurst, ⸚e	*sausage*

Verbs

ausgeben (gibt aus), gab aus, hat ausgegeben	*to spend*
aussehen (sieht aus), sah aus, hat ausgesehen	*to look, to appear*
beantworten	*to answer (a question)*
einfallen (fällt ein), fiel ein, ist eingefallen (+ *dat.*)	*to occur (to a person)*
empfehlen (empfiehlt), empfahl, hat empfohlen	*to recommend*
entschuldigen	*to excuse*
erzählen (von)	*to tell, to relate*
freuen	*to make someone happy*
helfen (hilft), half, hat geholfen (+ *dat.*)	*to help*
herumlaufen (läuft herum), lief herum, ist herumgelaufen	*to run around*
schauen	*to look*
schenken	*to give a present*
verkaufen	*to sell*
verwirren	*to confuse*
zeigen	*to show*

Other Words

ausverkauft	*sold out*
dahinten	*in the back, back there*
direkt	*direct(ly), straight*
heiß	*hot*
hinten	*in the back*
jedesmal	*every time*
komisch	*funny, strange*
lustig	*happy, cheerful, funny*
momentan	*at the moment*
nützlich	*useful*
oben	*up, upstairs*
populär	*popular*
praktisch	*practical(ly)*
schick	*stylish*
schwierig	*difficult*
verwirrt	*confused*

Expressions

Es tut mir leid.	*I'm sorry.*
schön	*fine, good*
Was darf es sein?	*May I help you?*
wie schade	*how unfortunate*
zu 25 Mark (25 DM)	*for 25 marks*
zu Fuß	*on foot*

Flavoring Words

halt	*just, simply*
Es ist halt so.	*That's just the way it is.*
Man muß halt von dem nehmen, was ausgelegt ist.	*One simply has to choose something from what's there.*

Passive

Verbs

hereinkommen, kam herein, ist hereingekommen   *to come in*
(frequently shortened to **reinkommen** in colloquial German)

Other Words

etwa	*perhaps, for example, approximately*
rein	*pure, clean*

12/ZWÖLF

WIE FÜHLST DU DICH?
WORÜBER FREUST DU DICH?

Feelings, moods—both good and bad—and personal grooming are usually expressed in German with reflexive verbs. Many of these verbs are used in conjunction with prepositions which require **wo-** and **da-**compounds in certain grammatical constructions. Both of these grammatical structures are significantly different from their English counterparts and therefore deserve your special attention.

A Wie fühlst du dich?

—Ich fühle mich gar nicht wohl.
—Wir haben gestern abend bis sehr spät gefeiert.
—Ich habe Kopfweh und Bauchschmerzen.
—Ich muß mich wieder hinlegen.

—Ich fühle mich immer wohl.

—Ich stehe jeden Morgen punkt sechs auf.

—Zuerst laufe ich drei Meilen, dann rasiere ich mich, gehe unter die kalte Dusche, und ziehe mich an.

—Wenn Inge morgens aufwacht, ist sie meistens noch sehr schläfrig.

—Sie wäscht sich, putzt sich die Zähne und schminkt sich.

—Manchmal vergißt sie, sich die Haare zu kämmen.

PUTTING IT TO WORK

I. Reflexive Pronouns

Compare the two sentences:

1) She's washing the baby.
2) She's washing herself.

In the first sentence *baby*, the direct object of *to wash*, is obviously not the same person as *she*. In the second sentence *herself*, still the direct object, is the same person as *she*. *Herself* is a *reflexive pronoun*, a pronoun which is identical in person to the subject. Compare the reflexive with non-reflexive pronouns in the following sentences:

She's dressing her. (*somebody else*)
She's dressing herself. (*reflexive*)

He always blames him. (*somebody else*)
He always blames himself. (*reflexive*)

They are killing them. (*somebody else*)
They are killing themselves. (*reflexive*)

The situation is similar in German.

Sie wäscht **das Kind.** ⎫
Sie wäscht **es.**   ⎬ (*somebody else*)

Sie wäscht **sich.** (*reflexive*)

Sie kleidet **das Kind.** ⎫
Sie kleidet **es.**   ⎬ (*somebody else*)

Sie kleidet **sich.** (*reflexive*)

Whereas the English reflexive pronouns are, by virtue of the -*self* suffix, different for
every person, German has special reflexive forms only in the third person and polite
second person:

Ich wasche mich.   Wir waschen uns.
Du wäscht dich.   Ihr wascht euch.
Er wäscht **sich.**   Sie waschen **sich.**
Sie wäscht **sich.**
Es wäscht **sich.**
Waschen Sie **sich?**

PRACTICE A (Individual)

Supply the correct form of the reflexive pronoun.

Ich muß _____ jeden Morgen rasieren.
Du sollst _____ öfters duschen.
Wir sind ganz naß [*wet*] und müssen _____ abtrocknen.
Inge schminkt _____ viel zu viel, nicht?
Ihr braucht _____ nicht umzuziehen.
Warum können Sie _____ nie ausruhen?
Hast du _____ in der kalten Luft erkältet? to catch a cold
Die Welt ist doch schön, wenn man _____ wohl fühlt.

[handwritten margin notes: der Schnupfen = sniffles / niesen = to sneeze / der Husten = a cough / husten = to cough]

German uses the reflexive pronoun more frequently than English. In fact there
are certain verbs—called reflexive verbs—which must be used with the reflexive
pronoun. Other verbs acquire a specific meaning when used reflexively. For example,
fühlen must be used reflexively when it expresses the idea *to feel good, bad, happy, sad,*
etc.

Wie fühlst du **dich** heute?   *How do you feel today?*
Ich fühle **mich** ganz wohl.   *I feel fine.*

So kleidet man sich im Schwarzwald schon seit Jahrhunderten.

Here are some verbs dealing with grooming habits which are frequently or always used with the reflexive pronoun:

sich abtrocknen	*to dry oneself*
sich anziehen	*to get dressed*
sich ausruhen	*to rest*
sich ausziehen	*to get undressed*
sich duschen	*to take a shower*
sich erkälten	*to catch a cold*
sich hinlegen	*to lie down*
sich kleiden	*to dress oneself*
sich rasieren	*to shave oneself*
sich schminken	*to put on make-up*
sich umziehen	*to change one's clothes*
sich waschen	*to wash oneself*

sich **beeilen**   haste, to hurry

PRACTICE B (Individual/Pairs)

Answer the questions according to your personal situation.

Waschen Sie sich jeden Morgen?
Ziehen Sie sich im Winter warm an?

sich **kämmen** - to comb

Wie lange brauchen Sie, sich morgens anzuziehen?
Rasierst du dich jeden Tag?
Ziehst du dich meistens um, wenn du auf eine Party gehst?
Haben Sie sich heute morgen geduscht?
Hast du dich in diesem Winter schon erkältet?
Zieht ihr euch aus, bevor ihr zu Bett geht?
Wie lange brauchen Sie, sich morgens zu schminken?
Legen Sie sich manchmal am Nachmittag hin?
Schminkt ihr euch, wenn ihr ausgeht?

PRACTICE C (Pairs)

Prepare to tell each other your morning routine, along the following lines.

An Wochentagen stehe ich früh auf, gegen 7 Uhr. Ich bin natürlich noch sehr
schläfrig, gehe ins Badezimmer, wasche mich und trockne mich ab. Wenn
ich noch schläfrig bin, dusche ich mich. Dann ziehe ich mich an. Meistens
trage ich Jeans und einen Pullover. Ich esse schnell Frühstück und fahre um
acht zu der Uni.

Obviously, men and women will have different things to say here. Below is some
additional vocabulary:

Deodorant benützen/ansprühen [*to put on deodorant*]
mit Mundwasser gurgeln [*to use mouthwash*]
die Haare mit dem Föhn [*dryer*] trocknen
die Haare einwickeln [*to curl one's hair*]

II. Dative Reflexives

You may have noticed one omission in the grooming routine: *to brush one's teeth.*
This construction differs from the other reflexive constructions, in that there is a
specific part of the body being treated. In English such expressions are rendered with
the possessive pronoun:

I'm brushing *my* teeth.
He's brushing *his* teeth.

She's washing *her* hands.
I'm having *my* hair cut.

German does not use this construction. Instead, a reflexive pronoun is used. But since
the part of the body (teeth, hands, hair, face, etc.) is the direct object, the reflexive
pronoun is in the dative. The noun (part of the body) is used with the definite article,
not with the possessive pronoun:

Wann putzt du dir **die** Zähne?

The dative reflexives are identical to the normal dative forms of the personal pronoun, except in the third person and polite second person, where **sich** is again used:

Ich putze **mir** die Zähne.   Wir putzen **uns** die Zähne.
Du putzt **dir** die Zähne.   Ihr putzt **euch** die Zähne.
Er ⎫
Sie ⎬ putzt *sich* die Zähne.   Sie putzen *sich* die Zähne.
Es ⎭

Wann putzen Sie *sich* die Zähne?

Study the following examples carefully:

Ich muß **mir** das Gesicht waschen.
I have to wash my face.

Sie wäscht **sich** jeden Tag die Haare.
She washes her hair every day.

Hast du **dir** heute die Zähne geputzt?
Did you brush your teeth today?

Ich kämme **mir** nie die Haare.
I never comb my hair.

■ PRACTICE A (Individual)

Prepare to relate the following sequence of events.

You get up late, are still tired, go into the bathroom, wash your face, brush your teeth, comb your hair, go and lie down again.

Now relate the same events in the present perfect tense.   ~~lassen Sie~~

III. sich die Haare schneiden lassen   — To have/cause something done

Notice the difference between:

I'm cutting my hair.

and

I'm having my hair cut.

In the first sentence, you're doing it yourself; in the second, you're *having it* done. In German, the idea *to have something done* is expressed with the verb **lassen.**

Again compare:

Ich schneide mir die Haare.

and

Ich **lasse** mir die Haare schneiden.

Lassen (läßt, ließ, hat gelassen) is similar to the modal verbs, in that the infinitive dependent on it goes at the end of the sentence:

I	II	III	IV
Er Warum	läßt läßt	sich jede Woche die Haare du dir die Haare nicht	schneiden. schneiden?

Having your hair cut is not the only thing you can *have* done:

sich die Haare färben lassen (*to have one's hair dyed*)
sich einen Mantel machen lassen (*to have a coat made*)
sich ein Haus bauen lassen (*to have a house built*)
sich scheiden lassen* (*to have oneself separated, i.e., to get a divorce*)

■ PRACTICE A (Individual)

Restate the following sentences with **lassen**.

EXAMPLE: Er schneidet sich die Haare.
    Er **läßt** sich die Haare **schneiden**.

Er rasiert sich zweimal am Tag.
Weißt du, daß Inge sich die Haare färbt?
Sie macht sich ein neues Kleid für den Faschingsball [*carnival ball*].
Wann schneidest du dir die Haare?
Meine Mutter fragt mich immer, wann ich mir die Haare schneide.
Wie viele Frauen färben sich die Haare?

QUESTION–ANSWER PRACTICE (Pairs)

Prepare to ask and answer these questions.

Wie oft lassen Sie sich die Haare schneiden? *alle zwei monate*
Von wem† lassen Sie sich die Haare schneiden? Vom Friseur? Von einem
    Freund oder einer Freundin? Von der Mutter?
Würden Sie sich die Haare färben lassen?
Lassen Sie sich die Kleider von einem Schneider [*tailor*] machen?
Wer in der Klasse soll sich unbedingt die Haare schneiden lassen?
Wieviel kostet es, sich die Haare von einem Friseur schneiden zu lassen?
Glauben Sie, daß zu viele Menschen sich scheiden lassen?

---

* This expression is different from the verbs above in that it takes an accusative reflexive object:
    Sie läßt sich von ihm scheiden.
† Remember that **von** in this context means *by*: **von wem** (*by whom*).

Die Frau läßt sich schminken.

IV. Double Infinitive with **lassen**

What if you want to add a modal verb to a sentence with **lassen** in the meaning *to have something done*?

> I *must* have my hair cut.
> You really *should* have your hair cut.

The normal rules governing modals apply: the modal becomes the conjugated verb and **lassen** goes into position IV as an infinitive. This results in two infinitives in IV:

I	II	III	IV
Ich	muß	mir die Haare	schneiden lassen.
Du	sollst	dir wirklich die Haare	schneiden lassen.

In a subordinate clause the conjugated form of the modal—as usual—comes at the end of the clause:

> Ich verstehe nicht, warum ich mir die Haare schneiden lassen **muß**.

PRACTICE A (Individual)

Restate the following sentences, adding the modal indicated in parentheses.

Inge läßt sich nicht die Haare färben. (sollen)
Warum läßt du dir sooft die Haare schneiden? (müssen)
Wer in der Klasse läßt sich die Haare schneiden? (müssen)
Läßt du dir einen neuen Pullover machen? (dürfen)
Er läßt sich scheiden. (wollen)
Verstehst du, warum Inge sich die Haare färben läßt? (wollen)
Meine Mutter schimpft mich aus, weil ich mir nicht die Haare schneiden
    lasse. (wollen)

This so-called *double infinitive* construction also appears when a phrase like **sich die Haare schneiden lassen** is put into the present perfect tense. This is a major exception to the normal rule governing the formation of the present perfect tense (discussed in Unit 5):

Ich **habe** mir gestern die Haare **schneiden lassen.**
Inge **hat** sich wieder die Haare **färben lassen.**
Wann **hast** du dir zuletzt die Haare **schneiden lassen?**

For the moment, simply memorize the following pattern:

ich habe . . . schneiden (bauen, färben, scheiden, etc.) lassen
du hast . . . schneiden lassen
er hat . . . schneiden lassen
etc.

PRACTICE B (Individual)

Repeat the following sentences in the present perfect tense.

Ich lasse mir die Haare schneiden.
Er läßt sich oft die Haare schneiden.
Meine Frau läßt sich leider die Haare färben.
Warum läßt du dir nicht ein neues Haus bauen?
Wann lassen Sie sich scheiden?
Wann läßt du dir die Haare schneiden?
Er läßt sich einen neuen Mantel machen.
Der Student läßt sich die Antwort geben.
Die Kinder lassen sich alle die Haare schneiden.

QUESTION–ANSWER PRACTICE (Pairs)

Prepare to answer these questions as indicated.

Wann haben Sie sich zuletzt die Haare schneiden lassen? (letztes Jahr)
Wann hast du dir diesen Mantel machen lassen? (im Winter)

Wann hat Inge sich die Haare schneiden lassen? (gestern)
Wann habt ihr euch dieses Haus bauen lassen? (vor fünf Jahren)
Wann hast du dich von ihm/ihr scheiden lassen? (vor ein paar Monaten)

A further peculiarity of this double infinitive construction occurs when it is used in a subordinate clause. The conjugated auxiliary verb, **haben**, precedes the double infinitive rather than coming at the end of the clause, as you have come to expect:

Ich weiß nicht, wann er sich zuletzt die Haare **hat** schneiden lassen.

Although this construction is relatively rare in conversational German, we introduce it here so that you will become acquainted with the double infinitive, which, as we shall see, occurs with other verbs as well.

PRACTICE C (Individual)

Restate the following sentences, beginning with **Ich weiß nicht**.

EXAMPLE Warum hat er sich die Haare schneiden lassen?
Ich weiß nicht, warum er sich die Haare **hat** schneiden lassen.

Wann hat er sich zuletzt die Haare schneiden lassen?
Hat sie sich die Haare färben lassen?
Wann haben sie sich das Haus bauen lassen?
Warum hat sie sich die Haare schneiden lassen?
Wo hat er sich diesen Mantel machen lassen?

Frisier-Salon
Konrad Dörfler
Dauerwellen — permanent waves
Haarfärben
Tönen — tinting
Blondieren

V. selbst, selber

The word **selbst** or **selber** (-*self*) is not declined when it is used as an intensifying pronoun. It is not a reflexive:

> Mutti, ich kann es **selber** machen.
> *Mom, I can do it **myself**.*

> Na, da kommt der große Mann **selbst**.
> *Well, here comes the big man **himself**.*

> Ich kann **selbst** nicht kochen, aber mein Mann kann es.
> *I can't cook **myself**, but my husband can.*

■ PRACTICE A (Individual)

Express the following thoughts.

> that you want to do it yourself
> that she can't do it herself
> that he should read the book himself
> that your friend should go to class himself
> that the teacher herself didn't know the answer
> that you can't come yourself, but your friend will come

Placed *in front of* a noun or pronoun, **selbst** acts as an adverb and means *even*:

> **Selbst der Lehrer** wußte die Antwort nicht.
> **Selbst ich** habe gestern abend zu viel gefeiert.
> **Selbst meine Eltern** haben den Film gesehen.

VI. liegen/legen, sich legen, sich hinlegen

These verbs are easily confused. **Liegen (lag, hat gelegen)** is a strong, intransitive verb (can not take a direct object), which shows location (**wo?**). When used with the prepositions which can take either accusative or dative, it always takes the dative case.

> **—Wo** liegt mein Mantel? Auf **dem** Tisch.
> *Where is my coat lying? On the table.*

> Wir haben eine Stunde lang in **der** Sonne gelegen.
> *We lay (were lying) in the sun for an hour.*

> **Wo** lag das Dorf? Zwischen zwei hohen Bergen.
> *Where was the village located? Between two high mountains.*

<u>Legen (legte, hat gelegt) is a weak, transitive verb (may take a direct object), which</u> <u>shows direction (**wohin?**). When used with *either/or* prepositions, it always takes the</u> <u>accusative case.</u>

> **Wohin** legte er das Buch? Auf **den** Tisch.
> *Where did he lay the book? On the table.*

> Hat er es auf **den** Tisch gelegt? Nein, auf **den** Stuhl.
> *Did he lay it on the table? No, on the chair.*

<u>**Sich legen** or **sich hinlegen** are reflexive verbs and mean *to lie down*</u> (literally, *to lay oneself down*).

> Legst du dich **auf das Sofa**?
> Hat er sich wirklich **auf den Boden** gelegt?

Hin is necessary when no specific location is indicated.

> Legen Sie sich doch **hin**!

It may be included when a location is indicated.

> Ich habe mich auf das Sofa **hingelegt**.

PRACTICE A (Individual)

Choose the correct form of either **liegen**, **legen**, **sich legen**, or **sich hinlegen**, whichever is correct for the given sentence.

> Wo _____ das Dorf?
> Warum hat er es auf den Boden _____ ?
> Wenn du müde bist, sollst du dich doch _____ .
> Ich weiß nicht einmal, wo Törwang _____ .
> Wo ist mein Mantel? Gestern _____ er auf dem Sofa.
> Wir waren so müde, daß wir uns einfach auf die Erde _____ haben.
> Mein Sohn _____ seine Schulbücher immer auf sein Bett.
> Unser Hund _____ sich immer auf unseren besten Teppich [*rug*].

VII. sitzen/setzen, sich (hin)setzen

<u>**Sitzen (saß, hat gesessen)**, like **liegen**, is strong, intransitive, shows location, and is used</u> <u>with the dative case with *either/or* prepositions:</u>

> Wir saßen alle **am** Tisch.
> *We were all sitting at the table.*

> Wie lange habt ihr **am** See gesessen?
> *How long did you sit by the lake?*

Setzen (setzte, hat gesetzt), like **legen**, is weak, transitive, shows direction, and is used with the accusative case with *either/or* prepositions:

Er setzte das Kind **auf den** Stuhl.
He sat the child down on the stool.

Sich (hin)setzen, like **sich (hin)legen** is reflexive and means *to sit down* (literally, *to set oneself down*):

Setzen Sie sich!
Sit down!

Setzen Sie sich auf das Sofa!
Take a seat on the sofa!

Hin is not necessary and not as common as with **sich (hin)legen**.

PRACTICE A (Individual)

Select the correct form of **sitzen**, **setzen**, or **sich setzen**, whichever is appropriate.

Wir _____ uns in die erste Reihe.
Wo _____ du am liebsten?
Warum hast du es nicht auf den Tisch _____ ?
Wenn Sie müde sind, _____ !
Er trat ins Zimmer und _____ sich einfach auf den nächsten Stuhl.
Wir haben stundenlang im Wagen _____ .

VIII. stehen/stellen, sich stellen

Stehen (stand, hat gestanden) means to be standing in an upright position. It is strong, intransitive and shows location, thus is used with the dative case with *either/or* prepositions:

Das Kind mußte in **der** Ecke stehen.
The child had to stand in the corner.

Ich sehe dich nicht. **Wo** stehst du?
I don't see you. Where are you standing?

Stellen (stellte, hat gestellt) means *to place something in an upright position.* It is a weak, transitive verb, which shows direction, and is therefore used with the accusative:

Wohin stellte er die Flaschen? Auf **den** Tisch.
Where did he put the bottles? Onto the table.

Sich stellen means to take a position (literally, *to place oneself*):

Er stellte sich **gegen die** Wand.
He stood (placed himself) against the wall.

[handwritten margin notes: fällen / trinken / er trinken / erschrecken | fällen / tränken / er tränken / erschrecken | to cause | causitive verbs. | to become Frightened]

PRACTICE A (Individual)

Supply the proper case form of the English word in parentheses.

Ich setzte die Gläser auf _____ (*the*) Tisch.
Warum sitzt sie stundenlang in _____ (*the*) Badezimmer?
Wir saßen zusammen an _____ (*the big*) Tisch.
Ich mußte mich auf _____ (*the*) Bett hinlegen, so schläfrig war ich.
Liegen die Sachen immer noch in _____ (*your*) Wagen?
Setz dich doch hierher neben _____ (*me*)!
Der Campingplatz liegt hoch in _____ (*the mountains*).
Warum hast du dich nicht neben _____ (*your roommate*) gesetzt?
Die Skier stehen dort gegen _____ (*the*) Wand.
Hat er seinen Tennisschläger in _____ (*your*) Wagen gelegt?
Legen Sie die Skier bitte nicht auf _____ (*the*) Boden!

Note:

Liegen and **legen** indicate a horizontal position.
Sitzen, setzen, stehen and **stellen** indicate a vertical position.

■ PRACTICE B (Individual)

Select in its correct form one of the following verbs: **liegen, legen, sich (hin)legen, sitzen, setzen, sich setzen, stehen, stellen, sich stellen.**

Ich _____ den Stuhl in die Ecke.
Hans, hast du deine Bücher wieder auf das Sofa _____?
Da er krank war, _____ er natürlich im Bett. Ich kam ins Zimmer, _____ mich auf sein Bett und fing an, mit ihm zu reden.
Die Skier _____ auf dem Boden in meinem Zimmer.
Sie _____ sich neben mich _____.
Auf welche politische Seite _____ er _____?
Wie viele Stunden habt ihr in der Sonne _____?
Wollen Sie bitte so gut sein und mein Fahrrad gegen das Gebäude _____!
Sein Wagen _____ zwischen der Kirche und der Schule.

QUESTION–ANSWER PRACTICE (Pairs)

Wo sitzen Sie in der Deutschstunde?
Wohin haben Sie sich heute gesetzt?
Wo legen Sie sich hin, wenn Sie müde sind?
Wo steht Ihr Wagen jetzt?
Wohin geht der Lehrer, wenn er in das Klassenzimmer tritt?

Wo setzt er sich manchmal hin?
Wo liegt Ihr Buch jetzt?
Wo sitzen Sie, wenn Sie fernsehen?
Wo steht der Lehrer, wenn er an die Tafel schreibt?
Was tun Sie, wenn Sie müde sind?
Was tun Sie, wenn Sie nicht länger stehen wollen?

can leave out da-compound

fürchten
bitten
freuen
hoffen
erinnern

Kennen
or wissen > noch   > to remember

B Worüber freust du dich?

wo compounds
worauf wartest du?
what are you waiting for?

1. Hans freut sich.
   Worüber freut sich Hans?
   Hans freut sich über seinen neuen Wagen.
   Hans freut sich darüber, daß sein Vater ihm einen neuen Wagen geschenkt hat.

2. Ich schäme mich.
   Worüber schämst du dich?
   Ich schäme mich über meine Leistungen in Deutsch.
   Ich schäme mich darüber, daß ich bei der letzten Deutschprüfung wieder durchgefallen bin.

3. Wir fürchten uns.
   Vor wem fürchtet ihr euch?
   Wir fürchten uns vor unserem Deutschlehrer.
   Wir fürchten uns davor, daß unser Deutschlehrer wieder unmögliche Fragen auf die Prüfung stellen wird.

4. Inge ärgert sich.
   Worüber ärgert sich Inge?
   Inge ärgert sich über das Wetter.
   Inge ärgert sich darüber, daß es diesen Winter keinen Schnee gibt.
   Darüber ärgere ich mich auch.

da compound → about it instead of prep + pronoun like über es.
use only when refer to things or ideas.

PUTTING IT TO WORK

I. Verbs with Prepositional Objects

See p. 424

In both English and German there are a number of verbs which are frequently used together with a prepositional phrase to express a specific idea. For example:

to think : I think he's coming later.
vs. *to think about :* He's always thinking *about his girlfriend.*

to look : He never stops looking.
vs. *to look at :* Have you looked *at the new book?*
to look for : She's looking *for her purse.*
to look into : We had better look *into his finances.*

wo + (r) + prep. – things
prep + form of wer – persons.
– see also p. 42?

da + (r) + prep – things
accus. or dative prons. – persons
i.e. über ihn or ihm

sprechen: Der Direktor spricht zu viel.
vs. **sprechen über:** Sie sprechen immer **über das Wetter.**

denken: Er denkt zu wenig und spricht zu viel.
vs. **denken an:** Er denkt immer **an seine Freundin.**

There is little correspondence between English and German with respect to the prepositions used in such expressions. You must simply memorize the German. For example:

to talk *about*	**sprechen *über***
to think *about*	**denken *an***
to hope *for*	**hoffen *auf***
to wait *for*	**warten *auf***

In addition, there is the matter of case in German. You must know which case follows the preposition. This is no problem if the preposition always takes the dative or always takes the accusative. For example, **nach** is a dative preposition, **um** an accusative one:

fragen nach (*to ask about*)
Sie fragt **nach meiner Mutter.** (*dative*)

bitten um (*to ask for*)
Er bittet mich **um eine klare Antwort.** (*accusative*)

But if the preposition is one of those taking either dative or accusative, you must memorize the correct case for any given verbal phrase, since the rule governing *either/or* prepositions no longer applies. For example, **vor** and **über** belong to the *either/or* prepositions:

sich fürchten vor (*to be afraid of*)
Er fürchtet sich **vor dem großen Hund.** (*with this verb: dative*)
sich schämen über (*to be ashamed of*)
Ich schäme mich **über diese Antwort.** (*with this verb: accusative*)

For all verbs with prepositional objects, it is wisest to memorize the entire phrase along with the case of the preposition. For example:

denken an + *accusative* (*to think about*)

Many, but not all, verbs with prepositional objects are used reflexively. Before proceeding to the exercises below, memorize the following list of verbs plus prepositional objects:

NONREFLEXIVE

bitten um + *acc.* (*to ask for*)
denken an + *acc.* (*to think about*)
fragen nach + *dat.* (*to ask about*)

[handwritten: schreiben an + acc   to write someone]

hoffen auf + *acc.* (*to hope for*)
sprechen über + *acc.* (*to talk about*) *[handwritten: or von + dat.]*
warten auf + *acc.* (*to wait for*)

REFLEXIVE

[handwritten: sich entscheiden über + acc]

[handwritten: "ich frag mich" - I wonder]

*sich amüsieren über + *acc.* (*to be amused by*)
sich ärgern über + *acc.* (*to be mad about*)
†sich aufregen über + *acc.* (*to get excited about*)
sich entschließen über + *acc.* (*to decide about*)
sich erinnern an + *acc.* (*to remember*)
sich freuen auf + *acc.* (*to look forward to*)

[handwritten: "Ich freue mich darauf."]

sich freuen über + *acc.* (*to be happy about*)
sich fürchten vor + *dat.* (*to be afraid of*) *[handwritten arrow: → Vor wem fürchtest du dich?]*
sich (*dat.*) Sorgen machen um + *acc.* (*to worry about*)
sich schämen über + *acc.* (*to be ashamed of*)
sich unterhalten über + *acc.* (*to converse about*)
†sich vorbereiten auf + *acc.* (*to prepare for*)
sich wundern über + *acc.* (*to be surprised at*) *[handwritten: - amazed]*

[handwritten left margin: reparable]

[handwritten: sich interessieren für + acc]

*[handwritten:
Wo ____? } with
Wor ____? } thing]*

PRACTICE A (Individual)

Fill in the blanks.

Gestern hat Herr Johnson über _____ (*his new novel*) gesprochen.
Ich mußte mich auf _____ (*the exam*) vorbereiten.
Wir freuen uns sehr auf _____ (*our trip to Europe*).
Ich habe dich um _____ (*a cigarette*) gebeten.
Erinnerst du dich an _____ (*our vacation in Italy*)?
Reg dich nicht über _____ (*his dumb question*) auf!
Habt ihr euch über _____ (*my last letter*) gefreut? *[handwritten: gestern abend]*
Ich denke nicht gern an _____ (*the party last night*)
Schämst du dich nicht über _____ (*your performance*)?
Wir haben uns über _____ (*her behavior*) sehr gewundert.
Viele Leute fürchten sich vor _____ (*large dogs*).
Sie ärgert sich sehr über _____ (*her new car*).
Wir haben mehr als eine Stunde auf _____ (*him*) gewartet.
Du sollst dir keine Sorgen um _____ (*your stomach ache*) machen.
Wir müssen uns über _____ (*our vacation*) entschließen.

---

* **Sich amüsieren** alone (without the prepositional object) expresses the idea *to have a good time*.
    Habt ihr euch gestern abend amüsiert?
    Did you have a good time last night?
You cannot translate the expression *to have a good time* literally into German.
† Separable verbs.

PRACTICE B (Individual)

In the following exercise replace the object of the preposition with the new ones given.

1. Sie sprechen immer **über das Wetter**.

   the teacher, their vacation, their new house, their performances, the visit of his parents, world politics

2. Ich freue mich **auf die Ferien**.

   the party tonight, the end, our trip to Germany

3. Hast du dich **über sein Benehmen** geärgert?

   his answers, her tight pants, the boring party, your headache, the police

4. Soll man sich **vor Professoren** fürchten?

   large black dogs, difficult questions, the water in Spain

5. Ich bereite mich **auf das Examen** vor.

   the drive, their visit, a terrible grade

6. Warum machst du dir Sorgen **um seine Krankheit**?

   the problems of the world, your love, your bad performance

PRACTICE C (Groups)

Using the verbs with prepositional objects listed above (pp. 418–419), express your reaction to the things and ideas below.

EXAMPLE: eine Reise nach New Mexico

> Ich **freue mich auf** eine Reise nach New Mexico.
>
> or
>
> Ich **fürchte mich vor** einer Reise nach New Mexico.
>
> or
>
> Ich **rege mich über** eine Reise nach New Mexico **auf**.

seine Freundin, ihr neuer Freund, meine Leistungen in Deutsch, die Party heute abend, mein kleiner Bruder, unser Deutschbuch, ein neuer Porsche, das Ende der Stunde, eine Wohnung in Palm Springs, Ferien, die letzte Deutschprüfung, der Besuch meiner Schwiegermutter [*mother-in-law*]

QUESTION–ANSWER PRACTICE (Pairs/Groups)

Prepare to ask and answer the following questions.

Schämst du dich über deine Leistungen in Deutsch? Warum?
Haben Sie sich übers Wochenende amüsiert? Wie?

Denkst du oft an deine Mutter? Wie oft?

Regst du dich manchmal über die Politik auf? Warum?

Freuen Sie sich auf nächstes Wochenende? Warum?

Amüsierst du dich bei einer Party? Immer?

Hast du dich an die Prüfung heute erinnert?

Mußt du dich am Nachmittag manchmal ausruhen?

Ärgert ihr euch manchmal über euren Deutschlehrer? Warum?

Hast du dich auf diese Deutschstunde vorbereitet? Warum nicht?

Mit wem unterhältst du dich gern?

Habt ihr euch über euren Urlaub entschlossen?

II. wo-Compounds

Notice how questions are formed with verbs plus prepositional objects in English:

What are you thinking *about?* (*About what are you thinking?*)

Whom are you thinking *about?* (*About whom are you thinking?*)

What are you looking *for?* (*For what are you looking?*)

Placing the preposition at the end of the question is impossible in German. The question word must follow the given preposition at the beginning of the questions:

Über was sprichst du?	*What are you talking about?*
Über wen sprichst du?	*Whom are you talking about?*
Auf was freut ihr euch?	*What are you looking forward to?*
An wen kannst du dich nicht erinnern?	*Whom can't you remember?**

However, when the question word asks about a thing (**was?**) rather than a person (**wem?/wen?**), good German requires the substitution of a **wo**-compound for the *preposition* + **was** construction. In other words:

an was = **woran**	auf was = **worauf**	vor was = **wovor**
über was = **worüber**	um was = **worum**	nach was = **wonach**, *etc.*

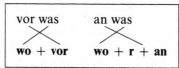

Notice the formation of the **wo**-compound. The consonant **r** is inserted between **wo** and prepositions beginning with a vowel, for sake of pronunciation.

PRACTICE A (Individual)

Transform the following into **wo**-compounds.

> an was, in was, für was, durch was, bei was, auf was, vor was, um was, über was, nach was, zu was, aus was

It is very important that you understand that the **wo**-compounds are used only when a *thing* is being asked about. When referring to *people*, the preposition + the correct case of **wer** (for the moment either **wem** or **wen**) must be used. Compare again:

Woran denkst du?	*What are you thinking about?*
An wen denkst du?	*Whom are you thinking about?*

PRACTICE B (Individual)

Express in German.

> What are you talking about? worüber
> Whom are you thinking about? an wen
> What are you asking for? worum
> What are you mad about? worüber

---

* Notice that **sich erinnern an** translates as *to remember*. This is a difficult—but most important—German construction: **Ich erinnere mich an meine Mutter.** (*I remember my mother.*)

Whom is she afraid of? _vor wem_
What are you so happy about? _worüber_
Whom are you looking forward to? _worauf_ _wem_

QUESTION–ANSWER PRACTICE (Pairs)

Prepare to ask and answer the following questions.

Worüber sprechen junge Leute oft? (Musik und Sport)
Worauf freuen Sie sich? (Sommerferien)
Über wen hast du dich so amüsiert? (das kleine Kind)
Worüber hat sich der Professor so geärgert? (schlechte Prüfungen)
An wen kannst du dich noch sehr gut erinnern? (das blonde Mädchen)
Über wen regt sich deine Mutter so sehr auf? (der neue Freund)
Worauf müssen wir uns alle vorbereiten? (die nächste Deutschprüfung)
Worum machst du dir große Sorgen? (seine schlechte Gesundheit)
Über wen kann man sich nur wundern? (der neue Präsident)
Auf wen mußtest du so lange warten? (mein Bruder)
Worüber mußt du dich entschließen? (nächstes Semester)

PRACTICE D (Pairs/Groups)

In many cases, when you ask a question you cannot anticipate whether a person or thing will be the answer. As a rule, use the **wo-**compound in formulating questions, unless you specifically mean to ask about a person. In the following exercise, formulate questions appropriate to the situation described:

1. You come upon a group of friends whispering excitedly. What do you ask them?
2. Your teacher is studying his grade book and is obviously angry. What do you ask him?
3. Your boy/girlfriend is lost in thought while on a date with you. What do you ask him or her?
4. Your roommate is still studying madly at two o'clock in the morning. What do you ask her or him?
5. At a party a group of your friends are laughing about somebody at the party. What do you ask them?
6. You are on the couch, and your psychiatrist is asking about your anxieties. What might he ask you?
7. Coming home, you find your roommate humming happily while getting dressed. What might you ask him or her?
8. You meet your friend in front of the concert pacing up and down and looking at his watch. What might you ask him?

further meanings

darum – therefore
damit – so that
darauf – then, thereupon
dazu – in addition, also
dagegen – on the other hand

dabei – while doing at the same time

III. da-Compounds

The combination of *preposition* followed by a *pronoun referring to a thing* is usually replaced by a **da**-compound.

> Sprecht ihr oft **über das Wetter**? Ja wir sprechen oft **darüber**.
> Hast du dich **auf die Prüfung** vorbereitet? Ja, ich habe mich **darauf** vorbereitet.
> Hast du ihn **nach dem Buch** gefragt? Nein, ich habe ihn nicht **danach** gefragt.
> > *but*
> Erinnerst du dich **an den Mann**? Nein, ich kann mich nicht **an ihn** erinnern.
> Habt ihr Angst **vor dem Lehrer**? Ja, wir haben große Angst **vor ihm**.

As with the **wo**-compound, **da**-compounds can only be used when the pronoun refers to a thing; if it refers to a person (sometimes animals), it must be retained.

PRACTICE A (Individual)

Replace the *preposition* + *noun* either with a **da**-compound or with a preposition plus pronoun.

> über Geld, an das Buch, auf seine Frau, vor dem Kollegen, um seine Wohnung, nach der Zeit, an die Verkäuferin, über ihre Antwort, für Hans, auf die Sommerferien

QUESTION–ANSWER PRACTICE (Pairs)

Answer the questions, replacing the boldface nouns with pronouns or **da**-compounds.

> Ärgert ihr euch über **das Wetter** diesen Winter?
> Denken Sie oft **an Ihre Jugend** [*youth*]?
> Freust du dich **über diesen neuen Pullover**?
> Schämst du dich **über unseren Präsidenten**?
> Erinnert sich der Lehrer **an seine früheren** [*former*] **Studenten**?
> Haben Sie sich **über den Besuch Ihrer Verwandten** gewundert?
> Habt ihr euch **über diese Frage** entschlossen?
> Regst du dich manchmal **über deine Eltern** auf?
> Freust du dich **auf einen Urlaub in der frischen Luft**?
> Fürchtet ihr euch **vor eurem Zahnarzt**?

IV. Anticipatory da-Compound

Compare the two sentences:

> 1. Hans is happy about his new car.
> 2. Hans is happy about the fact that his father gave him a new car.

In sentence 1, the object of the preposition *about* is *his new car*. In sentence 2, the object of the preposition is actually the clause *that his father gave him a new car*; *the fact* is a filler object used to anticipate the clause.

In German the **da-**compound is used in a similar, anticipatory way. Compare these two sentences:

1. Hans freut sich über seinen neuen Wagen.
2. Hans freut sich **darüber, daß** sein Vater ihm einen neuen Wagen geschenkt hat.

If the object of the preposition is a verbal idea, expressed in a subordinate clause with subject and verb, **da-** anticipates that verbal idea:

Wir freuen uns **darauf**, daß ihr im Sommer zu uns kommt.

Study the following sentence pairs carefully:

Sie sprechen oft **über das Wetter**.
Sie sprechen oft **darüber, daß** es letzten Sommer kaum geregnet hat.

Wir denken oft **an eure Hilfe**.
Wir denken oft **daran, daß** ihr uns geholfen habt.

Mein Vater regt sich **über meine Faulheit** auf.
Mein Vater regt sich **darüber** auf, **daß** ich immer so faul bin.

■ PRACTICE A (Individual)

Combine the two sentences into one, using an anticipatory **da-**compound.

EXAMPLE: Ihr Sohn kommt bald. Sie freuen sich **darüber**.
     Sie freuen sich **darüber, daß** ihr Sohn bald kommt.

Ihr Sohn hat das Examen nicht bestanden. Sie schämt sich darüber.
Sein Zimmerkollege räumt nie auf. Er ärgert sich darüber.
Er läßt sich von seiner vierten Frau scheiden. Wir amüsieren uns darüber.
Der Lehrer stellt immer dumme Fragen. Sie regt sich darüber auf.
Er hat sich endlich die Zähne geputzt. Wir freuen uns darüber.
Seine Mutter wird ihn ausfragen. Er bereitet sich darauf vor.
Meine Tochter ist bei der Prüfung durchgefallen. Ich mache mir Sorgen darum.

If the subject of the verbal idea is the *same* as the subject of the introductory main clause, an *infinitive phrase* is normally used instead of a subordinate clause. Here English uses a gerund construction, which German does not have:

Wir freuen uns darauf, **sie im Sommer zu sehen**.
*We're looking forward to **seeing** you in the summer.*

Schämst du dich nicht darüber, **so zu sprechen**?
*Aren't you ashamed of **talking** like that?*

■ PRACTICE B (Individual)

Combine the two sentences into one, using an anticipatory **da-**compound and an infinitive phrase.

EXAMPLE: Er besucht sie im August. Er freut sich **darauf**.
          Er freut sich **darauf**, sie im August **zu besuchen**.

Er fragt sie. Er erinnert sich daran.
Wir gehen am Wochenende skilaufen. Wir freuen uns darauf.
Er hört bald von dir. Er hofft darauf.
Wir können nicht skilaufen. Wir ärgern uns darüber.
Ich schreibe den Brief. Ich denke oft daran.

CONVERSATION PRACTICE (Pairs)

Prepare a conversational exchange with a classmate or your instructor, following the example. (This requires preparation!)

EXAMPLE: A: sich ärgern über/ B: das Wetter/ A: Es regnet.

          A: Worüber ärgerst du dich?
          B: Ich ärgere mich über das Wetter.
          A: Ich ärgere mich auch darüber, daß es regnet.

1. A: sich freuen auf/ B: Sommerferien/ A: Das Semester ist bald zu Ende.
2. A: sich schämen über/ B: Leistungen in Deutsch/ A: Ich schreibe immer
   schlechte Prüfungen.
3. A: sich wundern über/ B: sein Benehmen gestern abend/ A: Er hat sehr
   viel getrunken.
4. A: sich amüsieren über/ B: ihre komischen Fragen/ A: Sie versteht den
   Lehrer nie richtig.
5. A: denken an/ B: unsere Freunde in Deutschland/ A: Sie haben uns lange
   nicht geschrieben.

V. Word Order Review

You have probably noticed that prepositional phrases linked to a verb usually occupy position IV:

I	II	III	IV	
			A	B
Warum	fürchtet	ihr euch so sehr	vor dem Lehrer?	
Sie	haben	gestern abend wieder lange	über Politik	gesprochen.
Er	bereitet	sich seit Tagen	auf die Prüfung	vor.

Er konnte gestern abend nicht kommen,

0	I	II	III	IV	
				A	B
weil	er		sich schon seit Tagen	auf die Prüfung	vorbereitet.

Also, remember that pronouns precede nouns in position III. This applies to reflexive pronouns, too, and means that the noun subject may not be the first element in III.

I	II	III	IV	
			A	B
Leider	hat	sich mein Lehrer nicht sehr (*refl. pronoun*) (*noun*)	über meine Leistungen	gefreut.

QUESTION–ANSWER PRACTICE (Pairs)

Prepare to answer the following questions according to your personal situation.

Wann ärgerst du dich über den Deutschlehrer/die Deutschlehrerin?
Woran denkst du manchmal, wenn du in der Deutschstunde bist?
Ärgerst du dich darüber, wenn du bei einer Party bist, wo Leute zu viel trinken?
Woran (oder an wen) denkst du, wenn du unter der Dusche bist? *Ich denke daran wieder zurück ins Bett zugehen*
Fühlst du dich wohl, wenn du alte Kleider trägst?
Worauf freust du dich, wenn du auf eine Party gehst?
Über wen in deiner Familie amüsierst du dich am meisten?
Vor wem in deiner Familie fürchtest du dich am meisten?
Würdest du deinen Vater um Geld bitten?
Soll man sich über seine Eltern schämen?
Worum machst du dir oft Sorgen?
Haben Sie sich schon entschlossen, ob Sie nächstes Jahr weiterstudieren wollen?

WAS FÜR EINEN TAG HAST DU GEHABT? (Groups)

Some days are good, some bad. Prepare to tell each other about a particularly good or bad day you have had (or are having). Below are several samples, but use your own imagination. PREPARE FOR THIS!

I. Gestern war ein sehr schlechter Tag.
Ich bin früh aufgewacht und hatte Kopfweh.

Ich hatte vorgestern zu viel gefeiert.

Ich wollte mich duschen, aber es gab kein heißes Wasser.

Beim Frühstück habe ich mich geärgert, weil es keine Eier [*eggs*] gab, und der Kaffee kalt war.

Ich mußte mich dann auf meine Deutschprüfung vorbereiten, konnte aber mein Buch nicht finden.

Meine Mutter hat mich daran erinnert, daß ich zum Zahnarzt mußte.

Bei der Deutschprüfung bin ich durchgefallen; mein Musiklehrer hat sich über meine Faulheit aufgeregt.

Den ganzen Tag habe ich mich auf eine Verabredung [*date*] mit Monika gefreut, aber dann konnte sie nicht kommen. Sie hatte sich erkältet.

Ich bin mit Freunden trinken gegangen und bin betrunken nach Hause gekommen.

Meine Mutter hat mich ausgefragt und dann immer wieder gesagt, „Junge, du sollst dich schämen."

In this type of narration you could, of course, also use the simple past tense.

II. Gestern war ein wunderbarer Tag.

Ich habe lange geschlafen und habe noch am Vormittag mit Hans Tennis gespielt.

Sie stehen früh auf und laufen fünf Kilometer.

Hans hat sich darüber gewundert, daß ich so gut Tennis spielen konnte.

Am Nachmittag habe ich mich auf die Deutschprüfung vorbereitet. Dann habe ich mich ausgeruht.

Am Abend bin ich dann mit Hans essen gegangen. Wir haben uns gut amüsiert. Wir haben uns entschlossen, wann wir heiraten wollen. Schon im April!

Darauf freuen wir uns beide.

GRAMMAR SUMMARY

I. Reflexive Pronouns

The following chart lists both the personal and reflexive pronouns:

		SINGULAR					PLURAL			POLITE
NOMINATIVE		ich	du	er	sie	es	wir	ihr	sie	Sie
ACCUSATIVE	PERSONAL	mich	dich	ihn	sie	es	uns	euch	sie	Sie
	REFLEXIVE	mich	dich	sich	sich	sich	uns	euch	sich	sich
DATIVE	PERSONAL	mir	dir	ihm	ihr	ihm	uns	euch	ihnen	Ihnen
	REFLEXIVE	mir	dir	sich	sich	sich	uns	euch	sich	sich

The dative reflexive pronoun is used when the verb has a noun or, less frequently, a pronoun direct object in the accusative:

Ich wasche mir (*dative reflexive*) die Hände (*accusative direct object*).

Warum machst du dir (*dative reflexive*) so viele Sorgen (*accusative direct object*)?

II. Reflexive Verbs

A number of verbs must be used with a reflexive pronoun to express a specific meaning:

sich waschen (*to wash oneself*)

sich ausruhen (*to rest, take a rest*)

Frequently the addition of the reflexive pronoun changes the basic meaning of the verb.

erkälten (*to cool, chill*)

sich erkälten (*to catch a cold*)

amüsieren (*to amuse*)

sich amüsieren (*to have a good time*)

III. Verbs with Prepositional Objects

A number of verbs are used together with a preposition to express a specific thought:

> denken (*to think*)
> denken an + *acc.* (*to think about*)
>
> hoffen (*to hope*)
> hoffen auf + *acc.* (*to hope for*)

Some of these verbs are reflexive:

> sich fürchten vor + *dat.* (*to be afraid of*)

The case following the preposition must be learned along with the verbal phrase.
   Note: The reflexive verbs and verbs with prepositional objects used in this unit are listed on pages 405 and 418–419.

IV. **wo-** and **da**-Compounds

The **wo**-compound replaces a *preposition* + **was** (referring to a *thing*) as a question word:

> mit was > womit?
> an was > woran?
>
> **Woran** hast du jetzt gedacht?

The **da**-compound replaces a *preposition* + *pronoun* (referring to a thing):

> mit dem Wagen > mit ihm > damit
> an das Haus > an es > daran
>
> Freust du dich auf Weihnachten?
> Ja, ich freue mich sehr **darauf.**

The **da**-compound also functions as an anticipatory word pointing ahead to an infinitive phrase or subordinate clause:

> Wir freuen uns **darauf,** sie im Sommer zu sehen.
> Wir freuen uns **darüber,** daß ihr heute abend kommt.

EXERCISES

I. *Vocabulary.* Fill in an appropriate word in its correct form.

1. Ich _____ mich gar nicht wohl.
2. Wenn man krank ist, soll man sich _____.
3. Wenn man aus der Dusche kommt, muß man sich _____.
4. Das Kind hat sich nicht warm angezogen und hat sich deswegen _____.

5. Las Vegas oder Reno? Wir können uns nicht _____.
6. Ich habe die Prüfung nicht bestanden, weil ich mich nicht gut _____ habe.
7. Habt ihr euch gestern abend bei der Party _____?
8. Morgen wollen wir wandern gehen. _____ wir auf gutes Wetter!
9. Der Lehrer kann sich nie an meinen Namen _____.
10. Wir _____ uns darauf, daß ihr heute abend kommt.

II. *Reflexive Pronouns.* Fill in the correct form of the reflexive pronoun. Be sure you understand the distinction between dative and accusative reflexives.

1. Er hat _____ wieder nicht rasiert.
2. Kauf _____ doch diesen Pullover!
3. Ihr sollt _____ doch schämen.
4. Wann läßt du _____ endlich die Haare schneiden?
5. Wir freuen _____ sehr auf deinen Besuch.
6. Machst du _____ keine Sorgen darum?
7. Ich muß _____ jetzt auf die Prüfung vorbereiten.
8. Warum lassen Sie _____ nicht die Haare schneiden?
9. Das Kind kann _____ noch nicht anziehen.
10. Ich ärgere _____ sehr darüber.

III. Express in English.

1. Das ist der Präsident selbst.
2. Selbst der Präsident weiß nicht, was zu machen ist. *what is to be done*
3. Das Kind kann es selbst tun.
4. Wir haben selbst kein Geld.
5. Mutti, ich kann mich doch selbst anziehen.

IV. Using the phrase, **sich die Haare schneiden lassen**, express the following sentences in German. Remember the peculiarities of the double infinitive construction.

1. I'm having my hair cut.
2. I have to have my hair cut.
3. I had to have my hair cut. (*use* **mußte**)
4. I had my hair cut. (*double infinitive*)
5. Don't you want to know why I had to have my hair cut? (*use* **mußte**)

V. Express just the underlined words in German, being careful to decide whether or not a **wo-** or **da-**compound should be used.

1. I don't have time for it.
2. Whom are you thinking about?
3. We're ashamed about it.
4. What is there to look forward to?
5. I'm happy about her.

VI. Combine the two sentences into one, using an anticipatory **da**-compound. Be careful to decide whether an infinitive phrase or a subordinate clause must be used.

1. Wir freuen uns darauf. Wir besuchen sie im Sommer.
2. Wir hoffen darauf. Das Wetter wird morgen besser.
3. Er schämt sich darüber. Er muß immer wieder fragen.
4. Ihr denkt nie daran. Ihr besucht uns.
5. Sie freut sich darüber. Ihr Vater gibt ihr das Geld.

no daß clause

VII. Express in German.

1. Did you have a good time at the party last night?
2. Please put my coat on the couch.
3. You don't need to help me; I can do it myself.
4. When did you last have your hair cut by a barber?
5. The weather was so splendid that we lay on the beach the whole day.

herrlich

6. We are looking forward to seeing you.
7. What are you so happy about?
8. Let's change our clothes and go to the party.
9. Do you remember my old boy friend, Dieter? He married this old woman just for her money. Well, now he is getting divorced from her.
10. Is he happy about getting divorced?
11. I simply could not decide.
12. Have you finally been able to decide about it?

VIII. Write a short dialogue between two people in which you discuss and ask questions about what each has done during the day. Try to use as many of the expressions we have been practicing in this lesson as seem appropriate.

IX. The verbs below are grouped (roughly) into those which might be used to describe a good mood, and those which might describe a bad mood. Try to describe one or the other, using as many of these verbs as possible. This can be truth or fiction, as you like. (Feel free to add other verbs you know.)

GOOD MOOD	BAD MOOD
sich freuen auf	sich schlecht fühlen
sich freuen über	Kopfweh/Bauchweh haben
sich amüsieren	sich ärgern über
sich wohl fühlen	sich fürchten vor
	sich aufregen
sich schick anziehen	sich schämen
auf eine Party gehen	sich erinnern an
essen und trinken	zu Hause bleiben
tanzen, singen	arbeiten müssen
sich unterhalten (über)	sich Sorgen machen um

READING

Wir bringen dieses Mal ein kurzes Lesestück von dem zeitgenössischen[1] west-deutschen Schriftsteller Wolf Wondratschek (geboren 1943). Er schreibt über das Verhältnis[2] zwischen zwei jungen Leuten, die Liebe in einer lieblosen[3] Welt suchen. Sein Stil[4] ist ungewöhnlich[5]. Die Bedeutung[6] müssen Sie hinter den vielen einzelnen[7] Bildern finden.

ASPIRIN*

Sie hat ein schönes Gesicht. Sie hat schöne Haare. Sie hat schöne Hände. Sie möchte schönere Beine[8] haben.

Sie machen Spaziergänge. Sie treten auf Holz[9]. Sie liegt auf dem Rücken[10]. Sie hört Radio. Sie zeigen auf[11] Flugzeuge. Sie schweigen[12]. Sie lachen. Sie lacht gern.

Sie wohnen nicht in der Stadt. Sie wissen, wie tief ein See sein kann.

Sie ist mager[13]. Sie schreiben sich Briefe und schreiben, daß sie sich lieben. Sie ändert manchmal ihre Frisur[14].

Sie sprechen zwischen Vorfilm[15] und Hauptfilm[16] nicht miteinander. Sie streiten sich über Kleinigkeiten[17]. Sie umarmen sich[18]. Sie küssen sich. Sie leihen sich Schallplatten aus[19].

Sie lassen sich fotografieren. Sie denkt an Rom. Sie muß im Freibad[20] schwören[21], mehr zu essen.

Sie schwitzen. Sie haben offene Münder. Sie gehen oft in Abenteuerfilme[22]. Sie träumt oft davon. Sie stellt sich die Liebe vor[23]. Sie probiert[24] ihre erste Zigarette. Sie erzählen sich alles.

Sie hat Mühe[25], vor der Haustür normal zu bleiben. Sie wäscht sich mit kaltem Wasser. Sie kaufen Seife[26]. Sie haben Geburtstag. Sie riechen an Blumen[27].

Sie wollen keine Geheimnisse[28] voreinander[29] haben. Sie trägt keine Strümpfe[30]. Sie leiht sich eine Höhensonne[31]. Sie gehen tanzen. Sie übertreiben[32]. Sie spüren[33], daß sie übertreiben. Sie lieben Fotos. Sie sieht auf Fotos etwas älter aus.

Sie sagt nicht, daß sie sich viele Kinder wünscht.

Sie warten den ganzen Tag auf den Abend. Sie antworten gemeinsam[34]. Sie fühlen sich wohl. Sie geben nach[35]. Sie streift[36] den Pullover über den Kopf. Sie öffnet den Rock[37].

Sie kauft Tabletten[38]. Zum Glück gibt es Tabletten.

* From Wolf Wondratschek, *Früher begann der Tag mit einer Schußwunde.* © 1971, Carl Hanser Verlag.

[1]contemporary   [2]relationship   [3]loveless   [4]style   [5]unusual   [6]meaning   [7]individual
[8]legs   [9]wood   [10]back   [11]point at   [12]are silent   [13]skinny   [14]hairdo   [15]short
[16]feature film   [17]trivialities   [18]embrace   [19]*leihen sich . . . aus:* borrow   [20]swimming pool
[21]swear   [22]adventure films   [23]*stellt sich . . . vor:* imagines   [24]tries   [25]It's hard for her
[26]soap   [27]They smell flowers   [28]secrets   [29]from each other   [30]stockings   [31]sunlamp
[32]exaggerate   [33]sense   [34]together   [35]give in   [36]pulls   [37]skirt   [38]pills

COMPREHENSION CHECK

Based on your understanding of the story, decide whether the following statements relating to it are true or false. In some cases there may be disagreement, so be prepared to defend your opinions!

1. Die zwei jungen Leute sind etwa [about] dreißig Jahre alt.
2. Das Mädchen ist sehr schön.
3. Sie wohnen in einer Großstadt, vielleicht Hamburg oder Frankfurt.
4. Sie machen Spaziergänge, weil sie die Natur so sehr lieben.
5. Sie schweigen oft, weil sie nichts zu sagen haben.
6. Das Mädchen ist schon oft in Rom gewesen.
7. Das Mädchen raucht schon lange Zigaretten.
8. Sie schwitzen, weil es ihnen heiß ist.
9. Das Mädchen glaubt, die Liebe soll so sein wie in Filmen.
10. Die zwei haben keine Geheimnisse voreinander.
11. Die Liebe ist für die zwei etwas sehr Ernstes.
12. Sie haben Angst davor, allein zu sein.
13. Das Leben ist für beide im Grunde genommen [basically] sehr langweilig.
14. Das Mädchen kauft Tabletten, weil sie oft Kopfschmerzen hat.

verliebt sind

VOCABULARY

Active

Nouns

das Badezimmer, -	bathroom
die Bauchschmerzen (*plural*)	stomachache
der Besuch, -e	visit
der Boden, ⁼	floor
die Dusche, -n	shower
die Ecke, -n	corner
das Examen, -	examination
ein Examen schreiben (machen)	to take an examination
der Friseur, -e	barber, hair stylist
das Gesicht, -er	face
das Haar, -e	hair
der Kopf, ⁼e	head
das Kopfweh	headache
Ich habe Kopfweh.	I have a headache.
die Leistung, -en	accomplishment
die Luft, ⁼e	air
der Präsident (-en), -en	president

das Sofa, -s	couch
die Sorge, -n	worry
sich (*dat.*) Sorgen machen	to worry
Ich mache mir Sorgen um dich.	*I'm worried about you.*
die Wand, ⸚e	wall
die Welt, -en	world
der Zahn, ⸚e	tooth

Verbs

sich abtrocknen (trocknet sich ab)	*to dry oneself*
sich amüsieren (über + *acc.*)	*to enjoy oneself, to be amused* (*by*)
sich anziehen, zog sich an, hat sich angezogen	*to dress* (*oneself*)
sich ärgern (über + *acc.*)	*to be annoyed* (*at*)
sich aufregen (regt sich auf) (über + *acc.*)	*to get excited* (*about*) w/ annoyance
sich ausruhen (ruht sich aus)	*to rest*
sich ausziehen, zog sich aus, hat sich ausgezogen	*to get undressed*
bauen	*to build*
bestehen, bestand, hat bestanden	[*to persist*]
ein Examen bestehen	*to pass an examination*
denken, dachte, hat gedacht (an + *acc.*)	*to think* (*of, about*)
durchfallen (fällt durch), fiel durch, ist durchgefallen	*to fail*
Ich bin bei der Prüfung durchgefallen.	*I failed the test.*
sich duschen	*to take a shower*
sich entschließen, entschloß, hat sich entschlossen (über + *acc.*)	*to decide* (*about*)
sich erinnern (an + *acc.*)	*to remember*
sich erkälten	*to catch cold*
färben	*to dye*
feiern	*to celebrate*
fragen (nach)	*to ask* (*about*) after someone o something
sich freuen auf (+*acc.*)	*to look forward to*
sich freuen (über + *acc.*)	*to be happy* (*about*)
sich fühlen	*to feel*
sich fürchten (vor + *dat.*)	*to be afraid* (*of*)
sich hinlegen (legt sich hin)	*to lie down*
hoffen (auf + *acc.*)	*to hope* (*for*)
sich kämmen	*to comb one's hair*
sich kleiden	*to dress*

schwänzen = to cut class

lassen (läßt), ließ, hat gelassen	to leave, to have done, to let
legen	to put, to lay
sich legen	to lie down
putzen	to clean, to brush
sich rasieren	to shave
sich schämen (über + acc.)	to be ashamed (of)
sich scheiden lassen (von)	to get divorced (from)
sich schminken	to put on makeup
schneiden, schnitt, hat geschnitten	to cut
stellen	to put, to place, to stand
sich umziehen, zog sich um, hat sich umgezogen	to change clothes
sich unterhalten (unterhält sich), unterhielt sich, hat sich unterhalten (über + acc.)	to converse, to chat (about)
sich vorbereiten (bereitet sich vor), hat sich vorbereitet (auf + acc.)	to prepare (for)
warten (auf + acc.)	to wait (for)
sich wundern (über + acc.)	to be surprised (at)

Other Words

gesund	healthy
öfters	frequently
schläfrig	sleepy
selber	-self (himself, herself, itself, themselves)
selbst	-self, even
sooft	so often
unbedingt	unquestionably, by all means
wohl	well, probably
zuletzt	lastly, finally

Expressions

Punkt sechs	at six o'clock sharp

Passive

Verbs

küssen	to kiss
lachen	to laugh
wünschen	to wish

Other Words

betrunken	*drunk*
miteinander	*with each other*
sauber	*clean*

Expressions

zum Glück	*luckily*

13/DREIZEHN

SIND SIE SCHON EINMAL IN DEUTSCHLAND GEWESEN?

The theme of this unit is Germany and the attitudes of different kinds of people toward Germany: those who have visited the country and have formed impressions of it; those who have lived there or even been born there; those who have served in the military there; and those who have never been there but would like to go. Your own attitudes are probably reflected in one or more of these positions. Several important—and traditionally frightening—points of grammar are introduced: the passive voice, the double infinitive construction, and the comparative/superlative forms of adjectives and adverbs. If you study the unit carefully and work through the Practice exercises systematically, you should have no trouble.

A Ja, mein Vater war beim Militär in Deutschland

Als ich jünger war, haben wir in Deutschland gewohnt. Mein Vater ist
Berufsoffizier [*career officer*] bei der U.S.A.F., und wir waren damals dreieinhalb
Jahre in Deutschland stationiert. Am Anfang sind wir in Wiesbaden gewesen,
sind aber später dann nach Fürstenfeldbruck versetzt worden. Leider habe ich
sehr wenig Deutsch gelernt, obwohl ich dort in der Schule zwei Jahre Deutsch
habe lernen müssen. Wie die meisten Amerikaner, die in Deutschland beim
Militär sind, haben wir sehr wenig Kontakt mit den Deutschen gehabt. Wir haben
in einem amerikanischen Wohnviertel [*housing area*] gewohnt, haben immer in
dem Commissary und PX eingekauft, haben immer AFN zugehört—AFN ist der
amerikanische Rundfunk [*radio*] in Deutschland—sind in ein amerikanisches Kino
und am Sonntag in eine amerikanische Kirche gegangen. Unsere Freunde waren
auch alle Amerikaner. Meine Geschwister und ich haben eine amerikanische
Schule besucht, wo nur Englisch gesprochen wurde. Meine besten Freunde habe
ich entweder in der Schule oder in der Kirche kennengelernt. Ehrlich gesagt habe
ich mich weder für die deutsche Sprache noch für die deutsche Kultur interessiert.
Meine Eltern erst recht nicht [*even less*]. Ich erinnere mich genau, wie ich so
furchtbar Heimweh nach den Staaten gehabt habe. Heute bereue [*regret*] ich es
natürlich, daß ich kein Deutsch gelernt habe. Wenn ich wieder einmal Gelegenheit
habe, nach Deutschland zu kommen, werde ich es bestimmt anders machen.

QUESTION–ANSWER PRACTICE (Pairs or Groups)

Make up answers to the following questions as though you were the person relating
the above experience. Try to make the questioning and answering more of a conversation by asking additional questions as you go along.

Wie alt warst du, als du in Deutschland wohntest? Wann war das? In
welchen Jahren?

Hat es euch in Wiesbaden oder in Fürstenfeldbruck besser gefallen? Warum?

Warum habt ihr so wenig Kontakt mit Deutschen gehabt?

Sind die Lehrer in eurer Schule Deutsche oder Amerikaner gewesen?

Wie war das mit dem Fernsehen? Hat es ein amerikanisches Fernsehen
gegeben? Habt ihr nie deutsches Fernsehen angeschaut?

Habt ihr viel von Deutschland gesehen? Wo hat es euch am besten gefallen?

Seid ihr in Europa viel gereist? Wohin?

Ist euer Vater noch bei der Luftwaffe? Wo ist er jetzt stationiert?

440

when
usage

Wann – used only in a question
Wenn – "whenever", "if"
als – usually in past   ? 442

UNIT 13   441

Seid ihr nie in ein deutsches Kino gegangen?

PRACTICE A (Individual)

Woran erinnerst du dich noch?

Using one of the sentences below as a pattern, say that you or a member of your family recall the following about Germany. A dash after an adjective means that you must supply the proper adjective ending.

EXAMPLE: **das gut- deutsch- Bier**

> **Ich erinnere mich noch an** das gute deutsche Bier.
> **Ich kann mich noch an** das gute deutsche Bier **erinnern**.

die schön- Landschaft; die eng- Straßen; die frisch- Brötchen, die mir so gut geschmeckt haben; den stark- Verkehr; unsere herrlich- Wanderungen; den wunderschön- deutsch- Wald

■ PRACTICE B (Individual)

Using one of the sentences below as a pattern, say that you or a member of your family recall the following about Germany. The cues are in the present tense; change the verb of these cues to the past time.

EXAMPLE: **Es ist unmöglich, in der Stadt einen Parkplatz zu finden.**

> **Wir erinnern uns noch daran, wie** unmöglich es war, in der Stadt einen Parkplatz zu finden.
>
> **Mein Vater erinnert sich noch daran, daß** es unmöglich war, in der Stadt einen Parkplatz zu finden.

Die Schweiz ist herrlich.
Wir machen gern Wanderungen in den bayrischen Alpen.
Ich habe Heimweh.
Wir machen viele Reisen.
Wir reisen nach Italien.
Die Deutschen nennen uns Amis.
Die kleinen Dörfer gefallen mir.
Ich interessiere mich weder für die deutsche Sprache noch für die deutsche Kultur.
Ich habe so viele grammatische Fehler gemacht.

PUTTING IT TO WORK

I. wann, als, wenn

These three words can be translated as *when*:

wann ⎫
wenn ⎬ *when*
als ⎭

Wann means *when* in the sense of *at what time*. It is the question word used to find out when something took place or will take place. It may introduce a direct or an indirect question.

DIRECT QUESTION

Wann sind Sie in Deutschland gewesen?
Wann gehst du einkaufen?

INDIRECT QUESTION

Ich weiß nicht, **wann** er in Deutschland war.
Wissen Sie, **wann** sie einkaufen geht?
Ich kann dir nicht sagen, **wann** ich das gemacht habe.

In indirect questions of this type the sentence as a whole may be a question or a statement. The subordinate clause introduced by **wann** always contains the underlying question *at what time*.

Als means *when* in the sense of *at the time when*, and is used to refer to a single event or situation in the past. It introduces a subordinate clause. The verb tense is the simple past:

> **Als** ich in Deutschland **war**, habe ich meine Verwandten besucht.
> *When I was in Germany, I visited my relatives.*

> Hast du nur Deutsch geredet, **als** du deine alten Tanten **besuchtest**?

Wenn means *when* in the sense of *whenever* (i.e., more than one time). It introduces a subordinate clause:

> **Wenn** ich meine deutschen Verwandten besuche, muß ich immer Deutsch reden.
> *Whenever I visit my German relatives, I always have to speak German.*

> Jedesmal, **wenn** er nach Deutschland ging, hat er seinen alten Onkel besucht.

Wenn also means *when* in the sense of *at the time when* in sentences in the present and future (In the past time **als** is used for this meaning.):

> **Wenn** ich ihn sehe, werde ich ihn fragen.
> *When I see him I'll ask him.*

Wenn also means *if* in a *conditional* sense:

> **Wenn** ich nächsten Sommer das Geld habe, werde ich nach Deutschland reisen.
> *If I have the money next summer, I'll travel to Germany.*

When **wenn** is used with the present or future tenses, it is frequently ambiguous. Only context will distinguish whether it means *if* or *when* (*at the time when*). Take, for example, this sentence:

> **Wenn** ich nach Deutschland gehe, werde ich meine Verwandten besuchen.

It can mean either:

> *When* I go to Germany, . . .
> > *or*
> *If* I go to Germany, . . .

PRACTICE A (Individual)

Select the correct word from among **wann**, **wenn**, or **als**.

> _Als_____ mein Vater jung war, hat er in Deutschland gewohnt.
> _Wenn_____ ich sie besuchte, war sie jedesmal krank.
> Ich weiß nicht, _wenn_____ er das machen will.
> _Wann_____ hast du sie kennengelernt?

_Als_____ wir ihn damals kennenlernten, war er in Deutschland stationiert.

_wenn_____ ich ihn sehe, werde ich ihm das erzählen.

_Als_____ mein Freund ihnen erklärte, daß ich Deutsch auf der Uni studierte, wollten sie nur Deutsch mit mir reden.

Er wußte nicht, _wann_____ die Vorlesung beginnt.

Jedesmal, _wenn_____ er das für mich tut, vergesse ich, ihm zu danken.

PRACTICE B (Individual)

Choose between **als** or **wenn** on the basis of whether the sentence refers to a one-time occurrence or to a repeated occurrence. Some aspect of the sentence will indicate which meaning is intended.

_____ er jünger war, hat er Französisch als Muttersprache gesprochen.

Damals, _____ Großvater bei uns wohnte, war es mit dem Geld ziemlich knapp.

_____ sie Deutsch sprach, hat sie immer viele grammatische Fehler gemacht.

Jedesmal, _____ ich das gemacht habe, mußte ich ihm den Grund [reason] dafür erklären.

Kannst du dich noch daran erinnern, _____ wir 1956 in Spanien wohnten?

_____ wir damals in Deutschland wohnten, habe ich großes Heimweh [homesickness] gehabt.

Ich habe jedesmal Heimweh nach den Staaten gehabt, _____ wir im Ausland stationiert waren.

■ PRACTICE C (Individual)

Ask the following direct and indirect questions.

EXAMPLE: *when he did that*

Wann hat er das gemacht? (*direct*)
Weißt du, wann er das gemacht hat? (*indirect*)

when they were in Germany
when she will get to know him
when he was interested in that
when his brothers and sisters attended the American school
when he traveled to Paris
when they celebrated carnival
when you will have the opportunity again to go to Mexico

II. Present Perfect Tense of Modals: Double Infinitive Construction

In the last unit we used the present perfect tense with the verb **lassen** (see p. 410). This construction is referred to grammatically as the *double infinitive construction*:

PRESENT TENSE	Ich lasse mir die Haare schneiden.
PRESENT PERFECT	Ich **habe** mir die Haare **schneiden lassen**.

Although the simple past tense of the modals is more common in past tense situations, the present perfect tense is also used, especially in conversation. As with the verb **lassen**, the modal auxiliary verbs normally use the double infinitive construction in the present perfect tense.

PRESENT TENSE	Ich muß Deutsch lernen.
PAST TENSE	Ich mußte Deutsch lernen.
PRESENT PERFECT	Ich **habe** Deutsch **lernen müssen**.

The auxiliary verb for modals in the perfect tense is always **haben**:

Ich **habe** nicht allein **fahren wollen**.
I didn't want to drive alone.

Warum **hast** du nicht **einschlafen können**?
Why weren't you able to fall asleep?

Wir **haben** es leider nicht **tun dürfen**.
Unfortunately, we were not permitted to do it.

Habt ihr euch darauf gut **vorbereiten können**?
Were you able to prepare well for it?

Sie **hat** lange **bleiben müssen**.
She had to stay a long time.

PRACTICE A (Individual)

Change from the simple past to the present perfect.

Mein Vater wollte nicht länger in Wiesbaden wohnen.
Warum mußtest du damals Deutsch lernen?
Durftet ihr es allein tun?
Konnten auch Deutsche im PX einkaufen?
Mußtest du die amerikanische Schule besuchen?
Ich konnte mich nicht für die deutsche Kultur interessieren.

In situations where the dependent infinitive is not expressed, the double infinitive construction is normally not used:

PRESENT TENSE	Ich kann es nicht. (**tun** *is understood*)
PRESENT PERFECT	Ich **habe** es nicht **gekonnt**.

In such constructions, the regular past participle of the modal is used. These participles are as follows: **gedurft, gekonnt, gemocht, gemußt, gesollt, gewollt.**

PRACTICE B (Individual)

Change the following sentences from the present tense to the present perfect tense. Where the dependent infinitive is expressed, use the double infinitive construction; where it is not expressed, think first which infinitive is probably the understood dependent infinitive and then use the regular past participle of the modal to form the perfect tense.

Ich muß nach Hause.
Wir können es einfach nicht verstehen.
Ich will es nicht.
Darfst du es verkaufen?
Ich kann es einfach nicht.
Wir wollen im Urlaub nach Frankreich.

Brauchen, which is often used to express the negative of **müssen** (see p. 282), also uses the double infinitive construction in the present perfect tense:

Ich **habe** gestern nicht **zu arbeiten brauchen.**
I didn't have to work yesterday.

PRACTICE C (Individual)

Change from the present tense to the present perfect.

Du brauchst das Examen nicht zu schreiben.
Er braucht doch kein Deutsch zu lernen.
Glücklicherweise brauchen wir nicht nach Frankfurt zu gehen.
Sie braucht kein Geld für ihr Studium zu verdienen.
Ihr braucht doch nicht allein zu fahren.

In subordinate clauses the auxiliary verb (**haben**) stands before the double infinitive. Usually this complicated construction is avoided (but not always) by using the simple past tense:

PRESENT TENSE	Weißt du, ob er sein Schulgeld allein verdienen muß?
PAST TENSE	Weißt du, ob er sein Schulgeld allein verdienen mußte?
PRESENT PERFECT	Weißt du, ob er sein Schulgeld allein **hat verdienen müssen**?
	Obwohl ich in der Schule zwei Jahre Deutsch **habe lernen müssen**, kann ich heute eigentlich sehr wenig verstehen.

Ich kann mich noch gut an die vielen alten Häuser in Deutschland erinnern.

PRACTICE D (Individual)

Change the following subordinate clauses from the present tense 1) to the simple past and 2) to the present perfect.

Er sagt, daß er es nicht allein tun kann.
Er will wissen, warum wir nicht mitgehen wollen.
Weißt du, ob unser Lehrer eine Reise nach Deutschland machen muß?
Ich kann nicht verstehen, warum ihr länger bleiben müßt.
Obwohl er sich die Haare schneiden läßt, ist sein Vater immer noch nicht zufrieden.
Ich weiß ehrlich nicht, ob sie sich scheiden läßt.

B Ja, ich war letzten Sommer als Tourist in Deutschland

Letzten Sommer habe ich mit einem Freund eine Reise nach Europa gemacht. Wir haben im ganzen neun Länder besucht: Frankreich, die Niederlande, Belgien, Deutschland, Dänemark, Österreich, die Schweiz, Italien, und Spanien. Eigentlich waren es zehn, wenn man Liechtenstein als Land bezeichnen [*call*] kann. Zuerst hatten wir vor, drüben per Anhalter zu fahren, aber weil unsere Eltern so dagegen waren, haben wir uns endlich entschlossen, einen Eurailpaß zu kaufen. Von allen Ländern, die wir besucht haben, hat Deutschland uns am besten gefallen. Wir haben deswegen die meiste Zeit dort verbracht. Auch kannten wir ein paar amerikanische Freunde in Deutschland: ein Mädchen, das in München Kunstgeschichte studierte, und einen Jungen, der als Lehrerassistent an einem Gymnasium in Aachen arbeitete. Es war interessant, mit diesen beiden zu sprechen und ihre ganz verschiedenen Eindrücke von Deutschland und den Deutschen zu vergleichen. - to compare

Der Junge war ganz begeistert von seiner Erfahrung in Deutschland. Er war sozusagen völlig verdeutscht [*Germanized*]. Er sah wie ein Deutscher aus und sprach sogar ein ordentliches [*respectable*] Aachener Platt*. Wenn er Deutschland mit den Staaten verglich, war alles in Deutschland besser: die Menschen gebildeter, das Kulturleben reicher, die Städte sauberer, die Landschaft schöner, die öffentlichen Verkehrsmittel [*public transportation*] praktischer, das Leben billiger, die Lebensmittel natürlicher und daher nahrhafter [*more nutritious*], die Häuser besser gebaut, deutsche Waren von besserer Qualität, usw. Er hatte eine deutsche Freundin, hatte vor, einmal eine Deutsche zu heiraten und dann deutscher Staatsbürger zu werden. Er war der Meinung, daß deutsche Frauen bessere Hausfrauen wären; sie kannten ihre Rolle im Leben.

Das Mädchen dagegen war in Deutschland unzufrieden und unglücklich. Sie hatte Heimweh und konnte kaum warten, bis ihr Studienjahr vorbei war. Die ganze Zeit hat sie sich über Deutschland und die Deutschen beschwert. Alles, von der Uni bis zum Klopapier, wäre in Deutschland schlechter als zu Hause: die Menschen wären unfreundlicher, die Autofahrer aggressiver, die Universität unpersönlicher, die Professoren arroganter, die deutschen Beamten unhöflicher, die deutschen Wohnungen unbequemer, im allgemeinen [*in general*] das Leben enger, hektischer und teurer. Sie war ein paarmal mit deutschen Männern ausgegangen, aber ihrer Meinung nach waren sie unerträglich [*unbearably*] chauvinistisch. Amerikanische Männer waren ihr deswegen umso [*all the more*]

* A Low German dialect.

448

Wir haben uns endlich entschlossen, einen Eurailpaß zu kaufen.

likable

sympathischer. Was sie in Deutschland besonders ärgerte, war, daß es so viele
Regeln und Vorschriften [*rules and regulations*] gibt. Man konnte nirgendwohin,
um die Regeln und Menschen loszuwerden [*get away from*]. Uns aber hat
Deutschland, wie gesagt, sehr gut gefallen. Wir planen schon unsere nächste Reise
dorthin.

QUESTION–ANSWER PRACTICE (Pairs or Groups)

One person assumes the role of the person relating the above experience. The other(s)
asks questions either to clarify what was told or to elicit additional information. Use
the questions below only if you falter in thinking up your own.

Wie hat dein Freund geheißen?
Warum waren eure Eltern dagegen, daß ihr per Anhalter fahren wolltet?
War der Eurailpaß teuer?
Was hat euch in Deutschland besonders gefallen?
Wovon war der Junge begeistert?
Was bedeutet das: er war völlig verdeutscht?

Worüber hat sich das Mädchen beschwert?
Wie gut konnte der Junge Deutsch?
Was meinte der Junge damit, daß die Verkehrsmittel praktischer sind?
Was war ihre Meinung über deutsche Universitäten?

PRACTICE A (Individual)

Using one of the examples below, say that your friend complained about the following things.

EXAMPLE: die deutschen Beamten; der starke Verkehr

Sie **beschwerte sich über** die deutschen Beamten.

Meine Freundin **hat sich über** den starken Verkehr **beschwert**.

der Preis von Kleidern
die Größe der Universitäten
die Schwierigkeit der deutschen Sprache
der Chauvinismus der deutschen Männer

Continuing the pattern, put sentences together with these words:

Unfreundlichkeit/deutsch--/Beamten
hoh-/Preis
Unbequemlichkeit/deutsch-/Wohnungen
hoh-/Kosten/von/deutsch-/Waren
schlecht-/Qualität/amerikanisch-/Waren

PRACTICE B (Individual)

Using one of the examples below, say that your friend complains (complained) about the following.

EXAMPLE: viel ist verboten; die deutschen Professoren sind unfreundlich

Sie **beschwert sich darüber**, daß so viel verboten ist.
Er **hat sich darüber beschwert**, wie unfreundlich die deutschen Professoren sind.

Wohnungen sind kalt
deutsch- Autofahrer sind aggressiv
das Klopapier ist nicht weich [*soft*]
deutsch- Kleider kosten so viel

[handwritten margin notes: "A" with line, "3", "A-B must agree", "noun ___ -er als ___", "adj/adverb"]

PUTTING IT TO WORK

I. Comparative and Superlative Forms of Adjectives and Adverbs

The adjective/adverb has three *degrees*.

POSITIVE	klein	alt	langsam
COMPARATIVE	kleiner	älter	langsamer
SUPERLATIVE	kleinst-	ältest-	langsamst-

The comparative adds **er**, and the superlative adds **(e)st** to the adjective. Most one-syllable words with the stem vowel **a** or **u** add an umlaut as well as the comparative or superlative ending. The vocabulary at the end of the book indicates whether the stem vowel adds an umlaut: **alt(ä)**. The dash after the superlative stem means that it never occurs without an adjective ending.

The following adjectives/adverbs have irregular forms and must therefore be memorized:

POSITIVE	COMPARATIVE	SUPERLATIVE
groß	größer	größt-
gut	besser	best-
hoch (hoh-)*	höher	höchst-
nah(e)	näher	nächst-
oft	öfter	meist-
viel	mehr*	meist
gern	lieber	liebst-

[handwritten margin notes: "(adverb only)", "lieb", " mehr never has an ending"]*

A. Comparative Degree

As a predicate adjective/adverb the comparative degree has no additional ending:

POSITIVE	Dieses Zimmer ist billig. (*adjective*)
COMPARATIVE	Dieses Zimmer ist billig**er**. (*comparative ending*)

POSITIVE	Er spricht laut. (*adverb*)
COMPARATIVE	Sie spricht laut**er**. (*comparative ending*)

When the adjective is used attributively, the proper adjective ending must be added in addition to the comparative ending:

POSITIVE	Das ist ein billig**es** Zimmer. (*adjective ending*)
COMPARATIVE	Haben Sie ein billig**eres** Zimmer? (*comparative ending:* **er**; *adjective ending:* **es**)

* **hoch** is the predicate, **hoh-** the attributive form:

Dieser Berg ist sehr **hoch**.
Das ist ein **hoher** Berg.

[handwritten notes: "the ___-er", "je ...-er", "umso ___-er", "desto ___-er"]

IRREGULARITIES IN COMPARATIVE DEGREE

1. Stem of adjective/adverb ends in **er**: **e** of this stem is dropped:

POSITIVE	COMPARATIVE
teu**er**	teu**rer**

2. Stem of adjective/adverb ends in **e**: Only **r** is added:

leise	leise**r**

COMMON FORMULAS

1. Unequal comparison with **als**:

reicher als (*richer than*)
besser als (*better than*)

Er ist doch reicher als wir.
Sie kann das besser machen als ich.

2. Equal comparison with **so . . . wie**:

so gesund wie (*as healthy as*)
so gut wie (*as good as*)

Sie ist nicht so gesund wie ihr Mann.
Macht er das so gut wie du?

This formula is frequently introduced with **genau** (*just*) or **nicht** (*not*):

Die Schweiz ist **genau so schön wie** Österreich.
Deutschland ist im Sommer **nicht so heiß wie** die USA.

3. Comparative with **immer**:

Immer in front of the comparative degree is equivalent to the English *more and more* construction:

immer mehr (*more and more*)
immer besser (*better and better*)

Die Deutschen kaufen **immer mehr** Autos.
Das Berliner Orchester wird **immer besser**.

PRACTICE A (Individual)

Complete the sentence with the comparative form of the boldface adjective.

Chicago ist **groß**, aber New York ist _____.
Die Amerikaner trinken **viel** Bier, aber die Deutschen trinken noch _____.

Ein BMW ist **teuer**, aber ein Mercedes ist _____.
Mein Vater ist **alt**, aber meine Mutter ist _____.
Der Film ist **gut**, aber der Roman ist _____.
Bei mir ist es **laut**, aber bei dir ist es noch _____.
Spanien ist **interessant**, aber Deutschland ist _____.

PRACTICE B (Individual)

Compare the following pairs, using the cue in parentheses.

EXAMPLE: Deutschland/Österreich (groß)

        Deutschland ist größer als Österreich.

die Berge in der Schweiz/die Berge in Deutschland (hoch)
der Rhein/die Mosel (lang)
das Buch/der Film (interessant)
die Biologiestunde/die Deutschstunde (langweilig)
mein Bruder/ich (verklemmt)
Frankfurt/Passau (modern)
die Straßen hier/die Straßen in der BRD (dunkel)

■ PRACTICE C (Individual)

Again compare the following pairs using the cue given. This time some adverbs are included, and you may have to supply additional words for the sentence to make sense.

EXAMPLE: ins Kino/ins Konzert (gern gehen)
        Ich gehe lieber ins Kino als ins Konzert.

Wein/Bier (gern trinken)
die Opern Mozarts/die Opern Wagners (gut gefallen)
die Schweiz/Belgien (gut gefallen)
amerikanische Wagen/deutsche Wagen (meistens groß)
in der BRD/in Amerika (schnell fahren)
Rock Musik/klassische Musik (laut)
mein Lieblingsroman/unser Deutschbuch (gern lesen)
das Leben in Spanien/das Leben in Deutschland (billig)
das Essen in Deutschland/das Essen in Frankreich (gut schmecken)

■ PRACTICE D (Individual)

Form the comparative degree of the adjective in parentheses. Some of the adjectives are used attributively and will, therefore, need adjective endings in addition to the comparative ending.

Natürlich ist die Wohnung schön, aber ich brauche eine _____ (groß) Wohnung.

Welcher der beiden Berge ist _____ (hoch)?

Das _____ (nah) Gebäude heißt Neckermann.

Ich kann doch keinen _____ (hoch) Preis bezahlen.

Es gibt kein _____ (gut) Auto.

Bist du _____ (alt) als dein Bruder?

PRACTICE E (Pairs)

Wo gefällt es dir besser? Warum?

One person forms a question with **gefallen**, using the words given. The other person answers and gives a reason why he or she likes one place better.

EXAMPLE: in der Stadt/auf dem Land

> *Question:* Wo gefällt (würde . . . gefallen) es dir besser, in der Stadt oder auf dem Land?
>
> *Answer:* Es gefällt mir besser auf dem Land, weil es dort ruhiger [*quieter*] ist.
>
> Es würde mir besser in der Stadt gefallen, weil es dort mehr zu tun gibt.

in den Bergen/am Strand
zu Hause/im Urlaub
in der Oberschule/auf der Uni
im Studentenheim/in einer Wohnung
auf einer Party/allein zu Hause

PRACTICE F (Pairs)

Was tust du lieber? Was würdest du lieber tun?

EXAMPLE: eine Reise machen/zu Hause bleiben

> *Question:* Machst du lieber eine Reise oder bleibst du lieber zu Hause?
>
> *Answer:* Ich bleibe lieber zu Hause. Ich reise nicht gern. Ich finde es zu anstrengend [*fatiguing*].
>
> Ich reise viel lieber. Es macht mir so viel Spaß, fremde Länder zu besuchen.

Tennis spielen/skilaufen
Deutsch lernen/Spanisch lernen
lesen/fernsehen
eine Fremdsprache sprechen/eine Fremdsprache lesen
Freunde besuchen/Verwandte besuchen
reich sein/arm sein
einen Deutschen/eine Deutsche heiraten/einen Amerikaner/eine Amerikanerin
sofort heiraten/eine Karriere [*career*] machen
viele Kinder haben/keine Kinder haben

PRACTICE G (Pairs)

Wo? In Deutschland oder in den USA?

Form questions and answers with words given.

EXAMPLE: das Leben/teuer

> *Question:* Wo ist das Leben teurer, in Deutschland oder in den USA?
> *Answer:*   In den USA ist das Leben noch ein bißchen teurer.

Other ways of answering:

> Ich glaube, daß . . .
> Ich bin nicht ganz sicher, aber . . .
> Das ist Geschmackssache [*a matter of taste*].
> Das ist schwer zu sagen, aber die meisten Menschen behaupten, daß . . .
> Das kommt ganz darauf an, ob . . . [*That depends entirely, . . .*]

> die Berge/hoch
> das Bier/gut/schmecken
> die Frauen/Männer/schön
> man/schnell/fahren
> die Waren/von guter Qualität
> das Klopapier/weich [*soft*]
> die Menschen/gebildet
> das Wetter/im Sommer/heiß
> geben/viel/kleine Kirchen
> Frauen/gute Hausfrauen

B. Superlative Degree

When used attributively, the proper adjective ending must be added to the superlative stem:

POSITIVE	Das ist ein teu**er** Wagen. (*adjective ending*)
SUPERLATIVE	Er hat natürlich den teuer**sten** Wagen. (*superlative ending:* **st**; *adjective ending:* **en**)

In both the comparative and superlative degree the noun modified is occasionally not expressed.

> Der ist wahrscheinlich **der bessere**.
> *He is probably the better one.*

> Alle Antworten sind gut, aber diese ist **die beste**.
> *All answers are good, but this is the best one.*

> Das ist wahrscheinlich **das gescheiteste**.
> *That is probably the smartest* (*thing to do*).

The use of a **der**-word or **ein**-word indicates that the attributive rather than the predicate form is called for.

As a predicate adjective/adverb, the superlative always occurs in the phrase **am . . . -sten**:

> am schönsten
> am schnellsten
> am besten

Meiner Meinung nach ist der Schwarzwald **am schönsten**.
In my opinion the Black Forest is the most beautiful.

Der Porsche ist **am schnellsten** gefahren.
Dort kann man **am billigsten** wohnen.
Wo sind die Berge **am höchsten**?

IRREGULARITY IN THE SUPERLATIVE

When the superlative stem ends in **d**, **t**, or a sibilant (**s**, **ß**, **z**), an **e** precedes the **st** in order to facilitate pronunciation:

nett > nett**est**-
heiß > heiß**est**-

Das ist der **netteste** Mann, den ich kenne.
He is the nicest man I know.

Im Sommer ist es hier **am heißesten**.

■ PRACTICE H (Individual)

Compare the following, using the three degrees of intensity of the adjective/adverb indicated.

EXAMPLE: Monika/Lisa/Sigi (schön)

Monika ist **schön**. Lisa ist **schöner**. Aber Sigi ist **am schönsten**.

mein Vater/ich/mein Bruder (schnell fahren)
meine Antwort/deine Antwort/Antwort unseres Lehrers (gut)
das Matterhorn/Mont Blanc/die Zugspitze (hoch)
San Francisco/New York/Chicago (gut gefallen)
lesen/Golf spielen/Fernsehen anschauen (gern)
mein Vater/meine Mutter/mein Deutschlehrer (alt)
ein Ford/ein Fiat/ein Jaguar (viel kosten)

PRACTICE I (Pairs)

Wo in den USA?

One person formulates a question in the superlative degree, using the words given. The second person answers.

EXAMPLE: in den USA schön

Question: Wo ist es in den USA am schönsten?
Answer: Ich finde Oregon am schönsten.
Mir gefällt es in Vermont am besten.

die Landschaft schön
die Leute höflich
findet man schöne Männer/Frauen
der Verkehr stark
wohnen viele Deutsch-Amerikaner
viel regnen
die Luft sauber/schmutzig

PRACTICE J (Pairs)

Welche Stadt? in den USA? in der BRD?

Formulate questions and answers in the superlative.

EXAMPLE 1: groß- Stadt (USA)

> *Question:* Welche Stadt in den USA ist am größten?
> *Answer:* New York ist am größten.
>   New York ist die größte Stadt.

EXAMPLE 2: groß- Hafen [*harbor*] (BRD)

> *Question:* Welche Stadt in der BRD hat den größten Hafen?
> *Answer:* Hamburg hat den größten Hafen.
>   Der Hafen in Hamburg ist am größten.

hoch- Gebäude (USA)
alt- Stadt (USA)
alt- Universität (USA/BRD)
schmutzig- Luft (USA)
gut- Basketballmannschaft [*team*] (USA)
unehrlich- Polizisten (USA)
polnisch- Amerikaner (USA)
viel- Leute, die Spanisch als Muttersprache sprechen (USA)
viel- Fremd- (USA)

QUESTION–ANSWER PRACTICE (Pairs)

Wo in Deutschland? Wo in den USA?

Ask questions based on the cues. Use superlatives wherever appropriate.

schön (USA/Deutschland)
man/hoh- Berge/finden (USA/Deutschland)
Leute/freundlich (USA)
man/gut- Deutsch/Englisch/sprechen (USA/Deutschland)

gut- Universität (USA/Deutschland)
der Verkehr/schlimm (USA)
die Strände/schön (USA/Deutschland)
billig/leben (USA/Deutschland)
das Leben/teuer (USA)

Possible ways to start your answer:

Ich glaube, daß . . .
Das ist schwer zu sagen, aber . . .
Die meisten Leute behaupten, daß . . .
Meiner Meinung nach . . .

Some possible vocabulary for answers:

im Süden des Landes, im Norden, im Westen, im Osten, auf dem Land, in den Großstädten, überall, nirgendwo [*nowhere*]

C Ja, ich bin sogar in Deutschland geboren

Ich bin in Deutschland geboren, aber als ich neun Jahre alt war, sind wir in die Staaten ausgewandert. Mein Vater war damals bei einer amerikanischen Firma angestellt und wurde sozusagen nach den USA befördert. Es war eine große Entscheidung für uns, und ich erinnere mich, wie das damals in der Familie lange und leidenschaftlich [*heatedly*] besprochen wurde. Wir Kinder waren davon gar nicht begeistert. Mein älterer Bruder wollte sogar in Deutschland bleiben, weil er, wie er behauptete, seine Lehre [*apprenticeship*] zu Ende machen [*finish*] wollte. Eigentlich war er in ein Mädchen verliebt. Er spielte auch wahnsinnig gern Fußball. Auf jeden Fall sind wir gekommen und haben Freunde, Heimat, und das gewohnte Leben [*life we were accustomed to*] verlassen müssen.

In den ersten Jahren war es sehr schwer; das muß ich sagen. Wir haben uns nur schwer an unsere neue Heimat gewöhnen können. Ich kann mich noch ganz genau an das erste Schuljahr erinnern. Aber nach ein paar Jahren ist alles besser gegangen. Nur mit dem Deutsch ist es immer schlimmer geworden. Denn [*because*] obwohl die Eltern jahrelang immer weiter Deutsch miteinander gesprochen haben, ist für uns Kinder Englisch sehr schnell zur Muttersprache geworden. Wir wollten einfach nicht mehr Deutsch sprechen, nicht einmal mit den Eltern. Ich kann noch so ziemlich alles verstehen, wenn Deutsch gesprochen wird, aber mit dem Sprechen ist es ein Problem; und was die Grammatik angeht [*as far as grammar is concerned*], na, davon möchte ich überhaupt nicht reden. Seit unserer Auswanderung bin ich nie wieder in Deutschland gewesen, aber ich würde sehr gerne mein altes Heimatland wieder besuchen. Meine Mutter hat vor, nächsten Sommer unsere Verwandten in Mannheim zu besuchen. Ich möchte mitfahren. Deswegen lerne ich jetzt Deutsch.

QUESTION—ANSWER PRACTICE (Pairs and Groups)

Make up answers to the questions as though you were the person relating the above experience.

Für welche amerikanische Firma hat dein Vater in Deutschland gearbeitet?
Warum warst du persönlich von der Auswanderung nicht sehr begeistert?
Wohin seid ihr in die USA eingewandert [*immigrate*]?
Hat dein Bruder hier in den Staaten irgendeinen Sport getrieben?
Warum hast du dich so genau an das erste Schuljahr hier erinnert?

Warum wolltet ihr nicht mehr Deutsch mit euren Eltern sprechen?

Haben deine Eltern oder deine Geschwister wieder einmal Deutschland besucht?

Habt ihr noch Verwandte in Deutschland?

Warum hast du kein Deutsch in der Oberschule genommen?

Wirst du Angst haben, mit deinen Verwandten Deutsch zu sprechen, wenn du nach Deutschland reist?

Ask additional questions as they occur to you in order to make the questions more of a conversation.

■ PRACTICE A (Individual)

Woran habt ihr euch nur schwer gewöhnen können?

Using one of the sentences below as a pattern, say that you or a member of your family found it difficult to get used to the following things.

EXAMPLE: amerikanisch- Schule; amerikanisch- Bier

> Wir haben uns nur schwer **an die amerikanischen Schulen gewöhnen können**.
>
> Mein Vater hat sich immer noch nicht **an amerikanisches Bier gewöhnt**.

lang-, heiß- Sommer; das Einkaufen in amerikanisch- Geschäften; das amerikanisch- Brot; die englisch- Sprache; die amerikanisch- Mädchen/ Jungen; neu- Erfahrungen; fremd- Landschaft.

■ PRACTICE B (Individual)

Using one of the sentences below as a pattern, say that you or a member of your family found it difficult to get used to the following things.

EXAMPLE: Es ist hier im Sommer so heiß.
  Wir Kinder können so viele Hamburgers essen.

> Ich habe mich nur schwer **daran gewöhnen können, daß** es hier im Sommer so heiß ist.
>
> Meine Mutter hat sich nie **daran gewöhnt, wie viele** Hamburgers wir Kinder essen können.

Die Amerikaner reden alle Leute mit Vornamen [*first name*] an. [**anreden**: *address*].

Fußball ist nicht sehr beliebt in Amerika.

Die Amerikaner wissen so wenig von Deutschland.

So wenige Amerikaner sprechen eine Fremdsprache.

Die Schulen sind so viel leichter als die deutschen Schulen.

Man darf hier so jung Auto fahren.

Man kann nur schwer gutes Brot kaufen.

Mein Bruder muß seine Freundin verlassen.

Meine Mutter kann sich immer noch nicht an das amerikanische Bier
gewöhnen.

PUTTING IT TO WORK

I. Passive Voice

Up to this point, all sentences in the Putting-it-to-Work sections have been in the
active voice. Five tenses of the active voice have been used:

PRESENT	Meine Tante empfiehlt diesen Arzt.
PAST	Meine Tante empfahl diesen Arzt.
PRESENT PERFECT	Meine Tante hat diesen Arzt empfohlen.
PAST PERFECT	Meine Tante hatte diesen Arzt empfohlen.
FUTURE	Meine Tante wird diesen Arzt empfehlen.

In active sentences the subject does something (*recommends*); it is active.
The sentences above can be expressed in the *passive voice*:

PRESENT   Dieser Arzt **wird** von meiner Tante **empfohlen**.
               This doctor is recommended by my aunt.

PAST	Dieser Arzt **wurde** von meiner Tante **empfohlen**.
	This doctor was recommended by my aunt.
PRESENT PERFECT	Dieser Arzt **ist** von meiner Tante **empfohlen worden**.
	This doctor has been recommended by my aunt.
PAST PERFECT	Dieser Arzt **war** von meiner Tante **empfohlen worden**.
	This doctor had been recommended by my aunt.
FUTURE	Dieser Arzt **wird** von meiner Tante **empfohlen werden**.
	This doctor will be recommended by my aunt.

[handwritten: verb in 2nd position always tells you the tense!]

In passive sentences the subject does not act (does not *recommend*); it is acted upon (*is recommended*).

The passive is formed in German as follows:

1. **Werden** is the conjugated verb.

PRESENT	wird
PAST	wurde
PRESENT PERFECT	ist . . . worden*
PAST PERFECT	war . . . worden*
FUTURE	wird . . . werden

2. It is combined with the past participle of the main verb (the verb carrying the meaning), which stands at the end of the clause:

PRESENT	wird . . . **empfohlen** (*is recommended*)
PAST	wurde . . . **besprochen** (*was discussed*)
PRESENT PERFECT	ist . . . **versetzt** worden (*has been transferred*)
PAST PERFECT	war . . . **übersetzt** worden (*had been translated*)
FUTURE	wird . . . **geändert** werden (*will be changed*)

3. If the person (agent) who performs the action is expressed in the passive sentence, it appears as the object of the preposition **von**:

von meiner Tante (*by my aunt*)
wird **von meiner Tante** empfohlen (*is recommended by my aunt*)
wurde **von uns allen** besprochen (*was discussed by all of us*)
ist **von seiner Firma** befördert worden (*has been promoted by his company*)

[handwritten: von always takes dative case.]

Frequently no agent is expressed:

Nur Englisch wurde in unserer Schule gesprochen.
Only English was spoken in our school.

In München wird viel Bier gebraut.
A lot of beer is brewed in Munich.

Das ist noch nicht entschlossen worden.
That has not yet been decided.

[handwritten: von — agent (person) / durch — means / mit — means (thing)]

---

* The participle of **werden** used as the passive auxiliary is **worden**, not **geworden**.

PRACTICE A (Individual)

Change to the passive tense indicated in parentheses.

> Mein Vater wird bald befördert. (*future*)
> Wir sind im Jahre 1976 versetzt worden. (*past*)
> Dieses Restaurant wurde uns von meinem Onkel empfohlen. (*past perfect*)
> In welcher Stadt wurde das produziert? (*present*)
> Wann wirst du bei dieser Firma angestellt? (*past*)
> Im Süden des Landes wurde viel Italienisch gesprochen. (*present*)
> Der Schwerkranke wurde ins Krankenhaus gebracht. (*present perfect*)

In changing active sentences to passive sentences the following steps are necessary:

1. The direct object of the active sentence becomes the subject of the passive sentence. This may require changes in forms and endings:

> ACTIVE   Meine Tante hat **diesen Arzt** empfohlen. (*accusative case*)
> PASSIVE   **Dieser Arzt** ist von meiner Tante empfohlen worden. (*nominative case*)

2. The active verb form is converted to the corresponding tense of the passive:

> ACTIVE   Mein Vater **baute** das Haus selbst.
> PASSIVE   Das Haus **wurde** von meinem Vater selbst **gebaut**.

3. The subject of the active sentence becomes the object of the preposition **von** (in the dative case). This always requires a change of form or ending:

> ACTIVE   **Wir** haben die Entscheidung zusammen besprochen.
> PASSIVE   Die Entscheidung ist **von uns** besprochen worden.

Where the subject is the impersonal **man** or **einer**, usually no agent is expressed:

> ACTIVE   Man spricht hier Deutsch.
> PASSIVE   Deutsch wird hier gesprochen.
> *or*
> Hier wird Deutsch gesprochen.

■ PRACTICE B (Individual)

Change from active to passive.

> Seine Firma versetzte ihn im Jahre 1967.
> Dort braut man gutes Bier.
> In welcher Stadt hat man das hergestellt?
> Das Haus hatte mein Vater selbst gebaut. *Das Haus war von meinem Vater selbst gebaut worden*
> Wann wird man den Kranken ins Krankenhaus bringen?

Wann wird der Kranke ins Krankenhaus gebracht werden

In Bayern und im Rheinland feiert man Fasching besonders herrlich.
In Deutschland stellt man in Stuttgart, München, und Wolfsburg die meisten
  Autos her.
Man behauptet das öfters.
Mein Großvater stellte mich in seinem Geschäft an.
Luther übersetzte die Bibel auf der Wartburg.
Man wird ihn erst nächstes Jahr befördern.

PRACTICE C (Pairs or Groups)

In welcher Stadt? in den USA? in der BRD?

One person formulates a question based on the words given. Another person answers
it. Passive constructions should be used. Choose either the USA or the BRD (or
both) for your answer as indicated in parentheses.

EXAMPLE: viel/Bier/brauen (USA)

> *Question:* In welcher Stadt in den USA wird viel Bier gebraut?
> *Answer:*   In Milwaukee wird viel Bier gebraut.

viel/Autos/herstellen (USA/BRD)
Fasching/besonders lustig/feiern (USA/BRD)
BMW/herstellen (BRD)
best-/Baseball/spielen (USA)
meist-/Jiddisch/sprechen (USA)

PRACTICE D (Pairs or Groups)

In welchem Land? in den USA? in der BRD? in der DDR? in der Schweiz? in Österreich?

Formulate questions and answers as above.

EXAMPLE: viel Golf/spielen

> *Question:* In welchem Land wird viel Golf gespielt.
> *Answer:*   In den USA wird viel Golf gespielt.

viel/Fußball/spielen
meist-/Fremdsprachen/lernen
best-/Uhren/herstellen
meist-/Erdnußbutter [*peanut butter*]/essen
auch/Italienisch/sprechen
meist-/Autos/herstellen
best-/Kameras/produzieren
der erst- Mai/sehr/feiern

PRACTICE E (Pairs or Groups)

Wo? in welchem Land? in welcher Stadt?

Some questions must be formulated using a past tense. Not all require passive.

EXAMPLE: 1. Karl Marx/geboren

> *Question:* In welchem Land wurde Karl Marx geboren?
> *Answer:* Er wurde in Deutschland (in Chemnitz in der DDR) geboren.
>
> 2. Thomas Jefferson/leben
>
> *Question:* In welchem Land hat Thomas Jefferson gelebt?
> *Answer:* Er hat in den USA gelebt.

vier Sprachen/als Muttersprache/sprechen
Trabant/herstellen
Luther/leben
Bern/liegen
Beethoven/geboren
erst-/Atombombe/explodieren
Skifahren/besonders beliebt/sein

QUESTION–ANSWER PRACTICE (Pairs)

Answer on the basis of your own personal situation.

Wann wurdest du das letzte Mal von Verwandten zum Abendessen eingeladen?
Sind deine Rechnungen [*bills*] für diesen Monat schon bezahlt worden? Von
  wem?
Von wem wurde dir dein Arzt empfohlen?
Wohin wirst du gebracht, wenn du schwer krank wirst?
Bei welcher Firma wirst du nächsten Sommer angestellt?
Wie wirst du deinen Geburtstag feiern?
Mit wem wirst du oft verglichen?
Von wem wird es oft behauptet, daß Amerika das beste Land der Welt ist?

D Nein, aber ich würde gern n nach Deutschland reisen

Ich möchte schon lange nach Deutschland. Es soll ein sehr schönes Land sein. Mein Großvater wurde in Deutschland geboren und der hat mir viel davon erzählt. Seither [*since then*] habe ich mich sehr für das Land interessiert. Ich habe auch ein paar Bücher darüber gelesen. Ich würde besonders gern Bayern und die bayrischen Alpen sehen aber auch den Schwarzwald, den Rhein, und Sachsen, wo mein Großvater herkommt. Aber das liegt im Osten, in der DDR, und ich weiß nicht, ob es mit einer Reise in die DDR klappen würde. Ich habe gehört, daß es ziemlich teuer ist, in die DDR zu reisen und daß es schwieriger ist, ein Visum zu bekommen, wenn man Verwandte besuchen möchte, was ich tun will. Auf jeden Fall habe ich vor, nächsten oder übernächsten Sommer eine Deutschlandreise zu machen. Hoffentlich klappt alles, ich meine mit dem Geld und so.

Deutschland soll ein sehr schönes Land sein.

QUESTION–ANSWER PRACTICE (Pairs or Groups)

One person assumes the role of the person relating the information in the above text.
The other(s) asks questions to elicit additional details.

■ PRACTICE A (Individual)

Entweder . . . oder; weder . . . noch

Using **entweder . . . oder** *(either . . . or)* or **weder . . . noch** *(neither . . . nor)*, form
sentences from the following cues.

EXAMPLE: Bayern/Sachsen/besuchen
    Ich würde entweder Sachsen oder Bayern besuchen.

    Geld/Zeit/haben
    Ich habe weder Zeit noch Geld (gehabt).

mit dem Zug/per Anhalter/reisen
Onkel/Tante/besuchen
Dolmetscher/Übersetzer/werden
Schweizer Uhr/deutsche Kamera/kaufen
Zeit/Interesse/haben
Großvater/Großmutter/das/mir/erzählen
Österreich/Schweiz/reisen
mein Vater/bei der Luftwaffe/bei der Armee/sein
besprechen/erklären (*use passive*)

QUESTION–ANSWER PRACTICE (Pairs)

Answer on the basis of what you would like to do if you took a trip to Germany,
Austria, Switzerland, or all of Europe.

Welche Stadt würdest du am liebsten sehen?
Was würdest du kaufen wollen?
Wie würdest du gern herumreisen?
Wofür würdest du dich am meisten interessieren?
Wo würde es dir am besten gefallen?
Wo würdest du am längsten bleiben wollen?
Worüber würdest du dich wahrscheinlich beschweren?
Würdest du Verwandte besuchen? Warum? Warum nicht?
Was für einen Wagen würdest du dir gern kaufen?
Würdest du gern nach Deutschland auswandern und dort Staatsbürger
  werden?

Wie lange würdest du gern bleiben?
Würdest du lieber studieren oder als Tourist herumreisen?
Würdest du gern in die DDR reisen? Warum? Warum nicht?
Woran würdest du dich nur schwer gewöhnen können?
Woran würdest du dich nach der Reise gern erinnern?

TELLING ABOUT A TRIP TO OR EXPERIENCE IN GERMANY OR ANOTHER FOREIGN COUNTRY

Prepare an account of a trip to or experience in Germany or another foreign country to present to a group or to the class as a whole. If you have not been to a foreign country, either make up an account or tell about a trip you would like to make.

Man sagt, die Bundesrepublik wird heute immer mehr „amerikanisiert".

Discuss in your account as many of the types of experiences used in the conversation texts of this unit as are appropriate. Also, do not hesitate to tell different experiences. Make an outline before preparing your account and when presenting it, use only notes.

Those listening to the account should make notes so that afterwards they can ask questions and elicit additional information.

TELLING ABOUT A TRIP YOU WOULD LIKE TO MAKE TO A FOREIGN COUNTRY

Prepare an account of a trip you would like to take to a foreign country. Read up a little about the country so that you can relate what you would like to see and do.

Those listening to the account should make notes so that afterwards they can ask questions and discuss what was related.

GRAMMAR SUMMARY

I. Double Infinitive Construction

The double infinitive construction involves the occurrence of two infinitives in position IV. We have seen the construction in the following situations: 1) the addition of a modal to a sentence with a verb such as **sich die Haare schneiden lassen**; 2) **sich die Haare schneiden lassen** in the present perfect tense; 3) the modals in the present perfect tense; 4) **nicht brauchen zu** in the present perfect tense:

I	II	III	IV	
			A	B
1. Er	muß	sich die Haare	schneiden	lassen.*
2. Er	hat	sich die Haare	schneiden	lassen.
3. Ich	habe	das ganze Buch	lesen	müssen.
4. Ich	habe	das ganze nicht	zu lesen	brauchen.

Note the following about the double infinitive:

A. When the present perfect double infinitive construction (situations 2–4 above) occurs in a subordinate clause, the auxiliary verb **haben** is placed in front of the double infinitive:

Ich weiß nicht, warum wir das ganze Buch **haben** lesen müssen.
Es ärgert mich, daß er sich die Haare **hat** schneiden lassen.

* Notice that a *triple* infinitive occurs when this sentence is placed in the present perfect (used rarely):
  Er hat sich die Haare **schneiden lassen müssen**.

This construction is relatively rare in conversational German; the simple past is preferred, avoiding the double infinitive:

> Ich weiß nicht, warum wir das ganze Buch lesen **mußten**.
> Er hat sich gefreut, daß er das ganze Buch nicht zu lesen **brauchte**.

B. When the modals are used in the present perfect tense *without* a dependent infinitive, their participial forms are regular:

PRESENT TENSE	Ich kann es nicht.
SIMPLE PAST	Ich konnte es nicht.
PRESENT PERFECT	Ich habe es nicht **gekonnt**.

II. Comparative and Superlative Forms of Adjectives and Adverbs*

A. Comparative Degree

1. All adjectives form the comparative degree by adding the ending **-er**. Most one syllable adjectives add an umlaut to the stem vowel:

> interessant > interessant**er**
> alt > **älter**

2. Attributive adjectives in the comparative degree add regular adjective endings to the comparative ending:

> ein interessanter**es** Buch
> der älter**e** Mann

3. Some adjectives have irregular forms which must be memorized:

> gut > **besser**
> viel > **mehr**

4. With few exceptions, adjectives may also function as adverbs without a change of form:

> Wir fahren schnell**er** mit dem Zug.

5. The comparative forms of the adjective or adverb plus **als** is used to form unequal comparisons (*older than, faster than, etc.*):

> Mein Vater ist **älter als** dein Vater.

---

* Note that in German the basic form of the adjective is the same as that of the adverb:

> Die Musik ist sehr **laut**. (*predicate adjective*)
> Er spielt zu **laut**. (*adverb*)

In English most adjectives are transformed into adverbs by adding the ending *-ly* (*quick, quickly*); in other cases the form of the adverb is different from that of the adjective (*good, well*). Only rarely is the form the same for both adjective and adverb (*fast*).

6. To form equal comparisons (*as old as, as fast as,* etc.) the positive degree of the adjective or adverb is placed between **so . . . wie**:

> Mein Vater ist (genau) **so alt wie** dein Vater.

B. Superlative Degree

1. All adjectives form the superlative degree by adding **-(e)st**. As with the comparative, most one-syllable words add an umlaut. Irregular forms must be memorized. Attributive adjectives in the superlative degree add regular adjective endings to the superlative ending:

> Das ist **der** schönste See.

2. Superlative adjectives used in a predicate situation follow the pattern **am** + *superlative form* + **-en** ending: **am ältesten, am nettesten**:

> Diese Gegend ist **am schönsten**.

Note that if the adjective is preceded by a **der-** or **ein-** word, it is considered attributive rather than predicate:

> Diese Gegend ist die schönste.

3. Adverbs form the superlative degree in the same manner and with the same irregularities as adjectives.

Summary of Comparative and Superlative Forms of Adjectives and Adverbs

	Basic	Comparative	Superlative	
			Attributive Adjective	Predicate Adjective and Adverb
1. Regular 2. Stem vowel adds	schnell	schneller	schnellst-	**am schnellsten**
umlaut 3. Stem vowel ends in	lang	länger	längst-	am längsten
sibilant, **d**, or **t**	heiß	heißer	heißest-	am heißesten
	nett	netter	nettest-	am nettesten
4. Stem ends in **-er**	teuer	**teurer**	teuerst-	am teuersten
5. Irregular	gut	**besser**	**best-**	**am besten**

Note that adjectives which add an umlaut in the comparative and superlative forms and adjectives which have irregular formations are indicated in the vocabulary and must be memorized.

III. Passive Voice

A. Formation of the Passive

PRESENT TENSE	**wird** + *past participle*
SIMPLE PAST	**wurde** + *past participle*
PRESENT PERFECT	**ist** + *past participle* + **worden**
PAST PERFECT	**war** + *past participle* + **worden**
FUTURE	**wird** + *past participle* + **werden**

B. Word Order

I	II	III	IV	
			A	B
Ich	wurde	von meinen Freunden		eingeladen.
Ich	bin	von meinen Freunden	eingeladen	worden.

MAIN CLAUSE	SUBORDINATE CLAUSE
Ich weiß nicht,	warum ich eingeladen worden **bin.**

C. Meaning of the Passive

The difference between active and passive sentences is that in the active sentence the subject performs the action of the verb, whereas in the passive sentence the subject does not act but is acted upon, and is thus passive:

ACTIVE	My friends invite me. (*Friends* are doing the inviting.)
PASSIVE	I am invited by my friends. (*I* is recipient of the action.)

D. Expression of the Agent

The *agent* in a passive sentence, the person (or thing) by whom something is done, is usually expressed with **von** + dative:

Ich bin **von meinen Freunden** eingeladen worden.
*I was invited **by my friends**.*

If the agent is impersonal, **durch** + accusative is used:

Ich wurde **durch den Lärm** aufgeweckt.
*I was awakened **by the noise**.*

E. Regular vs. Statal Passive

There is a difference in meaning between *The door is being closed* and *The door is closed*. The first sentence is a regular passive sentence; the second sentence is a *statal passive*, that is, the action of *closing* is over, the door is in a *closed state*. In German, the statal passive is expressed with the verb **sein** (rather than **werden**) + past participle:

| REGULAR PASSIVE | Die Tür **wird** geschloßen. |
| STATAL PASSIVE | Die Tür **ist** geschloßen. |

| REGULAR PASSIVE | Ich **bin** eingeladen **worden**. (*I was invited.*) |
| STATAL PASSIVE | Ich **bin** auch eingeladen **gewesen**. (*I also had an invitation.*) |

F. Impersonal Passive

German frequently uses the passive construction without a subject or agent expressed to indicate that an activity is going on, being done. This is called the *impersonal passive*. English does not have a direct translation:

Hier wird viel getanzt. (*There's a lot of dancing here.*)
Jetzt wird gearbeitet. (*Let's get to work now.*)

Sometimes such sentences begin with the impersonal **es** as a filler:

Es wird jetzt gearbeitet.
Es wird hier viel getrunken.

EXERCISES

I. *Vocabulary Building.* In the following columns, words are derived from a basic adjective or verb. How many of the derivatives can you guess the meaning of? A good command of genders and adjective endings will help.

krank	erzählen
der Kranke	das Erzählen
ein Kranker	die Erzählung
die Kranken	der Erzähler
der Krankenwagen	die Erzählerin
das Kranksein	die Erzähler
die Krankheit	der Erzählende
die Kranke	das Erzählte
die Kränksten	
eine Kränkere	
kränklich	

Krankenkasse
· Medi
Insurance

schön	sprechen
die Schöne	die Sprache
das Schöne	das Sprechen
die Schönheit	der Sprecher
die Schönsten	die Sprecher
die Schönere	der Sprechende
etwas Schöneres	die Sprechenden
etwas schöner	das Gesprochene
viel Schönes	
die Schönen	
immer schöner	

das Spruch or *Sprichwort*

Gespräch = conversation

an-sprechen - to strike up a conversation

II. Modals can be difficult. Do you know what the following sentences mean?

1. Wir mußten sofort nach Hause.
2. Du mußt ihm nicht zuhören.
3. Er hat es nicht tun dürfen.
4. Ich habe es immer wieder erklären müssen.
5. Du darfst so etwas kaum behaupten.
6. Kann er Französisch?
7. Er hat sie doch verlassen wollen.
8. Sie wird nicht auswandern können.
9. Du mußt nicht, aber du sollst.
10. Will er es uns erzählen? *does he want to tell us*
11. Sie mochte ihn nicht.
12. Er möchte uns immer miteinander vergleichen.

III. Express in English.

1. Er ist gefallen. *He fell down*
2. Er hat mir gefallen.
3. Er hat sich einen Mantel machen lassen.
4. Es ist passiert.
5. Es wird oft behauptet.
6. Werden auch wir eingeladen werden? *will we also be invited*
7. Er bespricht das schon lange. *It has been discussing...*
8. Er fürchtet sich.
9. Denk daran!
10. Wir erinnern uns gern daran.
11. Geklappt hat es gerade nicht. *It didn't exactly work out*
12. Oben wird getanzt. *there is dancing upstairs*
13. Es wird noch geschlafen. *there is still sleeping going on*
14. Darüber wurde viel gemeckert. *there was a lot of griping about that*
15. Die Tür ist geschloßen.

IV. Express in German.

1. When I see him, I'll tell him.
2. When she came to the United States, she couldn't speak any English.
3. If I have time, I'll visit him.
4. I don't know when it happened.
5. Did you make the most mistakes?
6. The traffic is getting worse and worse.
7. I think I like this area the best.
8. What kind of vacation do you like best?
9. Has he already had to do it?
10. When was he able to leave Germany?
11. He has been compared to Goethe.
12. It hasn't been discussed yet, has it?
13. Do you know when Hitler was born?
14. In any case, we are of the same opinion.
15. Can you get used to it?
16. What was she complaining about?
17. What are you actually interested in?
18. When were you born?

Ich erinnere mich daran, wie sehr die Deutschen Hunde lieben.

19. My mother always complained about the fact that the Germans drive so fast on the freeway.
20. When was the book translated?

KAVALIER DER STRASSE*

Vater und Sohn sitzen im Wohnzimmer. Der Vater liest die Zeitung, der Junge blättert[1] in einer Illustrierten[2].

Sohn: Au Mann . . .
   Du, Papa . . .
Vater: Hm? Was ist denn?
Sohn: Machst du einen Test mit mir?
Vater: Was für einen Test? Zeig mal!
Sohn: Nö[3]—dann ist es doch nicht mehr spannend[4]. Machst du mit?—Mach doch mit!
Vater: Ich will erst wissen, worum es geht[5].
Sohn: Aber hier steht extra, daß man das nicht vorher sehen darf. Ich lese dir die Fragen vor, und du mußt ja oder nein antworten. Klar?
Vater: Was heißt[6] hier klar? Natürlich ist das klar. Aber was da drüber steht, das werde ich doch noch erfahren können? Also, wie heißt die Überschrift[7]?
Sohn: „Sind Sie ein Kavalier der Straße?"
Vater: Und um das zu erfahren, mußt du mit mir diesen Test machen? Was glaubst du, warum ich dich neulich[8] mitgenommen habe, als ich den neuen Wagen eingefahren[9] habe?
Sohn: Na ja, da bist du ja auch prima[10] gefahren. Aber ich möchte so gern wissen, was dabei rauskommt[11]. Bitte!
Vater: Na gut, du läßt ja doch keine Ruhe[12]. Und damit[13] du weißt, wie man sich als Autofahrer verhält[14]—fang an . . .
Sohn: Also, erste Frage: Immer nur mit ja oder nein antworten. Klar? „Bevorzugen[15] Sie im Angebot[16] der Autoindustrie die Sportwagen?"
Vater: Also, da muß man doch gleich . . .
Sohn: Ja oder nein?
Vater: Ja natürlich. Aber . . .
Sohn: Nur ja oder nein. Zweite Frage: „Sehen Sie sich in Zeitschriften[17] die Autowerbung[18] an?" Ja, hm? Machst du doch, oder?
Vater: Hm, ja—meistens. Man muß sich doch informieren.
Sohn: Also—ja. Dritte Frage: „Fahren Sie gern schnell, wenn Sie die Möglichkeit dazu haben?" Ja.

---

* Ingeburg Kanstein, in *Papa, Charly hat gesagt . . .*, volume 2. © 1975 by Fackelträger-Verlag Schmidt-Küster GmbH, Hannover.

[1]leafs through [2]illustrated magazine [3]*nein* [4]exciting [5]what it's about [6]*bedeutet*
[7]*der Name des Tests* [8]*vor kurzer Zeit* [9]broke in [10]*ausgezeichnet* [11]how the test turns out
[12]you give me no peace [13]so that [14]*sich benimmt* [15]*Mögen Sie lieber* [16]offering [17]magazines [18]auto advertising

Vater: Soll ich hier antworten oder du?

Sohn: Na, das weiß ich doch. Hast du doch neulich gezeigt, als wir mit dem neuen Schlitten[19] unterwegs[20] waren. Also ja. Einverstanden[21]?

Vater: Ja, ja, ja—weiter—

Sohn: Viertens: „Meinen Sie, daß Ihr Chef[22] sich anders verhalten[23] sollte?" Sag doch: Soll er sich anders verhalten?

Vater: Was hat diese Frage damit zu tun, ob ich ein Kavalier der Straße bin oder nicht?

Sohn: Sie steht aber da.

Also, fällt dir dein Chef auf den Wecker[24], oder kannst du ihn leiden?

Der Vater räuspert sich[25].

Vater: Ich weiß wirklich nicht . . .

Sohn: Wenn ich mich richtig erinnere, fällt er dir schwer auf den Wecker. Manchmal kannst du nachts nicht schlafen vor lauter Wut[26].

Vater: Manchmal geht einem schon die Galle über[27].

Sohn: Also: Ja.

Nächste Frage: „Haben Sie ein Gefühl der Befreiung[28], wenn Sie in Ihren Wagen steigen, die Autotür zuschlagen[29] und den Zündschlüssel betätigen[30]?"

Vater: Ja—ja, natürlich.

Sohn: „Ärgern Sie sich, wenn ein Autofahrer vor Ihnen zu langsam fährt and Ihnen damit die freie Fahrt beschneidet[31]?"

Vater: Also, wer würde sich darüber nicht ärgern?

Sohn: Mit der Lichthupe[32] scheuchst[33] du die lahmen Enten[34] immer nach rechts, und wie die spuren[35]!

Vater: Bis auf den Trottel[36] in seiner buntbemalten Flohkiste[37]!

Sohn: Ja, den hättest du fast auf die Stoßstange[38] genommen.

Vater: Der hat mich absichtlich gebremst[39]! Grinste[40] auch noch in den Rückspiegel[41], als wir ankamen. Wenn man das erzählt, glaubt das einem keiner. Der ADAC[42] müßte endlich durchsetzen[43], daß Autos unter 130 Spitze[44] gar nicht mehr auf die Autobahn dürfen.

Sohn: Wie der an dem Laster[45] vorbeigekrochen[46] ist! In der Zeit wären wir schon in Lübeck gewesen . . .

Ach so ja, der Test—also: Ja, hm? Dann weiter: „Legen Sie auf die Politur[47] Ihres Wagens besonderen Wert[48]?"

Vater: Ja, sicher.

---

[19]slang for a big car (literally: sleigh)   [20]on the road   [21]agreed?   [22]boss   [23]*sich benehmen*
[24]*fällt . . . Wecker:* slang for "Does your boss get on your nerves?"   [25]clears his throat   [26]from pure rage   [27]*geht . . . über:* slang for *man wird wütend*   [28]liberation   [29]close   [30]turn on the ignition
[31]cuts you off   [32]blinking lights   [33]scare   [34]lame ducks   [35]toe the line   [36]idiot   [37]gaudy flea crate   [38]bumper   [39]intentionally braked   [40]grinned   [41]rearview mirror   [42]German Auto Association (*Allgemeiner Deutscher Automobil Club*)   [43]get a rule passed   [44]top speed of 130 km/hr.   [45]truck   [46]crept by   [47]polish   [48]importance

Sohn: „Preschen Sie an Verkehrsampeln[49] gern als erster los[50]?"

Vater: Weißt du doch.

Sohn: „Fühlen Sie sich zurückgesetzt[51], wenn ein Stärkerer Ihnen zuvorkommt[52]?"

Vater: Wieso denn zurückgesetzt?

Sohn: Ehrlich, Papa. Du schimpfst doch immer auf die Angeber[53] mit ihren Super-Schlitten. Ich schreibe: ja.

Vater: Meinetwegen.

Fortsetzung folgt[54]

VOCABULARY

Active

Nouns

die	Alpen (*plural*)	*the Alps*
der	Anfang, ⸚e	*beginning*
	am Anfang	*in the beginning*
der	Assistent (en), -en	*assistant*
die	Autobahn, -en	*freeway*
(das)	Bayern	*Bavaria*
(das)	Belgien	*Belgium*
die	BRD (Bundesrepublik Deutschland)	*FRG (Federal Republic of Germany)*
das	Brötchen, -	*roll*
(das)	Dänemark	*Denmark*
die	DDR (Deutsche Demokratische Republik)	*GDR (German Democratic Republic)*
die	Entscheidung, -en	*decision*
die	Erfahrung, -en	*experience*
der	Fall, ⸚e	*case*
	auf jeden Fall	*in any case*
der	Fehler, -	*mistake*
die	Firma, Firmen	*firm, company*
die	Geschichte, -n	*story, history*
die	Grammatik	*grammar*
der	Großvater, ⸚	*grandfather*
die	Heimat	*home, homeland*
das	Heimweh	*homesickness*
	Heimweh haben	*to be homesick*

---

[49]traffic lights   [50]*preschen . . . los:* take off   [51]pushed into the background   [52]passes you
[53]show-offs   [54]to be continued

das	Klo (*short for* Klosett)	*toilet*
der	Kontakt, -e	*contact*
die	Kosten (*plural*)	*cost(s)*
das	Krankenhaus, ⸚er	*hospital*
die	Kultur, -en	*culture*
die	Landschaft, -en	*landscape*
(das)	Liechtenstein	*Liechtenstein*
die	Luftwaffe, -n	*air force*
die	Meinung, -en	*opinion*
	der Meinung sein	*to be of the opinion*
	nach meiner Meinung	*in my opinion*
	meiner Meinung nach	*in my opinion*
das	Militär	*the military*
	beim Militär sein	*to be in the military*
die	Muttersprache, -n	*mother tongue*
die	Niederlande (*plural*)	*The Netherlands*
	in den Niederlanden wohnen	*to live in the Netherlands*
die	Oberschule, -n	*high school*
der	Onkel, -	*uncle*
der	Parkplatz, ⸚e	*parking place*
der	Paß, ⸚e	*pass, passport*
der	Platz, ⸚e	*place, public square*
die	Qualität, -en	*quality*
die	Schweiz	*Switzerland*
	in die Schweiz reisen	*to travel to Switzerland*
	in der Schweiz sein	*to be in Switzerland*
die	Schwierigkeit, -en	*difficulty*
der	Staat, -en	*state*
	die Staaten (*short for* Die Vereinigten Staaten)	*the (United) States*
der	Staatsbürger, -	*citizen*
die	Tante, -n	*aunt*
die	Unpersönlichkeit, -en	*impersonality*
der	Verkehr	*traffic*
die	Ware, -n	*merchandise*

Verbs

anstellen (stellt an)	*to employ*
auswandern (wandert aus), ist ausgewandert	*to emigrate*
befördern	*to promote*
behaupten	*to claim*
sich beschweren über (+ *acc.*)	*to complain*

besprechen (bespricht), besprach, hat besprochen — *to discuss*

brauen — *to brew*

bringen, brachte, hat gebracht — *to bring*

danken (+*dat.*) — *to thank*

erklären — *to explain*

sich gewöhnen an (+*acc.*) — *to get used to*

herstellen (stellt her) — *to produce, to manufacture*

sich interessieren für — *to be interested in*

klappen — *to work (out), to be successful*

reden — *to talk*

stationieren — *to station*

   stationiert sein — *to be stationed*

übersetzen — *to translate*

vergleichen, verglich, hat verglichen — *to compare*

verlassen (verläßt), verließ, hat verlassen (+*acc.*) — *to leave, to depart* *always calls for d.o. use gehen*

   Ich verlasse das Haus. — *I'm leaving the house.* *if you don't have one.*

versetzen — *to transfer*

zuhören (hört zu) (+*dat.*) — *to listen to*

Other Words

angestellt — *employed*

   Er ist bei dieser Firma angestellt. — *He is employed at this firm.*

begeistert (von) — *enthusiastic (about)*

beliebt — *popular, admired, beloved*

dagegen — *on the other hand*

damals — *at that time*

drüben — *over there*

ehrlich — *honest, really*

   ehrlich gesagt — *frankly*

entweder . . . oder — *either . . . or*

europäisch — *European*

fremd — *strange*

gebildet — *educated, sophisticated*

geboren — *born*

   ist . . . geboren — *was born* (for someone still living)

   wurde . . . geboren — *was born* (for someone already dead)

grammatisch — *grammatical*

kaum — *hardly*

miteinander — *with each other*

sauber — *clean*

schmutzig — *dirty*

sozusagen	*so to speak*
stark	*strong, heavy*
sympathisch	*pleasant*
Sie ist mir sympathisch.	*I like her.*

Expressions

im ganzen	*in total, as a whole*
die meisten (Amerikaner)	*most (Americans)*
wie gesagt	*as I said*
die Schule besuchen	*to attend school*

Passive

Nouns

die Gelegenheit, -en	*opportunity*
die Zeitung, -en	*newspaper*

In Köln spricht man auch Dialekt.

Verbs

erfahren (erfährt), erfuhr, hat erfahren	*to experience, to find out*
leiden, litt, hat gelitten	*to stand (someone), to suffer*
vorlesen (liest vor), las vor, hat vorgelesen	*to read aloud*

Other Words

meinetwegen	*as far as I care, as far as I'm concerned*
verliebt	*in love*
vorher	*beforehand*

14/VIERZEHN

BESCHREIBUNGEN

In this unit we will concentrate on descriptions: talking about people you know, places you've been, and (that most favorite topic of all) the weather. In the process we will thoroughly review adjectives and their endings, complete the presentation of relative pronouns, and introduce the prepositions followed by the genitive case.

besoufen - to drink in excess

be- saufen
säuft
soff, saufte
gesoffen

A So ein Typ!

Hilde: Sag mal, wer war denn dieser Junge, mit dem du gestern abend auf der
Party warst? Er sah doch wirklich etwas mitgenommen ["*strung out*"] aus.

relative clauses

Eva: Der Jürgen? Ich war doch nicht *mit* ihm auf der Party. Er ist anscheinend
ein Bekannter von Ingrid, der so einfach mitgekommen ist. Eingeladen war
er nicht. Es hat sich dann herausgestellt, daß wir ins Gespräch kamen.

apparently

p. part. first
for emphasis

it came about

Hilde: Na, so ein Typ. Ungekämmt, liederlich angezogen, besoffen. Er erinnert
mich an den Horst, den die arme Sabine dann geheiratet hat. Solche
Männer kann ich einfach nicht leiden.

drunk
sloppily
reminds
don't confuse
w/ replica
reinen
stand

Eva: Na hör mal! Besoffen war er überhaupt nicht, nur ein bißchen high. Und so
schlampig wie viele, die gestern abend da waren, war er auch nicht. Er ist

sloppy
like
many

Auf der Leopoldstraße in München kann man allerlei Typen sehen.

486

Schwabing : part of München

kann ... leiden : to like someone
"nicht"

die Kunde – knowledge

sich verlieben – in + acc.

Juso*, und wir haben uns lange über das Weltrüsten [*world armament*]
unterhalten. Nächste Woche wollen wir zusammen zur Kundgebung
[*demonstration*], die in Bremen stattfindet. Er ist mir unheimlich
sympathisch, der Jürgen.

Hilde : Ach Eva, du wirst dich etwa nicht wieder in so einen Typ verlieben! Der
Peter war ja genau so, und was ist da geschehen . . .?

Eva : So ein Quatsch, Hilde! Verliebt habe ich mich nicht. Ich mag ihn einfach
gern. Und übrigens, wo war denn dein Hans gestern abend? Habt ihr
wieder Krach gehabt?

Hilde : Krach nicht, er mußte nur wieder studieren. Mensch werde ich froh sein,
wenn er das Examen hinter sich hat. Jedesmal, wenn ich etwas vorschlage,
sagt er, „Ich muß studieren.” Das geht mir langsam auf die Nerven.

Eva : Und so hast du gestern abend ganz schön toll mit Dieter getanzt.

Hilde : Immer zu Hause bleiben will ich ja auch nicht. Aber das mit Dieter, das hat
sich nur so ergeben. Klasse, wie er tanzt.

Eva : Du weißt, was ich von Hans halte, aber nichts, was ich sage, macht einen
Eindruck auf dich.

Hilde : Na gut, aber pass auf, Eva, diese Sache mit Jürgen geht bestimmt auch
schief.

Eva : Wir werden sehen.

PUTTING IT TO WORK

I. Relative Pronouns and Clauses

In Unit 6 we worked with the nominative plural relative pronoun, **die**:

Leute, **die** herumschnüffeln, ärgern mich sehr.

In this sentence the relative pronoun is plural, in agreement with the word to which it
refers (**Leute**), and nominative, as subject of the subordinate clause it introduces. In
the preceding dialogue, the relative pronoun occurs in several different cases and
genders:

Wer war denn dieser Junge, mit **dem** du gestern abend auf der Party warst?
Masculine to agree with **Junge**
Dative, object of the dative preposition **mit**

Er ist anscheinend ein Bekannter von Ingrid, **der** so einfach mitgekommen ist.
Masculine to agree with **ein Bekannter**
Nominative, subject of the relative clause

---

* Short for **Jungsozialist** (*young socialist*), a member of the radical left wing of the SPD (**Sozialdemokratische
Partei Deutschlands**).

Er erinnert mich an den Horst, **den** die arme Sabine geheiratet hat.
>   *Masculine* to agree with **Horst**
>   *Accusative*, direct object of the verb **heiraten**

Und so schlampig wie viele, **die** gestern abend da waren, war er auch nicht.
>   *Plural* to agree with **viele**
>   *Nominative*, subject of the relative clause

Nächste Woche wollen wir zusammen zur Kundgebung, **die** in Bremen stattfindet.
>   *Feminine* to agree with **Kundgebung**
>   *Nominative*, subject of the relative clause

Whereas English has but three forms of the relative pronoun *who* (*who, whose, whom*) and one form each for *which* and *that*, German has a complete set of relative pronouns to indicate gender, number (singular/plural), and case. They are identical to the forms of the definite article, with a few slight variations:

	MASCULINE	FEMININE	NEUTER	PLURAL
NOMINATIVE	der	die	das	die
ACCUSATIVE	den	die	das	die
DATIVE	dem	der	dem	**denen**
GENITIVE	**dessen**	**deren**	**dessen**	**deren**

The process of determining the correct form of the relative pronoun has two steps:

1. Its gender or number is determined by the gender or number of the relative pronoun's *antecedent*, the noun or pronoun in the preceding clause with which it must agree.
2. Its case is determined by the function of the relative pronoun within the relative clause itself.

Hier ist der deutsche Student, **dem** wir die Stadt gezeigt haben.
>   *Masculine* because the antecedent is masculine (**der Student**)
>   *Dative* because, within the relative clause, the relative pronoun is the dative object of the verb **zeigen**

Step 2 frequently poses more problems than step 1. Remember that the relative pronoun simply stands in place of a noun (the one to which it refers), and that the entire relative clause, like any subordinate clause, functions like a normal sentence, but with different word order. We can take the relative clause from the example above and turn it into a statement:

Dem (Studenten) haben wir die Stadt gezeigt.

Analyzing this sentence, we see that **wir** is the subject, **die Stadt** the direct object, and **dem Studenten** the dative indirect object.

Note that the *case* of the antecedent noun is totally irrelevant in determining the relative pronoun. We can change our example from above to read:

Siehst du **den deutschen Studenten**, **dem** wir die Stadt gezeigt haben?

PRACTICE A (Individual)

Identify the gender and case of the relative pronouns in the following sentences.

Die Leute, mit **denen** wir auf der Party waren, konnte ich gar nicht leiden. *da. pl.*
Die Antworten, **die** die Studentin gab, waren alle falsch. *acc pl*
Ich mag Frauen, **die** politisch aktiv sind. *nom pl.*
Wer ist das Mädchen, in **das** er sich verliebt hat? *acc. neu.*
Der Junge, **den** du mir gestern abend vorgestellt hast, ist mir sehr sympathisch. *acc. masc.*
Kenne ich die Frau, auf **die** du wartest? *acc. fem.*
Was hältst du von dem liederlichen Typ, mit **dem** wir uns auf der Party *da. masc.*
    unterhalten haben?

The genitive relative pronoun (*whose*) indicates a possessive relationship between the antecedent noun and a person or object described in the relative clause:

Wie heißt das Mädchen, **dessen** Kleider so schlampig sind?
What is the name of the girl whose clothes are so messy?

Transforming the relative clause into a main clause again, we can more clearly see the possessive relationship:

(Die) Kleider **des** (Mädchens) sind so schlampig.

Note that, as in English, the definite article before **Kleider** disappears in the relative clause:

dessen Kleider (*whose clothes*)

■ PRACTICE B (Individual)

Fill in the correct form of the relative pronoun.

Wer war der Junge, in *den* du dich letzten Sommer verliebt hast?
Männer, *die* weder verklemmt noch eingebildet sind, mag ich am liebsten
    leiden.
Ich verstehe nicht, warum Jürgen, *der* doch eine Menge Geld hat, immer
    so schlampige Kleider trägt.
Leider war diese Frau, *deren* Mann ein CDU Politiker ist, auch auf der
    Party gestern abend.
Menschen, *deren* Eltern sich früh scheiden ließen, haben manchmal
    Schwierigkeiten später im Leben.

Hilde hat sich wieder in so einen Typ verliebt, ___der___ uns überhaupt nicht gefällt.

Unsichere Leute, ___die___ sich nie entschließen können, halten es nicht lange in der Geschäftswelt aus.

Ist Jürgen der Student, an ___den___ du dich nicht mehr erinnern konntest?

Kinder, ___deren___ Eltern sie andauernd ausschimpfen, sind oft verklemmt.

Wer war das tolle Mädchen, mit ___dem___ du gestern abend getanzt hast?

Dieter mag nur schicke, raffinierte Frauen, ___deren___ Eltern möglichst viel Geld haben.

Sabine liebt große, sportliche Männer, _____ möglichst wenig Intelligenz haben.

Was für Fremde waren das, _____ du gestern so lange geholfen hast?

Das ist die Frau, in _____ Schwester ich mich verliebt habe.

Inge hat sich in den Professor verknallt, _____ Frau mit einem Judolehrer nach Wyoming abgehauen ist.

Wie heißt das Mädchen, mit _____ er jetzt fest befreundet ist?

The relative clause usually follows its antecedent immediately and is always separated from the main clause by commas. It can be delayed only if putting the relative clause directly after the antecedent noun would leave a word or two "dangling" at the end of the sentence.

> *Awkward:* Was für Fremde, denen du gestern so lange geholfen hast, waren das?
>
> *Better:* Was für Fremde waren das, denen du gestern so lange geholfen hast?
>
> *Awkward:* Ich habe meiner Mutter das Buch, das du mir letzte Woche auf der Party empfohlen hast, gegeben.
>
> *Better:* Ich habe meiner Mutter das Buch gegeben, das du mir letzte Woche auf der Party empfohlen hast.

QUESTION–ANSWER PRACTICE (Pairs)

Prepare to answer the questions, transforming the information given in the statement into a relative clause.

EXAMPLE: Was für Männer hast du gern?
(Die Männer sind intelligent und fleißig.)
Ich habe Männer gern, **die intelligent und fleißig sind**.

Was für Frauen mag er?
(Die Frauen sind schön und haben viel Geld.)*

---

* Note that if the relative clause (or any subordinate clause) has two or more parts, the verb must go at the end of each part.

Er mag Frauen, die schön **sind** und viel Geld **haben**.

Mit wem hat Inge wieder Krach gehabt?
  (Sie hat den Mann auf der Party kennengelernt.)
In wen hat Jürgen sich diesmal verknallt? —————→ *fall madly in love*
  (Das Mädchen ist erst siebzehn Jahre alt.)
Was für Kinder haben sie denn?
  (Die Kinder sind wirklich Rotznasen [*snot noses*].)
Was für einen jungen Mann hat Ihre Tochter geheiratet?
  (Der junge Mann kommt aus der besten Familie.)
Mit wem ist Helga gestern abend nach Hause gegangen?
  (Du hast ihr den Jungen bei Inge vorgestellt.)
Wen willst du im Herbst heiraten?
  (Der Junge kommt aus Deutschland und ist Germanist.)

If the antecedent is **alles**, **etwas**, or **nichts**, the relative pronoun is always **was**: *adjectives as nouns*

  Ich verstehe **nichts, was** du sagst.   *also: das Beste, was*
  Ich gebe dir gern **alles, was** ich habe.
  Gibt es **etwas, was** ich für Sie tun kann?

Was is also the relative pronoun if the antecedent is the entire preceding clause:

  Inge behauptet, sie will Jürgen heiraten, **was** ich kaum glauben kann.
  Das Haus kostet mehr als 100.000 DM, **was** unglaublich ist.

In cases where the antecedent is the entire preceding clause and a preposition + relative pronoun is called for, the **wo**-compound is used instead [**wo(r)** + preposition].

  Er hat sie zur Party eingeladen, **worauf** (= **auf was**) sie schon die ganze Woche gewartet hat.   *(Thing), wo(compound)*
  Er half uns bei der Arbeit, **worum** (= **um was**) wir ihn gebeten hatten.

And, finally, **wo** can be substituted for **in** + relative pronoun referring to location.

  Hier ist das Hotel, **in dem** wir gewohnt haben.
  Hier ist das Hotel, **wo** wir gewohnt haben.

  Ich zeige dir die Wohnung, **in der** wir so lange wohnten.
  Ich zeige dir die Wohnung, **wo** wir so lange wohnten.

       (Place), wo ....   *(Time), als ...*

■ PRACTICE C (Individual)

Express in German.

  nothing I say, everything I have, something you know, nothing we do,
  everything they say, nothing I bought, something I saw, nothing you did,
  everything we knew

       Grund, warum
       reas

They're going to New York, which is silly.
She fell in love with Jürgen, which is a mistake.
She's going out with her professor, which is dangerous.
She's met a nice young man, about which she's very happy.
That's the city in which I was born.

II. Impersonal Reflexive Verbs

There are a number of common verbal expressions which have an impersonal **es** subject and must be used reflexively:

① Es handelt sich um . . .	*It's a matter of . . .*
	It's about . . .
② Es stellt sich heraus, daß . . .	*It turns out that . . .*
③ Es zeigte sich, daß . . .	*It became apparent that . . .*
④ Es ergibt sich, daß . . .	*It turns out that . . .*

Note that the subject **es** need not come in position I:

Gestern abend stellte **es** sich heraus, daß Inge sich in Jürgen verliebt hat.
Leider hat **es** sich ergeben, daß die Ehe [*marriage*] eine unglückliche war.

The verbal phrase **es handelt sich um** may either take an object of the preposition, or a **daß**-clause following the anticipatory **darum**:

Es handelt sich um Liebe.
Es handelt sich darum, daß Jürgen sich in Inge verliebt hat.

QUESTION–ANSWER PRACTICE (Pairs)

Prepare answers to the questions, using the cues given.

Es gab Krach gestern abend. Worum hat es sich gehandelt?
    (Jürgen und Inge/sich streiten um/Geldfragen)
Was hat sich aus deinem Gespräch mit Helga ergeben?
    (wir/nicht mehr zusammen wohnen)
Was hat sich nach der Deutschprüfung herausgestellt?
    (viele Studenten/nicht genug/sich vorbereiten)
Worum handelt es sich in diesem Buch?
    (Kultur und Politik in Deutschland)
Was hat sich in dem Brief von Jürgen gezeigt?
    (er/Inge/nie/geliebt)
Worum hat es sich deiner Meinung nach in der Rede des Präsidenten gehandelt?
    (die USA/in der Außenpolitik [*foreign policy*] strenger/handeln*/sollen)

---

* Note that the verb **handeln** alone means *to act,* or *to deal.*

III. Contrast Intonation

Listen carefully to how your instructor intones these sentences from the dialogue at the beginning of the unit:

> Eingeladen war er nicht.
> Besoffen war er überhaupt nicht, nur ein bißchen high.
> Verliebt habe ich mich nicht.
> Krach hatten sie nicht; er mußte sich nur andauernd auf das Examen
>   vorbereiten.
> Immer zu Hause bleiben will ich ja auch nicht.

You will note a distinct upward inflection in position I, followed by a downward inflection following the verb. This is markedly different sentence intonation from that in a normal statement. You will also notice that in each of these sentences position I is occupied by a sentence element which we have told you *always* to put in position IV:

> *Normal:* Er war nicht eingeladen.
> *Contrast Intonation:* Eingeladen war er nicht.
> *Normal:* Er war überhaupt nicht besoffen.
> *Contrast Intonation:* Besoffen war er überhaupt nicht.
> *Normal:* Ich will nicht immer zu Hause bleiben.
> *Contrast Intonation:* Immer zu Hause bleiben will ich auch nicht.

The effect of contrast intonation is to imply that although the stated idea is true, there is more to it than that (the "more" may be left unsaid, creating a strong sense of irony):

> Eingeladen war er nicht (aber er ist gekommen.)
> Besoffen war er nicht (aber ziemlich high.)
> Krach nicht, (aber ich war verdammt böse auf ihn.)

Note that in contrast intonation **kein** is replaced by **nicht**:

> *Normal:* Er ist kein Genie [*genius*].
> *Contrast Intonation:* Ein Genie ist er nicht.

PRACTICE A (Individual)

Can you invent an appropriate conclusion for the following remarks?

> Intelligent ist er . . .
> Geld hat sie . . .
> Gesehen habe ich sie nicht . . .
> Übersetzen kann ich das Lesestück [*reading passage*] nicht . . .
> Billig ist der Wagen nicht . . .
> Getanzt haben wir . . .
> Gelesen habe ich das Buch . . .
> Verstehen kann ich Deutsch schon . . .

QUESTION–ANSWER PRACTICE (Pairs)

Student A asks the question, and student B gives an answer, beginning with contrast intonation.

EXAMPLE: A: Warum habt ihr denn Krach gehabt? Hans ist doch immer so nett.
          B: Nett ist er schon, aber er wird immer so verdammt eifersüchtig.

> Warum hat Inge diesen Karl geheiratet? Er hat gar kein Geld.
> Du bist schon wieder zu Hause? Habt ihr keinen Spaß gehabt?
> Ich dachte, du bist böse auf Jürgen.
> Sieht unser Lehrer nicht wie Cary Grant aus?*
> Sieht unsere Lehrerin nicht wie Lana Turner aus?*
> War die Party gestern abend nicht toll?
> Mir ist Jürgen wahnsinnig sympathisch, dir nicht?

---

* Wenn Sie nicht wissen, wie Cary Grant und Lana Turner ausgesehen haben, fragen Sie Ihren Lehrer oder Ihre Lehrerin!

WAS FÜR TYPEN HAST DU GERN? (Pairs/Groups)

Using the questions below as a starting point, discuss with one or more classmates your preferences in members of the opposite sex, your experiences in falling in (and out of) love, your common problems with boy or girl friends.

Hast du dich schon einmal richtig verknallt? In wen?

In was für eine Frau/einen Mann verliebst du dich am leichtesten?

Verliebst du dich schnell, oder dauert es eine Weile?

Was hältst du von einem Mann/einer Frau, der/die jedes Wochenende zu den Eltern fährt?

Wo gehst du am liebsten mit einem Freund/einer Freundin hin?

Gibt es irgend etwas, was immer schief geht, wenn du verliebt bist?

Worum handelt es sich meistens, wenn du mit deinem Freund/deiner Freundin Krach hast?

Würdest du einen Mann/eine Frau heiraten, der/die deinen Eltern überhaupt nicht gefällt?

Kannst du den idealen Mann/die ideale Frau für dich beschreiben?

Bist du jetzt fest befreundet? Mit was für einem Jungen/Mädchen?

Spezifisch an Männer

Würdest du mit einer Frau ausgehen, die eine ganze Stunde braucht, um sich zu schminken?

Und dann hat sich dieser seltsame Typ zu uns gesetzt.

Würdest du eine Frau heiraten, die einen Beruf hat?

Hast du Frauen gern, die immer Hosen tragen?

Wird Ihre zukünftige [*future*] Frau eine gute Köchin [*cook*] sein müssen?

Was ist für dich am wichtigsten: wie sie aussieht, wie intelligent sie ist, wie nett sie ist, wie gut sie kocht, was für einen Eindruck sie macht, was sie von dir hält?

Spezifisch an Frauen

Würdest du mit einem Mann ausgehen, der immer über Fußball reden will?

Würdest du einen Mann heiraten, dessen Ziel [*goal*] es ist, innerhalb zehn Jahre eine Million Dollar zu verdienen?

Hast du Männer gern, die immer schlampig angezogen sind?

Wird Ihr zukünftiger [*future*] Mann ein guter Koch sein müssen?

Was ist für dich am wichtigsten: wie er aussieht, wie intelligent er ist, wie nett er ist, wieviel er verdient, ob er sportlich ist, ob er politisch aktiv ist?

B Solch ein Wetter!

Die Wettervorhersage: Zunächst [*first*] noch anhaltend [*continuing*] schön. Später wolkig bis stark bewölkt [*overcast*], zeitweise [*occasional*] Regen oder Gewitter, böige [*gale-like*] Winde. Höchsttemperaturen 14–17 Grad. Tiefstwerte [*lows*] 3–6 Grad.

Extremes Wetter, woran man etwa im amerikanischen mittleren Westen (mit Blizzards und Tornados) oder an der Süd- und Ostküste (mit Orkanen [*hurricanes*]) gewöhnt ist, gibt es selten in Deutschland. Wegen des atlantischen Luftstromes [*air current*] sind Durchschnittstemperaturen [*average temperatures*] in Deutschland gemäßigter [*milder*] als in Amerika. Sommertage, an denen die Höchsttemperatur 40 Grad erreicht [*reaches*], sind in Deutschland eine große Seltenheit—ja, deutsche

Schulkinder bekommen sogar „hitzefrei," wenn die Temperatur um zehn Uhr morgens auf 25 Grad gestiegen ist.

Im Winter friert es nur selten an der Nordküste, und sogar in den bayrischen Alpen wird es fast nie so kalt wie in den Rocky Mountains. Auch die große Luftfeuchtigkeit, die im Sommer in vielen amerikanischen Staaten herrscht [*dominates*], gibt es in Deutschland nicht.

Dafür [*on the other hand*] regnet es aber in Deutschland verhältnissmäßig [*relatively*] viel, wie Sie in unserem Bild sehen können.

PUTTING IT TO WORK

I. Impersonal Verbs

In talking about one of our favorite topics—the weather—Germans make use of a series of impersonal verbs. The subject is **es** and is retained in inverted word order:

Es regnet.	*It's raining.*
Es schneit.	*It's snowing.*
Es blitzt.	*There is lightning.*
Es donnert.	*It's thundering.*
Es hagelt.	*It's hailing.*
Es friert.	*It's freezing.*
Es nieselt.	*It's drizzling.*
Es gibt ein Gewitter.	*There's a thunderstorm.*

In addition, the impersonal construction with the verb **sein** is used:

Es ist kalt (warm, heiß, schwül, windig, stürmisch, klar, neblig, sonnig, regnerisch, usw.). *Es ist (mir) warm   – Ist es Ihnen zu warm?*

The reason it is important to note that **es** is always retained in these impersonal constructions, is that **es** may also be used as a false or "filler" subject in position I of certain types of sentences.

Es sind nur acht Studenten in meiner Klasse.

Es war vor vielen Jahren ein Millionär in meiner Klasse.

Es wurde mir in dem Sprachinstitut sehr geholfen. *I was helped a lot in the lang.*

The first two sentences have actual subjects; use of **es** in position I here implies that the sentences are in no way linked to a previous thought; they are, as it were, spoken "out of the blue." *All* information is new and thus placed in position III, leaving position I to be "filled" with **es**. The third sentence above has no subject and also implies no connection with a previous thought. In all three cases, if another sentence element is placed in position I, **es** vanishes:

Nur acht Studenten sind in meiner Klasse.

Vor vielen Jahren war ein Millionär in meiner Klasse.

Mir wurde in dem Sprachinstitut sehr geholfen. *(no subject)*

PRACTICE A (Individual)

Repeat the following sentences, beginning with the boldface word or phrase.

> Es hat **gestern** wieder stundenlang geregnet.
> Es soll **heute Nachmittag** 30 Grad werden.
> Es sind lauter [*nothing but*] Frauen **in meiner Deutschklasse**.
> Es nieselt manchmal wochenlang **in Oregon**.
> Es gab **Freitag abend** ein heftiges [*violent*] Gewitter.
> Es wohnen **in Amerika** viele reiche Leute.

QUESTION–ANSWER PRACTICE (Pairs)

Practice the weather vocabulary introduced in this section by answering the following questions.

> Wie ist das Wetter im Februar in North Dakota?
> Was für Wetter gefällt Ihnen am besten?
> Was für Wetter gibt es in Oklahoma im Sommer?
> Wo findet man das schönste Wetter in den USA?
> Wie ist das Wetter im Frühling in New York?
> Wann würden Sie am liebsten nach Deutschland reisen, im Winter oder im Sommer?
> Würden Sie lieber bei 30 Grad in Washington, D.C., oder Phoenix, Arizona sein? Warum?
> Was hältst du von dem Wetter dieses Jahr?
> Was ist die Wettervorhersage?

II. Genitive Prepositions   ✻ P. 502

A phrase we all have frequent occasion to use is **wegen des Wetters**:

> Leider konnten wir **wegen des Wetters** nicht wandern gehen.
> **Wegen des schlechten Wetters** sind wir zu Hause geblieben.
> **Wegen schlechten Wetters** findet das Spiel nicht statt.

Wegen is one of a number of prepositions which are followed by the genitive case:

- **wegen** (*because of*)
  > **Wegen ihres Alters** [*age*] durfte sie den Film nicht sehen.
- **während** (*during*)
  > Man soll **während der Deutschstunde** nicht schlafen.
- **trotz** (*in spite of*)   *trotzdem*
  > Sie liefen **trotz des Wetters** Ski.
- **(an) statt** (*instead of*)
  > **Anstatt des Professors** kam der Assistent.

can use either form; no rule

seits — *on the side of*

jenseits (*on the other side of*)
   Jenseits des Flußes gibt es einen Campingplatz.
diesseits (*on this side*)
   Das Dorf liegt **diesseits der Berge.**
unterhalb (*below*)
   Sie blieben **unterhalb des Gipfels** [*summit*] stehen.
oberhalb (*above*)
   Oberhalb der Stadt gibt es einen Aussichtsturm [*observation tower*].
innerhalb (*inside of*)
   Innerhalb eines Jahres bin ich mit dem Studium fertig.
außerhalb (*outside of*)
   Wir wohnen etwa zehn Kilometer **außerhalb der Stadt.**

You will recall that the endings for the genitive case articles are as follows:

MASCULINE	FEMININE	NEUTER
trotz des Lehrers	wegen der Tochter	wegen des Wetters
statt eines Lehrers	statt meiner Tochter	trotz seines Kindes

PLURAL

jenseits der Berge
wegen unserer Kinder

Remember also that the attributive adjective ending (after **der-** and **ein-**words) is always **-en**:

trotz des schlechten Wetters
während meiner letzten Klasse

PRACTICE A (Individual)

Fill in the correct forms of the italicized words.

Wegen _____ (*the loud*) Musik ging sie nach Hause.
Jürgen wird bestimmt innerhalb _____ (*a half*) Stunde kommen.
Er hat sich die ganze Zeit mit Inge anstatt _____ (*his*) Freundin
   unterhalten.
Trotz _____ (*the good*) Wetters blieben sie zu Hause.
Es hat während _____ (*the whole*) Winters nur einmal geschneit.
Jenseits _____ (*the*) Berge ist das Wetter meistens schwül.
Wegen _____ (*the strong*) Regens fand das Spiel nicht statt.
Sie findet trotz _____ (*her*) Schönheit keinen Mann.
Trotz _____ (*his many*) Probleme war er nicht unglücklich.

Notice the use of **wegen** with the personal pronouns:

deinetwegen	*because of (on account of) you*
seinetwegen	*because of (on account of) him*
unseretwegen	*because of (on account of) us*
euretwegen	*because of (on account of) you*
ihretwegen	*because of (on account of) her*
meinetwegen	*because of (on account of) me*
ihretwegen	*because of (on account of) them*

Meinetwegen also has the meaning *for all I care*:

Meinetwegen können wir trotz des Wetters gehen.

QUESTION–ANSWER PRACTICE (Pairs)

Prepare to answer the following questions, using **wegen** and the information given.

EXAMPLE: Warum seid ihr zu Hause geblieben? (**schlechtes Wetter**)
Wir sind **wegen des schlechten Wetters** zu Hause geblieben.

Warum ist Ingrid so früh nach Hause gegangen? (Bauchschmerzen)
Warum will sie Jürgen heiraten? (sein Geld)
Warum sind Sie nach Amerika ausgewandert? (der zweite Weltkrieg)
Warum wohnen sie nicht gern in Oregon? (der Regen)
Warum hast du es gemacht? (sie [*her*])
Warum eßt ihr gern in diesem Restaurant? (der gute Wein)
Warum gefällt dir diese Stadt? (die reine Luft)
Warum ärgert sich der Professor? (die faulen Studenten)
Warum würdest du gern nach Florida fahren? (das schöne Wetter)

QUESTION–ANSWER PRACTICE (Pairs)

Prepare to ask and answer the following questions.

Wie war das Wetter während der letzten Ferienzeit?
Haben Sie schon mal während eines Gewitters Angst gehabt?
Gibt es Wetter, bei dem Sie sich wirklich schlecht fühlen?
An was für Wetter ist man in den USA gewöhnt?
Weswegen (= warum) fahren viele Leute nach Florida?
Wo gibt es wegen des vielen Regens eine besonders schöne Landschaft?
Warum bekommen deutsche Kinder manchmal „hitzefrei"?
Können Sie während besonders heißen Wetters fleißig studieren?
An welches Wetter können Sie sich einfach nicht gewöhnen?

Sogar wenn es geschneit hat, arbeitet man in den Weinbergen.

SOLCH EIN WETTER (Group)

Everybody has had "weather experiences," occasions where the weather—usually bad—has played a crucial role. Try telling about your own worst weather experience, using the vocabulary introduced in this section.

equivalent of da- compound

des wegen

wahrenddessen

trotzdem

stattdessen

a view of — ein Blick (auf

C Ein reizender Ort!

Frau Henning: Ach wie schön! Sie sind also wieder da, Frau Flieder. Wie war nun Ihr Urlaub? Kommen Sie, nehmen Sie Platz[1]! Sie müssen mir *alles* erzählen.

Frau Flieder: Ach Frau Henning, wissen Sie, ich weiß überhaupt nicht, wo ich anfangen soll. Es war alles einfach entzückend[2], wie in einem Traum.

Frau Henning: Na, Gott sei Dank. Sie hatten doch Angst, daß Törwang etwas primitiv sein könnte—so ein kleines Bauerndorf, und nur lauter[3] Bayern...

Frau Flieder: Nein, Frau Henning, Törwang ist einfach entzückend: saubere kleine Straßen, ordentliche[4] Häuser mit wunderschönen Blumen[5] in den Fenstern, eine reine[6] Luft. Das Dorf liegt auf dem Sammerberg, wissen Sie, also ziemlich in der Höhe[7]. Es gibt eine kleine Aussichtskapelle[8] oberhalb des Dorfes mit einem herrlichen Blick[9] auf den Chiemsee und auch auf die Berge.

Frau Henning: Ach wie schön. Es gab also richtige Spazierwege, Frau Flieder?

Frau Flieder: Ja viele, und ich bin jeden Tag zweimal spazierengegangen, genau wie Dr. Hohlzahn vorgeschrieben[10] hat. Das Wetter war nämlich herrlich: strahlender[11] Sonnenschein.

Frau Henning: Und das Hotel, Frau Flieder? Wurden Sie ordentlich verpflegt[12]?

Frau Flieder: Ich hatte ein sehr schönes Zimmer, Frau Henning, klein aber sauber und bequem. Und die Leute waren so verständnisvoll[13] und nett. Stellen Sie sich mal vor[14]: jeden Morgen brachten sie mir frische Waldblumen. Ist das nicht reizend?

Frau Henning: Entzückend! Sie hatten ja Vollpension[15], nicht wahr, Frau Flieder?

Frau Flieder: Ja, und ich muß sagen, die Küche war recht anständig[16]. Sie hatten eine niedliche[17] kleine Türkin[18] als Kellnerin[19]. Sie ist schon anderthalb[20] Jahre dort und will genug Geld sparen[21], so daß ihr Verlobter[22] auch kommen kann.

Frau Henning: Das arme Kind! Und sagen Sie, Frau Flieder, wie kamen sie mit den Einheimischen[23] aus[24]?

[1]*Setzen Sie Sich!*   [2]delightful   [3]nothing but   [4]neat   [5]flowers   [6]pure   [7]rather high   [8]chapel with a view   [9]view   [10]prescribed   [11]radiant   [12]properly taken care of   [13]understanding   [14]*Stellen . . . vor:* Just imagine!   [15]full board   [16]decent   [17]lovely   [18]Turkish woman   [19]waitress   [20]*eineinhalb*   [21]save   [22]fiancé   [23]local people   [24]*kamen . . . aus:* get along

Frau Flieder: Ja wissen Sie, Frau Henning, das ist so eine Sache. Eigentlich sind die Bayern recht freundlich. Nur kann man sie manchmal so schwer verstehen. Es sind aber tüchtige[25] Leute. Auch die Frauen arbeiten mit auf dem Hof[26]. Sonntags tragen sie noch die alte Tracht[27]. Entzückend.

Frau Henning: Ja, Frau Flieder, war denn alles wirklich so zauberhaft[28]?

Frau Flieder: Ja, mein Zimmer hatte kein Bad, und ein paar Mal mußte ich ziemlich lang im Gang[29] warten—Sie wissen wie das in alten Hotels manchmal so ist—und gegenüber[30] vom Hotel gab es einen Misthaufen[31]. Das war nicht schön.

Frau Henning: Nun, jetzt sind Sie wieder in Berlin, Frau Flieder. So etwas haben wir hier nicht, Gott sei Dank.

Bei Heppenheim gibt es herrliche Wanderwege durch die Weinberge.

[25]hard working   [26]farm   [27]peasant costume   [28]enchanting   [29]corridor   [30]across from
[31]manure pile

PUTTING IT TO WORK

I. Endings on Adjectives Unpreceded in the Singular

Here are the endings taken by attributive adjectives when they are not preceded by an **ein-** or **der-**word (the plural forms we have already had):

	MASCULINE	FEMININE	NEUTER	PLURAL
NOMINATIVE	-er	-e	-es	-e
	guter Wein	kalte Milch	schönes Wetter	nette Leute
ACCUSATIVE	-en	-e	-es	-e
	guten Wein	kalte Milch	schönes Wetter	nette Leute
DATIVE	-em	-er	-em	-en
	gutem Wein	kalter Milch	schönem Wetter	netten Leuten
GENITIVE	-en	-er	-en	-er
	gut**en** Weines	kalter Milch	schön**en** Wetters	netter Leute

Note that with the exception of the masculine and neuter genitive (relatively rare), these endings are the same as those of the **der**-words.

PRACTICE A (Individual)

Supply the correct adjective ending.

Es gibt im Südwesten fast immer schön____ Wetter.
Alt____ Menschen fahren gern zu einem Kurort [*Spa*].
Man findet wenig____ jung____ Menschen in Törwang.
Man läuft am liebsten unter klar____ Himmel [*sky*] Ski.
Viel____ Wanderwege gibt es schon in Törwang.
Wegen schlecht____ Wetters mußten wir unsere Ferien abbrechen [*break off*].
In Deutschland sieht man viel___ alt___ Schlösser [*castles*].
Bei schlecht____ Wetter bleiben wir zu Hause.
Jung____ Leute fahren nicht so gern in klein____ Dörfer.
Trotz viel____ Probleme hat er die Arbeit abgeschlossen.
Ich möchte bitte eine Tasse heiß____ Kaffee.*
Wir trinken gern ein Glas gut____ Wein.*

II. Review of Adjective Endings

In this section we will review and practice the adjective endings. If necessary, refer to the chart in the Grammar Summary at the end of the unit, which gives all the endings.

---

* Remember that the case of the noun expressing the thing being measured is *not* genitive (a cup *of* coffee), but rather the same as the case of the noun expressing the measurement (a cup, a glass, etc.).

   Ein Glas gut**er** Wein ist leider teuer. (*Nominative*)

The Practice exercises which follow are arranged in categories according to the ending patterns which have been introduced in previous units.

PRACTICE A (Individual)

der- and ein-words with endings; adjective ending -en:

A ENDING ON **der-** OR **ein-**WORD	B ADJECTIVE ENDING	C TYPE OF NOUN
-er -em -es -en -e	-en	All nouns **except** masculine nominative (singular) and feminine and neuter nominative and accusative (singular)

Repeat the sentence, adding the adjective(s) in parentheses.

Die Ferienorte sind im Süden. (schönst-)
Frau Flieder hat die Straßen gern. (reizend-, klein-)
Wegen des Wetters fahren wenige im Winter nach Sylt. (regnerisch-)
Besuchst du oft diesen Ort? (schön-)
Sie möchte ihrer Freundin Törwang zeigen. (alt-)
Trotz der Touristen war Deutschland schön. (viel-)
Törwang liegt in der Nähe von einem See. (groß-)
Die Freunde meines (älter-) Bruders fahren nach Davos.
Gefällt das Hofbräuhaus den Touristen? (amerikanisch-)
Ich wandere so gern durch den Wald. (bayrisch-)

PRACTICE B (Individual)

der- or ein-words with endings; adjective ending -e:

A ENDING ON **der-** OR **ein-**WORD	B ADJECTIVE ENDING	C TYPE OF NOUN
-er -e -(e)s	-e	Masculine nominative Feminine nominative and accusative Neuter nominative and accusative

Repeat the sentence, adding the adjective in parentheses.

> Dieser Dom liegt ganz in der Nähe. (gotisch-)
> Fahren wir doch im Sommer an die Küste! (pazifisch-)
> Das Bauerndorf hat einen großen Misthaufen. (klein-)
> Leider ist der Zug nach Rosenheim schon abgefahren. (letzt-)
> Dieser (schön-) Wanderweg geht um das ganze Dorf herum.

■ **PRACTICE C** (Individual)

der- or **ein-**words with endings; adjective ending **-e** or **-en** (combination of A and B above):

Give answers to the following questions, using the supplied information in your answer.

> In was für einem Hotel wohnte Frau Flieder? (ein- klein- alt-)
> Was für einen Dom gibt es in Köln? (ein- herrlich- gotisch-)
> Wo kann man in Deutschland skilaufen? (bayrisch- Alpen)
> Was für eine Stadt ist Freiburg? (ein- klein- schön-)
> Was für ein Berg ist die Zugspitze? (der höchst- in Deutschland)
> Was hat er dir vorgeschlagen? (ein- länger- Urlaub)
> Was hat Frau Flieder in Törwang am besten gefallen? (d- alt- reizend- Häuser)
> Warum sind Sie nicht länger in Schweden geblieben? (wegen d- schlecht- Wetters)
> Wohin würden Sie gern im Winter reisen? (an die sonnig- Riviera)
> Wo wohnen Sie gern, wenn Sie im Urlaub sind? (in ein- billig- Pension)

PRACTICE D (Individual)

ein-word without ending; adjective ending **-er** or **-es**:

A **ein-**WORD WITHOUT ENDING	B ADJECTIVE ENDING	C TYPE OF NOUN
ein	-er -es	Masculine nominative Neuter nominative and accusative

Supply the correct ending.

> Ein beliebt____ Touristenort ist meistens sehr teuer.
> Kann man am Chiemsee ein klein____ Segelboot mieten? [das Boot]
> Gibt es wirklich ein schön____ Bad in der Pension?

Wir haben lange kein schön＿＿ Wetter mehr gehabt.
Frau Flieder wollte ein klein＿＿ alt＿＿ Dorf besuchen.
Ein lang＿＿ schön＿＿ Urlaub kostet leider viel Geld.

III. City Names as Adjectives

When the names of cities are used as attributive adjectives they have the ending **-er**, regardless of the gender or case of the modified noun:

der Kölner Dom
die Frankfurter Allgemeine Zeitung
das Münchner Hofbräuhaus
Berliner Weiße (*type of beer*)

IV. solch-, solch ein, so ein, ein so

There are several possible ways of expressing *such (a)* in German. **Solch** (with a **der**-word ending) is used alone, most commonly in the plural:

Solches Wetter ist ungewöhnlich.
Ich hatte solche Angst vor der Prüfung.
In Deutschland sieht man oft solche alten Kirchen.
Solche blöden Touristen sollten zu Hause bleiben.

Note that adjectives following **solch** in the plural may have either the **-en** ending *or* the **der**-word ending: **solche alten (alte) Leute**. Or **solch** can be used in the plural without an ending, the **der**-word ending then going on the adjective: **solch alte Leute**. **Solch ein** and **so ein** may be used alone or followed by an adjective:

Solch ein Wetter! (*Such weather!*)
So eine Schweinerei! (*What a mess!*)
So ein schönes Mädchen habe ich lange nicht gesehen.
Solch eine alte Kirche gibt es bei uns nicht.

Ein so must be followed by an adjective:

Einen so netten Menschen findest du selten.

QUESTION–ANSWER PRACTICE (Pairs)

In this and the following exercise, try to be as descriptive as possible in your responses, using adjectives where you can.

Wo fahren Sie im Urlaub am liebsten hin?
Warum fahren Sie dorthin? Wegen des schönen Wetters? Wegen der
    Landschaft? Weil es viel zu tun gibt?
Was ist Ihrer Meinung nach ein „schöner" Ort?

Besichtigen [*visit*] Sie gern ältere Gebäude, Kirchen und Schlösser [*castles*]?

Kennen Sie einen schönen Ort, den nur wenige andere kennen?

Gibt es einen „typischen" Touristen? Wie sieht er aus? Was macht er?

Haben Sie schon mal die Rolle eines „typischen" Touristen gespielt? Wann und wo?

Würden Sie gern den Kölner Dom besichtigen [*visit*]? Warum?

Haben Sie schon mal so eine alte Kirche gesehen?

Wo liegt der schönste Ort, den Sie gesehen haben?

Gehen Sie gern in Museen? Warum?

Welche Länder der Welt würden Sie gern besuchen?

WAS MAN ALLES GESEHEN HAT (Groups)

Now try telling some of your classmates about places you have visited which were particulary memorable. What were the attractions, what was the landscape like, how was the weather, how were the people? Be as descriptive as you can!

GRAMMAR SUMMARY

I. Relative Clauses

A. Forms of the Relative Pronoun

	MASCULINE	FEMININE	NEUTER	PLURAL
NOMINATIVE	der	die	das	die
ACCUSATIVE	den	die	das	die
DATIVE	dem	der	dem	denen
GENITIVE	dessen	deren	dessen	deren

B. Choosing the Correct Relative Pronoun

1. The relative pronoun must agree in number and gender with its antecedent:

  (a) Törwang ist der schönste **Ort** (*masculine*), **den** (*masculine*) ich je gesehen habe.

  (b) Wer sind die **Leute** (*plural*), mit **denen** (*plural*) du so lange gesprochen hast?

2. The case of the relative pronoun is determined by its usage within the relative clause:

> Example (a) above: **den** is accusative, direct object of **sehen**.
> Example (b) above: **denen** is dative, object of the preposition **mit**.

C. Indefinite Relative Pronoun (**was**)

Was is used as the relative pronoun when the antecedent is one of the following:

1) An Indefinite Neuter Pronoun (**alles, etwas, vieles, nichts, das**)

> Er hat **etwas** gesagt, **was** ich nicht glauben kann.

2) A Neuter Superlative (**das Beste, das Schönste**, *etc.*)

> Ist das **das Billigste**, **was** Sie haben?

3) The Entire Preceding Clause

> **Sie fährt immer sehr schnell**, **was** doch gefährlich ist.

If in situation 3 a preposition + **was** is called for in the relative clause, the **wo**-compound is used instead:

> Sie fährt nach Deutschland, **worüber** sie sich sehr freut.

II. Summary of Prepositions

A. TAKING ACCUSATIVE

> durch, für, gegen, ohne, um, bis (*up to*), wider [*against*], entlang [*along*]*

B. TAKING DATIVE

> aus, außer, bei, mit, nach, seit, von, zu, ab [*from*]†, dank [*thanks to*]

C. TAKING EITHER ACCUSATIVE OR DATIVE

> an, auf, hinter, in, neben, über, unter, vor, zwischen

D. TAKING GENITIVE

> anstatt, außerhalb, diesseits, innerhalb, jenseits, oberhalb, statt, trotz, unterhalb, während, wegen

---

* **Entlang** takes the accusative when it stands behind the noun, but dative if it stands before the noun.
  Ich bin langsam **die** Straße entlang gefahren.
  Entlang **der** Straße stehen viele Bäume.
†   Ab dieser Straße ist der Weg gesperrt [*blocked*]. (*Dat.*)
  But used temporally, **ab** takes the accusative.
  Ab fünften Mai bin ich wieder zu Hause. (*Acc.*)

III. Summary of Adjective Endings

The following chart gives all the adjective endings, following **der-** and **ein-**words, and unpreceded:

		MASCULINE			FEMININE		
		A	B	C	A	B	C
NOMINATIVE	**der-**word	der	alte	Mann	die	alte	Frau
	ein-word	ein	alter	Mann	eine	alte	Frau
	unpreceded		alter	Mann		alte	Frau
ACCUSATIVE	**der-**word	den	alten	Mann	die	alte	Frau
	ein-word	einen	alten	Mann	eine	alte	Frau
	unpreceded		guten	Wein		kalte	Milch
DATIVE	**der-**word	dem	alten	Mann	der	alten	Frau
	ein-word	einem	alten	Mann	einer	alten	Frau
	unpreceded		gutem	Wein		kalter	Milch
GENITIVE	**der-**word	des	alten	Mannes	der	alten	Frau
	ein-word	eines	alten	Mannes	einer	alten	Frau
	unpreceded		guten	Weines		kalter	Milch

		NEUTER			PLURAL		
		A	B	C	A	B	C
NOMINATIVE	**der-**word	das	kleine	Kind	die	kleinen	Kinder
	ein-word	ein	kleines	Kind	seine	kleinen	Kinder
	unpreceded		kleines	Kind		kleine	Kinder
ACCUSATIVE	**der-**word	das	kleine	Kind	die	kleinen	Kinder
	ein-word	ein	kleines	Kind	seine	kleinen	Kinder
	unpreceded		kleines	Kind		kleine	Kinder
DATIVE	**der-**word	dem	kleinen	Kind	den	kleinen	Kindern
	ein-word	einem	kleinen	Kind	seinen	kleinen	Kindern
	unpreceded		schönem	Wetter		kleinen	Kindern
GENITIVE	**der-**word	des	kleinen	Kindes	der	kleinen	Kinder
	ein-word	eines	kleinen	Kindes	seiner	kleinen	Kinder
	unpreceded		schönen	Wetters		kleiner	Kinder

Remember the following two points with regard to adjective endings:

1. The endings are the same following **der-** and **ein-**words *except* in the masculine nominative and the neuter nominative and accusative.
2. Unpreceded adjectives have the same endings as those of the regular **der**-words *except* in the masculine and neuter genitive.

EXERCISES

I. Join the two clauses together with a relative pronoun.

1. Das sind eingebildete Menschen. Man kann sich mit ihnen gar nicht unterhalten.
2. Wir haben Unterkunft in einer Pension bekommen. Es gab kein Bad in der Pension.
3. Während unserer Reise hat es andauernd geregnet. Das hat uns gar nicht gefallen.
4. Ist das der Student? Sie haben sich so sehr über ihn geärgert.
5. Es handelte sich um die Kinder. Ihre Eltern sind geschieden.

II. Complete each sentence appropriately.

1. Es hat sich herausgestellt, daß . . .
2. Sie hat sich schon wieder in einen Jungen verknallt, der . . .
3. Frau Flieder, wie heißt der Ort wieder, wo . . .
4. Trotz des schlechten Wetters . . .
5. Kennst du das Mädchen, mit dem . . .

III. Answer the following questions, using a relative clause.

1. Was für einen Mann/eine Frau würden Sie am liebsten heiraten? (einen Mann, der . . ./eine Frau, die . . .)
2. Was für einen Urlaubsort würden Sie gern besuchen?
3. Was für ein Auto würden Sie gern kaufen?
4. Was für Filme sehen Sie am liebsten?
5. Was für einen Lehrer finden Sie ausgezeichnet?

IV. Complete the sentences.

1. Ich gehe gern mit einem Mann/einer Frau aus, mit dem/mit der . . .
2. Das Haus, in dem . . .
3. Das Bauerndorf, zu dem . . .
4. Er ist ein Lehrer, den . . .
5. Ist das die Frau, deren . . .

V. Translate into English.

1. Ich weiß, daß du ihn nicht leiden kannst, aber ihr ist er unheimlich sympathisch.

2. Er hat sich vorgestellt und dann andauernd über sich selbst geschwätzt.

3. Es hat sich ergeben, daß der Ort doch reizend war.

4. Wenn es sich bei mir um die Liebe handelt, dann geht alles schief.

5. Meinetwegen könnt ihr sofort damit anfangen.

6. Glücklich ist, wer vergißt, was nicht mehr zu ändern ist.

VI. Express in German.

1. I got used to that when I was in Germany.

2. What are you actually interested in?

3. It turned out that he was right.

4. It had to do with their trip to Spain.

5. Is that the novel that you had to read?

6. We live in a world in which there will always be war.

7. Is that the boy you wanted to dance with?

8. The hotel we stayed in didn't have a bath.

9. Did that happen yesterday or the day before?

10. What do you think of her new boyfriend?

11. She is always falling in love with boys who are terribly jealous.

12. Neither her father nor her mother can stand him.

13. He introduced us, and then we conversed with each other for hours about politics.

14. The soccer match took place in spite of the heavy rain.

15. In my opinion that is the most important.

16. He always comes late, which annoys me.

KAVALIER DER STRASSE
(Fortsetzung[1])

Sohn: Nächste Frage.

Vater: Wie viele Fragen sind denn das noch?

Sohn: Nur noch ein paar. „Glauben Sie, daß Sie mit Ihrem Fahrzeug[2] auf Frauen Eindruck machen?"

Vater: So ein Quatsch!

Sohn: Nein?

Vater: Ich bin doch kein Playboy.

Sohn: An Kreuzungen[3] spielst du aber ganz gern mit dem Gaspedal, wenn du ein Mädchen siehst.

Vater: Wann hätte ich je[4] . . . du unterstellst mir Dinge[5] . . . da hört sich doch alles auf[6].

Sohn: In Lübeck hast du es ein paarmal gemacht.

Vater: Als ob ich dabei auf Mädchen geachtet hätte[7]!

---

[1]continuation   [2]*Auto*   [3]intersections   [4]ever   [5]*du . . . Dinge:* you're insinuating things
[6]*da . . . auf:* that does it   [7]*Als . . . hätte:* as if I were paying any attention to girls

Sohn: Im Rückspiegel hast du sie dann noch beobachtet[8].

Vater: Ich kann mich nicht erinnern.

Sohn: Hier heißt es[9]: „Ehe[10] Sie diese Frage mit Ja oder Nein beantworten, geben Sie bitte noch Auskunft[11] über die nächste."

Vater: Einen Teufel[12] werde ich tun. Schluß[13] mit der Fragerei[14].

Sohn: „Weigert sich der Befragte[15], weitere Auskünfte zu erteilen[16], betrachten[17] Sie Frage 9 als positiv beantwortet."

Vater: So ein Schwachsinn[18]! Gib die Zeitung her!

Sohn: Ist doch nur ein Test.

Vater: Aber was für einer.

Sohn: Ist ja nur noch eine Frage offen, Papa. Lassen wir die neunte unbeantwortet und machen weiter. „Betrachten Sie die Festsetzung[19] von Richtgeschwindigkeiten[20] als einen Versuch, auf Ihre persönliche Fahrweise Einfluß[21] zu nehmen und Sie damit zu bevormunden[22]?"

Vater: Seien wir froh[23], daß es bei diesem Versuch geblieben ist. Die waren nahe daran[24], uns auf halbem Wege zu enteignen[25].

Sohn: Wieso? Wollten sie dir das Auto nehmen?

Vater: Nein, aber meine freie Entscheidung darüber, welcher Typ von Auto nun Spaß macht und welcher nicht.

Sohn: Du meinst die Geschwindigkeit[26].

Vater: Da hängt das eine mit dem andern zusammen[27]. Wir zeigen denen[28] jetzt, was wir von solchen Versuchen halten. Bei uns geht das nicht. Noch ist es bei uns nicht wie in der DDR.

Sohn: Oder wie in Amerika . . .

Vater: Das ist doch was ganz anderes.

Sohn: Tja, jetzt kommt das Ergebnis[29]. Sieht so aus, als ob[30] Charly recht hat.

Vater: Was hat denn Charly schon damit zu tun, wenn du mit mir hier einen Test machst?

Sohn: Na ja, Charly hat gesagt, da fällst du mit Pauken und Trompeten[31] durch, weil du ein Raser[32] bist.

Vater: So, hat er das gesagt? Und woher weiß das dein Charly?

Sohn: Oooch, ich hab ihm erzählt, wie toll du gefahren bist mit dem neuen Auto und so, was alles passiert ist unterwegs. Und dann hat er mir erzählt, daß in dieser Zeitschrift der Test ist . . .

Vater: Du hast wohl allein überhaupt keine Einfälle[33] mehr, worüber du dich mit deinem Vater unterhalten kannst. Ich frage mich sowieso schon, wie wir überhaupt zu der Ehre[34] kommen, daß unser Sohn noch hier wohnt, und nicht schon längst umgezogen[35] ist zu seinen Charlys . . .

Sohn: Au Mann, das iss'n dicker Kürbis[36] . . .

---

[8]observed   [9]it says here   [10]before   [11]information   [12]devil   [13]that's enough   [14]interrogation   [15]*weigert . . . Befragte:* if the person asked refuses   [16]supply   [17]consider   [18]*Dummheit*   [19]establishment   [20]standard speed limits   [21]influence   [22]to regiment   [23]*glücklich*   [24]close to   [25]expropriate   [26]speed   [27]*hängt . . . zusammen:* they're connected   [28]those guys   [29]result   [30]as if   [31]*mit . . . Trompeten:* to drums and trumpets (*idiom*)   [32]speed demon   [33]*Ideen*   [34]honor   [35]moved   [36]good deal (fat pumpkin)

Vater: Was ist denn? Was ist ein dicker Kürbis?

Sohn: Ich hab fünf Mark gewonnen—von Charly.

Vater: So, und womit: Hängt das auch mit diesem Test zusammen?

Sohn: Klar. Charly hat gesagt, wenn du durchfliegst[37], zahlt er mir zum Trost[38] fünf Mark.

Vater: So! Und was heißt das bei euch: durchfliegen?

Sohn: Na, das Testergebnis. Hör zu: „Sie sind ein unverbesserlicher, rücksichtsloser[39] Verkehrsteilnehmer[40], der im Geschwindigkeitsrausch[41] seine berufliche und sexuelle Unzufriedenheit zu überwinden sucht[42] und der Autowerbung mit ihren Männlichkeitsymbolen voll verfallen ist[43]."

COMPREHENSION CHECK*

1. Was will der Vater erst erfahren, bevor er den Test macht?
   a. ob er ein Kavalier der Straße ist
   b. um was es sich handelt
   c. wie der Test heißt
   d. ob der Test Spaß macht
2. Warum macht der Vater endlich mit?
   a. Er glaubt, der Sohn wird ihm keine Ruhe lassen, wenn er nein sagt.
   b. Er glaubt, er wird den Test bestehen und damit seinem Sohn zeigen, wie man sich als Fahrer verhalten soll.
   c. Er hat den Test schon einmal gemacht und weiß, worum es sich handelt.
   d. Er glaubt, daß man sich mit solchen Tests informiert.
3. Was für einen Wagen würde der Vater am liebsten fahren?
   a. eine Flohkiste
   b. ein Fahrzeug mit unter 130 Spitze
   c. einen Super-Schlitten
   d. einen Laster
4. Was macht dem Vater beim Fahren viel Spaß?
   a. langsam zu fahren
   b. freie Fahrt vor sich zu haben
   c. die langsamen Fahrer mit der Lichthupe nach rechts zu scheuchen
   d. an Lastern vorbeizukriechen
5. Wie zeigt sich der Vater auch als ein Angeber?
   a. Er versucht mit seinem Fahrzeug, auf Frauen Eindruck zu machen.
   b. An Kreuzungen spielt er gern mit dem Gaspedal, damit die Mädchen ihn beobachten.
   c. Er legt großen Wert auf die Politur seines Wagens.
   d. Er fährt an Verkehrsampeln gern als erster los.

---

[37]*durchfällst*   [38]as a consolation   [39]inconsiderate   [40]road user (driver)   [41]intoxication of speed   [42]attempts to overcome   [43]succumbed totally to

* You may need to refer back to Unit 13, the first part of the text, to answer some of these questions.

Bonner Prominenz.

6. Warum hatte Charly recht?
   a. Es machte dem Vater viel Spaß, mit seinem Sohn den Test zu machen.
   b. Der Vater hat sich mit seinem Sohn ruhig und freundlich unterhalten.
   c. Der Vater ist ein rücksichtsloser Raser.
   d. Der Vater ist bei dem Test durchgefallen.

Weitere Fragen

1. Wer ist wohl Charly und was für einer ist er?
2. Warum sind die Fragen des Tests nur mit „ja" oder „nein" zu beantworten? Und warum will der Vater immer mehr sagen?
3. Wie würden Sie das Fahren des Vaters beschreiben?
4. Wenn der Vater als typischer deutscher Fahrer gilt [*can be considered*], wie würden Sie ihn mit dem typischen amerikanischen Fahrer vergleichen?

VOCABULARY

Active

Nouns

das Bad, ⸚er	*bath*
das Gespräch, -e	*conversation*
ins Gespräch kommen	*to get into a conversation*

das Gewitter, -	*thunder storm*
der Grad, -e	*degree*
die Hitze	*heat*
der Krach	*quarrel*
Krach haben mit jemand	*to have an argument with someone*
Krach geben (Es gibt Krach.)	*there is (we are having) an argument*
der Ort, -e	*place, village*
die Pension, -en	*room and board (just breakfast)*
die Vollpension	*(with all meals)*
der Quatsch	*rubbish, nonsense*
So ein Quatsch!	*Such nonsense!*
der Regen	*rain*
der Sonnenschein	*sunshine*
die Temperatur, -en	*temperature*
die Weile, -n	*while*
die Wettervorhersage, -n	*weather forecast*
der Wind, -e	*wind*
die Wolke, -n	*cloud*

Verbs

beschreiben, beschrieb, hat beschrieben	*to describe*
blitzen	*to be lightning*
donnern	*to thunder*
sich ergeben (ergibt), ergab, hat ergeben	*to turn out*
frieren, fror, hat gefroren	*to freeze*
geschehen (geschieht), geschah, ist geschehen	*to happen*
hageln	*to hail*
halten von (hält), hielt, hat gehalten	*to think of, to have an opinion of*
sich handeln um	*to be a matter of*
sich herausstellen (stellt sich heraus)	*to turn out*
leiden, litt, hat gelitten	*to suffer, to tolerate a person*
Ich kann ihn nicht leiden.	*I can't stand him.*
Ich mag ihn gern leiden.	*I really like him.*
nieseln	*to drizzle*
stattfinden (findet statt), fand statt, hat stattgefunden	*to take place*
sich verknallen in (+acc.)	*to fall madly in love with*
sich verlieben in (+acc.)	*to fall in love with*
vorschlagen (schlägt vor), schlug vor, hat vorgeschlagen	*to suggest*
vorstellen (stellt vor)	*to introduce*
sich zeigen	*to turn out*

Other Words

andauernd	*constantly, continuously*
anscheinend	*apparently*
anstatt	*instead of*
außerhalb	*outside of*
befreundet (sein)	*(to be) close friends*
fest befreundet sein	*to be going steady*
besoffen	*drunk, smashed*
diesseits	*this side of*
eifersüchtig	*jealous*
feucht	*damp*
fleißig	*dilligent, hard working*
froh	*glad*
gewöhnt (sein) an (+*acc.*)	*to be used to*
innerhalb	*within, inside of*
jenseits	*the other side of, beyond*
klar	*clear*
liederlich	*slovenly, unkempt*
möglichst	*(sup. of* **möglich***)*
möglichst bald	*as soon as possible*
neblig	*foggy*
oberhalb	*above, on the upper side of*
politisch	*political*
regnerisch	*rainy*
reizend	*charming*
schief	*crooked, slanting*
schief gehen	*to go wrong*
schwül	*humid*
sonnig	*sunny*
(an)statt	*instead of*
stürmisch	*stormy*
trotz	*in spite of*
ungekämmt	*unkempt*
unterhalb	*below, on the bottom side of*
während	*during*
wegen	*because of*
wunderschön	*wonderful, beautiful*

Expressions

Hör mal!	*Now listen!*
Klasse	*first class*
Klasse, wie er tanzt.	*He dances great.*

Platz nehmen   *to take a seat*
   Nehmen Sie Platz!   *Have a seat.*

Passive

Nouns

der Bauer (des Bauern), -n   *farmer, peasant*
das Bauerndorf, ⸗er   *farm village*
die Beschreibung, -en   *description*
die Nähe, -n   *vicinity*
   in der Nähe (+ *gen.*)   *in the vicinity of*
   in der Nähe von   *in the vicinity of*
die Rede, -n   *speech*
die Werbung, -en   *advertisement*

Verbs

abhauen (haut ab), haute ab, ist abgehauen   *to leave suddenly, to split*
könnte (*subjective*)   *could, might (third person singular)*
   Das könnte sein.   *That might be.*

Sonne wieder

1. wenn es nur ein sehr schöner Tag wäre

2. a) Hätte ich zurück ins Bett gehen können

b) Hätte ich gestern abend nur nicht so viel gegessen

15/FÜNFZEHN

WENN ICH NUR …

Wishes and Regrets

In this unit you will learn how to express wishes and regrets in German. For this you need to know how to form the subjunctive of all the verbs we have had.

A Wünsche *subjunctive*

Hätte ich morgen nur nicht diese blöde Prüfung! *if I only ....*
    Dann könnte ich heute abend ausgehen.
    Dann gäbe es Zeit, am Nachmittag Tennis zu spielen.
    Dann würde ich die Arbeit für meine Englischklasse zu Ende schreiben.

Wäre das Wetter heute nur schöner!
    Dann spielten wir jetzt Tennis.
    Dann müßten wir nicht den ganzen Tag drinnen bleiben.
    Dann gingen wir in den Bergen wandern.

Ich wünschte, wir wären länger in Bremen geblieben.

Wenn ich nur genug Geld hätte!
 Dann kaufte ich mir diese tolle neue Schallplatte.
 Dann würde ich meine Freundin zum Abendessen einladen.
 Dann führe ich im Sommer nach Europa.

[handwritten margin note: 2 forms inter-changeable, würde form preferred in conversation except for wäre, hätte & the modals]

Ich wünschte, das Konzert finge später an.
 Dann könnten wir vorher noch essen gehen.
 Dann holte ich inzwischen die Karten ab.
 Dann käme auch mein Freund mit.

Ich wollte, du versuchtest, verständnisvoller zu sein.
 Dann stritten wir uns nicht so oft.
 Dann unterhielten wir uns besser.
 Dann hättest du mehr Freunde.

PUTTING IT TO WORK

I. Present Tense Subjunctive: Wishes

Wishes express thoughts which are contrary to the actual or "real" state of affairs. In both German and English the *subjunctive* mood of verbs is used to express wishes:

WISH (*subjunctive*)	REALITY (*indicative*)
Were she only here!	She *is* not here.
If I only *had* money!	I *have* no money.
I wish she *loved* me!	She does not *love* me.
Wäre sie nur hier!	Sie **ist** nicht hier.
Wenn ich nur Geld **hätte**.	Ich **habe** kein Geld.
Ich wollte, sie **liebte** mich.	She **liebt** mich nicht.

PRACTICE A (Individual)

Identify which of the following English sentences are in the subjunctive mood.

 If it only rained more often.
 It rained for hours yesterday.
 He had had plenty of time to do it.
 If I only had had more time.
 You mean to say she married him?
 If he married her, she'd be happy.
 I wish he saw me.
 I saw him yesterday.

The change of mood of a verb in English *looks like* a change of tense, which it is not.

I *have* no money. (*present tense indicative*)
I *had* no money. (*past tense indicative*)
If I only *had* money. (*present tense subjunctive*)

The situation is similar in German. The present tense subjunctive forms of all *weak verbs* look exactly like the past tense indicative forms:

Sie **liebt** mich nicht. (*present tense indicative*)
Sie **liebte** mich nicht. (*past tense indicative*)
Wenn sie mich nur **liebte**. (*present tense subjunctive*)

Context and sentence structure usually make it obvious whether a particular verb is in the past tense indicative or present tense subjunctive. Wishes, for example, are usually expressed in one of the following syntactical patterns:

1. Subjunctive verb begins sentence, **nur** is added:

Liebte sie mich nur!
Spielten sie nur besser!
Holte er mich nur ab!

2. **Wenn-**clause with subjunctive verb in last position, **nur** is added:

Wenn Sie mich nur liebte!
Wenn sie nur besser spielten!
Wenn er mich nur abholte!

3. Introductory clause **Ich wünschte** or **Ich wollte** is followed (without **daß**) by subjunctive clause with normal word order:

Ich wollte, sie liebte mich.
Ich wünschte, sie spielten besser.
Ich wollte, er holte mich ab.

■ PRACTICE B (Individual)

Identify which of the following German sentences are in the subjunctive mood.

Wenn es regnete, gingen wir immer in die Kneipe. (ind) ind.
Regnete es nur nicht immer! sub.
Ich wollte, er versuchte netter zu sein. sub.
Wenn er es nur schneller machte! sub.
Er träumte nur von mir. ind.
Träumte er nur von mir! sub.
Ich wünschte, er jagte sie nicht immer so. sub.
Er hoffte immer so sehr darauf. ind.
Wenn er nur nicht immer so sehr darauf hoffte! sub.
Ich glaube, er lachte, nur um dich zu ärgern. ind.
Ich wollte, er lachte nicht immer über mich. sub.

PRACTICE C (Individual)

Express the following German sentences in English. Idiomatic English will frequently call for the "would" construction.

> Ich wünschte, er heiratete sie.
> Klappte es nur!
> Machte er sich nur nicht so häufig Sorgen darum.
> Ich wollte, du legtest dich hin.
> Ich wünschte, er lachte nicht immer so blöd.
> Wenn er nur mehr aufpasste!
> Ich wünschte, das passierte mir nicht so oft.

Strong verbs, unlike weak verbs, have a distinct present tense subjunctive conjugation. That is, in most cases the subjunctive form cannot be confused with the indicative past tense form (as in the case with the English form *I/he were*, which can only be the subjunctive *I wish I were rich*). The following two rules govern the formation of the present tense subjunctive for strong verbs:

1. A distinct set of endings is added to the simple past tense stem:

gehen, *ging*, ist gegangen

ich	ginge	wir	gingen
du	gingest	ihr	ginget
er			
sie}	ginge	sie	gingen
es			

Sie gingen

Note that the only forms which are identical to the simple past tense indicative are the **wir**, **sie**, and **Sie** forms. Strong verbs whose stems end in **-d** or **-t** and thus have the simple past indicative forms **du unterhieltest**, **ihr unterhieltet** will thus have these forms identical in the subjunctive as well.

2. If the simple past tense stem contains a vowel which can receive an umlaut (**a, o, u**), the umlaut is added in the subjunctive.

fahren (er fährt), *fuhr*, ist gefahren

ich	führe	wir	führen
du	führest	ihr	führet
er			
sie}	führe	sie	führen
es			

Sie führen

Note that by virtue of the umlaut, *all* forms are unmistakably subjunctive.*

---

* Note the following deviations among strong verbs: **beginnen** > *begönne*; **empfehlen** > *empföhle*; **helfen** > *hülfe*; **schwimmen** > *schwömme*; **sterben** > *stürbe*.

PRACTICE D (Individual)

Identify the sentences which are in the subjunctive.

> Käme sie nur häufiger!
> Ich wollte, das Kind schliefe ein.
> Wir liefen diesen Winter nicht oft Ski.
> Ich wünschte, wir liefen heute Ski.
> Nähme er nur alles nicht so ernst!
> Wenn die Kinder nur nicht so oft fernsähen!
> Hieße ich nur nicht Waltraute!
> Leider verloren sie das Spiel.
> Verlören sie nur nicht immer!
> Mir fiel etwas Interessantes ein.
> Fiele mir nur etwas Interessantes ein!

PRACTICE E (Individual)

Fill in the correct subjunctive form of the strong verb in parentheses.

EXAMPLE: _____ er jetzt nur nach Hause! (gehen)
     Ginge er jetzt nur nach Hause!

_____ sie nur jetzt _____! (abfahren)
Wenn er sie nur allein _____! (lassen)
_____ ihr nur nicht so viel Wein! (trinken)
Ich wünschte, er _____ das nicht. (tun)
_____ sie sich nur nicht immer! (streiten)
_____ er nur lauter! (sprechen)
_____ wir nur nicht in der ersten Reihe! (sitzen)
Ich wollte, ihr _____ nicht immer ein. (schlafen)
_____ ich nur mein Geld! (finden)
_____ die Kinder nur nicht so viele Hamburgers. (essen)
Ich wollte, wir _____ jetzt über dem Atlantik. (fliegen)
_____ du nur nicht immer zu Hause! (bleiben)

Of the modals, **können**, **dürfen**, **müssen**, and **mögen** have unmistakable subjunctive forms, by virtue of the fact that the simple past stem receives an umlaut. The forms of **wollen** and **sollen**, on the other hand, are identical to the simple past indicative:

können   ich könnte, du könntest, er könnte, wir könnten, ihr könntet, sie könnten, Sie könnten

müssen   ich müßte, du müßtest, er müßte, wir müßten, ihr müßtet, sie müßten, Sie müßten

dürfen	ich dürfte, du dürftest, er dürfte, wir dürften, ihr dürftet, sie dürften, Sie dürften
mögen	ich möchte, du möchtest, er möchte, wir möchten, ihr möchtet, sie möchten, Sie möchten
wollen	ich wollte, du wolltest, er wollte, wir wollten, ihr wolltet, sie wollten, Sie wollten
sollen	ich sollte, du solltest, er sollte, wir sollten, ihr solltet, sie sollten, Sie sollten

The translation of the modals in the subjunctive can be confusing. Study the following sentences carefully:

Ich konnte gestern nicht studieren. (*indicative*)
I wasn't able to study yesterday.
I couldn't study yesterday.

Wenn ich ihn nur verstehen könnte! (*subjunctive*)
If I could only understand him!
If I were only able to understand him!

Wir durften keine Fragen stellen. (*indicative*)
We weren't allowed to ask any questions.
We couldn't ask any questions.

Wenn ich nur fragen dürfte! (*subjunctive*)
If I were only allowed (permitted) to ask!

Er wollte nicht mitkommen. (*indicative*)
He didn't want to come along.

Wenn er nur mitkommen wollte! (*subjunctive*)
If only he wanted to come along!
If he would only want to come along!

Die Kinder sollten das Zimmer aufräumen. (*indicative*)
The children were supposed to clean up the room.

Ich wünschte, er sollte schon heute kommen. (*subjunctive*)
I wish he were supposed to come already today.

You are acquainted with the form **möchte** from Unit 8.

Eigentlich möchte ich im Sommer hier bleiben.
Actually I would like to stay here in the summer.

PRACTICE F (Individual)

Change the indicative statement to a wish expressing the opposite (negative to positive and vice versa).

EXAMPLE: Ich kann das nicht.
Könnte ich das nur!

Er will es nicht.
Sie können es nicht.
Sie dürfen nicht feiern.
Wir müssen sofort weggehen.
Ich muß die blöde Arbeit schreiben.
Wir dürfen uns jetzt nicht unterhalten.
Er mag diesen billigen Wein nicht trinken.
Sie wollen es überhaupt nicht versuchen.
Du kannst das Mädchen nicht vergessen.

Note the subjunctive forms of the following mixed and irregular verbs:

sein	ich wäre, du wärest, er wäre, wir wären, ihr wäret, sie wären, Sie wären
haben	ich hätte, du hättest, er hätte, wir hätten, ihr hättet, sie hätten, Sie hätten
wissen	ich wüßte, du wüßtest, er wüßte, wir wüßten, ihr wüßtet, sie wüßten, Sie wüßten
bringen	ich brächte, du brächtest, er brächte, wir brächten, ihr brächtet, sie brächten, Sie brächten
denken	ich dächte, du dächtest, er dächte, wir dächten, ihr dächtet, sie dächten, Sie dächten
kennen	ich kennte, du kenntest, er kennte, wir kennten, ihr kenntet, sie kennten, Sie kennten

Rennen and **nennen** follow the pattern of **kennen**.

PRACTICE G (Individual)

Fill in the correct subjunctive form.

Wenn ich nur _____ (wissen), was hier los ist!
Ich wollte, er _____ (denken) mehr und spräche weniger.
_____ (haben) ich nur mehr Zeit!
_____ (sein) der Verkehr nur nicht so stark!
Ich wünschte, du _____ (nennen) mich nicht immer „Typ".

_____ (bringen) sie uns nur das Essen!
Wenn du nur _____ (wissen), was gestern geschah!
Wenn wir nur die Gelegenheit _____ (haben)!
_____ (sein) die Vorlesungen unseres Professors nur klarer!
Ich wollte, ich _____ (wissen) ihren Namen.

■ PRACTICE H (Individual)

Express the opposite of the indicative statement in a wish.

EXAMPLE: Ich darf heute abend nicht ausgehen.

Wenn ich heute abend nur ausgehen dürfte!
or
Ich wollte, ich dürfte heute abend ausgehen.
or
Dürfte ich heute abend nur ausgehen!

Er versucht es nicht.
Sie holen die Briefe nicht ab.
Er kann kein Deutsch.
Ich verliere immer mein Deutschbuch.
Sie kleidet sich nie warm an.
Ihr fühlt euch heute nicht wohl.
Er denkt nie an mich.
Wir erinnern uns nicht an seinen Namen.
Diese Verwandten besuchen uns jeden Sommer.
Er bleibt nicht hier.
Ich weiß die Antwort nicht.
Wir müssen uns auf das schwierige Examen vorbereiten.
Er gibt mir keinen Mercedes zum Geburtstag.
Es regnet dauernd.
Das Geld ist knapp.
Sie putzt sich öfters die Zähne.
Die Pension hat kein Bad.
Seine Frau ißt viel.
Der deutsche Konjunktiv [*subjunctive*] ist schwer zu lernen.
Das geschieht jedes Mal.

QUESTION–ANSWER PRACTICE (Pairs)

Respond to the question with a wish.

EXAMPLE: Kennen Sie den neuen Deutschlehrer?
Nein, aber ich wünschte, ich kennte ihn.

Gehen Sie heute abend ins Konzert?
Kauft er dir den schönen Pelzmantel [*fur coat*]?
Gibt Ihnen der Lehrer alle Antworten?
Empfiehlt dir der Verkäufer ein schönes Weihnachtsgeschenk?
Schreibt dir deine Freundin jeden Tag?
Habt ihr Zeit dafür?
Lest ihr dieses Semester einen Roman von Thomas Mann?
Kennst du die neuste Oper von Henze?
Schmeckt Ihnen der Big Mäc?
Geht ihr am Wochenende skilaufen?
Kannst du schon eine Rede auf deutsch halten?
Versucht Ihnen Ihr Freund zu helfen?
Hilft dir dein Zimmerkollege bei den Hausaufgaben?

II. Wish Conclusions

What you would do if your wish were to come true is also expressed in the subjunctive mood, since it is also the expression of an "unreal" situation. English requires the use of the conditional (*would*) construction in most cases:

If only I had a million dollars.
    Then I *would buy* both of these beautiful Mercedes.
    Then I *wouldn't* have to work anymore.
    Then I *could* forget about school.

In German, the forms of the subjunctive may be used:

Wenn ich nur eine Million Dollar hätte!
    Dann **kaufte** ich beide schöne Mercedes.
    Dann **müßte** ich nicht mehr arbeiten.
    Dann **könnte** ich die Schule einfach vergessen.

■ PRACTICE A (Individual)

Using the cues given, form wish conclusions in the subjunctive:

EXAMPLE: Wenn mein Vater nur reich wäre! (**nicht arbeiten müssen**)
        Dann **müßte** ich **nicht arbeiten**.

Käme sie nur! (wir/ins Kino gehen)
Hätte ich heute nur keine Prüfung! (schlafen bis zwölf)
Wenn sie mir nur schriebe! (wissen, wann sie kommt)
Kämmte er sich nur die Haare! (gut aussehen)
Wenn er es nur versuchte! (vielleicht gelingen)
Wenn er nur früher zu Bett ginge! (auch früher aufstehen)
Wenn die Karten nur nicht so teuer wären! (wir/in besseren Plätzen sitzen)
Wenn mein Zimmerkollege nur nicht so schlampig wäre! (unsere Wohnung aufräumen)

WAS WÜNSCHST DU? WAS WÜNSCHST DU NICHT? (Pairs/Groups)

Prepare to tell your instructor or classmates several of your (secret) wishes, also expressing what the result of your wish would be.

EXAMPLE: Ich wünschte, der Lehrer trüge nicht immer solche häßlichen
Krawatten [*ties*].

Dann könnte ich mich in der Klasse besser konzentrieren.
Dann schaute ich ihn öfter an.
Dann müßte ich nicht immer lachen.

III. The **würde** Substitute (Conditional)

In Unit 8 we introduced the forms of the conditional (**würde**) plus **gern** to express an idea such as:

Ich würde gern eine Reise nach Europa machen.

Würde alone (without **gern**) simply expresses the idea *would*, like the subjunctive indicating a situation which is not "real," but only hoped for. In English, the *would*-construction is sometimes interchangeable with the actual subjunctive:

If he only *did* it, instead of just talking about it.
If he only *would do* it, instead of just talking about it.

And, as we stated above, it is used in expressing wish conclusions:

I wish I had a million dollars.
Then I *would buy* the university.

In German, the **würde** forms may be used in a wish instead of the subjunctive, sometimes with a shift of emphasis to the future:*

Wenn es nur schneite!   Wenn es nur schneien würde!
If it were only snowing.   *If it would only snow.*
(*Implication: right now*)   (*Implication: soon, if not right now*)

And the **würde** forms are frequently used in wish conclusions, especially if a weak verb is involved, where, as we saw, the subjunctive form is not unique:

Wäre der Mercedes nur nicht so teuer!
Dann **würde** ich ihn **kaufen**. (Dann **kaufte** ich ihn.)
Dann **führen** ihn mehr Leute. (Dann **würden** ihn mehr Leute **fahren**.)

Although there are subtleties of usage involved, we can say that basically the **würde** forms are interchangeable with the present tense subjunctive forms in wish

---

* **Würde** is the subjunctive form of **werden** and thus is used to form the future subjunctive.

conclusions, with **würde** preferred for weak verbs, the subjunctive for strong and mixed verbs:

> Was würden Sie machen, wenn Sie eine Million hätten?
>> Ich **führe** sofort nach Deutschland. (würde . . . fahren)
>> Ich **würde** mir eine Villa an der Riviera **kaufen**. (kaufte)
>> Ich **äße** nur noch Steaks. (würde . . . essen)
>> Ich **würde** wahrscheinlich **heiraten**. (heiratete)

PRACTICE A (Individual)

Express the wish conclusion two ways, first with the subjunctive, then with **würde**.

EXAMPLE: Wenn wir heute nur keine Arbeit hätten. (skilaufen gehen)
> Dann **gingen** wir **skilaufen**.
> Dann **würden** wir **skilaufen gehen**.

> Wenn ich nur nicht dieses blöde Kopfweh hätte! (jetzt unbedingt ausgehen)
> Wäre das Wetter nur schöner! (im Park spazierengehen)
> Ich wollte, ich wüßte ihre Größe. (ihr einen Mantel kaufen)
> Wenn er nur langsamer spräche! (ihn besser verstehen)
> Wäre sie nur stärker! (schneller skilaufen)
> Könnte ich nur besser Deutsch! (diesen langen Roman lesen)
> Wäre Inge nur zu Hause. (sie anrufen)
> Ich wünschte, die Pfeife [*pipe*] schmeckte mir. (keine Zigaretten rauchen)
> Schiene die Sonne nur! (am Strand in der Sonne liegen)

QUESTION–ANSWER PRACTICE (Pairs)

Answer the questions, using **würde** with weak verbs and the subjunctive with strong and mixed verbs.

> Was würden Sie machen, wenn Sie perfekt Deutsch könnten?
> Was würden Sie machen, wenn Sie bei einer Prüfung durchfielen?
> Was würden Sie machen, wenn Sie plötzlich reich wären?
> Wohin würden Sie reisen, wenn Sie sich eine längere Reise leisten könnten?
> Was würden Sie machen, wenn Sie jetzt vor die Klasse treten müßten?
> Was würden Sie machen, wenn Sie viel Geld auf der Straße fänden?
> Was würden Sie machen, wenn Sie jetzt viel Freizeit hätten?

Since **würde** is the subjunctive form of **werden**, it is used to form the present tense subjunctive of the passive:

> Wenn hier nur nicht so viel Bier getrunken **würde**!
> Ich wollte, es **würde** nicht so viel davon geredet.
> **Würden** die Studenten nur nicht so oft aufgerufen!

Würde is also used for the future tense subjunctive, which, as we noted above, is difficult to distinguish from the pure conditional:

Wenn es morgen nur schneien **würde**!
Ich wollte, sie **würde** ihr Studium nächstes Semester abschließen.

WAS WÜRDEN SIE MACHEN, WENN ... (Pairs/Groups)

The purpose of this exercise is to find out what you would do in all kinds of unexpected, unusual situations, perhaps ones you yourself would not wish. A fellow student is to devise the situation, you are to react. Several examples follow, but both questioner and respondent should use their imaginations.

1. A: Was würden Sie machen, wenn Sie morgen auf den Mond fliegen müßten?
   B: Auf den Mond?? Naja. Ich würde nach Hause gehen und meinen Koffer [*suitcase*] packen. Dann ginge ich noch ein Mal zu McDonald's, um einen Big Mäc zu essen. Heute abend würde ich meine Freundin besuchen und ihr auf Wiedersehen sagen. Vor dem Schlafengehen tränke ich unbedingt noch einige Flaschen Bier.
2. A: Was würdest du machen, wenn dir plötzlich kein deutsches Wort mehr einfiele?
   B: Kein einziges? Das ist aber schlimm. Ja, ich würde den Lehrer fragen, ob ich nicht nach Hause gehen dürfte, wo ich mich gleich hinsetzen würde und *Using German* von Anfang an fleißig durchlesen würde. Hoffentlich fiele mir alles wieder ein. Wenn nicht, dann würde ich wahrscheinlich weinen.

B Wenn . . . dann

Wenn ich morgen nicht diese blöde Prüfung hätte, dann könnte ich heute abend ausgehen.

Wäre das Wetter heute schöner, so müßten wir nicht den ganzen Tag drinnen bleiben.

Wenn ich genug Geld hätte, würde ich meine Freundin zum Abendessen einladen.

Mein Freund würde mitkommen, wenn das Konzert später anfinge.

Wenn du versuchen würdest, verständnisvoller zu sein, hättest du mehr Freunde.

Es wäre doch nett, wenn du ihm mal danken würdest.

Wenn du ab und zu mal die Zeitung läsest, wüßtest du, was in der Welt los ist.

Wenn ich mir den Mercedes leisten könnte, würde ich ihn sofort kaufen.

Ich wünschte, wir hätten mit dieser Frau sprechen können.

PUTTING IT TO WORK

I. Conditional Sentences

Putting together a wish and a wish conclusion in one sentence yields a *conditional* sentence:

> Wenn ich nur Zeit hätte! Dann ginge ich heute skilaufen.

> Wenn ich Zeit hätte, (dann) ginge ich heute skilaufen.
> *If I had time, I would go skiing today.*

Such a sentence in the subjunctive (or conditional) states a situation which is contrary to reality. Reality is the opposite:

> Ich habe keine Zeit. Ich gehe heute nicht skilaufen.
> *I don't have any time. I'm not going skiing today.*

Conditional sentences of this type have their counterpart in the indicative, so-called "open" conditions, which are not contrary to reality but simply state a possibility:

> Wenn ich Zeit habe, gehe ich heute skilaufen.
> *If I have time, I'll go skiing today.*

■ PRACTICE A (Individual)

Identify which of the following sentences are contrary-to-fact conditions.

> Wenn es morgen regnet, bleiben wir zu Hause.
> Wenn er mir dafür danken würde, wäre ich zufrieden.
> Wenn er die Zeitung liest, lernt er die ganze Geschichte.
> Versuchtest du das mal, gelänge es dir auch.
> Wenn du das mal versuchst, wird es dir auch gelingen.
> Wenn ihr euch mal unterhalten würdet, würdet ihr euch wahrscheinlich gut
>   verstehen.
> Wenn ihr euch mal unterhaltet, werdet ihr euch wahrscheinlich gut
>   verstehen.
> Wenn ich ihn sehe, erzähle ich ihm davon.
> Wenn ich ihn sähe, würde ich ihm davon erzählen.

Theoretically, either the conditional (**würde**) or the subjunctive may be used in conditional sentences, in any combination, with the same meaning:

(a) Wenn er mich nicht so ärgerte, gingen wir zusammen aus.
(b) Wenn er mich nicht so ärgern würde, würden wir zusammen ausgehen.
(c) Wenn er mich nicht so ärgerte, würden wir zusammen ausgehen.
(d) Wenn er mich nicht so ärgern würde, gingen wir zusammen aus.

In the preceding example, both verb forms (**er ärgerte**, **wir gingen**) also occur in the indicative simple past tense, and thus it is important, in order to avoid any possible ambiguity, that at least one **würde** form appear in the sentence; the most common version is (c). Although there is flexibility·here, you will always be safe in using the subjunctive in the introductory **wenn** clause and **würde** in the conclusion, with the modification that **würde** is rarely used with the modals, **sein** and **haben**.

■ PRACTICE B (Individual)

Read the following sentences carefully and decide in which ones **würde** should be used in the conclusion to avoid any ambiguity:

> Wenn ich Zeit hätte, käme ich heute abend vorbei.
> Wenn er mich liebte, heiratete er mich.
> Wenn ich den Mantel kaufte, könnte ich mir die neuen Schuhe nicht leisten.
> Versuchtest du netter zu sein, so ärgerte man sich nicht so sehr über dich.
> Wenn ihr euch ruhig unterhieltet, dann strittet ihr euch nicht so oft.
> Wenn es mit dem Geld klappte, kauften wir diese Villa.

Note the word order possibilities for conditional sentences:

SUBORDINATE CLAUSE WITH **wenn**—VERB LAST	MAIN CLAUSE		
I	II	III	IV
Wenn ich die blöde Prüfung nicht hätte,	würde	ich jetzt	schlafen.

SUBORDINATE CLAUSE WITHOUT **wenn**—VERB FIRST	MAIN CLAUSE		
I	II	III	IV
Hätte ich die blöde Prüfung nicht,	würde	ich jetzt	schlafen.

MAIN CLAUSE	SUB. CONJ. 0	SUBORDINATE CLAUSE—VERB LAST
I II III IV		
Ich würde jetzt schlafen,	wenn	ich die blöde Prüfung nich hätte.

The addition of **dann** or **so** before the conclusion in the first two sentences above does not affect word order:

> Wenn ich die blöde Prüfung nicht hätte, **so** würde ich jetzt schlafen.

■ PRACTICE C (Individual)

Complete the conditional sentence, using either subjunctive or **würde** forms.

> Wenn ich mehr Zeit hätte, . . .
> Wenn mein Bruder nicht so schlampig wäre, . . .
> Wenn sie ihm dankte, . . .
> Versuchtest du das mal, . . .
> Wenn die Prüfungen nicht immer so verwirrend wären, . . .
> Wenn er sich mit mir unterhielte, . . .
> Dürfte ich schon Auto fahren, . . .
> . . . , wenn ich kommen könnte.
> . . . , wenn er sich schneller entschließen könnte.
> . . . , wenn er nicht immer seinen Kugelschreiber verlöre.
> . . . , wenn der Lehrer mich nicht immer ausschimpfte.
> . . . , wenn Ingrid nicht immer meckerte.
> . . . , wenn wir nicht immer gefragt würden.
> . . . , wenn ich ihn verstände.

PRACTICE D (Individual)

Now put together the two indicative sentences into one conditional sentence by changing positive to negative (and vice versa) and using subjunctive or conditional (**würde**) forms.

EXAMPLE: Ich habe keinen Hunger. Ich esse nicht.
> Wenn ich Hunger hätte, würde ich essen.

> Er wohnt nicht hier. Ich sehe ihn nie.
> Er ist immer anderer Meinung. Sie ärgert sich häufig.
> Wir haben wenig Geld. Wir können nicht fliegen.
> Der Mantel paßt ihr nicht. Sie kauft ihn nicht.
> Er raucht so viele Zigaretten. Er fühlt sich nicht wohl.
> Sie lesen die Zeitung nie. Sie wissen nichts davon.
> Herr Meyer spricht kein Englisch. Sie können sich nicht unterhalten.
> Ich kriege eine gute Note. Ich freue mich darüber.
> Es gefällt ihr hier gut. Sie bleibt lange.
> Du verlierst dauernd deinen Kugelschreiber. Du mußt immer neue kaufen.

** ärgerte is same as simple past so
Germans use würde*

QUESTION–ANSWER PRACTICE (Pairs)

Answer the questions, beginning your answer with the concluding clause of the question.

EXAMPLE: Was würden Sie tun, wenn der Lehrer Sie jetzt aufrufen würde?
        Wenn der Lehrer mich jetzt aufrufen würde, würde ich zittern und
            schwitzen.

Was würden Sie tun, wären Sie jetzt zu Hause?
Was täten Sie, wenn morgen Weihnachten wäre?
Was müßten Sie tun, wenn Sie überhaupt kein Geld hätten?
Was dürften Sie tun, wäre die Deutschstunde jetzt zu Ende?
Was würden Sie tun, wenn die Welt morgen zu Ende ginge?
Was würden Sie heute abend machen, wenn die Sommerferien morgen
    beginnen würden?
An wen schrieben Sie einen Brief, wenn Sie Zeit hätten?
Wem würden Sie einen Mercedes schenken, wenn Sie eine Million hätten?
Was für eine Person würden Sie anstellen, wenn Sie Chef [*boss*] wären?
Wem würden Sie gern helfen, hätten Sie Zeit und Geld?
Mit welchem Politiker sprächen Sie gern, wenn Sie es könnten?
Welches Land würden Sie gern besuchen, wenn Sie Zeit und Geld hätten?

Due

P. 537

<u>Prac D</u>

do all possiblities

I _____ verb ------ ?

wenn ------ verb

Verb . _ . . . .

C Wenn ich das nur gewußt hätte!

Wenn ich das vorher gewußt hätte, hätte ich mir den Film nie angesehen.

Wenn du es mir vorher gesagt hättest, wäre ich überhaupt nicht dahingegangen.

＊Wenn ich gestern die Prüfung nicht hätte schreiben müssen, wäre ich nicht zur Uni gekommen.

＊Wenn ich als Kind mit den Eltern Deutsch gesprochen hätte, bräuchte ich jetzt nicht so schwer Deutsch zu studieren.

Wäre ich dieses Semester nicht so oft in die Kneipen gegangen, würde ich bestimmt bessere Noten kriegen.

Hätten wir gewußt, daß du kommen wolltest, so hätten wir dich natürlich eingeladen.

Wenn man nur wüßte, was diese Menschen alles gesehen haben!

Du siehst aus, als ob du gar nicht geschlafen hättest.
Es sieht aus, als wäre hier viel los.
Es hat so ausgesehen, als ob die Party die ganze Nacht gedauert hätte.

Dürfte ich Sie bitten, sich hier hinzusetzen.
Könnten Sie bitte etwas lauter sprechen.
Du solltest das nicht tun!

PUTTING IT TO WORK

I. Past Tense Subjunctive

Wishes and conditional sentences can, of course, occur in the past tense:

> I wish I *had seen* her.
> *Had* you only *asked* him!
> If you *had asked* me about it, I *would have told* you not to risk it.

Both strong and weak verbs in German form the past tense subjunctive the same way: **wäre** or **hätte** plus the participle. The forms of **wäre** are used if the verb takes **sein** as an auxiliary in the present perfect tense; the forms of **hätte** are used if the verb takes **haben**:

> **Hätte** ich sie nur **gesehen**!
> **Hättest** du ihn nur **gefragt**!
> Wenn du gestern abend nur **gekommen wärest**!

PRACTICE A (Individual)

Change the indicative statement into a wish in the subjunctive, according to the pattern.

EXAMPLE: Er hat mich nicht verstanden.
　　　　　Wenn er mich nur **verstanden hätte**!

Sie haben ihn versetzt.
Es hat ihnen nicht gefallen.
Sie ist sehr spät aufgestanden.
Wir sind überhaupt nicht in Deutschland herumgereist.
Ich habe das nicht gewußt.
Ihr habt sie nie kennengelernt.
Du bist gestern abend erst so spät gekommen.
Wir haben uns so sehr darauf gefreut.
Wir haben keine Zeit gehabt.

Er hat sich wieder beschwert.
Ihr habt euch nicht daran erinnert.
Wir sind noch nie in der Gegend gewesen.

There is only *one* past tense subjunctive, as opposed to the three past time tenses
in the indicative:

Indicative	Subjunctive

Active

Ich sah dich nicht.
Ich habe dich nicht gesehen. } **Wenn ich dich nur gesehen hätte!**
Ich hatte dich nicht gesehen.

Passive

Wir wurden immer gefragt.
Wir sind immer gefragt worden. } **Wenn wir nur nicht immer gefragt worden**
Wir waren immer gefragt worden.   **wären!**

PRACTICE B (Individual)

Change the statements into wishes in the past tense subjunctive.

EXAMPLE: Er war gestern abend nicht da.
            Wäre er gestern abend nur da **gewesen.**

Wir luden Meyers nicht ein.
Wir hatten zu viel zu tun.
Wir kauften den großen Buick.
Wir unterhielten uns nicht sehr lang.
Wir gewöhnten uns nicht an die Hitze.
Ich rasierte mich heute früh nicht.

PRACTICE C (Individual)

Again convert indicative statements into wishes. This time, present and past tenses are
used. Pay close attention to tense!

Ich habe keine Zeit.
Ich hatte keine Zeit.
Alles ging gleich schief.
Wir waren nicht an der Riviera.
Ich habe mich sehr darüber geärgert.
Wir kommen nicht mit.

Sie schrieb mir nie.
Du bist so schlampig.
Ich weiß seinen Namen nicht.
Er wußte meinen Namen nicht.
Er schlief sofort ein.

Since the past tense subjunctive consists exclusively of unmistakable subjunctive forms (by virtue of the forms **wäre** and **hätte**), there is no need to use the conditional substitute to avoid ambiguity. Thus, stick to the past tense subjunctive forms, even though English will tempt you to use **würde** (*would*):

Ich wäre gekommen.	*I would have come.*
Ich hätte es gekauft.	*I would have bought it.*
Hätte ich Zeit gehabt,	*Had I had time, I would*
hätte ich dich besucht.	*have visited you.*

Word order in past tense conditional sentences looks formidable, although it is perfectly regular:

SUBORDINATE CLAUSE WITH **wenn**—VERB LAST	MAIN CLAUSE		
I	II	III	IV
Wenn du mich gefragt hättest,	hätte	ich es dir	gesagt.

Note the importance of the comma separating the subordinate from the main clause in keeping the auxiliary verbs in their proper place.

■ PRACTICE D (Individual)

By changing from negative to positive (and vice versa), transform the two indicative statements into one contrary-to-fact conditional sentence. Notice that sometimes there can be two tenses in the sentence: because something did or did not happen in the past, something is or is not happening in the present.

EXAMPLE: Ich habe zu Hause nie Deutsch gesprochen.
Ich kann jetzt nicht gut sprechen.

Wenn ich zu Hause Deutsch gesprochen hätte, könnte ich jetzt gut sprechen.

Ich war immer ein faules Kind.
Meine Eltern haben mich immer ausgeschimpft.

Er war nicht sehr verständnisvoll.
Wir haben immer gestritten.

Ich habe vergessen, die Karten abzuholen.
Wir können nicht ins Konzert.

Er hat sich so in Inge verknallt.
Er ist jetzt sehr unglücklich.

Bei uns zu Hause wurde nie getanzt.
Ich bin heute verklemmt.

Wir sind per Anhalter gereist.
Es hat fast zwei Wochen gedauert.

Du hast mir nichts empfohlen.
Ich habe ihm dieses häßliche Hemd gekauft.

Der Arzt hat ihm empfohlen, nie wieder zu rauchen.
Er raucht nicht mehr.

Er war ein liederlicher Typ.
Inge hat ihn verlassen.

Wir verbrachten alle Ferien an der Küste von Maine.
Ich habe nichts von der Welt gesehen.

Uns wurde die Wahrheit nie gesagt.   *wären uns ... gesagt worden*
Wir haben als Erwachsene diese Schwierigkeiten.

II. Past Tense Subjunctive of the Modals: Double Infinitive

In Unit 13 we introduced and practiced the double infinitive construction with the modals:

Er hat nicht kommen wollen.
Ich weiß nicht, warum er nicht **hat kommen wollen.**

There we noted that the double infinitive can be avoided by using the simple past tense:

Er **wollte** nicht kommen.
Ich weiß nicht, warum er nicht kommen **wollte.**

Since there is, however, only one past tense subjunctive form and it requires the *auxiliary + participle* construction (**hätte gewußt, wäre gekommen**), there is no way to avoid the double infinitive construction with modals in the past tense subjunctive:

Hätte ich ihn nur **sehen können**!
Wenn wir nur nicht diese blöde Prüfung **hätten schreiben müssen**!
Wenn ich gestern meine Verwandten nicht **hätte besuchen müssen**, wäre ich
   bestimmt zu dir gekommen.

This is probably the most difficult aspect of the subjunctive, and requires special attention. Remember that there are only three subjunctive tenses, present, past, and future. Since the *present* tense subjunctive is based on the past tense indicative (and looks like it), and since the double infinitive construction is so unwieldy, you will be tempted to use the present tense subjunctive of the modal instead of the past tense subjunctive. Study the following sentences carefully:

Wenn ich das nur tun könnte!
If only I could do that.

Wenn ich das nur hätte tun können!
If only I could have done that.

Müßte ich nur nicht diese Prüfung schreiben!
If only I didn't have to take this test.

Hätte ich nur nicht diese Prüfung schreiben müssen!
If only I hadn't had to take this test.

Wenn das Kind nur spielen dürfte!
If only the child were allowed to play.

Wenn das Kind nur hätte spielen dürfen!
If only the child had been allowed to play.

In changing indicative statements in the past tense to subjunctive contrary-to-fact statements, remember:

$$\left.\begin{array}{l}\text{konnte} \\ \text{habe können}\end{array}\right\} \quad \textbf{hätte können}$$

hätte...gekonnt
had I been able to

$$\left.\begin{array}{l}\text{mußte} \\ \text{habe müssen}\end{array}\right\} \quad \textbf{hätte müssen}$$

etc.

PRACTICE A (Individual)

Change to wishes in the subjunctive. Watch out for tense!

Ich kann es nicht verstehen.
Ich konnte es nicht verstehen.
Wir mußten auf Wiedersehen sagen.
Wir durften keine Fragen stellen.
Wir konnten nicht hinausgehen.
Wir dürfen hier nicht rauchen.
Wir können drinnen bleiben. *opposite = raus gehen*
~~Du solltest so etwas nicht fragen.~~

Kinder dürfen diesen Film nicht sehen.
Ich durfte den Film nicht sehen.
Wir können noch nicht anfangen.
Wir konnten nicht sehr früh anfangen.

PRACTICE B (Individual)

Complete the pattern as indicated.

Wenn ich das gewußt hätte, . . .

I would have stayed home. We wouldn't be here now. I could have stayed in
bed. I wouldn't have stayed up so late last night. We wouldn't have come.
We could go home now. We would have gone to Taos. I would have
thanked him. I would have heard a weather forecast. I would have liked her
more. We wouldn't be sitting here now. I would have never started. I
wouldn't have had to worry. *Hätte sie mir besser gefallen*
Hätte ich mir keine Sorgen machen müssen

QUESTION–ANSWER PRACTICE (Pairs)

Was hättest du gemacht, wenn du dieses Semester nicht auf die Uni
gekommen wärest?
Was hätten Sie gedacht, wenn Ihr Freund/Ihre Freundin bei der Party mit
jemand geflirtet hätte?
Was hättest du getan, wenn der Lehrer/die Lehrerin heute nicht zur Klasse
gekommen wäre?
Was hätten Sie machen müssen, wenn Ihr Auto heute früh nicht gestartet
wäre?
Was würden Sie mir empfehlen, wenn ich die ganze Nacht nicht geschlafen
hätte?
Was für eine Person wären Sie heute, wenn Ihre Eltern Sie als Kind dauernd
geprügelt [*beaten*] hätten?
Hätten Sie mit siebzehn geheiratet, wenn jemand, den/die Sie sehr liebten,
Sie darum gebeten hätte?
Hätten Sie heute die Gelegenheit, nach Deutschland abzuhauen, würden Sie
gehen?
Wenn Sie gewußt hätten, wie schwierig Deutsch ist, hätten Sie Deutsch belegt
[*enrolled in*]?
Wenn du dieses Semester jeden Tag zwei Stunden Deutsch studiert hättest,
würdest du jetzt eine „1″ („A″) bekommen?
Wenn alle Leute wüßten, wie gefährlich das Rauchen ist, würden sie immer
noch rauchen?

Was würden Sie jetzt machen, wenn Ihre Eltern ungeheuer [*tremendously*] reich wären?

Hättest du vielleicht Deutsch schneller lernen können, wenn du die englische Grammatik besser kennen würdest?

EXPRESSING REGRETS (Groups/Pairs)

How often have you said "If only I hadn't . . ."? Listed below are some common regrets, with the conclusions left open for you to supply. Try expressing these thoughts, and any other regrets you have, in German. See what sorts of different responses your classmates have.

If only I hadn't . . .

fallen in love with her/him, then . . .
forgotten her name, then . . .
gotten so mad, then . . .
been so stupid, then . . .
spent all my money, then . . .
gone to that party, then . . .
drunk so much beer, then . . .
fallen right asleep, then . . .
flunked that test, then . . .
taken German, then . . .
met him/her, then . . .
lain out in the sun so long, then . . .
taken a walk in the rain without a coat, then . . .
fallen head over heels for him/her, then . . .
been so honest, then . . .
had such bad luck, then . . .
visited those relatives, then . . .
scolded him/her, then . . .
made so many stupid mistakes on the test, then . . .
always believed what they said, then . . .

III. als ob and als Followed by the Subjunctive

Als ob means *as if*, and frequently introduces a clause in the subjunctive. **Als** may be used with this meaning as well, followed, however, by regular (not verb last) word order. **Scheinen** (*to seem*) and **aussehen** (*to appear*, *to look like*) are frequently used with **als ob** (**als**):

Du siehst aus, als ob du krank **wärest**.
Du siehst aus, als **wärest** du krank.
Es scheint, als ob sie nie von uns **gehört hätten**.
Es scheint, als **hätten** sie nie von uns gehört.

The reason for the subjunctive in such sentences is that the statement following *it seems*, or *it looks like* is not necessarily true—it only appears to be true. Note that the indicative is used if the statement does, in fact, express a large degree of certainty:

> Es scheint, daß er uns heute nicht sehen will.

PRACTICE A (Individual)

Complete the sentences as indicated, using the subjunctive.

> **Es scheint, als ob . . .**
> you haven't slept at all
> she has forgotten our conversation
> he didn't come last night after all

> **Es scheint, als . . .**
> there are only smart students in the class
> he does not want to talk to us *mit uns*
> it hasn't rained at all this spring

> **Du siehst aus, als . .**
> you saw a ghost [**das Gespenst**]
> you had five tests today
> you are ready to kill me *bereit sein – ready to*
> you had an awful day
> you spent the morning in the language lab [**das Sprachlabor**]

IV. The Polite Subjunctive

In colloquial spoken German the present tense subjunctive is frequently used to indicate a degree of politeness:

> Hättest du jetzt Zeit für mich?
> *Might you now have time for me?*

> Dürfte ich eine Frage stellen?
> *Might I be permitted to ask a question?*

> Könnte ich bitte die Zeitung sehen?
> *Could I please see the newspaper?*

> Du solltest das wirklich nicht tun.
> *You really ought not do that.*

> Wir sollten jetzt wirklich gehen.
> *We really should go now.*

PRACTICE A (Individual)

Restate as polite subjunctive sentences.

>Kannst du bitte 'rüberkommen?
>Dürfen wir Sie stören [*disturb*]?
>Sollen wir ihn nicht fragen?
>Zeigen Sie mir bitte den Weg zum Bahnhof?
>Darf meine kleine Schwester mitfahren?
>Sollen Sie nicht fünf Minuten länger warten?
>Rauchen Sie nicht gerne mal eine von mir?

Note that in nonmodal sentences the **würde** construction can also be used to convey this flavor of politeness:

>Würden Sie nicht gerne mal eine von mir rauchen?

If persons words are in present us present; if past u past (handwritten note)

D Er sagte, er <u>komme</u> nicht

}

Er sagt: „Ich komme nicht." direct speech

past: Er sagte, er sei gestern gekommen
(er sagte, er habe das gesehen)

Inge erzählte mir gestern abend, daß ihr Vater zwei Jahre lang in Deutschland gewohnt habe. (hätte)

Die Zeitung berichtet, daß es im mittleren Osten wieder Spannungen [*tensions*] gäbe. (gäbe)

Hans sagte, er sei jetzt wieder ganz gesund.

Im Fernsehen wurde berichtet, daß es am Wochenende heftig [*heavily*] schneien werde. (würde)

Sie sagten, sie könnten am Samstag doch nicht kommen.

Er sagte, er könne uns nicht helfen.

Aus der Zeitung:
Berti Vogts ist überzeugt [*convinced*], daß Franz Beckenbauer bei der Fußball-Weltmeisterschaft im kommenden Jahr mit dabei sein wird. Beckenbauer **sei** ein

Würden Sie dafür meilenweit gehen?

549

derart [*such a*] genialer [*brilliant*] Spieler, daß er nach einigen Vorbereitungsspielen in der Nationalmannschaft seine Rolle wie eh und je [*as ever*] spielen **könne**. Vogts meint, Beckenbauer **werde** auch in den USA nicht außer Form geraten [*get out of shape*].

Einem kolumbianischen Piloten **wäre** beinahe [*almost*] ein Ufo zum Verhängnis [*doom*] geworden. Dies meldete [*reported*] Radio Caracol. Der Pilot behauptet, vom gleißenden [*glistening*] Licht eines Ufos so stark geblendet worden zu sein, daß er nichts mehr sehen konnte. Er signalisierte dem Kontrollturm, daß er keine Flug-manöver mehr ausführen [*carry out*] **könne**. Der Pilot erlitt [*suffered*] nach dem Zwischenfall [*incident*] einen Nervenschock und kam in ein Krankenhaus.

PUTTING IT TO WORK

I. Indirect Discourse Subjunctive Form #1

If you report in your own words what somebody else said, wrote, or felt, as opposed to quoting them directly, you should, in English, use subjunctive verb forms:

What Hans said: "I *can't* come tomorrow night."
What you report: Hans said he *couldn't* come tomorrow night.

What Inge said: "*I'm* really mad at you."
What you report: Inge said she *was* really mad at me.

But the formal use of the *indirect discourse subjunctive* is no longer consistently adhered to in English; you will frequently hear: *Inge said she's really mad at me.*

In German the situation is similar. The indirect discourse is still prevalent in journalistic and other more formal language. It also occurs in conversational usage, but no longer with absolute consistency. The situation is complicated in German by a second set of subjunctive verb forms, which we will call the *indirect discourse subjunctive*. These verb forms used to be mandatory in certain instances, but they are now being replaced by the regular subjunctive forms (the ones we have learned), so that you do not, in fact, ever have to use them. You should recognize the following indirect discourse forms, but we will not ask you to use them actively:

Er sagte, er **sei** krank.
Er sagte, er **werde** bestimmt kommen.
Er sagte, er **könne** uns nicht helfen. (**dürfe, wolle, müsse, solle, möge**)
Er sagte, er **habe** im Moment kein Geld.
Er sagte, er **sei** wochenlang krank **gewesen**.
Er sagte, er **habe** sie seit Wochen nicht **gesehen**.

with commands: use sollen

in English "to come at 8:00"   deutsche Kommen

In each of these sentences you may substitute the regular subjunctive forms you have learned:

> Er sagte, er **wäre** krank, er **würde** bestimmt kommen, er **könnte** (**dürfte**, **wollte**, **müßte**, **sollte**, **möchte**) uns nicht helfen, er **hätte** im Moment kein Geld, er **wäre** am Wochenende krank gewesen, er **hätte** sie seit Wochen nicht gesehen.

■ PRACTICE A (Individual)

Using the regular subjunctive forms, transform the following direct statements into indirect discourse. Assume the statement was made directly to you, which means making some changes in the pronouns and possessive adjectives.

EXAMPLE: Inge: „Ich kann es nicht mehr tun."
Inge hat gesagt, daß sie es nicht mehr tun könnte.

Prof. Schmidt:	„Sie müssen alle Übungen schreiben."
Mutti:	„Du darfst heute nicht ausgehen."
Hans:	„Wir waren gestern bei einer tollen Party."
Inge:	„Ich konnte deinen Freund nicht leiden." (*tense!*)
Peter:	„Ich werde morgen nicht hier sein."
Vater:	„Wir fahren diesen Sommer nach Schweden."

If a yes-no question is put into the indirect discourse, **ob** (*whether*) is used as the subordinate conjunction. Questions beginning with a question word retain these in the indirect question:

> Inge: „Kommst du heute abend?"
> Inge fragte mich, **ob** ich heute abend käme.
>
> Hans: „Wann fängt das Fußballspiel an?"
> Hans hat gefragt, **wann** das Fußballspiel anfinge.

PRACTICE B (Individual)

Change the direct questions into indirect ones, using the subjunctive and making necessary changes in pronouns.

Frau Schmidt:	„Warum haben Sie mir nicht gedankt?" ..., warum ich ehr nicht gedankt hätte
Paul:	„Bist du gestern abend ins Kino gegangen?"
Prof. Hahn:	„Gibt es in der Welt keine Gerechtigkeit [*justice*]?"
Inge:	„Wart ihr im Sommer nicht an der Riviera?"
Mutti:	„Wieviel Bier hast du getrunken?"

past   habe . . . ge—t
sei . . . "

Numerous different types of verbs and phrases are used to introduce indirect discourse. Here are some common ones: *sagte, fragte . . . .*

> Bob **meinte**, die Straßen wären sehr schlecht.
> Professor Hahn **behauptete**, daß alle Studenten die Frage verstehen sollten.
> Es **wird berichtet**, daß man nur wenige hätte retten [*save*] können.
> Die Zeitung **berichtet**, daß es in Libanon gestern wieder Unruhen gegeben hätte.

PRACTICE C (Individual)

Read through the two newspaper reports at the beginning of this section again, noting the subjunctive forms and changing the indirect discourse forms to regular subjunctive forms.

Note that if a command in the imperative is restated in indirect discourse, it must be reformulated using **sollen** in the subjunctive: *(or müssen)*

> „Räume dein Zimmer auf!" sagte Mutti.
> Mutti sagte, daß ich mein Zimmer aufräumen **sollte**.

> „Sei nicht so eingebildet!" sagte er.
> Er meinte, ich **sollte** nicht so eingebildet sein.

HAST DU GEHÖRT, WAS SIE GESAGT HAT? (Groups)

Using indirect discourse, pass on statements made by other classmates. You might try this first out loud, and then whispering, as in the old parlor game: one person whispers something to the second person, who then whispers to the next, and so on. Of course, the point of the game is that the original statement is likely to be completely changed, hilariously so, by the time the last person hears it.

GRAMMAR SUMMARY

I. The Subjunctive

A. Forms of the Subjunctive

1. PRESENT TENSE SUBJUNCTIVE

a. *Weak Verbs:* Same forms as indicative simple past:

ich fragte	wir fragten
du fragtest	ihr fragtet
er fragte	sie fragten
	Sie fragten

b. *Strong Verbs:*

The following endings

-e	-en
-est	-et
-e	-en
	-en

are added to the stem of the simple past tense indicative, which receives an umlaut if the stem vowel is **a**, **o**, or **u**:

ich ginge (führe)	wir gingen (führen)
du gingest (führest)	ihr ginget (führet)
er ginge (führe)	wir gingen (führen)
Sie gingen (führen)	

c. *Modals:* Regular indicative simple past tense endings added to the *infinitive* stem:

müssen (ich müßte), **können** (ich könnte), **dürfen** (ich dürfte), **mögen** (ich mö*ch*te), **wollen** (ich wollte), **sollen** (ich sollte)

d. *Mixed and Irregular Verbs:* Must be memorized!

sein: wäre, wärest, wäre, wären, wäret, wären
haben: hätte, hättest, hätte, hätten, hättet, hätten
denken: dächte, dächtest, dächte, dächten, dächtet, dächten
bringen: brächte, brächtest, brächte, brächten, brächtet, brächten
wissen: wüßte, wüßtest, wüßte, wüßten, wüßtet, wüßten
werden: würde, würdest, würde, würden, würdet, würden
kennen (rennen, nennen): kennte, kenntest, kennte, kennten, kenntet, kennten

e. *Strong verbs with irregular vowel:*

würde helfen

beginnen (begönne), **empfehlen** (empföhle), **helfen** (hülfe), **schwimmen** (schwömme), **sterben** (stürbe)

2. PAST TENSE SUBJUNCTIVE

a. *All verbs except modals:* The forms of **wäre** or **hätte** + *past participle* are used— **wäre** if the verb takes **sein** as its regular auxiliary; **hätte** if it takes **haben**: **hätte gespielt**, **wäre gefahren**, **hätte gehabt**, **wäre gewesen**, **wäre geworden**, etc.

b. *Modals: Double infinitive construction:* **hätte** + *modal infinitive:* **hätte müssen**, **hätte können**, **hätte dürfen**, **hätte sollen**, **hätte wollen**, **hätte mögen** (*rare*).

3. PASSIVE SUBJUNCTIVE

PRESENT TENSE	**würde** + *participle* (würde gebaut, würde gefragt)
PAST TENSE	**wäre** + *participle* + **worden** (wäre gebaut worden)

B. Pattern Sentences in the Subjunctive

1. WISHES

    a. PRESENT TENSE   Hätte ich nur Geld!
                              Wenn ich nur Geld hätte!
                              Ich wünschte, ich hätte Geld.
                              Ich wollte, ich hätte Geld.

    b. PAST TENSE   Hätte ich nur Geld gehabt!
                                Wenn ich nur Geld gehabt hätte!
                              Ich wünschte, ich hätte Geld gehabt.
                              Ich wollte, ich hätte Geld gehabt.

2. CONDITIONAL SENTENCES

    a. PRESENT TENSE   Wenn wir Geld hätten, gingen wir ins Kino.
                                Hätten wir Geld, (dann) gingen wir ins Kino.
                              Wir gingen ins Kino, wenn wir Geld hätten.

    b. PAST TENSE   Wenn wir Geld gehabt hätten, wären wir ins Kino
                                    gegangen.
                              Hätten wir Geld gehabt, (so) wären wir ins Kino gegangen.
                              Wir wären ins Kino gegangen, wenn wir Geld gehabt
                                    hätten.

C. Conditional **würde** Forms as Substitute for Subjunctive

In the present tense only, the **würde** forms are commonly used in place of the subjunctive, especially when the verb in question is weak (and the subjunctive form
therefore ambiguous), or the strong verb form uncommon. The conditional forms are
preferred in the conclusion of a conditional sentence:

    Wenn ich Zeit hätte, würde ich jetzt fernsehen.
    Ich wünschte, er würde mit der Arbeit beginnen.

D. Indirect Discourse

If the words of another person are repeated indirectly, either in speech or in writing,
subjunctive verb forms are usually used:

    Karl: „Ich kann heute abend leider nicht vorbeikommen."
    Karl sagte mir, daß er heute abend leider nicht vorbeikommen könnte.

    Inge: „Das Essen in Deutschland hat mir gar nicht gefallen."
    Inge hat gesagt, daß das Essen in Deutschland ihr gar nicht gefallen hätte.

The regular forms of the subjunctive may be used in indirect discourse; there is,
however, an alternate set of subjunctive forms, based on the infinitive stem, which is
still in partial use and which you should be able to recognize. Here are examples of
the forms you are likely to encounter, particularly in journalistic language:

WEAK AND STRONG VERBS

du lieb**est**	du geh**est**	du komm**est**
er lieb**e**	er geh**e**	er komm**e**
ihr lieb**et**	ihr geh**et**	ihr komm**et**

werden: du werd**est**, er werd**e**
sein: ich sei, du sei(e)st, er sei, wir seien, ihr seiet, sie seien
haben: du hab**est**, er hab**e**, ihr hab**et**

OTHER	du bring**est**	du denk**est**	du kenn**est**
	er bring**e**	er denk**e**	er kenn**e**

PAST TENSE   er **habe** gesehen, er **sei** gegangen

EXERCISES

I. Identify which of the following sentences are in the subjunctive.

    1. Dürfte ich sie zu mir einladen?
    2. Wenn das Wetter nicht so schlecht wäre!
    3. Wenn er gestern hier war, hat er es bestimmt getan.
    4. Möchtest du wirklich Polizist werden?
    5. Wenn es morgen regnet, werde ich verdammt böse sein.
    6. Du solltest mich immer fragen, bevor du einfach den Mercedes nimmst.
    7. „Edel sei der Mensch, hilfreich und gut!"*
    8. Wenn du diesen Tennisschläger kauftest, würdest du bestimmt besser
       Tennis spielen.
    9. Verlöre ich nicht immer!
    10. Er sagte, viele Leute seien gestorben.

II. Identify which English sentences would have to be rendered with the subjunctive (or conditional) in German. Do not translate.

    1. Would that you asked him.
    2. If he comes in time, we'll go to the concert.
    3. She told me that she didn't care anymore.
    4. If you were intelligent, you wouldn't ask such questions.
    5. It looks as if you hadn't studied at all.

III. Write in the correct subjunctive form of the verb in parentheses.

    1. Ich wollte, er _____ öfters. (kommen)
    2. Ich wünschte, du _____ nicht so stumm [*speechless*] da. (sitzen)
    3. Ich wollte, der Lehrer _____ mir. (glauben)
    4. _____ du nur nicht so faul! (sein)
    5. _____ die Deutschstunde nur endlich _____! (anfangen)
    6. _____ Sie mich nur nicht immer einen Dummkopf! (nennen)

---

* This is a now antiquated use of the indirect discourse subjunctive. It expresses an exhortation: "May man be noble, helpful and good." (Goethe)

7. Ich wünschte, sie _____ besser _____. (skilaufen)
8. Ich wünschte, meine Tochter _____ Lehrerin. (werden)
9. _____ ihr ihn nur gesehen! (haben)
10. _____ du nur nicht immer Mickey Mouse Hefte [*comic books*]! (lesen)

IV. Rewrite the following as wishes, changing negative to positive and vice versa.

1. Er verbringt keine Zeit bei uns.
2. Er verläßt immer die Frauen, die er liebt.
3. Sie haben gestern wieder stundenlang ferngesehen.
4. Es findet öfters statt.
5. Sie hat sehr viel Geld ausgegeben.
6. Er will unsere Karten nicht abholen.
7. Die Professoren helfen uns nie.
8. Das ist mir zum zehnten Mal passiert.
9. So ein Typ ärgert ihn kaum.
10. Er blieb gestern den ganzen Tag auf seinem Zimmer.

V. Join the two indicative sentences in one contrary-to-fact conditional sentence. Pay close attention to tense. Positive becomes negative and vice versa.

1. Meine Eltern waren sehr streng. Ich war oft unglücklich.
2. Ich konnte noch nicht gut skilaufen. Wir sind nicht nach Taos gefahren.
3. Das Klima war sehr schwül. Sie hat sich an das Land nicht gewöhnen können.
4. Ich habe vergessen, ihr zu danken. Ich bin nicht wieder eingeladen worden.
5. Ich habe letzten Monat nicht viel Geld ausgegeben. Diesen Monat kann ich Spaß haben.
6. Der Verkäufer hat diesen Mantel empfohlen. Ich habe ihn gekauft.
7. Die Aussicht [*view*] auf die Berge war herrlich. Wir blieben in dem Hotel.
8. Der Lehrer gefällt mir nicht. Ich kann nicht in der Klasse bleiben.
9. Meine Verwandten und ich streiten immer. Ich besuche sie nicht mehr.
10. Das Essen war sehr teuer. Ich konnte mir den guten Wein nicht leisten.

VI. Write appropriate conclusions.

1. Gestern abend sahst du aus, als . . .
2. Es scheint wirklich, als ob . . .
3. Bei der Party sah es aus, als ob . . .
4. Es scheint, als . . .
5. In der Klasse schien es, als ob . . .

VII. Express in German.

1. I wish you were here.
2. I wish you had come.
3. I wish I could do that.
4. I wish we had seen them.
5. I wish you could have forgotten it.
6. Had you only asked!

7. If he only didn't smoke so much!

8. If we only could have stayed in Germany longer!

9. If the children had only been permitted to talk to me!

10. Had you only not had to write two papers!

open-ended clause indicative

11. If he comes, I'll tell him.   *Wenn er kommt, dann werde ich ihn sagen*

subjunction contrary to fact

12. If he came, I would tell him.

13. If you had asked me, I would have told you.

14. If she had wanted to become a doctor, she could have. *implied then ✓*

15. If our new apartment were a little bigger, it would be fantastic.

16. If Mozart had lived longer, he would have been even greater.

17. If you like opera, you'll love Santa Fe in summer.

18. Had I been able to call you, I would have told you not to come to school today.

19. If he didn't love her so much, he wouldn't have this problem.

20. Had you not left Germany as a child, you would probably be able to speak fluent German now.

21. You look as if you'd been driving all day.

22. The professor looked as if he hadn't slept at all.

23. Might I be able to help you?

24. Could you show me the way to go home?

25. Would you allow me to show you the newest fashion [**die Mode**]?

VIII. Rewrite the following passage in indirect discourse. You need not begin each sentence with an introductory clause. All verbs, however, must be in the subjunctive. Watch the tense.

Der Professor erzählte, . . .

poor s. k. p.

Ich hatte gestern wirklich Pech. Als ich zur Uni fahren wollte, habe ich
bemerkt, daß mein Wagen eine Reifenpanne [*flat*] hatte. Der Ersatzreifen
[*spare tire*] war nicht da. Wahrscheinlich hatte ihn mein Sohn zur Reparatur
gebracht und noch nicht abgeholt. Ich ging in die Wohnung zurück, um
meine Frau zu bitten, mich zur Uni zu bringen, aber sie war schon
abgehauen. Ich lief so schnell wie möglich zur Bushaltestelle, aber der Bus
fuhr mir eben davon. Ich mußte also zu Fuß gehen und kam mit einer
Stunde Verspätung an der Uni an. Ich war den ganzen Tag verstimmt.
Meine Studenten haben es wohl gemerkt.

STRASSENBAHN*

Heinrich Spoerl

Es war quetschvoll[1]. Sogar die Herren mußten stehen. Ich auch. Und ich hätte
so schrecklich gern gesessen. Nicht, weil ich müde war—das bin ich immer, wenn
andere sitzen—sondern weil vor mir ein wonniges Wesen[2] saß, eines jener Geschöpfe[3],

* From Heinrich Spoerl, *Man kann ruhig darüber sprechen.* © 1949, R. Piper Verlag, Munich.

[1]squashed full   [2]heavenly being   [3]one of those creatures

die man malen, bildhauen[4], bedichten und besingen, am liebsten aber kunstlos in die Arme nehmen möchte. Hätte sie gestanden und ich gesessen, dann hätte ich das unermeßliche[5] Glück, ihr meinen Sitzplatz anzubieten[6]. Ich würde mich langsam erheben[7], eine leichte andächtige Verbeugung[8] machen und artig[9] meinen frühlingsgrauen Hut lüften[10]: „Darf ich mir gestatten[11], mein Fräulein," würde ich mit leicht vibrierendem Bariton zu ihr sagen; dann würde sie mir huldvoll[12] zulächeln[13], mir einen warmen Blick ihrer blanken Augen gönnen[14], und dann hätte ich die Freude, daß sie sich eben dort hinsetzt, wo ich vor wenigen Sekunden noch gesessen habe. Nun war das nichts. Sie saß bereits[15], nicht durch mich, sondern sowieso. Ich stand davor wie ein dummer Junge und konnte ihr nichts Gutes tun.

Aber dann kam das Fürchterliche[16]. Ich fühlte plötzlich, wie sie an mir heraufblickt, mich abtaxiert[17], einen Augenblick zögert[18]. Dann steht sie leichtfüßig auf und sagt zu mir: „Darf ich Ihnen meinen Platz anbieten?"

Ich weiß nicht mehr, was ich getan habe: Aber von diesem Augenblick an weiß ich, daß ich alt bin. Man merkt es nicht und fühlt es nicht, es geht ja auch langsam, jedes Jahr nur ein Jahr, und die anderen sagen einem nichts davon. Bis so ein dummes kleines Mädel[19] einem über den Weg läuft und es einem beibringt[20], roh[21] und höflich. Nun habe ich meinen blauen Brief[22], aus der Armee der aktiven Kavaliere bin ich verabschiedet[23] und eingereiht[24] in den Landsturm[25] der alten Herren.

Dies war der traurigste Tag meines Lebens.

Ich habe mich inzwischen getröstet[26]. Die meisten Menschen sind höflicher, und mit Hilfe ihrer Höflichkeit bleibe ich noch eine Zeitlang[27] jung. Außerdem habe ich jetzt einen Freibrief[28], in der Straßenbahn sitzen zu bleiben. Ich brauche nicht mehr aufzustehen. Vor keiner nicht. Ich klebe[29] auf meinem Sitz, und wenn der Wagen voller Engel[30] wäre. Ich brauche nicht mehr und tu's nicht mehr. Oder höchstens—aber dann müßte sie schon sehr hübsch sein. Oder sehr alt.

COMPREHENSION CHECK

1. Warum möchte sich der Mann in der Straßenbahn hinsetzen?
    a. Er ist furchtbar müde.
    b. Er ist furchtbar alt.
    c. Er möchte einen Sitzplatz haben, so daß er einem Mädchen diesen Sitzplatz anbieten könnte.
    d. Es ist ihm unangenehm, in der überfüllten Straßenbahn zu stehen.
2. Was für eine Person sitzt direkt vor ihm?
    a. eine elegante, schöne Dame
    b. eine Frau mit Baby

[4]sculpt   [5]immeasurable   [6]to offer   [7]*aufstehen*   [8]attentive bow   [9]courteously
[10]*abnehmen*   [11]allow me   [12]graciously   [13]smile at   [14]*geben*   [15]*schon*   [16]*Schreckliche*
[17]appraises   [18]hesitates   [19]*junges Mädchen*   [20]teaches   [21]rude   [22](see question 6)
[23]expelled   [24]classed among   [25]home guard   [26]*mich . . . getröstet:* comforted   [27]for a while
[28](see question 7)   [29]am glued to   [30]angels

   c. ein junges Mädchen, das sehr hübsch [*pretty*] ist

   d. ein Mädchen, das man sonst nur in der Literatur und Kunst findet—so schön ist es

3. Was wünscht der Mann?

   a. Er könnte für das Mädchen den Kavalier spielen.

   b. Er könnte das Mädchen beeindrucken [*impress*].

   c. Er wäre jung genug, so daß sich das Mädchen für ihn interessieren würde.

   d. Das Mädchen würde ihm ihren Sitzplatz anbieten.

4. Anscheinend denkt das Mädchen,

   a. daß der Mann zu den älteren Herren gehört.

   b. daß der Mann ein Lustmolch [*dirty old man*] ist.

   c. daß der Mann einen Sitzplatz braucht.

   d. daß der Mann ein richtiger Kavalier ist.

5. Was denkt der Mann über das Altwerden?

   a. Man merkt selber nicht, wie man alt wird.

   b. Andere Leute wollen es einem nicht sagen, daß einer älter wird.

   c. Es ist ja schön, alt zu werden.

   d. Manchmal erkennt [*recognizes*] man nur an einem kleinen Zwischenfall [*incident*], daß man alt geworden ist.

6. Was heißt hier „mein blauer Brief"?

   a. Er hat einen Liebesbrief von dem Mädchen bekommen.

   b. Er ist von dem Mädchen aus dem Stand der Kavaliere „gefeuert" worden.

   c. Es ist die Nachricht [*news*], daß er alt geworden ist.

   d. Er hat wahrscheinlich zu viel getrunken und ist blau geworden.

7. Was für einen „Freibrief" hat der Mann jetzt?

   a. Die Erlaubnis [*permission*], in der Straßenbahn sitzenzubleiben.

   b. Er hat jetzt die Freiheit, jungen Mädchen nachzujagen.

   c. Da er zu den Alten gehört, braucht er nicht mehr, anderen seinen Sitzplatz anzubieten.

   d. Er darf zu jeder Zeit den Kavalier spielen.

8. Wird der Mann in der Zukunft einer Frau seinen Sitzplatz anbieten?

   a. Nein, nie wieder.

   b. Ja, aber nur wenn die Frau sehr schön ist.

   c. Ja, aber nur wenn die Frau sehr alt ist.

   d. Nur wenn die Frau ein Engel ist.

Zur weiteren Diskussion

1. Nimmt der Erzähler dieser Geschichte das Altwerden wirklich so ernst?

2. Was finden Sie in der Geschichte komisch?

3. Beschreiben Sie einen Kavalier! Gibt es die noch?

4. Achten Sie auf die Konditionalformen in der Geschichte!

5. Warum sind die letzten Worte, „Oder sehr alt," ironisch?

Warum sind sie

Wenn es in Deutschland keine Wurst gäbe . . .

VOCABULARY

Active

Nouns

die Aufgabe, -n	*lesson, task*
die Gelegenheit, -en	*opportunity*
der Hunger	*hunger*
Hunger haben	*to be hungry*
die Karte, -n	*ticket, map*
die Kneipe, -n	*bar, saloon*
der Mond, -e	*moon*
die Person, -en	*person*

die Rede, -n	*speech*
eine Rede halten	*to give a speech*
die Übung, -en	*exercise*
der Wunsch, ⸚e	*wish, desire*
die Zeitung, -en	*newspaper*
Es steht in der Zeitung.	*It says so in the newspaper.*

Verbs

abhauen, haute ab, ist abgehauen	*to leave suddenly, to take off*
abholen (holt ab)	*to fetch, to pick up*
berichten	*to report*
dahingehen, ging dahin, ist dahingegangen	*to go there (to a certain place)*
herüberkommen, kam herüber, ist herübergekommen, 'rüberkommen (*colloquial form*)	*to come over*
kriegen	*to get, receive*
lachen über (+*acc.*)	*to laugh about (at)*
sich leisten	*to afford*
Ich kann es mir nicht leisten.	*I can't afford it.*
scheinen, schien, hat geschienen	*to seem, to shine*
sterben (stirbt), starb, ist gestorben	*to die*
verlieren, verlor, hat verloren	*to lose*
wünschen	*to wish*

Other Words

ab und zu	*now and then*
draußen	*outside*
drinnen	*inside*
häßlich	*ugly*
inzwischen	*meanwhile*
ruhig	*calm, quiet*
verständnisvoll	*understanding*
vorher	*before, beforehand*

Expressions

schnell machen	*to hurry*
Mach schnell!	*Hurry!*
von Anfang an	*from the beginning*

Passive

Nouns

der Arm, ë	*arm*
die Armee, -n	*army*

der Atlantik	*Atlantic Ocean*
der Augenblick, -e	*moment*
der Bahnhof, ⸚e	*railroad station*
der Blick, -e	*view, glance*
die Mannschaft, -en	*team*
die Meisterschaft, -en	*championship*
die Zukunft, ⸚e	*future*

Verbs

blicken   *to view, to glance*

APPENDIX

GRAMMAR SUMMARY CHARTS

I. Personal Pronouns

NOMINATIVE	ich	du	er	sie	es	wir	ihr	sie	Sie
ACCUSATIVE	mich	dich	ihn	sie	es	uns	euch	sie	Sie
DATIVE	mir	dir	ihm	ihr	ihm	uns	euch	ihnen	Ihnen

II. Relative Pronouns

	MASCULINE	FEMININE	NEUTER	PLURAL
NOMINATIVE	der	die	das	die
ACCUSATIVE	den	die	das	die
DATIVE	dem	der	dem	denen
GENITIVE	dessen	deren	dessen	deren

III. der-Words: **der, dieser, jeder, jener, mancher, solcher, welcher**

	MASCULINE	FEMININE	NEUTER	PLURAL
NOMINATIVE	der	die	das	die
ACCUSATIVE	den	die	das	die
DATIVE	dem	der	dem	den
GENITIVE	des	der	des	der

IV. ein-Words: **ein, kein, mein, dein, sein, ihr** (*her*), **unser, euer, ihr** (*their*), **Ihr**

	MASCULINE	FEMININE	NEUTER	PLURAL
NOMINATIVE	ein	eine	ein	keine
ACCUSATIVE	einen	eine	ein	keine
DATIVE	einem	einer	einem	keinen
GENITIVE	eines	einer	eines	keiner

V. Interrogative Pronouns: **wer**, **was**

NOMINATIVE	wer	was
ACCUSATIVE	wen	was
DATIVE	wem	was
GENITIVE	wessen	—

VI. Adjective Endings: See summary chart p. 511.

VII. Prepositions: See summary p. 510.

VIII. Verb Conjugations

Note: Verbs which are intransitive and also indicate a change in position or state take **sein** instead of **haben** as the auxiliary verb in the present perfect and past perfect tenses (also the verbs **bleiben** and **sein**).

A. Sample Weak Verb: **lieben**

	ACTIVE		PASSIVE	
PRESENT TENSE	ich liebe	wir lieben	ich werde geliebt	wir werden geliebt
	du liebst	ihr liebt	du wirst geliebt	ihr werdet geliebt
	er sie es liebt	sie lieben	er sie es wird geliebt	sie werden geliebt
	Sie lieben		Sie werden geliebt	
PAST TENSE	ich liebte	wir liebten	ich wurde geliebt	wir wurden geliebt
	du liebtest	ihr liebtet	du wurdest geliebt	ihr wurdet geliebt
	er sie es liebte	sie liebten	er sie es wurde geliebt	sie wurden geliebt
	Sie liebten		Sie wurden geliebt	
PRESENT PERFECT TENSE	*present tense* of **haben** + **geliebt** (ich habe geliebt)		*present tense* of **sein** + **geliebt worden** (ich bin geliebt worden)	
PAST PERFECT TENSE	*past tense* of **haben** + **geliebt** (ich hatte geliebt)		*past tense* of **sein** + **geliebt worden** (ich war geliebt worden)	

| FUTURE TENSE | *present tense*
of **werden** + **lieben**
(ich werde lieben) | *present tense*
of **werden** + **geliebt werden**
(ich werde geliebt werden) |

B. Sample Strong Verb: **fahren**

	ACTIVE		PASSIVE*	
PRESENT	ich fahre	wir fahren	ich werde gefahren	wir werden gefahren
	du fährst	ihr fahrt	du wirst gefahren	ihr werdet gefahren
	er sie } fährt es	sie fahren	er sie } wird gefahren es	sie werden gefahren
	Sie fahren		Sie werden gefahren	
PAST	ich fuhr	wir fuhren	ich wurde gefahren	wir wurden gefahren
	du fuhrst	ihr fuhrt	du wurdest gefahren	ihr wurdet gefahren
	er sie } fuhr es	sie fuhren	er sie } wurde gefahren es	sie wurden gefahren
	Sie fuhren		Sie wurden gefahren	
PRESENT PERFECT	*present tense* *of* **sein** + **gefahren** (ich bin gefahren)		*present tense* *of* **sein** + **gefahren worden** (ich bin gefahren worden)	
PAST PERFECT	*past tense* *of* **sein** + **gefahren** (ich war gefahren)		*past tense* *of* **sein** + **gefahren worden** (ich war gefahren worden)	
FUTURE	*present tense* *of* **werden** + **fahren** (ich werde fahren)		*present tense* *of* **werden** + **gefahren werden** (ich werde gefahren werden)	

C. sein

PRESENT	ich bin	wir sind
	du bist	ihr seid
	er sie } ist es	sie sind
	Sie sind	

D. haben

	ich habe	wir haben
	du hast	ihr habt
	er sie } hat es	sie haben
	Sie haben	

* *Fahren* as used here in the passive is transitive: *to be driven.*

PAST	ich war wir waren	ich hatte wir hatten

PAST

ich war wir waren	ich hatte wir hatten
du warst ihr wart	du hattest ihr hattet
er }	er }
sie } war sie waren	sie } hatte sie hatten
es }	es }
Sie waren	Sie hatten

PRESENT PERFECT

present tense
of **sein** + **gewesen**
(ich bin gewesen)

present tense
of **haben** + **gehabt**
(ich habe gehabt)

PAST PERFECT

past tense
of **sein** + **gewesen**
(ich war gewesen)

past tense
of **haben** + **gehabt**
(ich hatte gehabt)

FUTURE

present tense
of **werden** + **sein**
(ich werde sein)

present tense
of **werden** + **haben**
(ich werde haben)

E. werden

F. Sample Modal: müssen (the
other modals are **dürfen, können,
sollen, wollen,** and **mögen**)

PRESENT

ich werde wir werden	ich muß wir müssen
du wirst ihr werdet	du mußt ihr müßt
er }	er }
sie } wird sie werden	sie } muß sie müssen
es }	es }
Sie werden	Sie müssen

PAST

ich wurde wir wurden	ich mußte wir mußten
du wurdest ihr wurdet	du mußtest ihr mußtet
er }	er }
sie } wurde sie wurden	sie } mußte sie mußten
es }	es }
Sie wurden	Sie mußten

PRESENT PERFECT

present tense
of **sein** + **geworden**
(ich bin geworden)

present tense
of **haben** + **gemußt** *or,* with
    dependent infinitive:
    müssen
(ich habe gemußt *or* ich habe . . .
müssen)

PAST PERFECT

past tense
of **sein** + **geworden**
(ich war geworden)

past tense
of **haben** + **gemußt** *or* **müssen**
(ich hatte gemußt *or* . . . müssen)

FUTURE	*present tense* *of* **werden** + **werden** (ich werde werden)	*present tense* *of* **werden** + **müssen** (ich werde (. . .) müssen)

Principal Parts of Strong and Irregular Verbs Occurring Actively or Passively in *Using German*

Note: In cases where the stem of a separable verb appears in the list, the separable verb is not also listed. For example, to find the principal parts of **abfahren** look under **fahren**.

INFINITIVE	THIRD PERSON SINGULAR	PAST	PRESENT PERFECT
abhauen		haute ab	ist abgehauen
abschließen	*schließ ab*	schloß ab	hat abgeschlossen
anfangen	fängt an	fing an	hat angefangen
anrufen	*ruft an*	rief an	hat angerufen
aufrufen	*ruft auf*	rief auf	hat aufgerufen
beginnen	*beginnt*	begann	hat begonnen
bekommen	*bekommt*	bekam	hat bekommen
besprechen	bespricht	besprach	hat besprochen
bestehen		bestand	hat bestanden
bitten	*bittet*	bat	hat gebeten
bleiben	*bleibt*	blieb	ist geblieben
bringen	*bringt*	brachte	hat gebracht
denken	*denkt*	dachte	hat gedacht
dürfen	darf	durfte	hat gedurft
einladen	lädt ein	lud ein	hat eingeladen
empfehlen	empfiehlt	empfahl	hat empfohlen
entscheiden		entschied	hat entschieden
entschließen		entschloß	hat entschlossen
erfahren	erfährt	erfuhr	hat erfahren
ergeben	ergibt	ergab	hat ergeben
essen	ißt	aß	hat gegessen
fahren	fährt	fuhr	ist (hat) gefahren
fallen	fällt	fiel	ist gefallen
finden	*findet*	fand	hat gefunden
fliegen	*fliegt*	flog	ist (hat) geflogen
frieren		fror	ist (hat) gefroren
gebären	gebiert	gebar	ist geboren
geben	gibt	gab	hat gegeben
gefallen	gefällt	gefiel	hat gefallen
gehen	*geht*	ging	ist gegangen
gelingen	*gelingt*	gelang	ist gelungen

(Handwritten glosses in left margin, top to bottom:) to leave suddenly; to finish; to start; to call up; to call on; to get, receive; to discuss; to persist; to ask; to stay; to bring; to think; to be permitted; to invite; to recommend; to decide; to turn out; to eat; to drive; to find; to fly; to freeze; to be born; to give; to like; to go; to succeed

INFINITIVE	THIRD PERSON SINGULAR	PAST	PRESENT PERFECT	
	geschehen	geschieht	geschah	ist geschehen
to have	haben	hat	hatte	hat gehabt
to hold	halten	hält	hielt	hat gehalten
to be called	heißen	heißt	hieß	hat geheißen
to help	helfen	hilft	half	hat geholfen
to know	kennen	kennt	kannte	hat gekannt
to come	kommen	kommt	kam	ist gekommen
to be able	können	kann	konnte	hat gekonnt
	lassen	läßt	ließ	hat gelassen
to run	laufen	läuft	lief	ist gelaufen
	leiden		litt	hat gelitten
to read	lesen	liest	las	hat gelesen
to lie	liegen	liegt	lag	hat gelegen
to like	mögen	mag	mochte	hat gemocht
to have to	müssen	muß	mußte	hat gemußt
to take	nehmen	nimmt	nahm	hat genommen
to name	nennen	nennt	nannte	hat genannt
to run	rennen	rennt	rannte	ist gerannt
to seem	scheinen	scheint	schien	hat geschienen
to divorce	scheiden	scheidet	schied	(hat) geschieden
to sleep	schlafen	schläft	schlief	hat geschlafen
to cut	schneiden	schneidet	schnitt	hat geschnitten
to write	schreiben	schreibt	schrieb	hat geschrieben
to swim	schwimmen	schwimmt	schwamm	ist geschwommen
to see	sehen	sieht	sah	hat gesehen
to be	sein	ist	war	ist gewesen
to sing	singen	singt	sang	hat gesungen
to sit	sitzen	sitzt	saß	hat gesessen
supposed to	sollen	soll	sollte	hat gesollt
to speak	sprechen	spricht	sprach	hat gesprochen
to stand	stehen	steht	stand	hat gestanden
	steigen		stieg	ist gestiegen
to die	sterben	stirbt	starb	ist gestorben
to fight	streiten	streitet	stritt	hat gestritten
to wear	tragen	trägt	trug	hat getragen
to step	treten	tritt	trat	ist getreten
to drink	trinken	trinkt	trank	hat getrunken
to do	tun	tut	tat	hat getan
to talk, discuss	unterhalten	unterhält	unterhielt	hat unterhalten
to spend time	verbringen	verbringt	verbrachte	hat verbracht
to forget	vergessen	vergißt	vergaß	hat vergessen

ausgeben = to spend more

INFINITIVE	THIRD PERSON SINGULAR	PAST	PRESENT PERFECT	
	vergleichen		verglich	hat verglichen
to leave	verlassen	verläßt	verließ	hat verlassen
	verlieren		verlor	hat verloren
to understand	verstehen	*versteht*	verstand	hat verstanden
	vorschlagen	schlägt vor	schlug vor	hat vorgeschlagen
to wash	waschen	wäscht	wusch	hat gewaschen
to become	werden	wird	wurde	ist geworden
to know	wissen	weiß	wußte	hat gewußt
to want	wollen	will	wollte	hat gewollt
to move	ziehen	*zieht*	zog	hat⎫ gezogen ist⎭

sich anzieken – dress oneself.

GERMAN–ENGLISH VOCABULARY

This vocabulary includes all words listed as active and passive in the unit vocabularies. It does not include footnoted words.

Nouns are given in the nominative singular and nominative plural: **das Buch, ⁼er = das Buch, die Bücher**. A definite article in parentheses indicates that the noun is normally used without an article. If the plural is nonexistent or rarely used, no entry is provided. Irregular genitives of nouns are noted in parentheses: **der Herr (-n), -en = der Herr, des Herrn, die Herren**.

Comparative and superlative changes in adjectives and adverbs are indicated in parentheses: **warm (ä), gut (besser, best-)**.

The principal parts of strong and irregular verbs are included. A vowel change in the present is also noted in parentheses: **geben (gibt), gab, gegeben**. Verbs that require **sein** are indicated: **laufen (läuft), lief, ist gelaufen**. All other verbs use **haben** in the formation of the perfect tenses. Separable verbs are indicated by a dash between the prefix and stem: **mit-kommen**. Additional information pertaining to use of prepositions is provided in parentheses: **sich freuen (auf + *acc.*)**.

Deviations from the usual pattern of stress are indicated by means of a subscript accent mark: **die Medizin**.

Letters and numbers in brackets denote the lesson in which the word is used for the first time either passively or actively: P = passive, A = active, m = mini unit. Thus:

langsam [A7]	appears actively first in Unit 7
überall [P8]	appears passively first in Unit 8, does not appear actively in book
das **Semester**, [Pm4, A8]	appears passively first in Mini-Unit 4 and actively first in Unit 8

The following abbreviations are used:

acc.	accusative	*dat.*	dative
adj.	adjective	*decl.*	declension
adv.	adverb	*dem.*	demonstrative
art.	article	*pl.*	plural
comp.	comparative	*poss.*	possessive
conj.	conjunction	*pron.*	pronoun
		rel.	relative

ab beginning from; **ab und zu** [P8, A15] now and then

der **Abend, -e** [P2, Am2] evening

das **Abendessen, -** [A5] supper; **zum Abendessen** for supper

abends [A1] in the evening

aber [A1] but, however

ab-fahren (fährt ab), fuhr ab, ist abgefahren [A10] to depart

ab-hauen, haute ab, ist abgehauen [P14, A15] to leave suddenly, to take off

ab-holen [A15] to fetch, get, pick up

das **Abitur, -e** [P5] final comprehensive examination in German **Gymnasium**

ab-schließen, schloß ab, abgeschlossen [A8] to conclude, to finish

abstrakt [A6] abstract

die **Abteilung, -en** [A11] department

ab-trocknen [A12] to dry, to wipe; **sich ab-trocknen** [A12] to dry oneself

ach [A1] oh; **ach so** [A1] aha

acht [Am1] eight

achtzehn [Am1] eighteen

achtzig [Am1] eighty

der **Akt, -e** [A6] act (theater)

all all; **alle** [P1, A6] all, everyone

alles [P1, A3] all, everything

allein [A1] alone

die **Alpen** (pl.) [P10, A13] the Alps

als (*after a comparative*) [P2, A13] than; **als** [P2, A13] as; **als** (*conj.*) [P6, A13] when

also [P5, A8] so, thus, therefore

alt (ä) [A1] old

(das) **Amerika** [P2, A3] America

der **Amerikaner, -** [P2, A13] American (person)

amerikanisch [P2, A4] American

sich **amüsieren** [A12] to enjoy oneself, to have a good time; **sich amüsieren über** [A12] to be amused by

an [P2, A9] next to, at the side of, up to

andauernd [A14] continuous(ly)

das **Andenken, -** [A10] souvenir, remembrance

ander- [A5] other

ändern [P6] to change

anders [A2] different, otherwise; **anders als** [P2] different from

der **Anfang, -̈e** [A13] beginning; **am Anfang** [A13] in the beginning; **von Anfang an** [A15] from the beginning

an-fangen (fängt an), fing an, angefangen [A9] to start

angestellt [A13] employed

die **Angst, -̈e** [P6, A7] fear; **Angst haben vor** (*+dat.*) [A7] to be afraid of

der **Anhalter, -** [A10] hitchhiker; **per Anhalter fahren** [A10] to hitchhike

an-rufen, rief an, angerufen [A5] to call up

an-schauen [A5] to look at

anscheinend [A14] apparently

an-sehen (sieht an), sah an, angesehen [A10] to view, to look at

anstatt [A14] instead of

an-stellen [A13] to employ

die **Antwort, -en** [P7, A11] answer

antworten (*+dat.*) [A9] to answer (a person); **antworten auf** (*+acc.*) [A9] to answer (a question)

sich **an-ziehen, zog sich an, sich angezogen** [A12] to dress, to put on

(der) **April** [A8] April

die **Arbeit, -en** [P1, A2] work

arbeiten [A1] to work

ärgern [A7] to annoy; **sich ärgern über** (*+acc.*) [A12] to be annoyed about

der **Arm, -e** [P15] arm
arm (ä) [A6] poor
die **Armee, -n** [P15] army
der **Arzt, ∺e** [A2] doctor, physician
der **Assistent (-en), -en** [A13] assistant
der **Atlantik** [P15] Atlantic Ocean
auch [A1] also
auf [P3, A9] on, on top of, upon
die **Aufgabe, -n** [P5, A15] lesson
auf-passen (auf + *acc.*) [A10] to be careful, to pay attention (to)
auf-räumen [A7] to clean up, to straighten up
sich **auf-regen (über + *acc.*)** [A12] to get excited (about)
auf-rufen, rief auf, aufgerufen [A9] to call on (in class)
auf-stehen, stand auf, ist aufgestanden [A3] to get up, to stand up
auf-wachen, wachte auf, ist aufgewacht [A9] to wake up
das **Auge, -n** [P10] eye
der **Augenblick, -e** [P15] moment
(der) **August** [A8] August
aus [P1, A9] out of, from
der **Ausflug, ∺e** [A10] excursion
aus-fragen [A7] to interrogate
aus-geben (gibt aus), gab aus, ausgegeben [A11] to spend
aus-gehen, ging aus, ist ausgegangen [A3] to go out
ausgezeichnet [A2] excellent
aus-lachen [A9] to laugh at
sich **aus-ruhen** [A12] to rest
aus-schimpfen [P6, A7] to scold (someone)
aus-sehen (sieht aus), sah aus, ausgesehen [A7] to look, to appear
außer [P8, A9] except, besides
außerdem [A6] besides
außerhalb [A14] outside of
ausverkauft [A11] sold out
aus-wandern, ist ausgewandert [A13] to emigrate
sich **aus-ziehen, zog sich aus, sich ausgezogen** [A12] to get undressed
das **Auto, -s** [A3] car; **Auto fahren** [A3] to drive a car
die **Autobahn, -en** [P3, A13] freeway

die **Bäckerei, -en** [A11] bakery
das **Bad, ∺er** [A14] bath, bathroom
baden [A10] to bathe, to swim
das **Badezimmer, -** [A12] bathroom
der **Bahnhof, ∺e** [P15] railroad station
bald [P4, A8] soon
der **Bauch, ∺e** [A12] stomach, belly
die **Bauchschmerzen** (*pl.*) [A12] stomachache
bauen [A12] to build; **bauen lassen** [A12] to have built
der **Bauer (-n), -n** [P14] peasant, farmer
das **Bauerndorf, ∺er** [P14] farm village
der **Bayer (-n), -n** [A14] Bavarian (person)
(das) **Bayern** [A13] Bavaria
bayrisch [A10] Bavarian
der **Beamte** (*adj. decl.*) [A8] official, clerk
die **Beamtin, -nen** [A8] official (female)
beantworten (*+acc.*) [A11] to answer a question
bedeuten [P3, A9] to mean
befördern [A13] to promote, to advance in position
befreundet [A14] to be close or intimate friends
begeistert (von) [A13] enthusiastic (about)
beginnen, begann, begonnen [Pm4, A9] to begin
behaupten [A13] to claim
bei [A1], at; [A9] with, next to; **bei uns** [A6] at our house, in our country
beide [A1] both; **die beiden** [A1] both of them
das **Beispiel, -e** [P4, A6] example
bekannt [P9] familiar, acquainted
der **Bekannte** (*adj. decl.*) [A10] acquaintance
bekommen, bekam, bekommen [P5, A7] to get, receive, obtain
(das) **Belgien** [A13] Belgium
beliebt [P10, A13] popular, admired, beloved
das **Benehmen** [P6, A7] behavior
bequem [P4, A6] comfortable
der **Berg, -e** [A9] mountain
berichten [A15] to report
der **Beruf, -e** [A8] profession
beschreiben, beschrieb, beschrieben [A14] to describe
die **Beschreibung, -en** [P14] description

sich **beschweren** (**über** + *acc.*) [A13] to complain (about)

besoffen [A14] drunk

besonder- [P4] special

besonders [P3, A4] especially; **nichts Besonders** nothing special; **etwas Besonderes** something special

besprechen (**bespricht**), **besprach**, **besprochen** [A13] to discuss

besser [A6] better

best- [A6] best

bestehen, **bestand**, **bestanden** [A12] to pass; **ein Examen bestehen** [A12] to pass an examination

bestimmt [P4, A8] certain(ly)

der **Besuch**, **-e** [A12] visit

besuchen [P2, A5] to visit

betrunken [P12] drunk

das **Bett**, **-en** [A3] bed; **zu Bett gehen** [A3] to go to bed

bevor [P3, A10] before

bezahlen (*acc.*) [A8] to pay

die **Bibliothek**, **-en** [A5] library

das **Bier**, **-e** [A2] beer

das **Bild**, **-er** [A6] picture

billig [A4] cheap

der **Biologe** (**-en**), **-en** [A8] biologist

die **Biologie** [A1] biology

bis [P5, A9] till, until, to; **bis nach(an, zu)** [A10] up to, as far as

bißchen [A5] bit; **ein bißchen** [A5] a little bit

bitte [A1] please; **bitte schön** [A9] please, you're welcome

bitten, **bat**, **gebeten** [A7] to ask; **bitten um** [A12] to ask for

blau [A4] blue

bleiben, **blieb**, **ist geblieben** [A2] to stay, remain

der **Bleistift**, **-e** [A4] pencil

der **Blick**, **-e** [P15] view, glance

blicken [P15] to glance, look, view

blitzen [A14] to have lightning; **es blitzt** [A14] there is lightning

blöd [A7] stupid

bloß [A5] only

die **Bluse**, **-n** [A4] blouse

der **Boden**, **-̈** [A12] floor, ground

böse [A5] angry; [A11] bad, evil; **böse auf** (+*acc.*) [A9] angry with

brauchen [A7] to need (to do something), to need (something)

brauen [A13] to brew

braun [A4] brown

der **Brief**, **-e** [A5] letter

bringen, **brachte**, **gebracht** [A13] to bring

das **Brot**, **-e** [P7, A11] bread

das **Brötchen**, **-** [P7, A13] roll

der **Bruder**, **-̈** [P1, A2] brother

das **Buch**, **-̈er** [A2] book

bummeln [P4, A5] to stroll (**ist gebummelt**); to party, to live it up, to take a long time in doing something (**hat gebummelt**)

die **Bundesrepublik Deutschland** (**BRD**) [P1, A13] the Federal Republic of Germany

bunt [A6] colorful

das **Büro**, **-s** [P7, A8] office

der **Bus**, **-se** [Pm4, A10] bus

die **Butter** [A11] butter

Camping gehen [A3] to go camping

der **Campingplatz**, **-̈e** [A10] campground

die **Chemie** [A1] chemistry

der **Chemiker**, **-** [A8] chemist

da [P1, A4] there, here

da [P6, A9] then

da (*conj.*) [P9, A10] since

dafür [A8] for it, as a consequence of

dagegen [A13] on the other hand

dahin-gehen, **ging dahin**, **ist dahingegangen** [A15] to go there (to that place)

dahinten [A11] in the back, back there

damals [P5, A13] then, at that time

(das) **Dänemark** [A13] Denmark

danke [A5] thank you

danken (+*dat.*) [A13] to thank (someone)

dann [A3] then

darum [A5] therefore, for that reason

das [A1] the, that; (*rel. pron.*) [A14] who, which

daß (*conj.*) [P3, A7] that

dauern [A8] to last, to take (time)

dauernd [A7] continuous(ly), constantly

dein [A2] (*poss. adj.*) your

denken, dachte, gedacht [P9, A10] to think; denken an (+acc.) [A12] to think of

denn (*flavoring particle*) (See vocabulary, Unit 1)

der [A2] the; (*rel. pron.*) [A14] who, which

derselbe [P8, A9] the same

deswegen [P8, A10] therefore, for that reason

(das) Deutsch(e) [A1] German; auf deutsch [A9] in German

der Deutsche (*adj. decl.*) [P1, A2] German (person)

die Deutsche Demokratische Republik (DDR) [P1, A13] the German Democratic Republic

(das) Deutschland [A2] Germany

die Deutschstunde [P1, A2] German class; in der Deutschstunde [P1, A9] in the German class

der Dezember [A8] December

der Dichter, - [P10] poet

die Dichtung, -en [P10] poetry, literature, work of literature

die [A2] the; (*rel. pron.*)[A14] who, that, which

der Dienstag, -e [Am2] Tuesday

dieser [P1, A6] this

diesseits [A14] this side of

direkt [A11] direct

diskutieren [A5] to discuss

doch (*emphatic particle*) [A1] but, after all, indeed (See vocabulary, Unit 1); [A2] still, anyway; [A7] *affirmative answer to negatively stated question*

der Doktor, die Doktoren [A8] PhD; den Doktor machen [A8] to get one's doctorate

der Dollar, - [A5] dollar

der Dolmetscher, - [P5, A8] interpreter

der Dom, -e [A6] cathedral

donnern [A14] to thunder

der Donnerstag, -e [Am2] Thursday

das Dorf, ⸚er [P5, A10] village

dort [P1, A2] there

dorthin [A10] (to) there

das Drama, Dramen [A6] drama

draußen [A15] outside

drei [Am1] three

dreißig [Am1] thirty

dreizehn [Am1] thirteen

drinnen [A15] inside

das Drittel, - [Am4] third; ein Drittel [Am4] one third

drüben [A13] over there

du [A1] you

dumm (ü) [A4] dumb

der Dummkopf, ⸚e [A6] dumbhead

dunkel [A6] dark

durch [P3, A9] through

durch-fallen (fällt durch), fiel durch, ist durchgefallen [A12] to fail; bei einer Prüfung durchfallen [A12] to fail an examination

dürfen (darf), durfte, gedurft [P2, Am3] to be permitted (may)

die Dusche, -n [A12] shower

sich duschen [A12] to take a shower

eben [A11] just, precisely

die Ecke, -n [A12] corner

ehrlich [A13] honest(ly), really

eifersüchtig [A14] jealous

eigentlich [A4] actually, as a matter of fact

ein [P1, A4] a, an, one

der Eindruck, ⸚e [A6] impression

einer (*indefinite pron.*) [A7] one

einfach [A2] simply, simple

ein-fallen (fällt ein), fiel ein, ist eingefallen [A11] to occur (to a person)

eingebildet [A6] conceited

einige [P3, A4] some, several

ein-kaufen [A3] to shop; einkaufen gehen [A3] to go shopping

das Einkaufen [A11] shopping

ein-laden (lädt ein), lud ein, eingeladen [A5] to invite

einmal [A9] once

eins [Am1] one (number)

ein-schlafen (schläft ein), schlief ein, ist eingeschlafen [A6] to fall asleep

ein-wandern, ist eingewandert [A13] to immigrate

das **Eis** [A5] ice, ice cream
elf [Am1] eleven
die **Eltern** (*pl.*) [P1, A2] parents
empfehlen (empfiehlt), empfahl, empfohlen
[A11] to recommend
das **Ende, -n** [A11] end; **zu Ende gehen** [A10]
to end; **zu Ende sein** [A14] to be over
endlich [A8] finally
eng [A6] narrow, tight
(das) **England** [P2, A10] England
(das) **Englisch** [A1] English (language); **auf
englisch** [A9] in English
die **Entscheidung, -en** [A13] decision
sich **entschließen, entschloß sich, sich entschlossen (über** + *acc.*) [A12] to decide
(about)
entschuldigen [A11] to excuse
entweder ... oder [A13] either ... or
er [A1] he
die **Erde, -n** [A9] earth
das **Erdgeschoß, -e** [A11] ground floor
erfahren (erfährt), erfuhr, erfahren [P13]
to experience
die **Erfahrung, -en** [A13] experience
sich **ergeben (ergibt sich), ergab sich, sich
ergeben** [A14] to turn out
erinnern to remind; **sich erinnern an**
(+*acc.*) [A12] to remember
sich **erkälten** [A12] to catch cold
erklären [A13] to explain
ernst [A9] serious
erst- [P5, A6] first
erst [A1] only; **erst spät** [Am2] not until
late; **erst um zehn** [Am2] not until ten
erwarten [A7] to expect
erzählen [P5, A11] to tell, relate
die **Erzählung, -en** [P5] story, account
es [A1] it, that
essen (ißt), aß, gegessen [A3] to eat
das **Essen, -** [P3, A5] meal, food
etwa [P4] perhaps, approximately, about
etwas [A2] something; [A1] some, a
little; [A4] somewhat; **etwas Neues**
[A6] something new; **etwas schon** [A7]
sure, somewhat; **etwas streng** [A4]
somewhat strict
euer [A2] (*poss. adj.*) your

(das) **Europa** [P2, A3] Europe
europäisch [A13] European
das **Examen, -** [A12] examination

fabelhaft [A6] fabulous
das **Fach, ⁼er** [P8] subject (of study)
fahren (fährt), fuhr, ist gefahren [P1, A3]
to drive
das **Fahrrad, ⁼er** [A4] bicycle
die **Fahrt, -en** [A10] trip, ride, drive
der **Fall, ⁼e** [P8, A13] case; **auf jeden Fall** [P8,
A13] in any case
fallen (fällt), fiel, ist gefallen [A9] to fall
die **Familie, -n** [P1, A2] family
fantastisch [A6] fantastic
färben [A12] to dye, color
der **Farbfernseher, -** [A4] color television set
fast [P2, A3] almost
faul [A7] lazy
der **Februar** [A8] February
fehlen (+*dat.*) [A9] to be missing, to be
lacking; **es fehlt mir** [A9] I need, I lack
der **Fehler, -** [A13] mistake
feiern [A12] to celebrate
der **Feiertag, -e** [A10] holiday
das **Feld, -er** [A9] field
das **Fenster, -** [A9] window
die **Ferien** (*pl.*) [A10] vacation; **die großen
Ferien** [A10] summer vacation
fern-schauen [P7] to watch television
**fern-sehen (sieht fern), sah fern, fern-
gesehen** [P2, A3] to watch television
das **Fernsehen** [A5] television
der **Fernseher, -** [A4] television set
die **Fernsehsendung, -en** [A5] television program
fertig [P7, A8] finished, through, ready
feucht [A14] damp
der **Film, -e** [Pm3, A5] movie, film
finden, fand, gefunden [P1, A4] to find
die **Firma, die Firmen** [A13] firm
die **Flasche, -n** [A11] bottle
das **Fleisch** [A11] meat
der **Fleischer, -** [A11] butcher
fleißig [A14] dilligent, industrious
fliegen, flog, ist geflogen [A10] to fly
der **Flug, ⁼e** [A10] flight

das **Flugzeug, -e** [A10] airplane
folgen (+*dat.*), **ist gefolgt** [P6] to follow
das **Folgende** (*adj. decl.*) [A9] the following
die **Frage, -n** [P1, A2] question
fragen [P4, A6] to ask; **fragen nach** [A12] to ask about
(das) **Frankreich** [P5, A8] France
(das) **Französisch** [A6] French (language)
französisch [A5] French
die **Frau, -en** [P1, A2] woman, wife
das **Fräulein, -** [A9] Miss, young lady
frech [A7] impudent, sassy
frei [P5] free(ly)
der **Freitag, -e** [Am2] Friday
die **Freizeit, -en** [P2] leisure time
fremd [A13] strange; **der Fremde** (*adj. decl.*) [A13] stranger
die **Fremdsprache, -n** [A7] foreign language
freuen [A11] to please, to be pleased; **sich freuen über** (+*acc.*) [A12] to be glad; **sich freuen auf** (+*acc.*) [A12] to look forward to
der **Freund, -e** [P1, A2] friend; **zu Freunden gehen** [A3] to go visit friends
freundlich [A4] friendly, kind
frieren, fror, ist (**hat**) **gefroren** [A14] to freeze
der **Friseur, -e** [A12] barber, hair stylist
froh [A14] glad
früh [A3] early; **morgen früh** [Am2] tomorrow morning
der **Frühling, -e** [Am2] spring
das **Frühstück, -e** [A3] breakfast
frühstücken [P3] to eat breakfast
fühlen [P8, A12] to feel; **sich fühlen** [A12] to feel
fünf [Am1] five
fünfzehn [Am1] fifteen
fünfzig [Am1] fifty
für [P3, A9] for
furchtbar [A7] terrible
fürchten to fear; **sich fürchten vor** (+*dat.*) [A12] to be afraid of
der **Fuß, ≔e** [A11] foot; **zu Fuß** [A11] on foot

ganz (*adv.*) [A2] quite, rather; (*adj.*) [P3, A9] entire

gar; **gar nicht** [A6] not at all; **gar kein** [A6] none at all
der **Garten, ≔** [A3] garden
das **Gebäude, -** [A9] building
geben (**gibt**), **gab, gegeben** [P2, A4] to give; **es gibt** [P2, A4] there is, there are
gebildet [A13] educated, sophisticated
geboren [P5, A13] born; **bin** (**wurde**) **geboren** [A13] was born
der **Geburtstag, -e** [A11] birthday; **zum Geburtstag** [A11] for someone's birthday
das **Gedicht, -e** [P10] poem
gefährlich [A10] dangerous
gefallen (**gefällt**), **gefiel, gefallen** (+*dat.*) [A6] to please; **es gefällt mir** [A6] I like it
gegen [A9] against, toward; **so gegen elf Uhr** [Am2] around eleven
die **Gegend, -en** [A10] area
gehen, ging, ist gegangen [A3] to go; **zu Fuß gehen** [A3] to walk
gehören (+*dat.*) [A9] to belong to
gelb [A4] yellow
das **Geld, -er** [A5] money
die **Gelegenheit, -en** [P3, A15] opportunity
gelingen, gelang, ist gelungen [A9] to succeed; **es gelingt mir** [A9] I succeed (in)
das **Gemälde, -** [A6] painting (specific work)
genau [P4, A7] exact(ly)
genug [A3] enough
der **Geologe (-n), -n** [A8] geologist
gerade [P9] precisely, exactly, just
gern(e), (lieber, liebst-) [P2, A6] gladly; **gern** + *verb* to like to do something; **gern haben** [A8] to like
das **Geschäft, -e** [A10] store, business
der **Geschäftsmann, ≔er** [A8] businessman
geschehen (**geschieht**), **geschah, ist geschehen** [A14] to happen
das **Geschenk, -e** [A11] present
die **Geschichte, -n** [P10, A13] story, history
geschieden [A2] divorced
der **Geschmack** [A6] taste
die **Geschwister** (*pl.*) [P1, A2] siblings, brothers and sisters
das **Gesicht, -er** [A12] face
das **Gespräch, -e** [A14] conversation
gestern [Am2] yesterday

gesund (ü) [P6, A12] healthy

das Gewitter, - [A14] thunderstorm

sich gewöhnen an (+ acc.) [A13] to get used to

gewöhnlich [P3, A5] usual(ly)

gewöhnen an (+ acc.) [A14] used to

die Gitarre, -n [A4] guitar

das Glas, ⸚er [A11] glass

glauben [A1] (+ dat. of person) to think, to believe

gleich [A3] immediately, right away

das Glück [A8] luck; viel Glück [A8] I wish you luck; zum Glück [P12] luckily

glücklich [A9] happy

glücklicherweise [A9] fortunately

der Gott, ⸚er God; Gott weiß wann [A8] God knows when; Gott sei Dank [A8] thank God

der Grad, -e [A14] degree

das Gramm [A11] gram

die Grammatik [A13] grammar

grammatisch [A13] grammatical

grob [A7] crude

groß (größer, größt-) [A2] big

die Größe, -n [A11] size

die Großmutter, ⸚ [A8] grandmother

die Großstadt, ⸚e [P4] metropolis

der Großvater, ⸚ [A13] grandfather

grün [A4] green

die Gruppe, -n [A9] group

grüß dich [A4] hi, hello

gut (besser, best-) [A1] good, well

das Gymnasium, Gymnasien [P13] type of German secondary school

das Haar, -e [A12] hair

haben (hat), hatte, gehabt [P1, A4] to have

hageln [A14] to hail

halb [Am2] half

die Hälfte, -n [A5] half

halt (flavoring particle) [A11]; Es ist halt so. [A11] That's just the way it is.

halten (hält), hielt, gehalten [A14] to hold; halten von [A14] to think of, to have an opinion about

die Hand, ⸚e [A9] hand

sich handeln um [A14] to be a matter of, to have to do with

häßlich [A15] ugly

häufig [A7] frequent(ly)

das Haus, ⸚er [A2] house; zu Hause [A1] at home; Sind Sie hier zu Hause? [A1] Is your home here?; nach Hause gehen [A3] to go home

die Hausaufgabe, -n [P2, A5] homework

die Hausfrau, -en [P1, A2] housewife

das Haustier, -e [A4] pet

die Heimat [A13] home

das Heimweh [A13] homesickness; Heimweh haben [A13] to be homesick

heiraten [P5, A8] to marry

heiß [A11] hot

heißen, hieß, geheißen [A1] to be called; es heißt [P6] it is said

helfen (hilft), half, geholfen (+ dat.) [A11] to help

hell [A6] bright

das Hemd, -en [A6] shirt

her [P3] from, ago

heran-kommen, kam heran, ist herangekommen [A9] to come up to

sich heraus-stellen [A14] to turn out

der Herbst, -e [Am2] fall

herein [A11] in, into

der Herr (-n), -en [A9] gentleman, man, Mr.

Herren- [A11] men's; Herrenbekleidung [A11] men's clothing

herrlich [A5] glorious, lovely

her-stellen [A13] to produce

herum [A11] around

herum-laufen (läuft herum), lief herum, ist herumgelaufen [A11] to run around

herum-reisen, ist herumgereist [A8] to travel around

herum-schnüffeln [A7] to snoop around

das Herz (ens), -en [P10] heart

heute [Am2] today; heute abend [Am2] this evening; heute morgen [Am2] this morning; heute in acht Tagen [A8] a week from today

heutig [P4] current

hier [A1] here

hilflos [A9] helpless

hin [P3] there, to there; hin und her [P3] back and forth

hin-fahren (fährt hin), fuhr hin, ist hingefahren [A5] to drive to some place

sich **hin-legen** [A12] to lie down
hinten [A11] in back of, to the back
hinter [P5, A9] behind
die **Hitze** [A14] heat
hoch (höher, höchst-) [A10] high
hoffen auf (+*acc.*) [A12] to hope (for)
hoffentlich [P4, A6] hopefully, I hope, let us hope so
höflich [A6] polite, courteous
hören [P2, A3] to hear, listen; **Hör mal!** [A14] Now listen!
die **Hose, -n** [A4] pants
das **Hotel, -s** [A10] hotel
der **Hund, -e** [A4] dog
hundert [Am1] (one) hundred
der **Hunger** [A15] hunger; **Hunger haben** [A15] to be hungry
der **Hut, ̈e** [A11] hat

ich [A1] I
die **Idee, -n** [A11] idea
ihr (*pers. pron.*) [A1] you; (*poss. pron.*) [P1, A2] her, their
Ihr (*poss. adj.*) [A2] your (polite form)
immer [P1, A2] always; **immer wieder** [A3] again and again; **immer noch** [P6] still
in [A1] in, into
der **Ingenieur, -e** [A8] engineer
innerhalb [A14] within, inside of
intellektuell [A6] intellectual
intelligent [A3] intelligent
interessant [A2] interesting
interessieren to interest; **sich interessieren für** [A13] to be interested in
inzwischen [A15] meanwhile
irgendein [A9] someone or other
irgendwann [A8] sometime
irgendwelcher [P8] any
irgendwie [P8, A9] somehow
irgendwo(hin) [A9] (to) somewhere
(das) **Italien** [A8] Italy
italienisch [A6] Italian

ja [A1] yes; (*flavoring particle*) [A2] to be sure
jagen [A9] to hunt, to chase
das **Jahr, -e** [P1, Am4] year

das **Jahrhundert, -e** [Am4] century
das **Jahrzehnt, -e** [Am4] decade
der **Januar** [A8] January
japanisch [A4] Japanese
die **Jeans** (*pl.*) [A5] jeans
jeder [P2, A6] every, each, everyone
jedesmal [A11] every time
jemand [A5] someone
jenseits [A14] the other side of, beyond
jetzt [A1] now
der **Journalist (-en), -en** [A8] journalist
der **Juli** [A8] July
jung (ü) [A2] young
der **Junge (-n), -n** [A8] boy
der **Juni** [A8] June

der **Kaffee** [A2] coffee
kalt (ä) [A2] cold
sich **kämmen** [A12] to comb; **sich das Haar kämmen** [A12] to comb one's hair; **Ich kämme mir das Haar** I comb my hair.
(das) **Kanada** [P2] Canada
das **Kapitel, -** [A5] chapter
kaputt [A4] broken, ruined
die **Karte, -n** [A15] ticket, map
der **Käse** [A11] cheese
die **Katze, -n** [A4] cat
kaufen [A4] to buy
das **Kaufhaus, ̈er** [A11] department store
kaum [P9, A13] hardly
kegeln [A5] to bowl
kein [P3, A4] no, not a, not any
kennen, kannte, gekannt [A4] to know
kennen-lernen [P5, A10] to get acquainted to get to know
das **Kind, -er** [P1, A2] child
das **Kino, -s** [P2, A3] movie theater
die **Kirche, -n** [A6] church
klappen [A13] to work out, to be successful
klar [A14] clear
die **Klasse, -n** [P1, A2] class; **Klasse!** [A14] Great!
klatschen [A7] to gossip
das **Klavier, -e** [A4] piano
das **Kleid, -er** [A5] dress
die **Kleider** (*pl.*) [A7] clothing

sich **kleiden** [A12] to dress

das **Kleidungsstück, -e** [A11] article of clothing

klein [P1, A2] little

das **Klo** [A13] toilet

knapp [P7, A10] tight, scarce, short

die **Kneipe, -n** [A15] bar, saloon

kochen [A5] to cook

der **Kollege (-n), -n** [A7] colleague

komisch [A11] funny, strange

das **Komma** [Am4] comma, decimal

kommen, kam, ist gekommen [A1] to come

der **König, -e** [P10] king

können (kann), konnte, gekonnt [P1, Am3] to be able (can)

der **Kontakt, e** [A13] contact

das **Konzert, -e** [A3] concert

der **Kopf, ⸚e** [A12] head

das **Kopfweh** [A12] headache

der **Körper, -** [A9] body

kosten [A5] to cost

die **Kosten** (*pl.*) [A13] cost(s)

der **Krach** [A14] quarrel; **Es gibt Krach.** [A14] There's a row. **Krach haben mit jemand** [A14] to have an argument with someone

krank (ä) [P6, A10] sick

das **Krankenhaus, ⸚er** [A13] hospital

der **Krieg, -e** [P5] war

kriegen [A15] to get

die **Küche, -n** [P4] kitchen

der **Kugelschreiber, -** [A4] ball-point pen

die **Kultur, -en** [A13] culture

die **Kunst, ⸚e** [A8] art

der **Künstler, -** [A8] artist

kurz (ü) [P5, A6] short(ly), quickly, abruptly

die **Kurzgeschichte, -n** [A5] short story

die **Kusine, -n** [P8] (female) cousin

küssen [P12] to kiss

die **Küste, -n** [A9] coast

das **Labor, -e** [A5] lab

lachen (über + *acc.*) [P12, A15] to laugh (at)

der **Laden, ⸚** [A4] store, shop

das **Land, ⸚er** [A8] land, country; **aufs Land** [A8] to the country; **auf dem Land** [A8] in the country

die **Landschaft, -en** [A13] landscape

lang (ä) [P2, A3] long

langsam [A7] slow(ly)

langweilig [A6] boring, dull

lassen (läßt), ließ, gelassen [A12] to leave

laufen (läuft), lief, ist gelaufen [A3] to run

die **Laune, -n** [A7] mood; **schlechter Laune sein** [A7] to be in a bad mood

laut [A6] loud

das **Leben, -** [P4, A6] life

die **Lebensmittel** (*pl.*) [A11] groceries

die **Leberwurst** [A11] liverwurst

leer [A9] empty

legen [P8, A12] to put, to lay

der **Lehrer, -** [A2] teacher

leicht [P6, A7] easy, light

leid; es tut mir leid [A11] I'm sorry

leiden, litt, gelitten [P13, A14] to suffer; **jemand nicht leiden können** [A14] not to be able to stand someone; **jemand leiden mögen** [A14] to like someone

leider [A1] unfortunately

leise [A9] quiet(ly), soft(ly)

sich **leisten** [A15] to afford; **Ich kann es mir nicht leisten.** I can't afford it.

die **Leistung, -en** [A12] performance, accomplishment

lernen [A1] to learn

lesen (liest), las, gelesen [A3] to read

letzt- [P4, A6] last

die **Leute** (*pl.*) [A4] people

lieb [A8] dear

die **Liebe, -n** [A8] love

lieben [A4] to love

lieber [P3, A6] rather, preferably

Lieblings- (*in compounds*) [A5] favorite (book, program, etc.)

(das) **Liechtenstein** [A13] Liechtenstein

liederlich [A14] sloven, unkempt

liegen, lag, gelegen [P2, A5] to lie, to be located

los wrong, loose; **Was ist los?** [A9] What's the matter?

die **Luft, ⸚e** [P6, A12] air

die **Luftwaffe, -n** [A13] air force

die **Lust**, ⸚e [A8] desire; **Lust haben** [A8] to have a desire
lustig [A11] happy, cheerful, funny

machen [P1, A2] to do, make
das **Mädchen**, - [A4] girl
der **Magister** [A8] M.A. degree
der **Mai** [A8] May
mal [A6] sometime, just, for a change, one of these times; **nicht (ein)mal** not even
das **Mal**, **-e** [P5, A10] time; **zum ersten Mal** [P5, A10] for the first time
die **Malerei**, **-en** [A6] painting, art
man [P3, A4] one
manchmal [P1, A3] sometimes
der **Mann**, ⸚er [P1, A2] man, husband
die **Mannschaft**, **-en** [P15] team
der **Mantel**, ⸚ [A11] coat
die **Mark** [A11] mark; **DM = Deutsche Mark** German mark
die **Marmelade**, **-n** [P3] jam
der **März** [A8] March
die **Mathematik** [A1] mathematics
der **Mathematiker**, - [A8] mathematician
meckern [A7] to gripe
die **Medizin** [A8] medicine
das **Meer**, **-e** [P9, A10] sea, ocean
mehr [P2, A6] more
die **Meile**, **-n** [A11] mile
mein (*poss. adj.*) [P1, A2] my
meinen [P8, A10] to mean, think
meinetwegen [P13] as far as I am concerned
die **Meinung**, **-en** [A13] opinion; **meiner Meinung nach** [A13] in my opinion
meistens [A2] usually, for the most part
die **Meisterschaft**, **-en** [P15] championship
die **Menge**, **-n** [A10] number, group, crowd; **eine Menge Geld** [A10] a lot of money
der **Mensch** (**-en**), **-en** [P1, A6] person, human being, man
der **Mercedes** [A4] Mercedes
merken [A9] to notice
das **Messer**, - [A9] knife
das **Meter**, - [A9] meter
die **Metzgerei**, **-en** [A11] butcher shop
(das) **Mexiko** [A10] Mexico

der **Mexikaner**, - [A10] Mexican
mieten [A10] to rent
die **Milch** [A11] milk
das **Militär** [A13] military; **beim Militär sein** [A13] to be in the military
die **Milliarde**, **-n** [Am4] billion
die **Million**, **-en** [Am4] million
mindestens [A8] at least
die **Minute**, **-n** [Am4] minute
mit [A1] with
miteinander [P12, A13] with one another
mit-fahren (**fährt mit**), **fuhr mit**, **ist mitgefahren** [A10] to drive (go) with someone
mit-kommen, **kam mit**, **ist mitgekommen** [A14] to come along
der **Mittag**, **-e** [Am2] noon; **zu Mittag** [Am2] at noon, for lunch
das **Mittagessen**, - [A11] lunch; **zum Mittagessen** [A11] for lunch
mittags [Am2] at noon
der **Mittwoch**, **-e** [Am2] Wednesday
möchte (*subjunctive of* **mögen**) [P2, Am3] would like
modern [A2] modern
mögen (**mag**), **mochte**, **gemocht** [A6] to like
möglich [P7, A9] possible; **möglichst bald** [A14] as soon as possible
der **Moment**, **-e** [A8] moment; **Moment mal** [A8] just a minute
momentan [A11] at the moment
der **Monat**, **-e** [Am4] month
der **Mond**, **-e** [A15] moon
der **Montag**, **-e** [Am2] Monday
der **Morgen**, - [P2, Am2] morning; **am Morgen** [Am2] in the morning
morgen [Am2] tomorrow; **morgen früh** [Am2] tomorrow morning; **morgen abend** [Am2] tomorrow evening
morgens [P1, Am2] mornings, in the morning
das **Motorrad**, ⸚er [A2] motorcycle
müde [A3] tired
der **Mund**, ⸚er [P6, A9] mouth
die **Musik** [A1] music
müssen (**muß**), **mußte**, **gemußt** [P1, Am3] to have to (must)

die **Mutter**, ⁓ [P1, A2] mother
die **Muttersprache**, **-n** [A13] mother tongue

na [A6] well
nach [P1, A9] to, after; **nach Hause (gehen)** [P1, A3] to go home
nachdem [A10] after, afterwards
nachher [P3, A5] afterwards
der **Nachmittag**, **-e** [Am2] afternoon
nachmittags [Am2] in the afternoon, afternoons
nächst- [P2, A8] next; [P7] nearest; **nächsten Sommer** [A8] next summer
die **Nacht**, ⁓e [Am2] night
das **Nachtleben** [A10] night life
das **Nachtlokal**, **-e** [P14] night club
nachts [Am2] nights
nackt [A9] naked; **splitternackt** [A9] stark naked
nah (**näher**, **nächst-**) [A9] near
die **Nähe**, **-n** [P14] vicinity; **in der Nähe (von** *or with genitive*) [A14] near, in the neighborhood of
der **Name** (**-ns**), **-n** [A11] name
nämlich [P4, A7] you know, you see, namely
natürlich [A2] naturally
neben [A9] beside
neblig [A14] foggy
nehmen (**nimmt**), **nahm**, **genommen** [A7] to take
nein [A1] no
nennen, **nannte**, **genannt** [A6] to name, call
die **Nerve**, **-n** nerve; **einem auf die Nerven gehen** [A7] to get on someone's nerves
nett [A4] nice
neu [A2] new
neugierig [A7] curious
neun [Am1] nine
neunzehn [Am1] nineteen
neunzig [Am1] ninety
nicht [P1, A3] not; **nicht wahr** [A1] isn't that so; **nicht einmal** [A5] not even
nicht nur ... sondern auch [P8] not only ... but also
nichts [P2, A8] nothing
nie [A3] never
die **Niederlande** (*pl.*) [A13] the Netherlands

niemand [P4, A5] no one
nieseln [A14] to drizzle
noch [P1, A2] still; [P3, A4] in addition; **noch nicht** [A4] not yet; **noch mehr** [A7] even more; **noch einmal** [A7] again, once more
der **Norden** [A10] north
die **Note**, **-n** [A7] grade
der **Notfall**, ⁓e [A11] emergency
der **November** [A8] November
null [Am1] zero
nur [P2, A5] only
nützlich [A11] useful

ob [P3, A7] whether
oben [A11] up, upstairs
oberhalb [A14] above, on the upper side of
die **Oberschule**, **-n** [A13] high school
das **Obst** [A11] fruit
obwohl [P3, A9] although
oder [A3] or
oft (**ö**) [P1, A3] often
öfters [A12] frequently
ohne [P5, A7] without
der **Oktober** [A8] October
der **Onkel**, **-** [P4, A13] uncle
die **Oper**, **-n** [A6] opera
der **Ort**, **-e** [A14] place, village
der **Osten** [P9, A10] east
(die) **Ostern** (*pl.*) [A10] Easter; **zu Ostern** [A10] at Easter

das **Paar**, **-e** [A5] pair; **ein paar** [A5] a few; **ein paarmal** [A5] a few times
der **Parkplatz**, ⁓e [A13] parking place
die **Party**, **-s** [P2, A3] party
der **Paß**, ⁓e [A13] pass, passport
passen (+ *dat.*) [A6] to fit
passieren, **ist passiert** (+ *dat.*) [A9] to happen
der **Pazifik** [P10] Pacific Ocean
das **Pech** [A11] bad luck; **Pech haben** [A11] to have bad luck
die **Pension**, **-en** [A14] board and room
die **Person**, **-en** [A15] person
persönlich [A7] personally
das **Pfund** [A11] pound
der **Philosoph** (**-en**), **en** [A8] philosopher

die **Philosophie** [A1] philosophy
der **Photograph** (-en), **en** [A1] photographer
die **Physik** [A8] physics
der **Physiker**, - [A8] physicist
der **Plattenspieler**, - [A4] record player
der **Platz**, ⸚e [P3, A13] place, public square;
    Platz nehmen [A14] to take a seat
    plötzlich [A9] suddenly
die **Politik** [A5] politics
    politisch [A14] political
die **Polizei** [A8] police
der **Polizist** (-en), **-en** [A8] policeman
    populär [A11] popular
    praktisch [A11] practical(ly)
der **Präsident** (-en), **-en** [A12] president
der **Preis**, **-e** [A11] price
das **Problem**, **-e** [A2] problem
der **Professor**, die **Professoren** [A2] professor
die **Prüfung**, **-en** [A7] test, examination
der **Psychologe**, (**-n**), **-n** [A8] psychologist
die **Psychologie** [A8] psychology
der **Pullover**, - [A4] sweater, pullover
der **Punkt** [A12] point, period; **Punkt sechs**
    [A12] at six o'clock sharp
    putzen [A12] to clean, brush

die **Qualität**, **-en** [A13] quality
der **Quatsch** [A14] rubbish, nonsense

das **Rad**, ⸚er [A6] wheel, bike
    rad-fahren (**fährt Rad**), **fuhr Rad**, **ist**
    radgefahren [A3] to ride a bicycle
das **Radio**, **-s** [A4] radio
die **Radtour**, **-en** [A5] bike trip
sich **rasieren** [A12] to shave
    rauchen [A4] to smoke
    recht [A6] right; **recht gut** [A8] really
    good; **recht haben** [A7] to be right;
    nicht recht [A6] not really
der **Rechtsanwalt**, ⸚e [A8] lawyer
die **Rede**, **-n** [P14, A15] speech; **eine Rede**
    halten [A15] to give a speech
    reden [A13] to talk
der **Regen** [A14] rain
    regnen [A5] to rain
    regnerisch [A14] rainy
    reich [A6] rich
die **Reihe**, **-n** [A9] row

    rein [P11] pure, clean
die **Reise**, **-n** [A8] trip
    reisen, ist gereist [P2, A3] to travel
    reizend [A14] charming
    rennen, rannte, ist gerannt [A9] to run
das **Restaurant**, **-s** [P2, A5] restaurant
    richtig [A1] right, correct; [A6] real
der **Roman**, **-e** [A5] novel
    romantisch [A6] romantic
    rot (**ö**) [A4] red
der **Rückweg**, **-e** [A10] return trip; **auf dem**
    Rückweg [A10] on the return trip
    ruhig [A15] calm(ly), quiet(ly)
(das) **Russisch** [A6] Russian (language)

die **Sache**, **-n** [P3, A5] thing, matter, affair
    sagen [P2, A3] to say
der **Samstag**, **-e** [P2, Am2] Saturday
    sauber [P12, A13] clean
    schade [A8] too bad, unfortunate(ly)
die **Schallplatte**, **-n** [A4] phonograph record
sich **schämen** (**über** + *acc.*) [A12] to be asham-
    ed (of)
    schauen [A11] to look
der **Schauspieler**, - [A8] actor
der **Scheck**, **-s** [A11] check
sich **scheiden lassen** [A12] to get divorced
    scheinen, schien, geschienen [A15] to seem,
    to appear, to shine
    schenken [A11] to give (a present)
    schick [A11] stylish
    schief [A14] slanting, crooked; **schief**
    gehen [A14] to go wrong
das **Schild**, **-er** [A4] sign
    schimpfen [A7] to scold
    schlafen (**schläft**), **schlief, geschlafen** [A3]
    to sleep
    schläfrig [A12] sleepy
    schlampig [A7] sloppy
    schlecht [A2] bad
    schlimm [A8] bad
    schmecken [A2] to taste
sich **schminken** [A12] to put on makeup
    schmutzig [A13] dirty
der **Schnee** [P2, A5] snow
    schneiden, schnitt, geschnitten [A12] to cut
    schneien [A5] to snow

schnell [A3] quick(ly); **schnell machen**
[A15] to hurry

schon [A1] already; [A6] of course

schön [A2] beautiful, nice

schrecklich [A9] terrible

schreiben, schrieb, geschrieben (über +
acc.) [P2, A5] to write (about)

die **Schreibmaschine, -n** [A4] typewriter

der **Schriftsteller, -** [P6, A8] writer

die **Schule, -n** [P1, A2] school

der **Schüler, -** [A2] student, pupil

schwarz (ä) [A4] black

schwätzen [A7] to chatter

(das) **Schweden** [A11] Sweden

die **Schweiz** [A13] Switzerland

schwer [A1] difficult, hard

die **Schwester, -n** [P1, A2] sister

schwierig [P8, A11] difficult

die **Schwierigkeit, -en** [A13] difficulty

schwimmen, schwamm, ist geschwommen
[P3] to swim

schwitzen [A9] to sweat

schwül [A14] humid, sultry

sechs [Am1] six

sechzehn [Am1] sixteen

sechzig [Am1] sixty

der **See, -n** [P9] lake

sehen (sieht), sah, gesehen [P2, A3] to see

die **Sehenswürdigkeit, -en** [A10] sight

sehr [A1] very, quite

sein (*poss. adj.*) [A2] his, its

sein (ist, bist), war, ist gewesen [A1] to be

seit [P4, A9] since

die **Seite, -n** [A5] page, side

der **Sekretär, -e** [A2] secretary (male)

die **Sekretärin, -nen** [A2] secretary (female)

die **Sekunde, -n** [Am4] second

selb- [A9] same

selber [A12] -self; **ich selber** [A12] I
myself

selbst [A12] -self, even; **ich selbst** [A12] I
myself; **selbst ich** [A12] even I

selten [A3] seldom

das **Semester, -** [Pm4, A8] semester

die **Sendung, -en** [A5] broadcast program

der **September** [A8] September

sicher [P8, A10] certain(ly), sure

sie [A1] she, they

Sie [A1] you (polite form)

sieben [Am1] seven

siebzehn [Am1] seventeen

siebzig [Am1] seventy

singen, sang, gesungen [A6] to sing

der **Sinn, -e** sense; **im Sinn haben** [A8] to have
in mind; **in den Sinn kommen** [A9] to
come to mind

sitzen, saß, gesessen [P8, A9] to sit

der **Ski, -er** [A11] ski

ski-fahren (fährt Ski), fuhr Ski, ist ski-
gefahren [P3, A8] to ski

das **Skifahren** [A10] skiing

ski-laufen (läuft Ski), lief Ski, ist skigelaufen [P2, A3] to ski

so [A4] so, thus, this way; **so ein** [A4]
such a

die **Socke, -n** [A11] sock

das **Sofa, -s** [A12] couch

sofort [A9] immediately

sogar [P4, A10] even

der **Sohn, ⸚e** [A2] son

solcher [P4, A7] such

sollen (soll), sollte, gesollt [Am3] to be
supposed to

der **Sommer, -** [P2, Am2] summer

sondern [P8] but, on the contrary; **nicht
nur . . . sondern auch** [P8] not only . . .
but also

der **Sonnabend, -e** [Am2] Saturday

die **Sonne, -n** [P2, A5] sun

der **Sonnenschein** [A14] sunshine

sonnig [A14] sunny

der **Sonntag, -e** [P2, Am2] Sunday

sonst [A5] otherwise

sooft [P7, A12] so often

die **Sorge, -n** [A12] worry, concern; **sich**
(*dat.*) **Sorgen machen um** [A12] to
worry about

sowieso [A8] anyway

der **Soziologe (-n), -n** [A8] sociologist

die **Soziologie** [A8] sociology

sozusagen [A13] so to speak

(das) **Spanien** [A8] Spain

(das) **Spanisch** [A6] Spanish (language)

der **Spaß** [A6] fun; **es macht mir Spaß** [A6]
I find it fun; **Spaß haben** [A8] to have
fun

spät [A3] late

spazieren-gehen, ging spazieren, ist spazierengegangen [A3] to go for a walk

der Spaziergang, ⸚e [P3, A5] walk, stroll; einen Spaziergang machen [P3, A5] to take a walk

spielen [P2, A3] to play

das Spielzeug [A4] toy, toys

splitternackt [A9] stark naked

der Sport [P8] sport(s); Sport treiben [P8] to participate in sports

sportlich [P3, A6] athletic

die Sprache, -n [P5, A8] language

sprechen (spricht), sprach, gesprochen (über + acc.) [P1, A6] to speak (about)

der Staat, -en [A13] state; die Staaten [A13] the (United) States

der Staatsbeamte (adj. decl.) [A8] civil servant

der Staatsbürger, - [A13] citizen

die Stadt, ⸚e [P1, A2] city

stark (ä) [P9, A13] strong, heavy

stationieren to station; stationiert sein [A13] to be stationed

statt [A14] instead of

statt-finden, fand statt, stattgefunden [A14] to take place

stehen, stand, gestanden [P3, A4] to stand

steigen, stieg, ist gestiegen [A9] to climb

der Stein, -e [A9] stone

stellen [A12] to place, to put; eine Frage stellen [A7] to ask a question

sterben (stirbt), starb, ist gestorben [P9, A15] to die

die Stereoanlage, -n [A4] stereo system

stimmen to be correct; das stimmt [A1] that's right

das Stipendium, Stipendien [A8] grant, scholarship

der Stock, die Stockwerke [A11] floor (of a building)

stolpern, ist gestolpert [A9] to stumble

der Strand, ⸚e [A10] beach

die Straße, -n [P4, A9] street

die Straßenbahn, -en [P6] streetcar

streiten, stritt, gestritten [A5] to quarrel, to fight

streng [A3] strict

das Stück, -e [A11] piece, play

der Student (-en), -en [A1] student

das Studentenheim, -e [P2] dormitory

studieren [A1] to study

das Studium, Studien [P5, A8] studies

der Stuhl, ⸚e [A4] chair

die Stunde, -n [P2, Am4] hour

stundenlang [A8] for hours

stürmisch [A14] stormy

suchen [A4] to look for

der Süden [A10] south

der Supermarkt, ⸚e [P7, A11] supermarket

sympathisch pleasant; er ist mir sympathisch [A13] I like him

die Tafel, -n [A9] blackboard

der Tag, -e [P2, Am4] day; guten Tag [P2] good day, hello; heute in acht Tagen [A8] a week from today

die Tageswanderung, -en [A5] day hike

die Tante, -n [A13] aunt

tanzen [A5] to dance

die Tasse, -n [A11] cup

tausend [Am4] thousand

der Tee [A11] tea

die Temperatur, -en [A14] temperature

der Tennisschläger, - [A11] tennis racket

teuer [A4] expensive

das Theater, - [P2, A3] theater

tief [P12] deep

das Tier, -e [A4] animal

der Tierarzt, ⸚e [A8] veterinarian

der Tisch, -e [A6] table

die Tochter, ⸚ [A2] daughter

toll [A5] fantastic, great

tot [A2] dead

töten [A9] to kill

der Tourist (-en), -en [A10] tourist

traditionell [A6] traditional

tragen (trägt), trug, getragen [P3, A7] to wear, to carry

der Traum, ⸚e [A9] dream

träumen [A9] to dream

treten (tritt), trat, ist getreten [A9] to step

trinken, trank, getrunken [A2] to drink

trotz [A14] in spite of

tschüs [A4] so long, see you later

tun, tat, getan [P2, A6] to do

die Tür, -en [A9] door

der **Typ**, **-en** [A7] type
typisch [P3] typical

über [A9] over, above, about
überall [P8] everywhere
überhaupt altogether, in general; **überhaupt nicht** [A5] not at all; **überhaupt kein** [A5] none at all
übermorgen [A8] day after tomorrow
übersetzen [P5, A13] to translate
der **Übersetzer**, **-** [A8] translator
übrigens [P3, A5] by the way
die **Übung**, **-en** [A15] exercise
die **Uhr**, **-en** [A4] clock, watch; [Am2] o'clock; **gegen acht Uhr** [Am2] around eight o'clock; **um acht Uhr** [Am2] at eight o'clock
um [A9] around, at, about; **um sechs Uhr** [Am2] at six o'clock; **um ... zu** + *infinitive* [A5] in order to
um-ziehen, **zog um**, **ist umgezogen** to move; **sich um-ziehen** [A12] to change clothes
unbedingt [A12] without question, by all means
und [A1] and
ungefähr [P5] approximately
ungekämmt [A14] unkempt
unheimlich [A6] awfully, tremendously
die **Universität**, **-en (die Uni)** [A1] university; **auf die Universität gehen** [A3] to attend the university; **zur Universität gehen** [A3] to go (over) to the university
unser (*poss. adj.*) [P1, A2] our
unten [A10] below, downstairs
unter [P5, A9] under, below
unterhalb [A14] below, on the bottom side of
sich **unterhalten (unterhält sich)**, **unterhielt sich**, **hat sich unterhalten (über** + *acc.*) [P8, A12] to converse, talk (about)
die **Unterkunft**, **-e** [A10] lodging
unverschämt [A7] brazen, impudent
der **Urlaub**, **-e** [A10] vacation
die **USA** (*pl.*) [P4] *stands for* **Die Vereinigten Staaten von Amerika**
usw. (und so weiter) [P4, A7] *etc.*

der **Vater**, **=** [P1, A2] father
verboten [A9] forbidden
verbringen, **verbrachte**, **verbracht** [A10] to spend (time)
verdammt [A7] damned
verdienen [A8] to earn
vergessen (vergißt), **vergaß**, **vergessen** [A5] to forget
vergleichen, **verglich**, **verglichen** [A13] to compare
verhältnismäßig [P14] relatively
verheiratet [P1, A2] married
verkaufen [A11] to sell
der **Verkäufer**, **-** [A11] clerk, salesperson
der **Verkehr** [A13] traffic
verklemmt [A7] uptight
sich **verknallen (in** + *acc.*) [A14] to fall madly in love (with)
verlassen (verläßt), **verließ**, **verlassen (**+ *acc.*) [A13] to leave
verlegen [A9] embarrassed
sich **verlieben (in** + *acc.*) [P10, A14] to fall in love (with)
verliebt sein (in + *acc.*) [P13] to be in love (with)
verlieren, **verlor**, **verloren** [A15] to lose
verrückt [A8] crazy
verschieden [P8] different
versetzen [A13] to transfer
die **Versform**, **-en** [P10] verse form
verständnisvoll [A15] understanding
verstehen, **verstand**, **verstanden** [A1] to understand
verstimmt [A5] in a bad mood, annoyed, upset
versuchen [A9] to try
verwandt [A8] related
der **Verwandte** (*adj. decl.*) [A8] relative
verwirren [A11] to confuse
verwirrt [P9, A11] confused
viel (mehr, meist-) [A1] much, a lot; **viele** [A4] many
vielleicht [A3] perhaps
vier [Am1] four
das **Viertel**, **-** [Am2] quarter; **Viertel nach zwei** [Am2] quarter after two; **Viertel vor zwei** [Am2] quarter to two
die **Viertelstunde**, **-n** [A11] quarter of an hour

vierzehn [Am1] fourteen

vierzig [Am1] forty

voll [P3] full, crowded

völlig [A13] completely, fully

von [P4, A9] from, of

vor [A9] in front of, before; **zehn vor drei** [Am2] ten to three; **vor einem Jahr** [A10] a year ago

vorbei [P4] past

vorbei-kommen, kam vorbei, ist vorbeigekommen [A5] to come over (to visit a person)

sich **vor-bereiten, bereitete sich vor, hat sich vorbereitet (auf + acc.)** [A12] to prepare oneself (for)

vorgestern [Am3] day before yesterday

vor-haben, hatte vor, hat vorgehabt [A5] to have something planned

vorher [P13, A15] before, beforehand

vor-lesen (liest vor), las vor, vorgelesen [P13] to read aloud

die **Vorlesung, -en** [P2, A5] lecture

der **Vormittag, -e** [Am2] forenoon, morning

vormittags [Am2] mornings

vor-schlagen (schägt vor), schlug vor, vorgeschlagen [A14] to suggest

vor-stellen [A14] to introduce

der **Wagen, -** [A2] car

wahnsinnig [A5] insane, mad; **wahnsinnig viel** [A5] an awful lot

wahr [A1] true; **nicht wahr** [A1] isn't that true

während [P5, A14] during, while

die **Wahrheit, -en** [A11] truth

wahrscheinlich [P2, A3] probably

der **Wald, ‌⸗er** [P6, A9] forest

die **Wand, ⸗e** [A12] wall

wandern, ist gewandert [P2, A3] to hike

die **Wanderung, -en** [A5] hike

wann [A1] when

die **Ware, -n** [A13] merchandise

warm (ä) [A2] warm

warten [P7, A8] to wait; **warten auf (+acc.)** [A8] to wait for

warum [A1] why

was [A1] what; **was für (ein)** [P2, A4] what kind of

was = etwas

die **Wäsche, -n** [A5] laundry

waschen (wäscht), wusch, gewaschen [P3, A5] to wash

das **Wasser, -** [A10] water

weder . . . noch [A13] neither . . . nor

der **Weg, -e** [P9, A10] way, path

weg [P8] away, gone

wegen [P8, A14] because of

(das) **Weihnachten** also **die Weihnachten** (*pl.*) [P6, A10] Christmas

der **Weihnachtsmann, ⸗er** [A11] Santa Claus

weil [P4, A7] because

die **Weile** [P9, A14] while

der **Wein, -e** [A2] wine

weinen [A9] to cry

weiß [A4] white

weit [A9] far, wide

weiter [A8] further

weiter-studieren [A8] to continue studying

welcher [P5, A6] which

die **Welt, -en** [P5, A12] world

der **Weltkrieg, -e** [P4] world war

wenig [P3, A4] little, few

wenn [P4, A7] when, if

wer [A1] who

die **Werbung, -en** [P14] advertisement

werden (wird, wirst), wurde, ist geworden [P5, A8] to become, to get (*as in* to get wet)

der **Westen** [P9, A10] west

das **Wetter** [A5] weather

die **Wettervorhersage, -n** [A14] weather forecast

wichtig [A9] important

wie [A1] how; [A3] as; **wie immer** [A5] as always

wieder [A1] again; **immer wieder** [P3] again and again

wieso [A7] how come

wieviel [A2] how much, how many

wild [A6] wild(ly)

der **Wind, -e** [A14] wind

der **Winter, -** [P2, Am2] winter

wir [A1] we

wirklich [A1] really

wissen (weiß, weißt), wußte, gewußt [A1] to know

wo [A1] where

die **Woche, -n** [P2, Am4] week

das **Wochenende, -n** [P2, Am2] weekend

wochenlang [A8] for weeks

woher [A1] (from) where

wohin [A8] (to) where

wohl [A8] well, probably

wohnen [A1] to live, reside

die **Wohnung, -en** [A2] apartment

der **Wohnwagen, -** [A10] trailer house

die **Wolke, -n** [A14] cloud

wollen (will), wollte, gewollt [P1, Am3] to want

das **Wort, ⸚er** *or* **-e** [A9] word; **die Wörter** specific individual words; **die Worte** words in context

sich **wundern (über** + *acc.*) [A12] to be surprised (at)

wunderschön [A14] wonderful, beautiful

der **Wunsch, ⸚e** [A15] wish, desire

wünschen [P12, A15] to wish

die **Wurst, ⸚e** [P3, A11] sausage

wütend [A7] furious

der **Zahn, ⸚e** [A12] tooth

der **Zahnarzt, ⸚e** [A8] dentist

zehn [Am1] ten

zeigen [A11] to show; **sich zeigen** [A14] to turn out, become apparent

die **Zeit, -en** [A4] time; **zur Zeit** [A2] at the moment

die **Zeitung, -en** [P13, A15] newspaper

das **Zelt, -e** [A10] tent

ziehen, zog, ist gezogen [A8] to move

ziemlich [A4] rather, fairly

die **Zigarette, -n** [A4] cigarette

das **Zimmer, -** [A4] room

der **Zimmerkollege (-n), -n** [A7] roommate

zittern [A9] to tremble, shake

zu [A2] too, **zu kalt**, too cold; [A3] to; **zu Freunden gehen** [A3] to go (visit) friends; **zu Hause** [A1] at home; **zur Zeit** [A1] at the moment

zuerst [P4, A5] (at) first

zufrieden [A8] satisfied, content

der **Zug, ⸚e** [A10] train

zu-hören (+ *dat.*) [A13] to listen to

die **Zukunft, ⸚e** [P15] future

der **Zukunftsplan, ⸚e** [A8] future plan

zuletzt [A12] lastly, finally

zurück [P5] back

zusammen [A1] together

zusammen-kommen, kam zusammen, ist zusammengekommen [A5] to come (get) together

zwanzig [Am1] twenty

zwar [P5, A6] to be sure

zwei [Am1] two

zweimal [P2, A10] twice

zwischen [P8, A9] between

zwölf [Am1] twelve

INDEX

Ich bin   wir sind
du bist   — ihr seid
sie ist
er ist